国家林业和草原局普通高等教育"十三五"规划教材
高等农林院校农林经济管理专业系列教材

林产品贸易学

程宝栋　杨红强　缪东玲　主编

中国林业出版社
·北京·

内 容 简 介

本书系统论述了林产品贸易的理论、研究方法、政策与实践。第1~5章侧重理论和方法，第6~10章侧重政策与实践。第1章为绪论，概述林产品贸易的概念，林产品贸易学的必要性、研究对象、任务与基本研究方法，林产品贸易的历史、趋势、政策动向与研究进程。第2章阐述林产品贸易的理论基础。第3章阐述林产品的定义、分类、商品属性，概述林产品市场的概念、特点、分类、结构和创新。第4章梳理林产品贸易统计标准和数据库。第5章概述林产品贸易模型，阐述TSM、GFPM和GTAP三个代表模型的核心数理结构与内涵、操作流程、模拟过程和输出结果，综述基于三个主流模型的研究成果。第6章阐述林产品贸易政策与措施。第7章阐述国际贸易争端的解决方法与法律规范，国际贸易协调组织与理论，归纳林产品贸易壁垒，揭示林产品贸易争端的特点、规律与发展趋势，分析涉华林产品贸易壁垒与贸易争端，归纳2018年中美贸易争端对林产品贸易的影响。第8章阐述全球和中国的林产品贸易特征与趋势。第9章揭示林业服务贸易的内涵与分类、发展的必要性与潜力。第10章从宏观和微观视角分析林业对外直接投资的必然性、可行性、现状、趋势与影响。

本书定位合理、内容充实、注重能力、突出创新、集思广益、适应性强，结构严谨，资料充实，紧贴林产品贸易实践，可作为林产品贸易学研究生课程的教学用书，也可供相关人员参考。

图书在版编目(CIP)数据

林产品贸易学 / 程宝栋，杨红强，缪东玲主编. —北京 : 中国林业出版社，2020. 6
国家林业和草原局普通高等教育"十三五"规划教材　高等农林院校农林经济管理专业系列教材
ISBN 978-7-5219-0598-4

Ⅰ. ①林… Ⅱ. ①程… ②杨… ③缪… Ⅲ. ①林产品-国际贸易-中国-高等学校-教材 Ⅳ. ①F752. 652. 4

中国版本图书馆 CIP 数据核字(2020)第 090902 号

中国林业出版社教育分社

策划编辑：肖基浒　　　　　　责任编辑：洪　蓉　肖基浒
电　话：(010)83143555　　　传　真：(010)83143516

出版发行	中国林业出版社(100009　北京市西城区德内大街刘海胡同7号)
	E-mail：jiaocaipublic@163.com　　电话：(010)83143500
	http://www.forestry.gov.cn/lycb.html
经　销	新华书店
印　刷	三河市祥达印刷包装有限公司
版　次	2020年6月第1版
印　次	2020年6月第1次印刷
开　本	850mm×1168mm　1/16
印　张	19.25
字　数	456千字
定　价	55.00元

未经许可，不得以任何方式复制或抄袭本书之部分或全部内容。

版权所有　侵权必究

《林产品贸易学》编写人员

主　　编：程宝栋　杨红强　缪东玲
编写人员：（按姓氏拼音排序）

陈　勇　　中国林业科学研究院
程宝栋　　北京林业大学
戴永务　　福建农林大学
付亦重　　北京林业大学
顾雪松　　北京林业大学
蒋琴儿　　浙江农林大学
李芳芳　　北京林业大学
李凌超　　北京林业大学
林伟明　　福建农林大学
刘　燕　　云南林业大学
缪东玲　　北京林业大学
宁　卓　　南京林业大学
秦光远　　北京林业大学
苏世伟　　南京林业大学
田　刚　　东北林业大学
万　璐　　北京林业大学
熊立春　　浙江农林大学
杨红强　　南京林业大学
于　畅　　北京林业大学
曾杰杰　　南京林业大学
张　寒　　西北农林科技大学
周　凯　　浙江农林大学

主编介绍

程宝栋：北京林业大学经济管理学院教授、博士生导师、副院长。入选首届全国林业教学名师、北京市优秀人才培养计划、北京高等院校青年英才培养计划，获中国林业青年科技奖。兼任国家林业和草原局木材安全国家科技创新联盟理事长、国家林业和草原局一带一路林业草原经贸国际合作中心秘书长、国家林业和草原局林产品国际贸易研究中心副主任、中国林业经济学会副秘书长兼学术部主任、中国林业经济学会林产品贸易专业委员会秘书长、全国农林院校林产品贸易教学与科研协作组秘书长、中国农业技术经济学会青年学者工作委员会副主任、北京林学会副秘书长。主持国家自然科学基金、教育部人文社科基金、北京社科基金、国家林业和草原局科学技术项目等省部级科研课题30余项。在 *Journal of Cleaner Production*（SCI）、*Resources and Recycling*（SCI）、《国际贸易问题》《国际贸易》《资源科学》《农业技术经济》等国内外重要期刊发表科研论文百余篇。在中国农业出版社、中国林业出版社、人民日报出版社等权威机构出版学术专著10余部。科研成果获得梁希林业科学技术奖一等奖/二等奖、商务部贸易救济与产业安全研究成果奖二等奖、河北省社会科学优秀成果奖二等奖等多项学术奖励。科研领域：林产品贸易与环境、林业产业竞争力、林业服务贸易。

杨红强：南京林业大学经济管理学院教授、博士生导师、南京大学经济学博士后。江苏省"333工程"第二层次中青年领军人才、南京林业大学文科学术领军人才。现任南京林业大学研究生院常务副院长、国家林业和草原局林产品经济贸易研究中心执行主任。担任中国林业经济学会林产品贸易专业委员会副主任委员、中国农业企业管理教学研究会常务理事、江苏省国际经济贸易学会常务理事、USDA Forest Service 环境政策咨询专家等职。主持及参加国家社科基金(重大项目、重点项目及青年项目)、国家自然科学基金、教育部人文社科基金、国家林业和草原局等省部级科研课题20余项。在 *Journal of Forest Economics*（SSCI）、*Forest Policy and Economics*（SSCI）、《自然资源学报》《资源科学》《中国人口·资源与环境》《林业科学》等国内外重要期刊发表科研论文百余篇。在人民出版社等权威机构出版学术专著及教材6部。科研成果获得教育部高等学校人文社科研究优秀成果奖、江苏省哲学社会科学优秀成果奖、商务部科研优秀成果奖及中国林学会等省部级奖励20余项。科研领域：林产品贸易与环境、气候变化与资源经济、资源安全理论与政策。

缪东玲：北京林业大学经济管理学院副教授、硕士生导师。主讲《国际贸易实务》《国际贸易实务模拟实习》《微观经济学》等本科生课程和《国际贸易政策与实务》《国际贸易惯例与规则》等研究生课程。兼任教育部学位与研究生教育发展中心的学位论文通讯评议专家，《国际经贸探索》等期刊的匿名审稿人，中国林业经济学会林产品贸易专业委员会委员。主持或参与20多项国家级、省级和校级科研课题和调研项目。出版《低碳经济与林产品贸易》《中国木质林产品贸易与环境研究》《国际贸易单证操作与解析》等专著、合著；主编《国际贸易理论与实务》《国际贸易单证实务与实验》《进出口实务》；在《国际贸易问题》《国际经贸探索》《亚太经济》等期刊发表科研论文近50篇。曾获中国林业经济论坛论文一等奖、全国大学生电子商务大赛优秀指导教师、校优秀班主任、校社会实践优秀指导教师、院魅力教学之星、院年度教学贡献奖。科研领域：国际贸易理论与政策、林产品市场与贸易、林产品贸易与环境。

前　言

　　林业在实现社会经济、人与自然和谐持续发展目标中居于基础地位。21世纪以来，人类社会在步入全面可持续发展阶段的同时，也面临更为复杂的气候变化、资源短缺、环境污染、生态恶化、贫困与饥饿等问题。林业的主体功能、发展方式、发展阶段和内容发生重大转变，林业经济管理学科内容体系与其他相关和新兴学科内容进一步深度融合。学科的理论创新与技术突破把林业整体从传统阶段推进了现代阶段。各国更加重视林业的发展，大幅度增加对林业的投入。社会对林业经贸人才的知识、技能和素质也提出了全新的要求。

　　在当前开拓新型工业化道路，实施振兴乡村战略，推进美丽中国建设的新时期，国家十分重视林业发展。注重学生的现代经济理论的系统化学习，提高其专业理论素质和应用实践能力，培养出一大批高水平、高素质的林业经贸人才，越来越成为提升中国林业竞争力、保证林业持续健康发展的重要前提。这就要求林业高等教育要更加注重依据国内外社会经济条件的变化适时变革和调整教育目标和教学内容，更加注重应用、实践、规范与国际交流，重视与其他学科专业相互交融与协调发展；要求培养的人才具有更加丰富的社会知识和较强的人文素质及创新精神。要完成上述任务，就需要林业高等教育进行深入的教学改革和创新，包括编写和创新教材。

　　教材是体现教学内容和教学方法的基本载体，是教学活动的主要依据，其质量高低直接关系到教学效果和人才培养水平。由于中国高等教育体制改革相对滞后于社会经济整体发展及行业部门改革进程，许多专业的学科理论体系发展与教材建设滞后于相关实践发展。为了进一步提升高等学校人才培养的时代适应性和质量水平，教育部自"十一五"开始择优重点建设约3000个特色专业建设点，以适应国家经济、科技、社会发展对高素质人才的需求，引导不同类型高校根据自己的办学定位，发挥已有的专业优势，办出专业特色，推进高校专业建设与人才培养紧密结合国家经济社会发展需求，为同类型高校相关专业建设和改革起到示范和带动作用。这是优化专业结构，提高人才培养素质，办出专业特色的重要举措。北京林业大学农林经济管理学科是北京市重点学科，林业经济管理学科是国家重点(培养)学科，农林经济管理专业于2007年被列为首批国家级特色专业建设点之一并获得建设项目资助。建设项目的重要组成内容之一就是根据农林经济管理专业人才需求的发展趋势，遵循科学性与研究性、实用性与针对性、前瞻性与学术性三大原则，修订和新编系列专业教材。程宝栋等人编写、2013年出版的《林产品国际贸易学》就是该系列教材之一。

　　作为国家林业和草原局普通高等教育"十三五"规划教材之一，本教材在上述《林产品国际贸易学》的基础上，根据林产品贸易实践发展要求，结合新时代需求，重新编写提纲，调整重点，梳理知识点，编撰而成。其主要特色如下：

（1）定位合理，内容充实。本教材关注国际贸易学科发展的大背景，融汇当前林产品贸易学的最新理论和实践经验，服从于国家高等教育的总目标，本着为党育人、为国育才的宗旨，立足于林产品贸易学的学科发展需要、专业规范、培养方案、课程大纲的要求，进一步拓宽理论基础，夯实专业知识，增强教材内容的前沿性与先进性。

（2）注重能力，突出创新。本教材在深入分析学生现状及教育需求、探索学生综合素质培养途径的基础上，注重能力培养，突出创新意识，力求促进学生向着富有鲜明个性和综合能力的方向发展，不断强化学生的自我学习能力、思维能力、创造性解决问题的能力、自我更新知识的能力。

（3）集思广益，适应性强。本教材由5所高校和中国林业科学研究院的多名一线教研人员，在学术交流、经验借鉴、取长补短、集思广益的基础上，形成编写大纲，分工编写而成，是合作交流的成果，具有较强的适应性。

本教材由程宝栋和杨红强负责拟订大纲；由缪东玲确定编写原则与风格，统稿并为全书编配或更新部分图表、数据和习题。编写具体分工如下：程宝栋、缪东玲、杨红强编写第1章；秦光远和李凌超编写第2章；缪东玲和田刚编写第3章；杨红强编写第4、5章；戴永务和林伟明编写第6章；缪东玲编写第7章；陈勇编写第8章；付亦重和万璐编写第9章；顾雪松、于畅和李芳芳编写第10章。在本教材编写过程中，南京林业大学的苏世伟、曾杰杰、宁卓，西北农林科技大学的张寒，浙江农林大学的蒋琴儿、周凯和熊立春，云南林业大学的刘燕，参与讨论并提出了宝贵的建议。北京林业大学、南京林业大学等高校的张小标、徐畅、张露露、耿爱欣、张倩、陶晨璐、袁恬、王珊珊等博士生参与了资料整理等工作。

本教材肯定会存在不足和纰漏，主要有两方面的原因：第一，林产品贸易的教学研究与教材建设长期滞后于实践；第二，多部门编写，协调有一定难度。希望本教材的编写是中国拥有较高质量的农林特色研究生教材建设工程的新尝试和新起点。我们相信，在业界同仁的关心和帮助下，本教材今后一定能够不断得到完善。

编　者

2019年11月

目 录

前言

第1章 绪论 ·· 1
  1.1 林产品贸易学的必要性 ·· 1
    1.1.1 林产品贸易的重要性 ·· 1
    1.1.2 林产品贸易的特殊性 ·· 2
  1.2 林产品贸易学的研究对象 ·· 3
  1.3 林产品贸易学的任务 ·· 4
  1.4 林产品贸易学的研究方法 ·· 4
  1.5 林产品贸易发展的历史、趋势与政策动向 ··· 5
    1.5.1 林产品贸易发展的历史 ·· 5
    1.5.2 林产品贸易发展的趋势 ·· 6
    1.5.3 林产品贸易的政策动向 ·· 9
  1.6 林产品贸易研究进程 ··· 12
    1.6.1 林产品贸易与林业对外直接投资研究 ··· 12
    1.6.2 林产品贸易与环境规制研究 ··· 13
    1.6.3 非法采伐及相关贸易、木材合法性认证研究 ······································· 15
    1.6.4 森林认证、木材可追溯性与林产品贸易研究 ······································· 16
    1.6.5 林产品贸易的持续性与产品质量研究 ··· 18
  本章小结 ··· 23
  习题 ·· 23

第2章 林产品贸易学的理论基础 ·· 24
  2.1 国际贸易理论 ·· 24
    2.1.1 古典贸易理论 ··· 24
    2.1.2 新古典贸易理论 ·· 29
    2.1.3 新贸易理论 ·· 35
    2.1.4 新新贸易理论 ··· 41
  2.2 国际直接投资理论 ·· 44
    2.2.1 垄断优势理论 ··· 44
    2.2.2 内部化理论 ·· 45
    2.2.3 边际产业扩张理论 ··· 46
    2.2.4 国际生产折中理论 ··· 46
    2.2.5 投资发展阶段理论 ··· 47

    2.2.6 小规模技术理论 47
    2.2.7 对外直接投资理论的新发展 48
本章小结 49
习题 49

第3章 林产品定义、商品属性与市场 50

3.1 林产品定义和分类 50
    3.1.1 联合国粮农组织的定义和分类 50
    3.1.2 《联合林产品调查问卷》的定义和分类 52
    3.1.2 中国的定义和分类 58

3.2 林产品商品属性 61
    3.2.1 原木 61
    3.2.2 锯材 67
    3.2.3 人造板 68
    3.2.4 木浆 77
    3.2.5 纸及纸板、废纸 78
    3.2.6 木家具 80

3.3 林产品市场 82
    3.3.1 林产品市场的概念 82
    3.3.2 林产品市场的特点 83
    3.3.3 林产品市场的种类 83
    3.3.4 林产品市场的结构 84
    3.3.5 林产品市场的创新 85

本章小结 87
习题 87

第4章 林产品贸易统计与数据库 88

4.1 商品分类体系与林产品统计标准 88
    4.1.1 HS分类体系与林产品统计标准 89
    4.1.2 SITC分类体系与林产品统计标准 95
    4.1.3 BEC分类体系与林产品统计标准 96
    4.1.4 不同商品分类体系下林产品统计标准的比较 96

4.2 FAO数据库 105
    4.2.1 FAO数据库简介 105
    4.2.2 FAO数据库应用实例 105

4.3 UN Comtrade数据库 108
    4.3.1 UN Comtrade简介 109
    4.3.2 UN Comtrade应用实例 109

4.4 中国的数据库 111
    4.4.1 国家林业和草原局数据库 111

	4.4.2 中国林业科学研究院数据库	112
	4.4.3 国家统计局数据库	113
	4.4.4 中国海关总署数据库	116
本章小结		117
习题		117

第5章 林产品贸易模型及其应用 118
5.1 林产品贸易模型概述 118
5.1.1 林产品贸易模型的演进 118
5.1.2 林产品贸易模型的特点及功能 124
5.1.3 林产品贸易模型述评 128
5.2 主流模型解读 128
5.2.1 TSM 模型 128
5.2.2 GFPM 模型 129
5.2.3 GTAP 模型 136
5.3 林产品贸易模型的应用 141
5.3.1 局部均衡模型主要应用领域——以 TSM 和 GFPM 为例 141
5.3.2 一般均衡模型主要应用领域——以 GTAP 为例 145
本章小结 149
习题 150

第6章 林产品贸易政策与措施 151
6.1 林产品贸易相关的国际公约 151
6.2 发达国家林产品贸易政策 153
6.2.1 林产品进口贸易的壁垒措施 153
6.2.2 林产品进口贸易的支持措施 158
6.3 发展中国家林产品贸易政策 160
6.3.1 木材材料的出口限制政策 160
6.3.2 林产品出口贸易的扶持政策 161
6.4 中国林产品贸易政策 163
6.4.1 林产品进口贸易政策梳理 163
6.4.2 林产品出口贸易政策梳理 164
6.5 林产品贸易政策发展趋势 165
6.5.1 关税壁垒的风险值得重视 165
6.5.2 非关税贸易壁垒更加多样化与苛刻 166
6.5.3 进口林产品认证制度日趋完善与严格 166
6.5.4 碳关税等碳排放壁垒措施值得重视 167
本章小结 167
习题 167

第7章 林产品贸易争端与协调 ... 168
7.1 贸易争端与贸易协调概述 ... 168
7.1.1 贸易争端的概念与分类 ... 168
7.1.2 贸易争端的特点与成因 ... 169
7.1.3 贸易争端的解决方法与法律规范 ... 170
7.1.4 多边贸易协调组织与协调机制 ... 171
7.1.5 区域协调组织与协调理论 ... 173
7.2 林产品贸易壁垒与贸易争端 ... 177
7.2.1 林产品贸易壁垒 ... 177
7.2.2 世界林产品贸易争端 ... 187
7.3 中国林产品遭遇的贸易壁垒与贸易争端 ... 194
7.3.1 中国林产品遭遇的贸易壁垒 ... 194
7.3.2 涉及中国的林产品贸易争端 ... 206
7.4 2018年中美贸易争端对林产品贸易的影响 ... 209
7.4.1 争端涉及的主要林产品 ... 210
7.4.2 争端对中美林产品贸易的影响 ... 211
本章小结 ... 214
习题 ... 214

第8章 林产品贸易特征与趋势 ... 215
8.1 贸易发展的评价方法 ... 215
8.1.1 林产品贸易增长边际分解 ... 215
8.1.2 林产品出口复杂度 ... 216
8.1.3 林产品比较优势指数 ... 216
8.1.4 林业产业内贸易指数 ... 217
8.2 世界林产品贸易的特征与趋势 ... 217
8.2.1 世界林产品贸易的总体情况 ... 218
8.1.2 世界主要林产品的贸易情况 ... 222
8.2.3 世界林产品贸易的特征 ... 227
8.2.4 世界林产品贸易的发展趋势 ... 228
8.3 中国林产品贸易的特征与趋势 ... 232
8.3.1 中国林产品贸易的总体情况 ... 232
8.3.2 中国林产品贸易的特征 ... 241
8.3.3 中国林产品贸易的发展趋势 ... 242
本章小结 ... 243
习题 ... 243

第9章 林业服务贸易 ... 244
9.1 国际服务贸易概述 ... 244
9.1.1 国际服务贸易的现状与主要特征 ... 244

9.1.2 金融危机后国际服务贸易的发展趋势 …………………………………………… 247
9.1.3 国际服务贸易研究的前沿问题 ………………………………………………… 252
9.2 林业服务贸易的内涵与分类 ……………………………………………………………… 256
9.2.1 林业以及林业服务业 …………………………………………………………… 256
9.2.2 林业服务贸易的内涵 …………………………………………………………… 258
9.2.3 林业服务贸易的分类 …………………………………………………………… 259
9.3 林业服务贸易发展的必要性 ……………………………………………………………… 261
9.3.1 优化林产品贸易结构的需要 …………………………………………………… 261
9.3.2 适应国民经济结构转型的需要 ………………………………………………… 263
9.3.3 迎合林业国际竞争的需要 ……………………………………………………… 266
9.4 林业服务贸易的发展潜力 ………………………………………………………………… 267
9.4.1 后工业化时代中国林业服务贸易的发展潜力分析 …………………………… 267
9.4.2 中国发展林业服务贸易"分步走"的建议 …………………………………… 270
本章小结 ………………………………………………………………………………………… 271
习题 ……………………………………………………………………………………………… 271

第10章 林业对外直接投资 ……………………………………………………………………… 272
10.1 国际直接投资的发展现状与趋势 ……………………………………………………… 272
10.1.1 全球对外直接投资的发展现状 ……………………………………………… 272
10.1.2 全球对外直接投资的未来趋势 ……………………………………………… 277
10.2 中国林业对外直接投资的必然性、可行性、现状与趋势 …………………………… 278
10.2.1 宏观视角下中国林业对外直接投资的必然性 ……………………………… 278
10.2.2 微观视角下中国林业对外投资的可行性 …………………………………… 279
10.2.3 中国林业对外直接投资的现状 ……………………………………………… 280
10.2.4 中国林业对外直接投资的发展趋势 ………………………………………… 282
10.3 中国林业对外直接投资的影响 ………………………………………………………… 283
10.3.1 中国林业对外直接投资对进出口贸易的影响 ……………………………… 283
10.3.2 中国林业对外直接投资对林业产业的影响 ………………………………… 284
10.4 中国林业企业对外直接投资的典型案例 ……………………………………………… 286
10.4.1 案例企业概述 ………………………………………………………………… 286
10.4.2 案例企业对外直接投资对进口的影响 ……………………………………… 288
10.4.3 案例企业对外直接投资对出口的影响 ……………………………………… 288
本章小结 ………………………………………………………………………………………… 289
习题 ……………………………………………………………………………………………… 289

参考文献 ……………………………………………………………………………………………… 290

第1章 绪 论

【学习目标】

知识目标	能力目标
掌握林产品贸易的基本概念,理解林产品贸易学的必要性	解读林产品贸易的基本概念,在认识林产品贸易的重要性和特殊性的基础上体会林产品贸易学的必要性
熟悉林产品贸易学的研究对象、任务与方法	动态认识林产品贸易的研究对象,理解林产品贸易学的任务,掌握林产品贸易的主要研究方法
了解林产品贸易发展的历史、趋势、政策动向与研究动态	把握林产品贸易的发展规律和研究动态

1.1 林产品贸易学的必要性

林产品贸易是不同国家或地区之间的林产品交换和流通。林产品贸易是林业对外交往的重要领域和组成部分,既有一般商品贸易的特点和规律,又有其自身的特殊性。

林产品贸易学是国际贸易学的分支学科与组成部分,主要研究林产品贸易的产生与发展、贸易利益形成与分配、贸易争端与协调、主要国家林产品对外贸易的特征与发展趋势、林产品贸易政策等问题。

林产品贸易学的必要性主要取决于林产品贸易的重要性和特殊性。

1.1.1 林产品贸易的重要性

林产品具有天然、绿色、环境友好、可再生等优良特性,具有巨大的市场空间和独特优势。在热爱自然、亲近自然、回归自然、崇尚绿色的新趋势下,随着生活水平的提高及生态环保意识的增强,人们的绿色支付意愿明显提高。满足社会对林产品日益增长的需求,大力发展林业产业,越来越受到政府部门,尤其是发达国家政府部门的高度重视。这体现在相关政策和行动计划中,例如,德国的《木材宪章》、日本的"扩大利用木材行动计划"等。国外林业发展的经验表明,林产品在整个国民经济发展中处于十分重要的战略地位,是一个国家经济和社会发展中不可缺少、难以替代的重要资源,林产品的多寡已成为判断一国综合实力的重要标志之一。

林产品以木材为主要原材料。国际贸易中的木材主要来源于森林。由于全球森林资源分布不均，加之各国林业产业发展水平存在差异等原因，林产品国际分工和国际贸易将长期存在，并成为各国参与全球森林资源配置、满足林产品需求、推动林业产业发展的重要保证。

1.1.2 林产品贸易的特殊性

森林是陆地上面积最大、结构最复杂、生物量最大、初级生产力最高的生态系统。森林资源虽可再生，但再生周期长，受土地特定要素的约束强，生产固定性强，全球分布极不均衡，这些基本特性决定了林产品贸易规则与发展规律的特殊性。

(1) 传统贸易政策对森林资源全球配置的影响有限

一方面，现有森林资源全球分布极不均衡，但木材贸易政策对森林资源的重新配置作用却甚小。木材生产的固定性强，供给约束大。为了避免森林资源的租金全部归属于生产国，林业投资企业和木材消费国往往使用各种倒逼手段增加其租金份额。很多木材贸易政策的主要目的是获取森林资源的租金收益，难以引起森林资源的重新配置。以关税为例，受土地这种特定要素的约束，对于木材出口国而言，征收木材出口税等同于对国内木材消费进行补贴；对木材进口国而言，征收木材进口税等同于对国内木材消费进行征税，却难以刺激国内木材生产。另一方面，林业产业链比较完整，既包括第一产业，也包括第二产业和第三产业。与木材贸易政策相比，利用林业产业政策，延长产业链，提高附加值，更容易达到增进国内福利的目的；利用林业投资政策，更容易融入世界林业产业链，进而影响森林资源的全球配置。

(2) 传统贸易政策对木材世界市场价格的影响有限

木材价格是木材衍生制品市场的风向标。森林的固定性强、周期长，因而木材的短期供给价格弹性小。木材需求不断增长，只会不断推高木材价格，并向相关加工业、制造业和服务业等环节传导，不断推高下游产品和服务的价格。

(3) 森林资源国际经贸合作的违约风险高

从出口国角度看，政策制定者最担心木材价格下降和贸易利益分配问题；从进口国角度看，政策制定者最担心木材价格上升和资源供给安全问题。两者利益既有一致，又存在冲突。虽然国际诉讼、仲裁等争端解决手段日渐完善，但一旦木材价格不断上涨，一些出口国仍然倾向于毁约。

(4) 国际规则约束与国内政策协调的难度大

国际规则有可能损害或加强国家合理处理租金的能力，也会影响政府如何公平地对待现有公民和未来公民的利益。例如，WTO 的最惠国待遇条款兼顾了公平和效率，却无法解决国际规则约束与各国国内政策的冲突问题。何况在现实中还存在绕过 WTO 规则的木材非法采伐和贸易现象。此外，近年来一些木材进口国积极寻求在木材出口国长期开发、租赁森林资源的机会，但是如果这种试图优先购买、垄断购买、低价购买占世界木材市场的比重上升后，容易形成"合成谬误"，不但难以如愿，反而会加大国际规则约束与国内政策协调的难度。

(5) 林产品贸易与环境关系密切

在应对气候变化、发展低碳经济成为最热门话题，全球减排趋势不可逆转的背景下，林产品贸易注定还要与适应气候变化、环境保护、公共健康、公共道德和道德标准、社会责任等问题纠结在一起。

林产品与生态环境息息相关,林产品贸易被赋予了越来越多的环境元素。森林在水循环、土壤保持、碳封存、动物栖息地保护等方面发挥着关键作用(FAO,2016)。森林既是碳汇,也是碳源,在应对气候变化中具有独特地位和双重作用。目前,非法采伐及相关贸易、木材合法性认证、森林认证已经成为林产品贸易的重要影响因素和不确定性因素。林产品贸易政策的制定、实施及修改,不仅要依照本国法律,遵守国际多边、双边协议及有关国际规则与惯例,还必须适应森林资源和木材贸易的特性,并注意与财税、金融、产业、投资、区域、收入、消费、社会保障、环保等政策相互促进、支持,增强互补性,减少互竞性。

1.2　林产品贸易学的研究对象

林产品贸易学的主要研究对象如下。

(1) 林产品贸易的发展规律

林产品贸易的产生、发展与演变轨迹,有其内在、本质、客观的规律性。林产品贸易学的研究,一方面离不开特定的生产关系,另一方面又要着力探求林产品贸易活动的一般规律及其实现形式。林产品贸易是商品贸易的重要组成部分,其发展要遵循商品贸易发展的一般规律,还要遵循林业再生产和林业经济发展的规律。林产品贸易不仅要满足社会对林产品的需求,还要起到保护森林资源的作用,使林业沿着可持续发展的道路前进。林产品贸易有其自身发展的规律,林产品贸易学的任务之一就是揭示这些规律。林产品贸易是一个历史范畴,其产生与发展经历了不同的历史阶段,林产品贸易的现状与格局是社会历史发展的必然结果,是不同历史阶段的社会经济、政治、技术和自然条件的反映。通过对林产品贸易历史的研究,可以揭示林产品贸易发展的内在规律,更好地为现实服务。世界林业发达国家对林产品贸易历史发展的研究都十分重视,美国、日本、欧洲一些国家都有研究林产品贸易历史的专著出版。宫宝禄主编的《中国木材商品流通与管理》是中国第一部系统描述中国木材流通历史的书籍。

(2) 林产品贸易的理论与政策

其一是林产品贸易的理论框架和体系。既然林产品贸易有其自身的发展规律,那么林产品贸易学就有一套具有自己特色的理论体系和框架。主要涉及:林产品贸易与市场的地位和作用、特点及变化规律;林产品供求与市场均衡;林产品市场体系;林产品国际分工与国际贸易理论;林产品贸易的影响因素等。其二是林产品贸易的研究方法、模型。主要包括:分析各种相关方法和模型,研究其特点和适用性。

(3) 林产品贸易的实际问题

林产品贸易的实践性很强。林产品贸易学的任务之一就是针对林产品贸易实践问题,进行合理的分析和解释,探索解决问题的方法。这些实践问题主要包括:林产品贸易与市场管理体制;林产品市场的建立和规范化管理;林产品市场与贸易的相关法律、法规与政策;林产品区域市场的协调发展;林产品贸易信息系统的建立;林产品物流系统的完善等。对这些问题的研究会不断丰富林产品贸易学的研究内容,促进学科发展。

1.3　林产品贸易学的任务

林产品贸易学的主要任务如下。

(1) 揭示林产品贸易的原因与归宿

林产品贸易有其发生发展的内在动因与客观趋势。林产品贸易学通过林产品的国际贸易利益、国际贸易基础、国际贸易条件、国际贸易环境、国际贸易政策、国际贸易趋势等基本方面及其影响因素的研究，从理论高度阐明林产品贸易为什么能够发展成为世界性的经济行为与关系。

(2) 考察林产品贸易的特点、格局、条件与规律

林产品贸易的发展与变化有其特点、条件、载体、环境因素与规律。林产品贸易学要分析并说明林产品国际价值的形成和贸易条件的决定，考察并阐释影响林产品国际市场价格及贸易条件的主要因素，给出林产品贸易正常进行所必备的一般条件与环境，概括林产品贸易发展与不同类型国家经济增长的相互关系，把握林产品贸易发展过程的主要特点、基本格局与规律。

(3) 建立林产品贸易的理论体系

目前学术界还没有建立一套较为成熟和完备的林产品贸易理论体系。能否以及如何基于现有国际贸易理论体系，考虑林产品贸易的特殊性，建立一套较为成熟和完备的林产品贸易理论体系，解释林产品国际分工与国际贸易的成因和条件、调整和协调、利益和冲突，这将是林产品贸易学的任务之一。

(4) 探讨林产品贸易政策和管理体制

什么样的林产品贸易政策和管理体制才能既能满足社会对林产品的需求，又符合林业可持续发展的要求？这也是林产品贸易学的任务之一。

1.4　林产品贸易学的研究方法

如果把科学理论比喻为"金子"的话，那么，获取这些理论的科学方法，无疑是"炼金术"。方法具有获取理论、积累理论、运用理论、发展理论的功能。国际贸易学的根本研究方法是辩证唯物主义和历史唯物主义，但受林产品贸易学特定研究对象与相应研究任务的制约，在具体运用辩证唯物主义与历史唯物主义的各项基本原理时，必然具有若干形式。

(1) 过程法

林产品贸易学以历史与现实经济生活中各国之间的林产品贸易活动为研究对象，因而它首先就应当客观地反映并说明研究对象的历史过程，充分显现这一客观历史过程的真实性、矛盾性和阶段性。从客观实际出发，遵循历史与逻辑统一的原则，坚持实践是检验真理唯一标准的原则，在详尽占有实际材料的基础上，着力挖寻与探讨林产品贸易发生、发展及演变过程中内在的、本质的、必然的联系，并恰当地、精炼地叙述出来。

(2) 抽象法

林产品贸易学研究的基本任务，在于科学地阐释国际贸易发展的规律性，这就决定了

国际贸易学必须具有理论的深度与力度，不能仅仅停留在对于国际贸易现象与过程的一般描述与说明，使用抽象法尤其必要与重要。

（3）分析法

以国际贸易学的理论来说，为什么其核心概念是国际贸易利益，其理论主线为什么表现为贸易自由主义与贸易保护主义的论争，现代国际贸易为什么逐步走向集团化、区域化、一体化，为什么跨国公司在国际贸易的发展过程中日益具有重要作用，这一系列实际问题，只有通过实事求是的具体分析，才能作出切合实际的说明。

（4）比较法

林产品贸易学所要研究的国际贸易理论、政策或观点，其根源深藏在各国相互联系的社会经济事实中，但各国具体历史与经济条件并非千篇一律；关于国际贸易方面的理论、政策或观点，虽有若干区别甚至相悖，但互相之间势必又存在着一定的联系，相互影响或渗透。这就要求我们以历史、发展的观点，对相关概念、范畴、理论进行科学的比较，把握其发展与变化，揭示其间的差异与联系，阐明其由来、发展、变化的内在力量与趋向，进而展现整个林产品贸易理论与实践的总脉络与总趋势。

拓展阅读

除了具备研究对象、任务、方法这三个要素之外，林产品贸易学还应该有自己的核心概念、理论主线、运行载体、框架结构与基本内容。这是值得进一步探讨的问题。

扫描二维码，可以了解国际贸易学的核心概念、理论主线、运行载体、框架结构与基本内容。

提示

扫描二维码，可以了解中国农林类高等院校的农林产品贸易人才培养的现状和特点。

1.5 林产品贸易发展的历史、趋势与政策动向

1.5.1 林产品贸易发展的历史

人类社会的进步与其对林业及林产品的利用具有悠久的历史。在原始文明初期，林业除了提供自然果蔬等初级产品外，林产品利用几乎与能源历史同步进行，维系人类繁衍的用火文明成为了人类利用林产品的最早记录，能源历史经历了薪柴时代、煤炭时代和石油时代，以木材作为用火资源虽已退出能源应用，但薪柴时代无疑是能源阶段最漫长的过

程。伴随着工业文明的进程,森林利用由单一木材产品向多用途产品及功能的综合利用转换成为了趋势。人类对林产品的开发利用进入了崭新的领域,林产品以木质林产品和非木质林产品两大类属性为优势,一方面作为重要战略资源已成为发达经济体工业进步的主要生产要素,另一方面以经济作物生产为代表仍维系着部分国家及区域的生存安全及经济增长(杨红强,聂影,2011)。

在全球范围内,木材是传统贸易商品。美洲、亚洲和欧洲一直是全球林产品贸易最为活跃的区域。美国、中国、加拿大、巴西是工业原木和锯材的主要最终消费国;美国、中国、日本、加拿大和瑞典是木浆的主要最终消费国;中国、美国、德国、加拿大、日本是人造板的主要最终消费国;中国、美国、日本、德国是纸和纸板的主要最终消费国(FAO,2016)。世界木质林产品贸易与世界经济发展关系紧密,在波动中上升;欧洲在世界木质林产品贸易中处于领先地位,亚洲逐步成为世界最主要的林产品需求中心;世界木质林产品贸易主要集中在发达区的工业化国家,发展中国家地位也越来越重要;各类木质林产品增速不等,初级产品比率不断减小,深加工产品比例不断增大;原木贸易在原木产量和消费量中的比例并不高,环境保护对世界木质林产品贸易的影响日益深刻和广泛,人工林产品逐渐成为世界木质林产品贸易的主体(田明华等,2017)。

20世纪90年代以来,随着贸易自由化进程的加快、世界生产能力和运输技术的提升、消费者实际收入的增加,林产品贸易总体呈现加速增长的态势。如果在FAO的林产品统计口径基础上,增加杂项原材(HS 4404和HS 4405)、可连接型材(HS 4409)、强化木、纸制品(HS 48,但不包括HS 4801~HS4 806和HS 4809~HS 4813)、印刷品(HS 49)、木制品(HS 4413~HS 4421)和木家具,那么世界林产品贸易的规模约增加2~5倍。其中,1992—1995年以加速增长为主要特征;1996—2001年趋于平稳状态(受到东南亚金融危机影响,该阶段出现了一定的贸易波动);2002—2008年以持续显著增长为主要特征;2009年急剧下降,主要受全球金融危机影响;2010—2018年为恢复增长阶段。

值得注意的是,随着世界制造业的快速发展以及世界市场对制造业产品需求的更快增长,世界林产品贸易在世界总商品贸易中的地位呈现不断下降的趋势,并未在世界商品贸易中占据很重要的位置。按照联合国粮农组织(FAO)的林产品统计口径,1991—2010年世界林产品贸易额年均增长率约为4.92%,但是比同期世界商品贸易的增长率低3.12%;1991年林产品贸易的份额为1.95%,1994年升至2.02%,1995年开始一直下降,到2009年只有1.04%。此外,尽管受全球金融危机影响,2009年世界林产品贸易额出现负增长,但在世界总商品贸易额中的份额却止降反升,2010年的份额小幅上升至1.17%。这初步表明:相对于其他商品,林产品的需求弹性较小。

总之,全球木质林产品贸易额在波动中平稳增长,但是在世界商品贸易中的比例有所下降;林产品贸易变化趋势与世界经济增长趋势基本吻合;全球资源类林产品贸易份额下降,附加值较高的深加工产品贸易额占比不断提升。

1.5.2 林产品贸易发展的趋势

(1)全球林产品贸易的总体趋势不变,但是有一些新动向

第一,美洲木浆产业依然强劲,木浆产量持续增长。巴西、智利、乌拉圭先后建立木

浆厂，南美洲或成为木浆产业新兴市场。第二，欧盟生物质能源目标推动全球木颗粒生产。近年来，木颗粒产量增长迅速，这与欧盟委员会制定的生物质能源目标密切相关。2017 年，全球木颗粒产量增长 11.7%，总产量为 3331.8 万吨，将近 60% 的木颗粒（1995.6 万吨）流入国际市场。其中，亚洲木颗粒进口和消费涨幅较高，分别增长 35.8% 和 25.7%。韩国超过越南、马来西亚、印度尼西亚和泰国等传统进口大国，成为世界第三大木颗粒进口国。日本和中国对木颗粒的进口量也有所增加。第三，东南亚承接中国过剩产能，逐步向高附加值生产转变。近 10 年来，东南亚地区林产品贸易呈增长趋势。但是，东南亚原木出口从 2015 年骤减，一方面是印度尼西亚等国家禁止原木出口，探索产业升级，另一方面自身木材加工业发展较快，原料消耗量增加。第四，越南成为东盟重要的新兴林产品贸易市场。2017 年，越南已成为东盟第三大林产品贸易国。随着经济增长速度、技术水平、劳动力数量和质量的提高，已形成了规模较大、技术水平较高的木材与林产品加工产业。越南木质林产品从 2007 年的 17 亿美元提升到 2017 年的 58 亿美元。截至 2017 年年底，越南木制品已出口到世界 120 个国家和地区。越南木制品最大出口市场为美国、中国、日本、欧盟和韩国。第五，中国在世界林产品贸易中仍占有重要地位。2017 年，中国是工业原木、锯材、木浆和回收纸的最大进口国，同时也是第五大林产品出口贸易国（王登举，2019）。

（2）世界木材资源供给日趋紧张

木材资源问题越来越引起世界各国政府的高度重视和普遍关注，木材资源供给问题已由一般的经济问题逐步演变为资源战略问题。基于此，世界主要木材出口国开始逐渐限制木材资源出口。例如，中国最大的原木进口来源国俄罗斯于 2006 年出台提高原木出口关税的草案，计划在 3 年内将俄罗斯原木出口关税以每年 30% 的幅度提高。2007 年 7 月 1 日起俄罗斯原木出口关税上调到 20%，每立方米不低于 10 欧元；从 2008 年 4 月起税率将提高至 25%，不得低于每立方米 15 欧元；从 2009 年 1 月起，税率将提高至 80%，每立方米不低于 50 欧元。加蓬从 2010 年 1 月起禁止原木出口。这项限制政策对非洲其他原木出口国家产生了不可忽视的示范效应，限制原木出口的国家越来越多。全球气候变暖问题日益受到关注的背景下，保护森林生态环境成为世界各国的共同行动。为了树立负责任的林产品贸易国家的形象，争取在国际林产品贸易问题上的话语权，世界主要国家制定政策限制天然林的采伐，积极推动人工林的利用，采取措施提高国内林产工业的集约程度，增加林产品的附加价值。同时，通过相关措施促进实现林产品消费的生态化。这些政策性调整，直接影响了世界林产品的供需，进而影响了世界林产品贸易的发展方向：人工林将取代天然林成为木材供给主体；高附加值的林产品正在成为交易的主体；森林认证制度正在成为林产品贸易的重要条件；世界林产品产业内贸易正在迅速发展。木材资源供需平衡的解决只能通过国内供给和国际进口补给两种途径来解决。未来中国林产品的生产与贸易应该立足于国内人工林资源（宋维明，程宝栋，2007）。国内供给与自然禀赋基础、国家政策、技术水平紧密关联，而进口资源经常与国际经济政治问题联系在一起，特别在目前国际间密切关注气候变化问题的背景下，中国的木材资源进口已经成为影响全球环境的敏感问题。

(3)林产品贸易的合法性要求逐渐提高

发达国家已经采取了积极的行动。例如,欧盟努力推动森林执法、施政和贸易(Forest Law Enforcement,Governance and Trade,FLEGT)进程,并致力于与木材生产国签订《自愿伙伴关系协议》(VPA),以阻止非法木材进入欧盟市场。在被 FLEGT 进程认可的木材及其制成品上,欧盟采取市场鼓励政策,例如,纳入绿色公共采购范围,以减少欧盟对非法木材的消耗,并抑制欧盟公共机构可能助长非法采伐活动的投资。为打击非法采伐及相关贸易,2008 年美国将《雷斯法案》修正案(Lacey Act,16 U. S. C. 3371 et seq.,即美国法典 16 卷 53 章 3371~3374,3376 节)延伸至植物及其制品贸易,认可、支持他国在管理本国自然资源中做出的努力,并激励企业交易来自合法渠道的植物及植物制品(林产品)❶。2008 年 10 月 17 日欧盟委员会提出一项"关于木材及木制品供应商责任的法规"议案,以管理从第三国(包括中国)进口的原木、锯材、刨花板、纤维板、胶合板、单板、纸和纸浆(不含竹材及其再生制品)、木家具、木建材、燃料用材、木片、木框、包装用材、酒桶等木材及木制品。全面禁止非法木材进口的《欧盟尽职调查法案》(The EU Due Diligence Regulation)于 2010 年 10 月 11 日获得欧洲议会通过,10 月 20 日完成全部立法程序,11 月 12 日最终法律文本 EU Timber Regulation(EU TR,即《欧盟木材法》)出版。该法直接影响那些在欧盟有客户的企业,无法证明木材来源合法性的企业将失去欧盟的客户,也无法获得欧盟成员国的公共采购合同。《欧盟木材法》于 2013 年开始生效(EU,2010;EU,2012)。为支持各级政府在其所辖范围内推进木材合法贸易进程,促进澳大利亚采购和销售合法采伐的木产品,同时避免在《雷斯法》修正案和《欧盟木材法》施行后,澳大利亚成为非法木材贸易商的替代目标市场,经过 5 年立法辩论,澳大利亚《非法采伐禁止法案 2012》(Illegal Logging Prohibition Bill 2012)于 2012 年 11 月 19 日获得众议院和参议院通过,11 月 30 日获得御准,成为澳大利亚正式法律,即《非法采伐禁止法 2012》(Illegal Logging Prohibition Act 2012,ILP)(Act no. 166,2012 年)(Kelly,2012)。2013 年 12 月 20 日俄罗斯国家杜马通过了《俄罗斯联邦森林法》和《俄罗斯联邦行政违规行为守则》修正案❷。该修正案统称为《俄罗斯圆木法》(Russian Roundwood Act,RRA),包含测量、标记、注册和圆材运输的要求,旨在提供一种系统,用于记录和跟踪圆木从采伐、运输、销售到加工或出口的过程。为了向欧美市场提供其产品的信息和合法性文件,中国木材制造商迫切需要提高追溯木材原产地的能力。目前,中国木材制造商是俄罗斯远东地区最大的木材和木材产品进口商,一直受非法采伐问题困扰。如果运行成功,该系统对于需要验证俄罗斯原木合法性的中国进口商而言,非常重要。

(4)低附加值林产品出口市场日趋激烈

木材产业是劳动密集型产业,也是发展低碳经济的最佳产业,发展本国木材加工业,增加社会就业,正成为一些发展中国家的新政目标。例如,越南政府通过实施积极

---

❶ http://www.aphis.usda.gov/plant_health/lacey_act/index.shtml,相关问题的解答见:http://www.aphis.usda.gov/plant_health/lacey_act/downloads/faq.pdf

❷ Federal law of the Russian Federation from December 28, 2013 No. 415-Ф3 "On amendments to the Forestry code of the Russian Federation and the Russian Federation Code of administrative infractions", http://www.rg.ru/printable/2013/12/30/drevesina-dok.html

的外资政策，大力发展本国木材加工和出口贸易，截至目前，越南已拥有410个与林产品生产相关的外资项目，其中300个项目价值超过10亿美元，其出口额占木材产业出口总值的50%以上，林产品已经出口到120个国家和地区，其中美国、欧盟和日本是其最大的市场。同样，作为拥有巨大森林资源优势的俄罗斯，也正在积极致力于木材产业的发展。2007年7月俄罗斯通过了《俄罗斯联邦森林法》修正案，修订后的《森林法》将林区租赁的最长期限定为49年，赋予了地方政府林业管理的大部分权力，通过地方政府优惠政策措施的出台，鼓励外资在俄境内设立木材加工企业，以实现俄罗斯由出口木材资源为主向木材制品的转变。加蓬政府自从出台限制原木出口政策后，为了积极鼓励木材加工行业的发展，专门设立了经济特区，鼓励企业在当地落户生根，努力创造健康、良好的投资环境，在落户企业办理手续、财政优惠补贴、生产生活设施等方面，都做了周密的安排。

1.5.3　林产品贸易的政策动向

1.5.3.1　影响林产品贸易的国内政策动向

（1）全面停止天然林商业性采伐

我国全面建设小康社会，实施乡村振兴和美丽中国建设，都必须以生态保护和绿色、循环、低碳发展为前提。木材作为可再生、低能耗、低污染的原材料，将成为我国经济生活发展、人居生活改善的重要原材料。中国自1998年开始试点天然林资源保护工程（简称"天保"工程），并于2000年正式实施。天然林保护工程的实施，使天然林资源得到了有效保护，森林面积和蓄积双增长。该工程一期（2000—2010年），累计调减木材产量2.2亿立方米，减少森林资源消耗3.79亿立方米。为全面严格保护天然林资源，自2014年4月1日起，国家林业局部署黑龙江省龙江森工集团和大兴安岭森工集团全面停止天然林商业性采伐；自2015年4月1日起，停伐范围扩大到内蒙古、吉林的国有林区和国有林场；2017年起全面停止天然林商业性采伐。实施随着"全面停止天然林商业性采伐"政策的推进，东北地区、江西、云南等对天然林资源依赖程度高的地区的木材工业由于木材原料减少，导致木材加工企业大量停产、搬迁或转产。东北重点国有林区林产工业企业大部分处于停产或半停产状态，木材加工企业由于原料严重紧缺，关、停、并、转已经陆续上演。对吉林森工集团的调研发现，周边木材加工企业大部分停业，特别是以林业"三剩物"为主要原料的生产企业更为严重。而对以杨树、桉树等速生丰产林木材为主的华东地区和广西区，以进口木材为主的东部沿海地区，受到的影响有限。对全国来说，以原木、锯材为主要原料的实木加工行业短期内将面临资源紧缺局面（李秋娟，2018）。这给国内木材供给带来了新的问题，木材对外依存度逐年增大，而与此同时，国际环保政策、贸易政策以及贸易伙伴国的原木锯材出口限制政策的实施，致使我国依靠进口木材弥补国内供给不足面临一定挑战，木材供需缺口日益扩大，使得木材安全问题已经变为重大的资源战略问题和日益复杂的国际政治问题。

（2）修改森林法实施条例

2018年，国务院对18部行政法规的部分条款进行修改，《中华人民共和国森林法实施条例》突出强调木材合法来源。相关条款包括："木材收购单位和个人不得收购没有林木采伐许可证或者其他合法来源证明的木材。""违反本条例规定,收购没有林木采伐许可证或者其他合法来源证明的木材的,由县级以上人民政府林业主管部门没收非法经营的木材和违法所得,并处违法所得2倍以下的罚款。"

(3) 中欧(俄)班列发展迅速

2018年开通了中欧(俄)班列,中国内陆城市与欧洲直通,大幅降低内陆地区进口木材物流成本,促进新的木材集散与加工基地形成。

(4) 调整进出口税率

根据财税[2018]32号文件,原适用17%和11%税率的进口木材,税率分别调整为16%和10%。根据2018年11月1日财政部发布的通知,部分地板出口退税率由9%提高到13%。

(5) 中国政府机构改革

2018年中国进行政府机构改革,关检合一,全面取消《入境货物通关单》和《出境货物通关单》,简化一系列审批程序。

(6) 禁止进口木废料等32种固体废物

2018年4月,多部委联合印发《关于调整〈进口废物管理目录〉的公告》,木废料等32种固体废物列入禁止进口目录。

(7) 不允许原木在国内进行熏蒸处理

中国海关总署宣布,中国港口不再允许原木在国内进行熏蒸处理,也不允许在香港熏蒸的原木进入大陆港口。

(8) 出台《企业境外经营合规管理指引》

国家发展和改革委员会同多部委联合制定了《企业境外经营合规管理指引》,加强对企业境外投资指引。

1.5.3.2 影响林产品贸易的国外政策动向

(1) 美洲影响林产品贸易的政策动向

①中美贸易摩擦。2018年以来,中美贸易摩擦不断升级,在美国加征关税的清单中,包括中国出口美国除印刷品外的所有木质林产品种类。美方于2019年5月10日将2000亿美元中国输美商品的关税从10%上调至25%。中国政府采取了相应的反制措施。②美对华橱柜和浴室柜开展双反调查。2019年4月19日美国国际贸易委员会(ITC)认定从中国进口的木制橱柜和浴室柜导致美国国内产业遭受实质性的损害,由美国商务部着手开展倾销和补贴的调查。③美加贸易摩擦升级。美国商务部对进口加拿大部分针叶锯材产品征收20%税率,对无涂层的制纸木浆(白报纸)征收高达22.16%的初步反倾销关税。加拿大政府进行反制,对从美国出口到加拿大的软木胶合板征收10%附加税。

(2) 欧洲影响林产品贸易的政策动向

①俄罗斯继续限制原木出口。俄罗斯联邦总统于2018年5月21日签署法令修改了《俄罗斯联邦森林法典》第29条的部分内容,规定自2020年1月1日起至2030年12月31日,采伐的针叶木材仅允许在俄罗斯联邦境内进行加工。同时,加大对桦木出口管制,实施配额制。②欧盟委员会公布修改《欧盟木材方案》产品范围。欧委会一共收到来自不同利益相关方的219条意见。绝大多数意见都表示现行的产品范围不够充分,需要覆盖更多产

品或所有木材产品。③法国各部门联合签署《减少毁林国家战略》(SNDI)，旨在2030年前停止进口不可持续生产的农林产品，从而减少毁林。④乌克兰使用欧洲木材标准。2018年是乌克兰使用前苏联GOST标准的最后一年。国家林业署有计划地准备使用新的、与欧洲一致的国家标准。

（3）非洲影响林产品贸易的政策动向

①非洲各国纷纷出台原木出口禁令。2018年非洲新增7个国家出台相关禁令（赤道几内亚、安哥拉、尼日利亚、肯尼亚、莫桑比克、坦桑尼亚、乌干达）。截至2019年年底，全球已有100多个国家出台法律法规禁止全部或部分原木出口。②加蓬强化对森林可持续经营的要求。2018年9月，加蓬总统发布声明，要求"所有拥有加蓬特许经营权的森林在2022年之前通过FSC认证。"③血檀(Mukula)木材将列入CITES公约附录Ⅱ。在CITES植物委员会公布的第24届会议议程中，马拉维提议将非洲血檀列入CITES公约附录Ⅱ的建议。目前CITES已收录18种红木。④东非国家正在制定统一的林业政策。2018年4月20~21日在肯尼亚内罗毕召开的"东非政府间发展组织(IGAD)关于东非区域林业发展政策和发展战略研讨会"中，东非各国表示已经开始制定统一的森林政策和战略，主要目的是希望通过提升森林覆盖率，防治土地干旱。

（4）亚洲影响林产品贸易的政策动向

①越南与欧盟签署VPA。2018年10月19日，越南与欧盟签署《森林执法、施政与贸易自愿伙伴关系协议》(VPA/FLEGT)，旨在通过越南木材合法担保体系(VNTLAS)授予出口欧洲货物合格证书以扩大越南木材和木制产品对欧出口。②越南禁止中国及其他国家企业利用越南作为过境国向美国出口木制家具。2018年12月越南农业和农村发展部与工业和贸易部担心美国对越南出口木材家具开展双反调查，制定此规定。③缅甸正在建立国内木材合法性认证体系。根据缅甸木材合法性保证体系(MTLAS)的要求，缅甸森林认证委员会指定了4个认证机构开展相关工作，同时建立了木材合法性认证的在线平台，以提高透明度和改善信息获取渠道。④韩国要求木材进口商向海关提交木材合法性证明文件。韩国自2018年10月1日起要求特定木材产品的进口商向韩国海关提交相关证明文件，以证实进口木材产品的合法性。此要求适用于木质颗粒、原木、锯材和胶合板等产品。

（5）南美洲影响林产品贸易的政策动向

①巴西发布《巴西〈森林法〉合规性评估实用指南》中文版。2018年3月13日，巴西正式发布《巴西〈森林法〉合规性评估实用指南》中文版。该指南旨在帮助巴西农林产品的购买者验证其采购的商品是否符合巴西《森林法》的规定。为此，指南提供了一系列可供使用的工具，以确保买方的供应链与《森林法》的要求相符。②圭亚那与欧盟就签署VPA达成一致。2018年12月7日，欧盟委员会国际合作与发展副总干事与圭亚那资源部部长于布鲁塞尔签署了自愿合作伙伴协议(VPA)。透过自愿合作伙伴协议(VPA)，圭亚那将避免非法采伐、运输或加工的木材流入贸易活动，促进林业部门现代化进程，并能创造就业机会，促进永续发展，并保护原住民的权益。

（6）大洋洲影响林产品贸易的政策动向

①澳大利亚宣布FSC和PEFC认证产品不能豁免尽职调查。澳大利亚参议院于2018年2月阻止了这项豁免权并捍卫《澳大利亚非法采伐法》所规定的尽职调查要求。②巴布亚

新几内亚计划逐步禁止原木出口。巴新政府曾计划于 2020 年前逐步禁止原木出口，加大在当地林产品加工的比例。巴新森林研究院、巴新技术大学和澳大利亚国际农业研究中心正在研究制订具体实施方案。③新西兰公布地区发展基金方案。该方案将获得 30 亿新西兰元的政府拨款，预计将有效提升新西兰偏远地区的就业和生产力。新西兰计划未来 10 年种植 10 亿棵树木，作为长远稳定的出口木材来源，从而创造大量的财富。

1.6 林产品贸易研究进程

国际贸易学科存在两大问题：一是在国际贸易理论与国际贸易政策之间存在矛盾；二是至今为止的国际贸易理论和政策分析无法有效指导国际贸易实务(杨青龙，2013)。

就国际贸易国外学术研究而言，2012 年关注：异质性企业贸易、传统贸易理论的扩展和应用、垂直分工和生产分割、贸易与要素价格、贸易与环境、贸易协定、贸易与宏观经济、贸易政策政治经济学、贸易与知识产权保护以及现实热点问题。其中，异质性企业贸易是学术的最前沿，引领国际贸易研究和理论发展的方向(东艳，李春顶，2013)。2016 年关注：异质性企业贸易，侧重于异质性企业的贸易行为选择、贸易的效应以及其他因素对异质性企业的影响等方面；生产分割和全球价值链领域，侧重于垂直一体化和外包的动态选择和影响及全球价值链中的出口国内附加值问题；传统贸易理论框架下的研究，集中在贸易与增长、贸易与劳动力市场及区域贸易协定和贸易壁垒等方面(李春顶，东艳，2017)。2017 年集中于三方面：传统贸易理论框架下的分析，主要关注贸易开放的效应、贸易与劳动力市场、贸易争端与贸易保护；异质性企业贸易，重点在贸易自由化的效应、进出口贸易动态和出口产品的质量选择；全球组织生产和价值链，主要关注全球外包的边际、出口平台下的全球组织生产以及附加值贸易(李春顶，东艳，2019)。

杨红强和聂影(2011)通过 ISI 开发的 SCI、SSCI、A&HCI、ISTP 四大数据检索系统，对 1975—2010 年林产品贸易与市场相关领域的国际科研产出进行分析，发现 1990 年后林产品贸易与市场研究成为国际林业的热点问题，相关研究成果主要分布在林学(554 篇)、材料科学(189 篇)、环境科学(137 篇)、生态学(102 篇)、经济与商业学(92 篇)、能源研究(32)等领域，除了在林学研究范畴占绝对领先地位外，林产品贸易与市场的研究从单一的农林经济管理学科向外部发展，明显呈现交叉学科的科研特点，其与气候、环境、生态及能源问题的结合成为主要研究趋势；国际间以美欧等国为导向引发林产品贸易与市场问题研究的不断深入，中国在相关领域的国际科研水平亟需提高。

目前林产品贸易研究主要基于国际贸易学理论，并没有独特的理论体系能够解释和指导林产品贸易实践。除了分析林产品贸易的规模、商品结构、市场格局、贸易模式、国际竞争力、贸易潜力等贸易共性问题，林产品贸易的实证还涉及林产品贸易的特性问题。概述部分研究动态如下。

1.6.1 林产品贸易与林业对外直接投资研究

通过国际市场获取木材资源，是缓解中国木材供需矛盾的重要途径，而进口林产品和林业对外直接投资是这一途径的主要实现形式。

中国是世界最大的木材进口国，但木材进口容易受到东道国政策，特别是贸易保护政策、经济因素和外部风险的影响和制约。通过实施对外直接投资战略，与东道国开展平等互惠的林业合作，境外开发和利用其森林资源，不仅可以有效避开贸易壁垒，应对资源短缺和产能过剩，减少对木材进口的依赖，保障木材供给的可持续与稳定性，还有助于掌握国外先进技术并开拓市场，实现林业的可持续发展。通过资源获取型对外直接投资的方式可以避免中国林产品进口存在的风险（张有峰，2014）。

林产品贸易与林业对外直接投资存在互补（促进）和替代（竞争）性。顾雪松等（2018）通过理论分析与宏观数据实证相结合，揭示中国林业对外直接投资对林产品进出口影响机制与效果，提出通过林业对外直接投资促进林产品进出口贸易，进而通过贸易与投资共同协调发展提升中国林业国际竞争力的战略思路。

1.6.2 林产品贸易与环境规制研究

（1）涉林环境规制的特点

目前，涉林环境规制呈现如下特点。

第一，越来越密集。林产品贸易以森林的木材资源利用为基础，而森林的木材资源功能利用与森林的碳吸存、碳替代、能源替代等不同功能的经济利用之间存在着对立统一关系。为应对气候变化，发展低碳经济，改善自然环境，各国政府纷纷出台政策措施，推动涉林低碳新产业发展，如林业碳汇、林木生物质能源、非木质林产品、生态旅游和休闲等，促进了林业产业链的延长。同时，木材合法性进程，如森林经营认证、产销监管链认证和碳认证、碳标签等涉林环境规制和低碳行动越来越密集。结合中国林业信息网提供的木质林产品贸易大国的主要涉林环境规制法规资料，分析可知：美国、日本、韩国、英国、德国、法国等多个国家都参与了《南极条约环境保护协议》，表明各国环保意识增强；各个国家的涉林环境规制都涉及森林经营管理、森林保护、森林采伐等方面，例如，中国陆续出台的1984年《森林法》、1987年《森林采伐更新管理办法》、1986年《森林法实施细则》以及2000年《森林法实施条例》，美国1993年出台的《美国森林资源保护和防止短缺法补编》，德国2004年出台的《德国柏林市森林保护和管理法》，法国2014年出台的《法国关于森林采伐的环境影响的法令》等；20世纪六七十年代，发达国家已经具备比较完善的全国性或地方性涉林环境规制法规，起草较早，层次分明、体系完善、重视突出特色，例如，加拿大1996年出台《加拿大魁北克省森林经营标准条例》，澳大利亚出台1994年《澳大利亚昆士兰州环境保护法》，英国2006年出台《北爱尔兰林业环境评估条例》。2010年以来，各国的涉林环境规制更加重视森林的可持续经营、环境和社会效益，关注气候变化与环境保护，如2011年中国出台的《国家级森林公园管理办法》，2011年澳大利亚出台的《澳大利亚首都特区气候变化与温室气体减排条例》，2013年印度尼西亚出台的《印度尼西亚防止和消除森林破坏法》等等。此外，《北爱尔兰林业环境评估条例》《澳大利亚新南威尔士州1979环境规划与评估法》《法国关于评估森林经营对环境的影响的法令》等表明，一些国家已经有了具体的涉林环境规划与评估方法，环境评估方法逐渐量化。

第二，内容极为繁复。涉林环境规制的内容极为繁复，逐步扩展为关注环境和社会效应。例如，关注：产品来源、产品的信息、生产是否合法，森林是否以可持续的方式经营，包括脆弱生态系统在内的特殊地区是否被保护，气候变化问题是否被关注，是否实施适当的环境控制，是否合理回收利用纤维和其他资源，是否考虑当地社区和林区原住居民的利益。

第三，对经营者的要求较高。以其中的木材合法性规制为例，除了绿色采购政策和负责采购政策、各种双边或多边协议之外，《雷斯法案》《欧盟木材法》《澳大利亚非法采伐禁止法》《俄罗斯圆木法》等相关立法及实施条例和措施已经出台，旨在禁止进口或投放非法采伐木材，普遍要求木材生产商、加工厂和出口商"尽职调查"或"应有的注意"，获取产品信息、评估和减缓进口或投放非法木材的风险，保留存档文件和记录。以出口商为例，出口商有义务提供木材采购、运输、境外贸易和转让、境内销售环节的各种证明，证明木材合法性。如若官方虚假文件大行其道，出口商还要开展不仅仅依赖于官方文件的额外风险缓解活动，包括与 FSC 和 PEFC 等第三方认证和认定项目合作。由此催生或促进的各种第三方认定和认证项目，可以提供诸多或全部证明"尽职调查"或"应有的注意"所需的信息和证据，但不一定满足特定规制体系的合法性要求。例如，雨林联盟合法认定（VLC）、土壤协会森林合法认定（FVLC）、SCS 合法采伐认定（LHV）、NepCon 合法来源（LS）等认证与合法验证项目，满足《欧盟木材法》尽职调查要求；而 FSC、PEFC、GFS 木材追溯项目、法国船级社 OLB、雨林联盟 VLO、Certisource 等认证与合法验证项目，部分满足《欧盟木材法》尽职调查要求。多数合法性规制体系都包含从森林来源到木材制成品的产销监管链，其中一些还明确提出了以合法性为基础，向可持续性目标接近的计划和时间表；要求非常高，企业，尤其是小微企业，短期内难以适应，不断推高了企业生产经营成本。

（2）林产品贸易与环境保护的冲突问题研究

杜宇霞（2013）在概述贸易与环境、林产品贸易和可持续发展国内外相关现状的基础上，以计入环境要素的 H-O 模型、贸易对环境三种效应理论为基础进行分析，认为当前中国木质林产品出口贸易与环境保护的冲突主要体现为取材的不可持续、生产过程环境污染严重、出口中发达国家的贸易壁垒约束严重等，究其根本原因是林产品贸易的发展过程中环境成本内在化程度不够，产品没有充分反映出环境的真实价值，因此，解决木质林产品出口贸易与环境保护的根本冲突是充分实现环境成本内在化；认为中国出口木质林产品的价格没有充分反映出环境资源的真实价值，需要进一步对环境成本进行内在化，并分析了完全环境成本内在化对木质林产品出口的影响。

（3）环境规制势对林产品国际竞争力的影响研究

随着世界经济的增长，林产品国际贸易发展迅速，但非法采伐生产和贸易、森林认证、碳汇贸易、进出口检验检疫、贸易保护国内加工增值、贸易争端等问题对世界林产品贸易影响越来越大，其中大多数与环境保护有关。而中国往往处于这些问题的焦点（田明华等，2008）。孙红芳（2005）认为木质林产品贸易与环境问题之间博弈的根本原因在于森林资源的竞争使用以及环境成本外部性，创新林业经济体制、完善林产品贸易的法律法规体系、提高林业企业的技术创新和管理水平等都有助于木质林产品贸易与环境的和谐发展。陆晨霞等（2017）分析了环境规制对林产品国际竞争力的影响。

1.6.3 非法采伐及相关贸易、木材合法性认证研究

(1) 问题的维度

20世纪80年代后期到90年代初期,"非法采伐"还没有成为一个国际问题,而被视为主要木材出口国不想承担责任的问题。在1994年的《国际木材贸易协定》中出现了"无证贸易",这是首次出现的"非法木材贸易";在《G8森林行动计划》中第一次出现了"非法采伐"。在此期间的研究报告和政策文件多着眼于生产国的解决方案,侧重于环境目标。21世纪初,热带林产品加速流向发达国家。主要消费国,如美国和澳大利亚,越来越多地将非法采伐描述为全球木材及木材产品贸易的决定性因素;欧美的主要行业协会将非法采伐视为境外竞争力问题,主要考量经济目标。最近10年以来,有学者认为非法采伐及其相关贸易是全球犯罪问题。2015年9月联合国大会通过的《2030年可持续发展议程》和相关的可持续发展目标将环境安全和可持续发展联系起来,强调打击非法采伐及其相关贸易对于未来至关重要。简而言之,在初期,非法采伐及其相关贸易问题主要被视为一个热带发展中国家的问题,侧重环境目标;到中期,它越来越多地被视为一个境外竞争力问题,考量经济目标;近期,它则被视为一个全球犯罪问题,开始涵盖各种非法森林活动,触发了国际协调一致的干预措施,相关研究强调环境安全和可持续发展紧密联系,但是深入的相关犯罪学研究很少。

(2) 非法采伐的定义

非法采伐并没有统一定义。定义非法采伐不仅是技术问题,也具有深远的政治影响(Contreras-Hermosilla et al., 2007)。广义的"非法采伐"涵盖各种"非法森林活动"或"非法林业活动",可以大致分为两类:来源非法和在供应链过程中守法不善。

(3) 非法采伐的统计和估计

Kleinschmit 等(2016)将现有估计方法归纳为5种:贸易数据差异法、木材平衡分析、导入源分析、专家调查、混合法。目前大多数研究采用混合法。非法采伐及相关贸易的年度全球市场价值在100亿~1000亿美元。

(4) 非法采伐的驱动因素和后果

有争议和冲突的土地使用权安排是非法采伐的深刻驱动因素,腐败、法规不完善、执法不力、财政激励措施有限、过度规制、关注短期经济增长等,或驱动非法采伐,或使得遏制非法采伐的努力效果有限。在实证研究中,将具体影响归因于非法采伐具有挑战性;由于影响存在时滞,其累积效应更难以确定。

(5) 非法采伐的治理

过去几十年,国际社会广泛承认并一再努力解决非法采伐问题,非法采伐的治理逐渐从政府导向转向多行动者治理,产生了广泛的影响(Bernstein, Cashore, 2012),或触发更持久的改革,国家层面的进一步政策反应将会出现,同时也要看到全球治理的局限性和困难。例如,大多数非法木材不进入国际贸易,现有治理措施的影响往往被削弱;有限地理范围内的合法性验证,可能促使非法木材转向其他市场;合法性验证程序复杂,容易对小规模伐木者造成负面影响,或破坏土著社区和其他弱势社会成员的权利;木材商品链仍然缺乏透明度和可追溯性;木材犯罪网络的作用常常被低估。

(6) 相关研究的进展与局限性

非法采伐及相关贸易已成为近年的研究热点之一。有研究集中于非法采伐定义，非法采伐及相关贸易的规模、动因、影响、回应和发展趋势，打击非法采伐及其相关贸易的途径和效果。有少量研究通过情景模拟，预测消除非法采伐对生产国和消费国的经济影响。还有一些研究试图对非法采伐及其相关贸易的尺度、规模、驱动因素和后果，对现有政策和治理举措的机会和局限性，进行详细、全面的审查和"快速反应评估"。缪东玲和程宝栋（2014）研究了打击木材非法采伐及其相关贸易的立法现状和影响。其中，Watson（2006）提出了禁止非法采购的方法。李小勇（2008）认为林产品绿色采购是治理非法采伐的有效方法。缪东玲等（2014）则分析了木材合法性认证及其对中国木质林产品贸易的影响。李剑泉等（2007）探讨了世界森林执法管理与贸易国际进程的现状和主要问题。McDermott 等（2015）通过巴西亚马孙的一个案例，预测不同木材供应链对以贸易为基础的治理体系的相关性和接受度，评估认证和合法性倡议与热带木材生产系统的相互作用、对森林砍伐和退化的影响、地方利益，发现：巴西通过卫星监测控制非法采伐，有助于显著减少森林砍伐，但对森林退化的影响不太明确；合法性验证受限于支离破碎的木材生产，有利于大型生产商和外部市场；阻止当地获利。

值得注意的是，既有研究多停留于宏观层面，涉及问题的很多方面，缺少在微观企业层面的理论和实证研究。非法采伐及其相关贸易问题本身具有多面性和多维度的特点，对不同国家、组织和个人意义不同。非法采伐、非法森林活动和非正式采伐的概念还需要进一步澄清。不同层面的非法森林活动，其原因和后果差异很大，需要进行更精确的分析。我们对各种非法森林活动的理解仍然存在许多差距，无法准确确定、比较不同数据及其趋势。此外，如何确保小农得到支持以合法生产，如何承认土著民权利，GFPM、EFI-GTM 等模型和半结构访谈方法，被广泛应用于非法采伐及其相关贸易的影响和治理效果研究。但是，实证研究的数据可获得性较差。一方面，非法采伐及其相关贸易的准确统计或估计是一个全球性问题，尤其缺乏对国内市场定期、广泛的监测；另一方面，非法采伐的定义不统一，测量方法和结果有所不同，影响了实证研究结论的可靠性（缪东玲，2018）。

1.6.4 森林认证、木材可追溯性与林产品贸易研究

1.6.4.1 森林认证与林产品贸易研究

森林认证是 20 世纪 90 年代发展起来的。作为一种国际公认的促进森林可持续经营的市场机制，森林认证通过认证标准体系将森林可持续经营的环境、社会和经济要求进行有效融合，并将这些要求纳入日常森林经营和管理活动，有力地推动森林可持续经营从理论走向实践，得到国际社会的普遍认可。森林认证通过对林产品贸易的影响来影响森林经营。随着生态环境的恶化和公众对环境保护意识的加强，无论是国际市场，还是国内市场，人们对绿色产品的要求越来越高，因此，经过认证的林产品正在为消费者所青睐。同时，经过认证的林产品，可以消除各国对环境保护的贸易壁垒，有益于各国林产加工企业进入国际市场。中国的大部分林产品出口到环境保护意识较强的欧美市场。21 世纪以来，中国的林产品出口受到森林认证不同程度的限制。加贴森林认证标志，是林产品进入这些

环境敏感国家或地区市场的通行证之一。目前，国际社会对森林认证的关注热点集中在以下方面：推动热带木材认证；倡导不同森林认证体系之间的互认和合作；促进森林认证标准核心内容的国际化和一致性；提升森林认证审核质量和可信度；支持小农户联合认证（胡延杰等，2019）。

林月华（2005）阐述了认证林产品的产生及其市场现状，分析了森林认证对林产品贸易的影响，并提出建议以促进中国开拓认证林产品的市场。徐媛霞等（2018）认为中国林产品出口受制于森林认证的主要原因是：生产技术落后致林产品质量不高；国内森林认证标准与国际标准存在差异；国际上对环境的关注及绿色观念的深入发展；产业集中度低和出口市场集中度较高导致贸易摩擦不断。而森林认证对中国林产品出口的影响主要表现为：繁琐程序致林产品出口周期变长；迫使增加森林面积以达到最低认证面积要求；增加林产品贸易成本；削弱林产品的国际竞争力。

1.6.4.2 木材可追溯性与林产品贸易研究

木材的全面可追溯性有利于木材工业和市场参与者。Gyimah（2012）认为引入条码系统追踪木材，有利于转向可持续的产量管理。

（1）木材可追溯性的内涵

CAC 和 ISO 把"可追溯性"定义为："通过登记的产品标识码，对产品的历史、使用或者地理位置分布进行追踪的能力"（徐学万等，2010）。产品的可追溯性是产品具有能够追溯其历史、使用及分布情况的能力（肖玉敬，1998）。木材可追溯性主要是对用以生产林产品的木材来源的各种相关信息进行收集、跟踪、记录、查询和监督，从而确保所用木材是合法的，是来自可持续经营的森林；鉴于林产品的特殊性，林产品的可追溯性既涉及所用木材的物种名称和来源、生产和加工过程、销售后的使用和分布情况等产品基本信息，又涉及整个木材供应链上的合法证明；如果再考虑使用进口木材的情况，木材的可追溯性则要求在全球范围内实现从木材生产国森林采伐、到中间加工国的木制品再加工、到林产品消费国的产成品进口的全部环节的可追溯（韩丽晶等，2015）。林产品企业要实现木材的可追溯性，必须梳理供应链，收集合法证明。

（2）木材可追溯性的发展趋势

从供应链的角度来看，木材可追溯性沿着供应链向纵深方向发展。2008年，美国《雷斯法案》的进口申报制度要求向美国直接出口的林产品贸易商提供产品所含木材来源的合法性证明，其追溯的对象还仅限于供应链末端的林产品出口商，还不涉及供应链上游的木材加工商和木材生产商。2010年，欧盟《木材法案》不仅对林产品贸易商提出追溯要求，而且明确提出要对整个林产品供应链的各个环节进行追溯，即从原料的生产、加工、包装、运输、销售到消费的所有环节可追溯。

从林产品国际贸易的格局来看，木材追溯正逐渐从林产品消费国向木材生产国推进。当今世界林产品贸易已经形成了欧、美、日等发达国家是主要的林产品消费国，中国和越南为中间加工国，俄罗斯和非洲国家为木材生产国的格局。最初是欧、美等林产品消费国对进口产品提出"可追溯"要求，到2011年俄罗斯提出建立木材跟踪系统，2014年刚果（金）提出了实施木材全球可追溯战略。木材可追溯体系的发展已经突破了林产品消费国，进入了木材生产国，这也预示着在全球范围内木材可追溯体系的形成。

1.6.5 林产品贸易的持续性与产品质量研究

1.6.5.1 贸易的持续性研究

贸易持续性：一般以贸易关系的持续期和贸易边际衡量❶。

(1) 贸易持续期的研究

比较优势理论、要素禀赋理论以及新贸易理论，都认为贸易关系一旦开始，就将永续。然而，实际并非总是符合理论预期：贸易关系有生存期，总有间断出口现象。21世纪以来，对产业、产品、企业的贸易持续期的研究方兴未艾（唐平娟，林常青，2017）。采用生存分析法，许多研究发现：贸易持续期普遍较短，且存在负的时间依存性；产品细分程度越高，持续期越短，因为分类越细，包含产品种类越少，每一类产品出现的概率就越低。

①进口贸易持续期的研究。Besedeš 和 Prusa（2006b）采用 Kaplan-Meier 生存分析法考察美国的进口持续时间。Besedeš 和 Prusa（2006a）运用 Cox 比例风险（Propotional Hazard）模型深入研究美国异质化产品和同质化产品的进口持续时间。Besedeš（2008）考虑了贸易形成和持续时间的搜索成本，用 K-M 模型和 Cox PH 模型分析美国与发展中国家和与发达国家的贸易关系持续期。Besedeš 和 Prusa（2013）采用连续型时间模型 probit 模型，解释变量中加入反倾销行为。Nitsch（2009）发现 1995—2005 年德国大部分 HS 八位数编码水平进口商品的贸易持续期只有 1~3 年。Hess 和 Persson（2010a）发现有 60% 的欧盟进口贸易关系持续时间段在第一年后就结束了。Fugazza 等（2009）、Brenton 等（2010）对其他国家贸易关系持续期的研究也得出了相似的结论。Esteve-Pérez 等（2013）发现西班牙企业出口持续时间存在负时间依存性（negative duration dependence）和"门槛效应"。

国内关于进口贸易持续期的研究晚于国外。多从产品、企业—产品层面展开（陈勇兵等，2013；逯宇铎等，2015；李永等，2015）。陈勇兵等（2013）运用离散时间 Cloglog 模型考察中国进口贸易持续时间的决定因素。逯宇铎等（2015）从企业层面测算中国进口持续期平均只有 1.8 年；进口关税越低，外资企业会维持更长的贸易持续期。在产品层面，李永等（2015）基于 1992—2012 年中国进口的 54 种能源产品数据，发现中国能源进口贸易联系持续期整体较短，中国与北美、中东及北非地区的贸易持续期长于亚洲、欧洲地区。

②出口贸易持续期的研究。Esteve-Pérez 等（2013）在对西班牙企业出口持续时间的研究中发现 1/2 的产品—企业贸易段的持续时间非常短暂，出口产品持续时间在 4~5 年后失败的危险率显著下降。Cadot 等（2013）研究非洲 6 个国家的企业出口行为，发现出口企业

---

❶ 贸易关系：从出口国视角，贸易关系（trade relationship，也称贸易联系）是指某一产品出口到某一国家至完全退出该国的一种状态及其联系。贸易关系的持续期：是指贸易关系的生存时间，即没有间隔、连续出口到目的国的时间段（spell），简称贸易持续期（the duration of trade）。在一个贸易关系中通常会出现多个贸易关系时间段（multi-spell）。贸易关系持续期能有效地反映一国产品或企业在国际市场的生存能力，是一国产品和企业综合国际竞争力及应对外部冲击能力的集中体现（Shao & Xu，2012）。间断出口：在一定时期内，出口贸易持续一段时间后退出，一段时间后再次进入出口市场的现象。贸易边际：一般分解为集约边际和扩展边际。集约边际是指进入贸易的产品种类或参与贸易的企业数目不变，原有贸易关系发展，贸易值变化；扩展边际是指进入贸易的产品种类或参与贸易的企业数目变化，即新贸易关系产生，贸易值变化（万璐和王颖，2012）。集约边际是出口增长的重要动力，还可以进一步分解。

向一国出口的产品种类数越多，或一个产品向更多的国家出口时，该类型企业出口贸易关系的生存概率更大。Lejour Arjan(2015)从国家—产品层面研究上升到国家—产品—企业关系(FCP)层面，以荷兰出口企业为样本，研究了荷兰的出口持续期。国内研究：涉及国家层面(邵军，2011；杜运苏等，2013；杜运苏等，2015)、企业层面(陈勇兵等，2012；蒋灵多等，2015；于娇等，2015)和产品层面(何树全等，2011；郭慧慧等，2012；陈勇兵等，2012；冯伟等，2013；邵军等，2014；张亚斌等，2014；冯伟等，2013；冯伟等，2013)。

总之，已有研究集中于两方面：一是出口持续时间的测算。分为产品出口持续时间(Besedeš, Prusa, 2006b；张巧等，2019)和企业出口持续时间两类(陈勇兵等，2012)，但结果较为类似：出口持续时间不长。二是出口持续时间的决定因素分析(Besedeš et al., 2006b；陈勇兵等，2012；毛其淋等，2013；蒋灵多等，2015；邹宗森等，2018；张巧等，2019)。国外学者最近几年开始将出口持续期的研究转向企业微观数据的测度，提高了检验精度以及结论的实用性；国内学者对于出口持续期的研究远远比进口持续期更加深入。

③贸易持续期的量化与影响因素研究方法。贸易持续期的量化方法主要是生存分析法，其核心思想是通过生存概率来确定贸易关系持续长短的可能性，能够较好地反映贸易关系持续期的实际特征。如果分析贸易持续期的影响因素，则一般建立连续时间模型(Cox PH 模型、Weibull 模型及 Exponential 模型)或离散时间模型。

Hess 和 Persson(2010b)指出，采用离散时间模型(Cloglog、Probit、Logit 模型)进行贸易持续时间研究，能弥补连续时间模型 Cox PH 模型的不足，包括解决时间节点问题、不可观测异质性问题，避免连续时间的比例风险模型假设，从而使结果更接近现实。在此之前，关于贸易持续时间的研究大多采用连续时间 Cox PH 模型：如 Besedeš 和 Prusa(2006a)、Nitsch(2009)、Fugazza 等(2009)。在早期国内学者也大量采用 Cox PH 模型，杜运苏和陈小文(2014)研究中国农产品出口持续期，邵军(2014)研究中国文化产品出口持续期；李永等(2015，2016)研究中国能源进口持续期。Hess 等(2010b)、Esteve-Perez 等(2013)、陈勇兵等(2012)杜运苏，王丽丽(2015)从国家层面研究贸易持续期时采用离散时间模型。

叶宁华等(2015)则是基于序贯决策模型，以新出口企业为分析对象，考察生产率优势与企业出口动态决策的关系，发现：生产率优势对企业进入出口市场的短期决策具有重要影响，对企业长期出口却没有重要影响。

张巧等(2019)利用 1992—2016 年 HS 六分位贸易数据和生存分析法，对中国木家具的出口贸易持续期进行实证研究，发现中国木家具出口贸易关系持续期的均值为 12 年，中值为 5 年，出口的"门槛效应"为 10 年；分别采用 Cox PH 模型、Weibull 模型及 Exponential 模型，对影响中国木家具出口持续期的主要因素进行分析，发现：Weibull 模型和 Exponential 模型更理想一些；出口目的国的市场规模、人均消费能力、经济自由化程度、双边初始贸易额等均对中国木家具出口持续期延展产生正向影响效应；地理距离、单位价值不利于出口贸易持续期延长；木家具出口竞争力估计结果显示会增加贸易中断风险率；目的国是否为内陆国家以及是否签订自由贸易协定的影响并不显著。

多数学者把贸易持续期当成被解释变量,研究其总体状态和影响因素,而陈勇兵等(2014)则基于 CEPII-BACI 数据库 1995—2010 年中国 HS-6 分位数产品出口贸易数据,运用 Logit 回归模型,研究中国贸易产品出口持续时间对该产品进入新市场的影响。

(2) 贸易的二元边际和三元边际研究

根据 Melitz(2003)的企业异质性模型——企业的差异综合体现在企业生产率的差异,只有在出口的零利润生产率不低于进入某行业的零利润生产率的企业才会出口。新新贸易理论提出将贸易增长在结构上进行二元分解,分解为集约边际和扩展边际。三元边际是在二元边际的基础上,将集约边际进一步分解为价格边际和数量边际。Hummels 和 Klenow(2005)利用 Feenstra(1994)的理想化的对数指数,将集约边际分解,提出价格边际和数量边际的计算公式,分解 1995 年 126 个出口国对 59 个进口国 5000 多种产品的贸易。Felbermayr 和 Kohler(2006),Helpman 等(2008)从国家的角度对三元边际进行研究,认为世界贸易的增长主要来源于原有贸易关系的深入发展,新贸易关系的建立对其影响较小。Matthee 等(2017)也做了类似的研究,将南非作为研究对象。Bernard 等(2009)和 Eppinger 等(2017)则是从企业角度分别对美国和西班牙的出口进行分解。施炳展(2010)基于 Hummels 和 Klenow 的公式,利用 1995—2004 年的贸易数据,验证中国贸易的快速增长主要依靠"以量取胜",价格边际几乎没有贡献。冯李丹和雷美芬(2017)、高越等(2013)也进行了相似的研究。

有些学者聚焦于中国与部分国家的贸易情况。曹亮等(2014)将中国对东盟的出口贸易进行三元边际分解。魏昀妍和樊秀峰(2017)发现数量边际仍然是中国对"一带一路"沿线国家出口的增长动力,但价格边际的作用逐渐增强。

还有学者对某一类或某几类产品进行深入分析。刘瑶和丁妍(2015)发现中国 ICT 产品的出口增长正在从低质量低价格的"数量拉动"向高质量高价格的"价格拉动"转变,数量增长和价格提升并重。刘瑶和张晓磊(2015)对装备制造业的出口增长进行分解,并与美国、德国、日本、印度和巴西进行对比。杨逢珉和李文霞(2015)发现中国对日本的农产品出口增长主要依靠数量边际的拉动,而在颜小挺和祁春节(2016)则发现中国对东盟出口水果总额的增长主要依靠价格边际的提升。韩晓璐等(2016)发现 1996—2014 年间中国对美国、日本、英国等主要贸易伙伴的木质林产品出口增长来自集约边际和扩展边际的共同作用,目的地市场规模对集约边际呈正相关关系,但对扩展边际呈现负相关关系;可变贸易成本对二元边际呈现负相关关系;多边阻力对二元边际呈现正相关关系;劳动生产率对二元边际呈现正相关关系;经济危机对集约边际几乎不构成影响,但对扩展边际有明显冲击。这说明中国对不同国家在不同产品上出口贸易的增长动力有所差异,这与中国在各类产品以及相对不同贸易对象国的竞争力不同具有很大关系。

探究三元边际的影响因素也是研究热点之一。大多数学者将贸易成本、贸易政策、市场规模、距离、国土是否接壤以及自贸区的建立等变量引入模型。有些学者还使用了进口国基础设施建设情况、技术创新、金融发展水平等变量对三元边际进行解释。魏昀妍和樊秀峰(2017)将出口经验及每百人上网人数引入模型对三元边际进行解释。Bernard 等(2014)借助比利时公司层面数据以及产品和目的地市场信息,发现生产率与企业出口的集约边际正相关,贸易成本与出口的扩展边际和数量边际负相关。Fontagné 等(2015)考虑限制性卫生和植物卫生(SPS)措施对不同规模出口商的贸易影响,发现SPS措施主要对集约边际产生负面影响。Elenbaby等(2016)利用埃及企业的数据进行类似的研究,认为SPS措施主要对扩展边际产生阻碍作用。Elbadawi等(2016)和Melitz等(2014)则分别强调实际汇率、贸易伙伴的市场规模和双边经济距离等因素。

根据产品的特性,研究往往提出特有的解释变量。ICT属于技术密集型产品,刘瑶和丁妍(2015)引入出口国的科技进步、出口国的外商投资程度。颜小挺和祁春节(2016)结合水果的产品特性和中国与东盟的特殊贸易关系,将水果出口能力、生产效率和政策引入模型作为解释变量,并发现这些变量对三元边际均产生显著影响。钱思源(2016)针对汽车属于技术和资本密集型产品的特点,引入中国汽车工业的技术水平、创新能力以及贸易伙伴的发达水平。田晖和颜帅(2015)、吴婷婷(2017)、翁润和代中强(2017)、黄新飞等(2017)分别将文化距离、贸易便利化、知识产权保护和第三方遭遇贸易伙伴国反倾销活动等作为重点研究的解释变量。

(3)贸易的持续水平及其影响因素

童晓乐(2017)以集约边际、扩展边际和持续时间三个维度的估算值来衡量中国农产品贸易持续水平,利用贸易成本模型与潜力模型分析贸易总成本及构成要素对贸易持续性与潜力的影响,结果发现:中国农产品贸易总成本显著影响着贸易持续性与潜力的变化,而贸易总成本主要包括人为贸易壁垒、自然贸易壁垒和自由贸易协定三类核心成本要素。

1.6.5.2 进出口的产品质量研究

(1)理论研究

对出口质量的关注始于Linder(1961)的重叠需求理论。20世纪80年代后期,产业内贸易理论关注点从发达国家之间的产业内水平贸易,延伸至发达国家与发展中国家之间的产业内垂直贸易。按产品质量进行垂直划分,为产业内垂直贸易理论提供新的研究角度(Flam and Helpman,1987;Falvey and Kierzkowski,1987)。这些理论不强调规模经济和不完全竞争的作用,而将产业内部产品质量差异归因于国家之间的物质资本与人力资本密集度差异,据此,产业内垂直贸易产生的基本机制是:在供给方面,拥有丰富物质与人力资本的高收入国家生产"高质量"产品,而低收入国家生产"低质量"产品;在需求方面,高收入国家中的低收入群体需要"低质量"产品,而低收入国家中的高收入群体则需要"高质量"产品,从而产生不同收入水平国家之间的产业内垂直贸易。21世纪初,以Melitz(2003)为基石的异质性企业贸易理论开启了国际贸易理论微观化研究的新时代,但一些经验文献(Baldwin and Harrigan,2011;Hallak and Sivadasan,2013)挖掘的企业贸易典型事实仍无法用Melitz模型进行解释,理论与现实的"脱节"是源于对企业间产品质量差异的忽略。有鉴于此,Brambilla和Porto(2016)基于生产效率和产品质量双重异质性剖析企业的贸易行为,大大增强了异质性企业贸易理论的适用性,出口质量问题由此成为国际贸易理论研究中的一个独立研究领域。

(2)实证研究

随着企业与产品贸易数据的公开,有关出口质量的实证文献大量涌现。主要方向如下。

第一,致力于开发出口质量的测算方法。Schott(2004)的单位价值法、Fontagne等

(2007)的相对单位价值法、Hummels 和 Klenow(2005)的价格指数法主要使用出口产品的单位价值衡量出口质量,简单易行,但忽视原材料价格、生产效率、消费者偏好、一国生产成本、供求关系变动等因素(施炳展等,2015)。随着国际贸易理论的不断发展和贸易数据的逐步翔实,关于出口产品质量的估算方法也取得了进步,主要包括:①价格指数分解法(Hallak and Schott,2011;熊杰,2011;王涛生,2013;徐美娜等,2014),假设两种等价产品呈现给消费者时,来自贸易顺差国的产品更易得到消费者青睐;②供给导向法(Kugler et al.,2012;Feenstra et al.,2014),主要根据出口产品生产方面的信息推断产品质量;③需求导向法(Khandelwal,2010;Khandelwal et al.,2013),建立在对消费者理论的扩展上:在商品价格相同的前提下,市场绩效越好,市场上消费者对产品的需求越多,产品质量越高,其中,Khandelwal(2010)建立嵌套 Logit 模型,结合计量回归方法,反推测算细分产品的质量(反推法),侧重于研究微观企业层面的产品质量,多用于探究企业异质性;而 Khandelwal 等(2013)则建立 CES 效用函数模型。施炳展等(2013)、王明益(2014)、孙林等(2014)、陈丰龙等(2016)、熊立春和程宝栋(2018)采用嵌套 Logit 模型对不同阶段或不同类别的中国出口产品质量进行测度。

第二,侧重于考察出口质量升级的决定因素。综合需求与供给两个层面,企业创新与模仿及开放竞争(Grossman and Helpman,1991;Glass and Saggi,2002,2007;Amiti et al.,2013)、目的地人均收入(Manova and Zhang,2012)、地理距离(Bastos and Silva,2010)、出口国人均收入(Hummels and Klenow,2005)、FDI(Harding and Javorcik,2011)、加工贸易(Xu and Lu,2009)、补贴(Shin and Kim,2010)、贸易自由化(Amiti and Khandelwal,2013)、政策干预(Motta et al.,1997;Zhou et al.,2002;Moraga et al.,2005)等都会作用于出口质量升级。

第三,聚焦于出口产品质量对经济增长(Hummels and Klenow,2005)和收入分配(Verhoogen,2008)产生的宏观效应,以及出口产品质量对企业行为(Hallak,2013)产生的微观效应。

第四,聚焦于质量阶梯与质量升级。Henn 等(2013)将全球所有出口来源地 SITC1 分位行业出口质量水平进行排序构造出口质量阶梯,据此分析各地出口质量升级潜力。Pula 和 Santabarbara(2012)将中国与主要出口竞争者对欧盟的出口质量进行排序而得到质量阶梯。Khandelwal(2010)则定义产品质量阶梯是该产品所有出口来源地出口美国的质量最大值与最小值之差,强调的是阶梯长度而不是排序。刘伟丽和陈勇(2012)测算中国制造业质量阶梯的方法与 Khandelwal(2010)的类似。张一博和祝树金(2014)定义中国行业出口质量阶梯是该行业出口美国所有产品的质量最大值与最小值之差,也侧重于度量长度。

在国内,对中国出口产品质量的测算与影响因素的研究比较多,例如,李坤望和王有鑫(2013)、汪建新(2014)、杜威剑和李梦洁(2015)、李坤望等(2014)、韩会朝和徐康宁(2014)、孙楚仁等(2014)、李秀芳和施炳展(2016)、苏理梅等(2016)、张莹和朱小明(2018)、陈容和许和连(2018),而聚焦于进出口的林产品质量的研究相对较少。其中,熊立春和程宝栋(2018)研究了中国进口林产品质量测度及其影响因素问题。秦光远和程宝栋(2017)在 877 家木业企业产品质量抽检公告资料基础上,从时空趋势、产品类别和品牌、质量问题原因三个维度分析了木质品质量问题发生的特征。缪东玲等(2019)基于

1998—2017年中国人造板产品贸易相关数据，运用并修正Hallak-Schott模型，测算中国出口人造板产品质量；建立回归模型，实证分析中国出口人造板产品质量的影响因素。

本章小结

本章概述林产品贸易的基本概念，林产品贸易学科的必要性、研究对象、任务与研究方法，林产品贸易发展的历史、趋势、政策动向与研究进程。

习题

1. 林产品贸易学科的必要性体现在哪些方面？
2. 林产品贸易学科的研究对象有哪些？
3. 林产品贸易发展的历史与趋势如何？
4. 林产品贸易的研究进程如何？

第2章 林产品贸易的理论基础

【学习目标】

知识目标	能力目标
掌握几种传统国际分工与国际贸易理论的内涵，了解国际贸易理论的演变过程和发展趋势	（1）理解绝对优势论、比较优势、要素禀赋论、技术差距与产品生命周期理论、产业内贸易理论、国家竞争优势理论、规模经济理论、异质性贸易理论的基本观点和主要区别 （2）理解国际贸易理论的演变规律，能够较为客观地评价国际贸易理论
理解几种对外直接投资理论的内涵，了解对外直接投资理论的演变过程和发展趋势	（1）理解垄断优势理论、内部化理论、边际产业扩张理论、国际生产折衷理论、投资发展阶段理论、小规模技术理论的基本观点和主要区别 （2）理解对外直接投资理论的演变规律，能够较为客观地评价对外直接投资理论

2.1 国际贸易理论

国际贸易牵涉世界范围内几乎所有国家和地区，系统分析国际贸易问题需要从世界经济整体来考虑。然而，全球经济系统具有高度的复杂性，有两百多个国家和地区参与生产和消费众多的产品和服务，生产这些产品和服务又需要多种资源多种投入。如果统筹考虑这些资源、产品、服务、国家和地区，不免纷繁复杂，难以理出头绪。但是，经济学可以通过简化复杂现实、构建简化模型，分析国际贸易的特征。国际贸易行为可以简化为进口行为和出口行为。基于此，通过构建两个国家、两种产品的简化经济模型，就可以抓住国际贸易的核心特征，分析和解释：国家之间为什么要进行贸易，什么样的国家进口什么产品，什么样的国家出口什么产品，进出口贸易背后的本质到底是什么。

2.1.1 古典贸易理论

本节思路：第一，从亚当·斯密对国际贸易开展模式的最初解释开始，探讨国家之间为什么会有贸易。第二，介绍大卫·李嘉图的比较优势理论。比较优势理论让我们对国际贸易的理解比大多数人的直觉更为理性，也比亚当·斯密的最初解释更为深入。第三，在对两种产品经济体的分析中，拓展分析工具，使用概述一国生产能力的生产可能性曲线。使用该曲线，可以比较清楚地展示发挥比较优势的国际贸易是如何提高一个国家的福利的。

2.1.1.1 绝对优势理论

(1) 绝对优势理论产生的背景

18世纪末期至19世纪初期,为支持自由贸易、反对当时比较盛行的重商主义学说,亚当·斯密与大卫·李嘉图先后对国际贸易的基础和贸易自由化进行了比较充分、系统地研究。此后一百多年时间,他们的经典理论对各国政策制定者产生了深远的影响。即便是在今天,世界经济与贸易发生了翻天覆地的巨大变化,但是,这些理论仍被视为最基础、最有说服力的国际贸易理论典范。

亚当·斯密在《国富论》(*Wealth of Nations*)一书中,将国家比作家庭,论述了自由贸易带来的好处。斯密认为,每一个家庭都只愿意生产其所需要的几种产品,并将生产出来的一部分产品在市场上销售,以换取其他产品。如果一件物品的购买费用小于自己生产的成本……就不应该自己生产,这是每一个精明的家长都知道的道理。裁缝不想制作鞋子,而是向鞋匠购买……对国家来说也是如此。如果每一个私人家庭的行为是理性的,那么整个国家的行为就很难是荒唐的。如果一个国家能以比我们低的成本提供商品,那么我们最好用自己有优势的商品同它交换。

利用事例来论证斯密的推理更为直观。假定有两个国家,一个发达国家,另一个发展中国家,两者生产的产品分别为粮食和工业品。生产两类产品所需要的唯一资源是劳动。即是只需要一定数量的劳动力通过付出劳动就可以生产出粮食和工业品。亚当·斯密将注意力放在劳动力资源上,是因为他认为所有的"价值"都是由劳动时间决定和计算的。大卫·李嘉图和卡尔·马克思继承了斯密劳动价值论的观点,认为劳动是所有价值的基础。当然,我们无须仅从字面理解"劳动"的含义,本章所指的劳动时间泛指生产产品所需要的各种资源。

(2) 绝对优势理论的假设条件

假定发达国家可以比发展中国家更好地生产工业品;而发展中国家则在生产粮食方面优于发达国家。如果开放贸易,发达国家和发展中国家不再同时生产粮食和工业品,而是发达国家全部生产工业品,发展中国全部生产粮食,发达国家通过出口工业品进口粮食,发展中国家通过出口粮食进口工业品,则两个国家都能改善各自的福利状况。为什么能获得这样的结果呢?

为了更严谨地分析这一问题,我们将分析的假设条件进一步明确化。①理论模型形式为2×2×1静态模型,即两个国家、两种产品、一种生产要素投入(劳动)。②生产技术特征:投入的边际产量固定,平均成本不变,规模报酬不变。③成本特征:两国开展任何交易活动,包括贸易,不产生交易成本,不存在运输费用,也没有关税或其他贸易限制。④要素流动特征:每个国家拥有固定的劳动,且劳动是充分就业的和同质的(不同劳动力的劳动没有差异),可以在国内不同部门之间流动,但不能在国际流动。⑤两国的市场结构特征:两国的商品市场和要素市场都是完全竞争,即所有商品的供给都能找到需求,所有商品的需求都能得到供给,所有的劳动力都能找到工作。⑥生产函数:两国的生产函数不同,即生产技术不同。⑦消费者偏好:两国之间消费者的偏好不存在差别。⑧理论基础:劳动价值论,强调所有价值都是劳动创造的。

(3) 绝对优势理论的解释

上述八条假设为后续分析设定了一个非常简化却很能说明问题本质的情境。下面,利用一个实际例子来说明亚当斯密的理论，阐明发挥绝对优势，进行贸易的好处。表2-1中，在没有贸易的情况下，发达国家和发展中国家同时生产两种产品：粮食和工业品。发达国家投入1200劳动力生产10单位粮食、投入800劳动力生产10单位工业品；发展中国家投入900劳动力生产10单位粮食、投入1100劳动力生产10单位工业品。由于两国两种产品的产出量是等同的，劳动力投入多的国家则表现出生产的绝对劣势，劳动力投入少的国家则表现出生产的绝对优势。显然，发达国家在工业品生产方面具有绝对优势，发展中国家在粮食生产方面具有绝对优势。在没有贸易的情况下，世界粮食总量是20单位、工业品也是20单位，发达国家和发展中国家各分享一半的粮食和工业品。

表2-1 发达国家和发展中国家关于粮食和工业品生产和贸易状况

	国家	粮食产量（单位）	所需劳动投入（人/年）	工业品产量（单位）	所需劳动投入（人/年）
贸易前	发达国家	10	1200	10	800
	发展中国家	10	900	10	1100
	世界	20	2100	20	1900
贸易后	发达国家	0	0	25	2000
	发展中国家	22.22	2000	0	0
	世界	22.22	2000	25	2000
1∶1交换后	发达国家	10	0	15	2000
	发展中国家	12.22	2000	10	0
	世界	22.22	2000	25	2000

按照斯密的理论，一个国家应该发挥其在产品生产方面的绝对优势，出口具有绝对优势的产品，同时放弃具有绝对劣势的产品生产，进口具有绝对劣势的产品。假定发达国家和发展中国家决定开展自由贸易，两国各自投入全部劳动生产各自具有绝对优势的产品。结果是，发达国家放弃了粮食生产，全部生产工业品，产出量达到25单位；发展中国家放弃了工业品生产，全部生产粮食，产出量达到22.22单位。暂时不考虑国家之间的交易和分配，从世界总量来看，无论是粮食产量，还是工业品产量，分别比没有贸易的情况下，增加了5单位和2.22单位。从世界总体来看，开展贸易后，世界总福利明显增加。

为了进一步说明两个国家参与贸易的好处，我们假定粮食和工业品施行1∶1的交换比例进行贸易。结果是，对发达国家而言，可以消费10单位粮食、15单位工业品，即：通过贸易在不减少粮食消费的情况增加了工业品的消费，符合帕累托改进，说明参与贸易对发达国家有好处；对发展中国家而言，可以消费12.22单位粮食、10单位工业品，即：通过贸易在不减少工业品消费量的情况下增加了粮食的消费，符合帕累托改进，说明参与贸易对发展中国家有好处。

上述分析说明，贸易双方都分工生产自己具有绝对优势的产品，去交换具有绝对劣势的产品，世界总产量增加，贸易后两国均达到"双赢"。

那么如何衡量"更好地生产"和"绝对优势"呢？一般而言，有两种方式。其一，劳动生产率，即一个劳动力在单位时间生产的产品数量；其二，一个劳动力生产单位产品所耗费的时间，是劳动生产率的倒数形式。使用上表的例子进一步说明如下(表2-2)。

表2-2 发达国家和发展中国家劳动生产率及劳动成本情况

国家	粮食生产率 (单位/人)	工业品生产率 (单位/人)	单位粮食生产 消耗劳动力	单位工业品生产 消耗劳动力
发达国家	10/1200=0.00833	10/800=0.0125	120	80
发展中国家	10/900=0.01111	10/1100=0.0091	90	110

显然，自由贸易开启了一种世界范围内资源配置的新思路。斯密较为清楚地说明了自由贸易的利益来源于全球生产率的提高，而全球生产率的提升来自于各国充分发挥其在某些产品生产方面的绝对优势。

(4)绝对优势理论评价

总体而言，斯密的绝对优势理论是正确的。至今，他的思想仍然散发着耀眼的光芒，仍然能在一些国家政府消除国际贸易障碍和壁垒方面发挥着重要作用。但是，该理论并未消除在斯密之前就存在的一些疑虑：假如本国在任何产品的生产方面都不具备绝对优势该如何作为？假如其他国家在任何产品的生产方面都比本国具有绝对优势，他们会进行贸易吗？如果与他们开展贸易，我们又该做什么？怎么做呢？

事实上，这种担心也一直存在于与斯密同时代的许多英国人脑海之中，他们也担心荷兰或其他国家在所有产品的生产中生产效率都超过英国。在第二次世界大战结束之时，许多国家都认为自己在任何产品的生产上都无法与高生产率且未受战争摧残的美国相提并论，进而对自己能否通过自由贸易获得收益产生了深深的怀疑。即便是在今天，类似的担忧仍然广泛存在。如今，许多美国人担忧：他国是否会通过国际贸易提高其各类产品的生产效率，美国是否会因为自由贸易而遭受损失。下面将利用比较优势理论对此类问题进行分析解答。

2.1.1.2 比较优势理论

(1)比较优势理论产生的背景

大卫·李嘉图(David Ricardo，1772—1823)是英国著名的经济学家，是资产阶级古典经济学的完成者。在英国产业革命深入发展时期，伴随着工业生产的快速增长、劳动生产率大幅提高，产品极大地丰富。在19世纪初期，英国已经成为"世界工厂"，工业资产阶级的力量得到进一步加强，但是土地贵族阶级在政治生活中仍然扮演着极为重要的作用。随着工业革命进一步发展，英国社会的主要矛盾集中体现为工业资产阶级同土地贵族阶级之间的矛盾，异常尖锐。在经济方面，其主要斗争体现在《谷物法》的存废上。

1815年，英国政府为维护土地贵族阶级利益而修订实行了《谷物法》。《谷物法》颁布后，英国粮价上涨，地租猛增，对地主阶级极为有利，却严重损害了工业资产阶级的利益。昂贵的谷物，使得工人货币工资不断提高，工厂经营成本快速上升，利润大幅下降，削弱了工业品的竞争力；扩大了英国各阶层的吃粮开支，减少了对工业品的消费。《谷物法》还引发了外国以高关税阻止英国工业品对他们的出口。为了废除《谷物法》，工业资产阶级采取了多种手段，鼓吹自由贸易的好处；而地主贵族阶级则千方百计维护《谷物法》，认为，既然英国能够自己生产粮食，根本无须从国外进口，极力反对施行谷物自由贸易。工业资产阶级迫切需要找到推动谷物自由贸易的理论依据。李嘉图顺应时代需求，继承和发展了斯密的理论，在1817年出版的《政治经济学及赋税原理》中，提出了以自由贸易为前提的比较优势理论（Law of Comparative Advantage），为工业资产阶级的斗争提供了有力的理论武器。

李嘉图对国际贸易理论做出的主要贡献是，提出所有国家和地区都可以通过参与贸易获利，不论其贫穷还是富裕，不论技术先进还是落后，不论是否具有绝对优势。他的理论以机会成本分析为基础。

李嘉图在其著作中阐述了比较优势原理，即：一个国家将出口机会成本比较低的产品或服务，进口机会成本比较高的其他产品或服务。此处的关键词是"比较"，即是相对的而非绝对。绝对优势是与其他国家比，而相对优势是与本国比。某一个国家在所有产品的生产上效率都绝对低于另一国家，而另一国家所有产品的生产效率都绝对高，只要双方在生产某种产品时的相对优势或劣势存在差异，两国就可以通过生产并出口具有最大相对优势（或最小相对劣势）的产品，进口生产上具有最小相对优势（或最大相对劣势）的产品而获利。李嘉图的方法实际上是一种存在于国家和产品之间的双重比较。

（2）比较优势理论的假设条件

李嘉图的比较优势理论建立在一系列的假设条件下：①假定贸易中只有两个国家和两种商品（X商品和Y商品）。该假设的目的是为了用一个二维平面图来说明理论。②两国在生产中使用相同的技术。如果要素价格相同，两国在生产同一商品时，会使用相同数量的劳动。由于要素价格通常是不同的，因此，各国的生产者都将使用更多的低价格要素，以降低生产成本。③假定在物物交换条件下进行，没有考虑复杂的商品流通，而且假定1单位的X产品和1单位的Y产品等价（两种产品的生产成本不等）。④在两个国家中，商品与要素市场都是完全竞争的。在一国内要素可以自由流动，但是在国际间不流动。⑤分工前后，生产成本不变。⑥不考虑交易费用和运输成本，没有关税或影响国际贸易自由进行的其他任何壁垒。但是，在存在贸易的条件下，两国的相对商品价格完全相等时，两国的生产分工才会停止。⑦价值规律在市场上得到完全彻底的贯彻执行，自由竞争，自由贸易。⑧国际经济处于静态之中，不存在其他影响分工和经济变化的因素。⑨两国资源都得到了充分利用，不存在未被利用的资源和要素。⑩两国的贸易是平衡的，总进口等于总出口。

（3）比较优势理论的解释

比较优势理论是在绝对优势理论基础上发展起来的。斯密认为，由于自然禀赋和后天的有利条件不同，各国均有一种产品生产成本低于其他国家而具有绝对优势，按照绝对优势的原则进行分工和交换，各国均会获益。李嘉图在继承斯密的理论基础上进一步发扬了斯密的观点，认为各国不一定要专门生产劳动成本绝对低的产品，只要专门生产劳动成本相对低的产品，便可以开展贸易，并能够从中获益和实现社会劳动的节约。

李嘉图在阐述比较优势理论时，是从个人的情况谈起的：如果两个人都能制造鞋和帽，其中一个人在两种职业上都比另外一个人强一些，不过制帽时只强1/5或者20%，而制鞋时则强 1/3 或 33%，那么这个较强的人专门制鞋，而那个较差的人专门制帽，这不是对双方都有利吗？李嘉图由个人推及国家，认为国家也应该按照"两优取其重，两劣取其轻"的比较优势原则进行分工。

以中国和美国都能生产小麦和丝绸为例，对李嘉图的比较优势理论进行分析，见表 2-3。

表 2-3 中国和美国的相对成本（劳动小时/单位产品）

产品	中国	美国
小麦	60	10
丝绸	30	20

从表 2-3 可以看出，分工前，美国在两种产品的生产上都具有绝对优势，中国则恰恰相反。按照斯密的绝对优势理论，两国显然无法开展分工和贸易。但是，中国小麦的生产成本是美国的 6 倍，而丝绸生产成本只是美国的 1.5 倍，中国在丝绸生产上的绝对劣势较小，具有比较优势。同样地，美国在小麦的生产上绝对优势更大，具有比较优势。按照比较优势原则，中国应该专业化生产丝绸并出口一部分丝绸来换取美国的小麦，而美国正好相反。

专业化分工后，中国将 90 小时劳动全部投入丝绸生产中，可以生产 3 单位丝绸；美国将其拥有的 30 单位劳动全部投入到小麦生产中，可以生产 3 单位小麦。若两国小麦和丝绸的交换比率为 1∶1，那么交换之后，中国拥有 2 单位丝绸和 1 单位小麦，相当于节约了 30 个小时的劳动；美国拥有 1 单位丝绸和 2 单位小麦，或者说节约了 10 小时的劳动。由此可见，即使是一国在两种商品的生产上都处于不利地位，通过比较优势进行国际分工和贸易，不仅两个国家国内消费水平有所提升，整个世界的福利水平也提升了。

（4）比较优势理论的评价

合理成分和历史进步意义：比较优势理论是在英国资产阶级争取自由贸易和解放生产力的过程中产生与发展起来的，对英国的经济发展及世界贸易都起到了积极促进作用；根据比较优势理论，国际贸易因比较优势而发生并具有互利性，为世界范围内更大规模地开展国际贸易奠定了坚实的理论基础；比较优势理论建立在劳动价值论基础上，是劳动价值论的重要组成部分。

不足：和斯密一样，李嘉图研究问题的出发点是一个永恒的世界，在方法论上是形而上学的。比较优势建立在一系列假设条件下，把多变的经济世界抽象成静止、均衡的世界，因而所揭示的贸易各国获得的利益是静态的短期利益，这种利益是否符合一国经济发展的长远利益则不得而知。李嘉图也承认，当各国的生产技术及生产成本发生变化后，国际贸易的格局也会发生变化，但遗憾的是，他并没有进一步阐述这一思想，更没有修正其理论。

2.1.2 新古典贸易理论

2.1.2.1 要素禀赋理论

狭义的要素禀赋论，也称为赫克歇尔—俄林理论或 H-O 理论。广义要素禀赋论也称为 H-O-S 理论,包括 H-O 理论和要素价格均等化学说。

严格来说,要素禀赋论(factor endowment theory)属于新古典主义贸易理论,与古典贸易理论的区别如下:第一,研究角度不同,要素禀赋论是从要素禀赋差异角度解释国际贸易基础;第二,在进行供给面分析时,除劳动之外,引入了另一个生产要素(资本),在两种可变要素投入的情况下,生产可能性曲线斜率递增,即机会成本递增;第三,要素禀赋差异产生的原因易于解释,如历史原因、自然条件等。

(1) H-O 理论产生的背景

从 19 世纪中叶开始,古典经济学产生分化,此后各流派层出不穷。这时期的"边际革命"确立了效用论在经济学中的地位,与生产费用决定价值的观点相抗衡。19 世纪末,出现了经济学上的第二次大综合,产生了折衷两种价值决定观、以供求价值理论为基础的新古典经济学。进入 20 世纪以来,新古典学派的国际贸易理论不断发展并日趋完善,学界对它的重大修改和变革也逐渐开始。20 世纪 30 年代,新古典贸易理论又有了一次大的发展。一方面,包括哈伯勒、维纳、勒纳、米德等人在内的一批经济学家把机会成本、生产函数、无差异曲线、成本递增、一般均衡等概念引入国际贸易分析,使得新古典国际贸易理论作为微观经济学的延伸而日臻完善。另一方面,1913 年瑞典经济学家埃利·赫克歇尔(Eli Heckscher,1879—1952)发表的《对外贸易对收入分配的影响》第一次用生产要素密集程度来解释国际贸易,提出了有关国际贸易与要素禀赋及收入分配的问题。瑞典经济学家贝蒂尔·俄林(Bertil Ohlin,1899—1979)于 1933 年出版了《域际贸易与国际贸易》,对赫克歇尔的理论做了重大补充和发展,进一步明确国际贸易的形成一般取决于各国拥有生产要素的相对丰富程度的观点,在西方经济学界产生了巨大的影响,被称为赫克歇尔—俄林理论或 H-O 理论。

(2) 与 H-O 理论有关的几个概念

生产要素(factor of production):是指生产活动必须具备的主要因素或在生产中必须投入或使用的主要手段,通常包括土地、劳动(K)、资本(L)、企业家才能。

要素价格(factor price):是指生产要素的报酬,例如,土地的地租、劳动的工资(W)、资本的利息(r)、企业家的利润。

要素密集度(factor intensity):是相对于产品而言的概念,指产品生产中某种要素投入比例的大小,如果某要素投入比例大,称为要素密集度高。它是一个相对的概念,与生产要素的绝对投入量无关。设:

$$k_Y = K_Y/L_Y$$
$$k_X = K_X/L_X$$

式中,k_X、k_Y 为生产 X 产品、Y 产品的资本与劳动投入比例,如果在任何相同要素价格下,都有

$$k_X > k_Y$$

则称 X 为资本密集型产品,Y 为劳动密集型产品,这时不存在要素密度逆转。

根据产品生产所投入的生产要素中所占比例最大的生产要素种类不同,可把产品划分为不同种类的要素密集型产品。例如,生产小麦投入的土地占的比例最大,便称小麦为土地密集型产品;生产纺织品投入的劳动所占的比例最大,则称纺织品为劳动密集型产品;

生产计算机投入的资本所占的比例最大,于是称计算机为资本密集型产品。依此类推。

要素禀赋:是相对于国家的概念。

第一,实物单位定义(physical definition):要素禀赋是一国所拥有的两种生产要素的相对比例。设一国拥有的资本数量为$\overline{K}$,劳动数量为$\overline{L}$,则其要素禀赋为$\rho=\overline{K}/\overline{L}$。用$\rho_A$、$\rho_B$分别表示A、B两国的要素禀赋,如果$\rho_A>\rho_B$,则称A国为资本丰富的国家,B国为劳动丰富的国家。例如,美国无论在资本存量,还是在劳动绝对数量上,都远远高于瑞士和墨西哥这两个国家。但与瑞士相比,美国的人均资本存量低于对方,因此,相对于瑞士而言,美国属于劳动丰富的国家。如果拿美国与墨西哥相比,则美国的人均资本存量高于墨西哥的水平,因此美国与墨西哥相比,属于资本丰富的国家。由此可见,当我们说某国在要素禀赋上属于哪种类型时,必须注意看与谁相比。

第二,要素价格定义(price definition):用两国的资本价格和劳动价格来衡量。设:A国的要素禀赋为A国的资本价格和劳动价格的比率$(r/w)_A$,B国的要素禀赋为B国的资本价格和劳动价格的比率$(r/w)_B$。如果$(r/w)_A<(r/w)_B$,我们就定义相对于B国而言,A国是资本丰裕的国家;相对于A国而言,B国是劳动丰裕的国家。

在实物单位定义中,一国的要素禀赋为该国的总资本和总劳动的比率,因而是单纯从要素供给的角度说明各国的要素禀赋。而在要素价格定义中,一国的要素禀赋为该国的资本价格和劳动价格的比率,而要素价格不仅仅取决于要素供给,还取决于要素需求。因而这两种衡量要素禀赋的方法有可能存在不一致性。为了解决这一问题,要素禀赋论假设A国和B国在要素需求方面完全一致,而要素禀赋的差异完全由要素供给的差异引起,也就是说,一种要素的供给越多,它的价格就越低;一种要素的供给越少,它的价格就越高。因此,如果$K_A/L_A>K_B/L_B$,则必定有$(r/w)_A<(r/w)_B$,即A国无论用实物单位定义,还是用要素价格定义,都是资本丰裕的国家,而B国则都是劳动丰裕的国家。

(3)H-O理论的基本假设

H-O理论的基本假设如下。①2×2×2模型。即两个国家(A和B)的两个生产部门利用两种要素(劳动L和资本K)生产两种产品(X和Y)。与古典贸易理论相比,H-O理论对一国生产可能性的假设有两方面不同:第一,两国生产各种商品能力不同的原因,古典贸易理论解释为生产技术差异,H-O理论则强调要素禀赋不同;第二,要素及产品生产的机会成本,古典贸易理论假设只有一种投入要素,机会成本不变,H-O理论则假设有两种要素投入,机会成本递增。H-O理论考虑两种要素,实际上代表全部要素,其前提内涵更大。②两国相同部门的生产技术水平一致,即具有相同的生产函数。这一假设主要是为了便于考察要素禀赋,从而考察要素价格在两国商品相对价格决定中的作用。③两国的生产要素供给既定不变,但A国是资本丰富的国家,B国为劳动丰富的国家。X、Y这两种产品的生产技术不同,其中X为资本密集型产品,Y为劳动密集型产品。④规模报酬不变。⑤两国进行的是不完全专业化生产。即:尽管是自由贸易,两国仍然继续生产两种产品,无一国是小国。⑥两国的消费偏好相同。⑦完全竞争的商品和要素市场。⑧生产要素可以在国内不同部门之间流动,但不能在国际流动。因此,在没有贸易时国家间的要素报酬差异始终存在。⑨没有运输费用,没有关税或其他贸易限制。这意味着生产专业化过程可持续到两国商品相对价格相等为止。

(4) H-O 理论的基本观点

国际贸易成因：两国生产要素禀赋的比例不同、不同产品生产过程中使用的要素比例不同。在封闭条件下，A 国资本相对丰富→A 国资本相对价格低→由于 X 是资本密集型产品，所以 A 国 X 产品的生产成本相对较低→A 国 X 产品的相对价格较低→A 国在 X 产品上具有比较优势。B 国劳动相对丰富→B 国劳动相对价格低→由于 Y 是劳动密集型产品，所以 B 国 Y 产品的生产成本相对较低→B 国 Y 产品的相对价格较低→B 国在 Y 产品上具有比较优势。开放以后，A 国将出口 X 到 B 国，因为在 B 国市场 X 的相对价格高于 A 国；同理，商品 Y 将由 B 国出口到 A 国。

分工原则：各国的生产和贸易结构表现为每个国家专门生产和出口密集使用本国相对充裕而便宜的生产要素的商品，而进口密集使用本国相对稀缺而昂贵的生产要素的商品。

贸易利益：贸易参与方可以实现双赢。

政策取向：自由贸易与完全竞争。

(5) 要素价格均等化学说

国际贸易可能导致要素价格均等化的论点是赫克歇尔首先提出的。俄林则认为，虽然各国要素缺乏流动性，不能实现世界范围内要素价格相等的理想状态，但商品贸易可以部分代替要素流动，弥补要素缺乏流动性的不足，使要素价格存在均等化趋势。1941 年萨缪尔森（Paul A. Samuelson）与斯托伯尔（W. F. Stolper）合著并发表《实际工资和保护主义》，提出生产要素价格日趋均等化的观点。萨缪尔森还在 1948 年前后发表的《国际贸易和要素价格均衡》及《论国际要素价格的均衡》等文进一步论证了上述观点，建立了要素价格均等化学说，从而发展了 H-O 理论。

(6) 要素禀赋论简评

进步意义：要素禀赋论从多种生产要素的角度来解释国际贸易的产生、商品结构，分析国际贸易对要素价格的影响；以比较优势论为基础，不同的是，要素禀赋论不用等量产品不等量劳动投入比较同种产品在两国间的不同劳动成本，而是用等量产品不同的货币价格比较两国不同的商品价格比例，以说明构成比较优势差异的基础在于各国各种生产要素的丰缺；通过对生产要素组合与配置、贸易的最优格局和利益等问题的研究，要素禀赋论进一步论证了自由贸易的必要性和好处。与古典经济学家国际分工理论相比，要素禀赋论更加贴近国际贸易现实，具有一定的现实指导意义，在国际贸易理论发展史上具有重要地位。现代国际贸易理论的争论大多在肯定要素禀赋理论的前提下进行，它改变了西方国际贸易理论的研究方向。

局限性：一系列假设条件都是静态的，忽略了国际国内经济因素的动态变化，比如各国的资源禀赋状况和技术水平都是动态变化的，将其静态化后定会影响各国对国际贸易模式状况的判断；只能解释要素禀赋不同的国家的分工和贸易行为，对大量发生在要素禀赋相似、需求格局接近的国际贸易现象无法解释；被马克思主义者批判为违背了商品价值的唯一源泉是劳动的原则。

2.1.2.2 里昂惕夫之谜

在 H-O 理论提出以后的 20 年中，西方经济学家对其深信不疑，直到 20 世纪 50 年代初，该理论才遭到质疑。"里昂惕夫之谜"就是其中最有名的一种质疑。

(1) 里昂惕夫之谜的产生

里昂惕夫(W. W. Leontief)是出生于俄国的美国当代著名经济学家。根据 H-O 理论，美国资本相对富裕、劳动力相对稀缺，理所当然应该出口资本密集型产品，进口劳动密集型产品。然而，里昂惕夫对美国贸易结构的验证却得出了完全相反的结论：在美国出口工业中，资本和劳动力的比例(K/L)低于进口竞争工业的 K/L，即美国出口劳动密集型产品，进口资本密集型产品，也即美国利用对外贸易来节约资本，安排剩余劳动力。这与 H-O 理论预测不符，因此也称为里昂惕夫反论。

(2) 对里昂惕夫之谜的多种解释

① 劳动力非同质说。H-O 理论将生产要素简单地分为劳动和资本。事实上，同一要素之间大不相同。

里昂惕夫本人用劳动力质的差异来解释这一问题。他认为，美国工人具有比其他国家工人更熟练的技术和更高的劳动生产率。如果按照其他国家的水平来衡量劳动的话，美国的劳动应该是倍加的劳动。美国工人的劳动生产率大约是其他具有机器设备国家工人的 3 倍。计算美国的工人人数时，必须将实际人数乘以 3。如此来算，美国就成为劳动力相对丰富、资本相对稀缺的国家，它的贸易格局自然是以劳动密集型产品换取资本密集型产品。

美国经济学家基辛(D. P. Keesing)对这个问题作了进一步研究。基辛利用美国 1960 年的人口普查数据，将美国企业职工分为熟练劳动力和非熟练劳动力两类，熟练劳动又分为七级：一级是科学家和工程师、二级是技术员和制图员、三级是其他专业人员、四级是经理、五级是机械工人和电工、六级是其他工种的熟练的手工操作人员、七级是办公室人员和销售人员。他利用该分类方法对一些国家 1962 年的进出口情况进行分析，认为资本较丰富的国家，如美国和德国，倾向于出口熟练劳动密集型产品；而资本较缺乏的国家，如印度，倾向于出口非熟练劳动密集型产品。

② 人力资本说。美国经济学者凯南(Kenen)等人用对人力投资的差异来解释美国对外贸易商品结构是符合 H-O 学说的。凯南认为，国际贸易商品生产所需的资本应包括有形资本和无形资本(即人力资本)。人力资本主要是指一国用于教育和技能培训等方面投入的资本，或者说是指体现在劳动者身上的以劳动者数量和质量表示的资本。由于美国投入了较多的人力资本，拥有更多的熟练劳动力，因此，美国的出口商品含有较多的熟练劳动。如果把熟练劳动的收入高出简单劳动的部分算作资本并同有形资本相加，经此处理以后，美国仍然是出口资本密集型产品。这个结论是符合 H-O 原理的，从而把里昂惕夫之谜颠倒过来。

Kravis 的研究也表明，美国出口行业的工人平均工资比进口竞争行业工人的平均工资要高 15%，可见，美国出口行业的劳动生产率和包含的人力资本要高于进口竞争行业。还有经济学家在调查了美国劳工的平均工资、高技能职员在整个雇员中的比例，以及研究开发支出在产品增加值中的比重等情况后发现，美国人力资本投入在全世界占有领先地位，美国拥有的科技人员和熟练工人也是全世界最多的。因此，简单地用美国的资本、劳动人数或劳动时间来计算美国进口产品的资本劳动比率，可能没有反映出美国与其他国家在熟练劳动和非熟练劳动之间、人力资本之间的区别。

③ 自然资源稀缺说。1959年美国学者凡涅克（J. Vanek）提出以自然资源的稀缺性来解释里昂惕夫之谜。他认为：里昂惕夫进行研究时，仅局限于劳动和资本两种投入，忽略了自然资源要素（经济学意义上的"土地"要素）的投入影响。如果在很大程度上美国要靠进口来满足其对某些自然资源的需求，而这些资源的开发或提炼在美国属于高资本投入的产品，则美国的进口替代产品中的资本密集度必然上升，于是就出现了里昂惕夫之谜。里昂惕夫本人是同意凡涅克的观点的，他发现美国是大量矿产的进口国，这些矿产既使用大量的自然资源，也使用大量的资本，而美国出口的农产品相对而言主要使用的是土地和大量劳动力。即：美国进口的自然资源品恰巧是资本劳动比例较高的，而出口的自然资源恰巧是资本劳动比例较低的。在计算美国1947—1951年出口和进口替代产品之间的资本—劳动比例时，他指出：如果把自然资源产品从计算中剔除的话，则美国进口资本密集型产品而出口劳动密集型产品的反论现象就不复存在了。

考虑自然资源要素的作用后，有助于解释美加、美日、美印之间的里昂惕夫反论现象：美国似乎是从加拿大进口资本密集型产品，实际上这主要是因为美国从加拿大进口大量资本劳动比例较高的矿产品。日本似乎是出口其资本密集度比其进口产品要高的产品，实际上这是因为日本大量进口大米，而大米在日本是以劳动密集型方式生产的。美国向印度出口粮食，与美国从印度进口的产品相比，在作为土地密集型产品的粮食中，资本劳动比例较低。

综上所述，研究美国的出口、进口竞争商品的要素含量时，至少必须区分耕地、矿产、熟练劳动、非熟练劳动和非人力资本等生产要素的贡献。

④ 要素密度逆转论。如果在某些要素价格下，X是资本密集型的，Y是劳动密集型的；但在另外一些要素价格下，X变成劳动密集型的，Y变为资本密集型的，这种现象称之为要素密度逆转。当存在要素密度逆转时，同样一种产品，虽然两国生产函数相同，但在两国不同的要素价格下，可能属于不同要素密集类型，即一种产品在A国是资本密集型的，但在B国却是劳动密集型的，从而解释了里昂惕夫之谜。如美国的农业，由于其农业生产机械化程度很高，属于资本密集型生产。但在其他一些落后国家，农业生产则是典型的劳动密集型生产。因此，以美国国内的生产作为标准，则美国进口的是资本密集型产品，而以其贸易国的生产作为标准，则美国进口的是劳动密集型产品。

⑤ 需求逆转论。在H-O定理当中，假设两国的消费者偏好完全相同，所以国际贸易形态只取决于要素禀赋差异，与需求因素无关。如果放开消费者偏好完全相同的假设，就可以解释里昂惕夫之谜。需求逆转理论就是这种理论。需求逆转：当某一国对于某一商品拥有生产上的比较优势，但因其国民在消费上特别偏好该商品，将会使原来依据H-O定理所决定的进口方向发生改变，即该国改出口其拥有比较优势的商品为进口其拥有比较优势的商品。例如，虽然美国资本比较充裕，但如果美国消费者更偏好于消费资本密集型商品，那么美国有可能出口劳动密集型商品、进口资本密集型商品。

⑥ 以竞争和垄断来解释。由于某些产品的竞争和垄断，使得国际贸易不可能完全按照生产要素的组合及其对各国相对有利的程度来进行，因而有利于输出国的产品，不一定能够顺利地输入另一国；而不利于输出国的产品，却可能很容易地输出，因而出现里昂惕夫之谜。

⑦ 以贸易壁垒存在来解释。美国经济学家鲍德温(R. E. Baldwin)提出用美国关税结构来解释里昂惕夫之谜。他认为，在里昂惕夫的实证研究中引用的统计资料，没有考虑和剔除美国关税及其他贸易限制的影响。在现实中，美国的关税及其他贸易壁垒，倾向于保护国内的劳动密集型产业，限制劳动密集型产品的进口，人为地阻碍了劳动密集型产品的进口，使得进口份额中劳动密集型产品的比重下降，资本密集型产品的比重上升；同时，美国的贸易政策倾向于促进劳动密集型产品的出口，这样就使这类产品的出口数量和比重都有所增长，资本密集型产品的出口数量和比重相对下降。如果剔除美国进口限制的因素，则 1947 年进口产品中的 K/L 将会下降 5%。鲍德温的研究结果对里昂惕夫之谜作出了部分解释。

⑧ 用跨国公司理论来解释。美国跨国公司的国外子公司向美国输出资本密集型产品应看作国内贸易，如果扣除了这部分贸易，美国的资本密集型产品的进口就会小于资本密集型产品的出口，即：美国是出口资本密集型产品，而进口劳动密集型产品。

(3) 关于里昂惕夫之谜及其多种解释的评价

对里昂惕夫之谜的解释主要是从两个方面进行：其一是对资本要素的内涵进行了扩张；其二是找出里昂惕夫在计算时忽视的因素。此外，还有不少经济学家分别对里昂惕夫的方法和 H-O 模型的实用性进行了更为广泛更全面的讨论和检验。

尽管有以上解释和讨论，里昂惕夫之谜依然是对 H-O 理论的一大挑战，它证明了建立在若干严格假设基础上的 H-O 理论很难对错综复杂的国际贸易现象作出科学分析和说明。同时，在新科技革命的推动下，世界经济和国际贸易的规模、结构和流向都发生了巨大的变化，H-O 理论越来越不能解释贸易新现象，催生了新的贸易理论。从该意义上说，里昂惕夫反论也算得上是一个贸易理论转折点。

2.1.3 新贸易理论

第二次世界大战后，出现了一些国际贸易新现象，譬如，不同于完全竞争的市场模式是规范的而不是例外的；同类产品之间通常被区别对待；知识密集型产品在国际贸易总量中的比重不断上升；工业化国家经济结构趋同化，国际贸易高度集中化，产业内(intra-industry)贸易的主导化。传统的比较优势理论和 H-O 理论对此无法解释、不能预见，新贸易理论试图解释这些新现象。

2.1.3.1 技术差距与产品生命周期理论

古典和新古典贸易理论都是静态分析国际贸易的基础，而技术差距论与产品生命周期理论则将各国技术的动态变化作为引发国际贸易的单独因素，从动态角度说明国际贸易的基础及贸易格局的变化。

(1) 理论提出的背景

第一次国际产业大转移对比较优势论、要素禀赋论提出了挑战。20 世纪 60 年代开始，以纺织业为代表的劳动密集型产业从西方工业化国家向外转移，韩国、新加坡及中国台湾和香港不失时机地承接了这次国际产业大转移，借此实现了工业化过程。在现代国际贸易中，伴随着知识密集型产品贸易量不断上升的还有另一个现象，即作为技术创新产物的知识密集型产品，均是在以美国为代表的西方发达国家里创造发明的，而随着产品标准化程度的提高,该产品的生产与出口逐渐由原发明国转向其他国家。我们不禁要问,为什么曾经给一个国家带来极大福利的优势产业在若干年后会向外转移?为什么曾经在其他国家经济发展中发挥过重要贡献的一种产业或产品,相当长时间后会在另外的国家(地区)再一次显现辉煌?形成这一贸易现象的原因究竟是什么呢?

美国经济学家波斯纳(M. V. Posner)于1961年在《国际贸易和技术变化》一文中首先提出了技术差距理论(theory of technological gap)。1966年,美国经济学家弗农(R. Vernon)发表《生命周期中的国际投资与国际贸易》(*The International Investment and International Trade in the Product Cycle*),将营销学中的产品生命周期概念引入国际贸易领域,提出了著名的产品生命周期理论(the theory of the product life cycle)。他们试图对上述现象进行解释。

(2)技术差距理论

技术进步或技术革新通常采用两种方式:一种是发展新的、更节约的生产现有产品的方式;另一种是创造发明全新的产品和改进已有的产品。波斯纳的技术差距理论认为,由于技术革新领先,新产品总是在工业发达国家最早产生,然后进入世界市场。这时其他国家虽然想对新产品进行模仿,但由于存在技术差距,需经过一段时间的努力才能实现,因而创新国利用对新产品的技术控制,可以在一段时间内垄断这一产品,保持领先地位,在国际贸易中获得比较优势。随着新技术向国外转移,其他国家开始模仿生产并不断加以扩大,创新国的比较优势逐渐丧失,出口下降,以至可能从其他国家进口该产品。

波斯纳在分析这一过程时,提出了如下概念。①需求滞后,是指创新国出现新产品后,其他国家消费者没有产生需求到逐步认识到新产品的价值而开始进口的时间间隔,其长短取决于他国消费者对新产品的认识与了解。②模仿滞后,是指创新国制造出新产品到模仿国能完全仿制这种产品的时间间隔。模仿滞后由反应滞后和掌握滞后所构成。反应滞后指创新国生产到模仿国决定自行生产的时间间隔,其长短取决于模仿国的规模经济、产品价格、收入水平、需求弹性、关税、运输成本等因素。掌握滞后指模仿国从开始生产到达到创新国的同一技术水平并停止进口的时间间隔,其长短取决于创新国技术转移的程度、时间和模仿中的需求强度以及对新技术的消化吸收能力等因素。

(3)产品生命周期理论

① 基本内容。理解产品生命周期理论关键在于理解它对贸易国家的分类和对产品生命周期的假设。贸易国家分为三类:创新国、后进国和第三国。对产品生命周期的假设:许多新产品都有一个划分为四个阶段的生命周期。产品生命周期理论的基本观点列示见表 2-4。

表 2-4 产品生命周期理论的基本观点

产品生命阶段	产品特征	比较优势	生产国	贸易方向 (出口国→进口国)
导入期(研发阶段)	知识、技术密集型(研发密集型)	技术	创新国 (先驱国)	创新国→后进国、第三国
成长期(大量生产与销售阶段)	技能、资本密集型(物质资本+管理、营销所需的人力资本)	技能、资本	创新国、后进国	创新国→后进国、第三国 创新国出口增长率减慢

(续)

产品生命阶段	产品特征	比较优势	生产国	贸易方向（出口国→进口国）
成熟期（产品普及阶段）	资本密集型	资本	创新国、后进国	创新国、后进国→第三国 创新国、后进国的出口互相竞争
高级标准化时期	原材料和劳动密集型	资本、劳动	后进国	后进国→创新国、第三国

② 对产品生命周期理论的评价。

理论意义：该理论实现了比较优势观念由静态到动态演变的飞跃，揭示了比较优势在时间与空间上的转移。

实践价值：该理论揭示了实现上述动态演变的客观条件是技术在商品的贸易过程不断向外传播，产品的技术密集度不断降低；主观条件是承接国在商品进口消费过程中能够吸收、消化产品的生产技术，具有与产品要素密集度相适应的要素禀赋优势。它对解释产业内贸易、跨国公司跨国经营现象有一定的价值；对后进国家的经济发展尤其是工业化的实现有一定启示，即后进国家应该开放市场，分享经济全球化利益，处理好引进中的吸收与创新的关系，抓住机遇，实现超常规发展。

局限性：该理论难以说明当贸易双方不存在技术差异的情况下如何进行贸易。

2.1.3.2 产业内贸易理论

第二次世界大战后出现的第三次科技革命，不仅促进了世界经济的发展，而且使国际贸易格局产生了变化：发达国家之间相互贸易的比重迅速上升，产业内贸易越来越成为贸易的主要形式。

产业内贸易理论揭示了产业内贸易迅速发展的原因，使国际贸易理论发展到一个新阶段。

(1) 产业内贸易的概念

产业内贸易(intra-industry trade)是指同一产业内的产品在两国间互相进口与出口。比如，美国、日本和一些西欧国家既是汽车的出口国，又是汽车的进口国。

(2) 产业内贸易的理论解释

① 来自需求方面的解释——收入、偏好相似。最早试图对产业内贸易现象作出理论解释的是瑞典经济学家林德尔(S. B. Linder)。他在1961年出版的《论贸易和转变》一书中提出了偏好相似理论(preference similarity theory)。与以往理论不同，该理论是从需求的角度解释国际贸易成因，认为由收入接近所决定的需求偏好相似，是知识与资本密集型制成品贸易主要集中在发达国的主要原因。

一种新产品首先是为满足本国的(代表性)需求而生产，只有当新产品发展到一定程度，国内市场有限时才出口到国外。这是因为：其一，企业家对国外市场的熟悉程度大大低于对国内市场的熟悉程度。企业家不可能想到满足一个国内不存在的需求。随着企业规模的扩大，需要进一步拓展市场时，才会考虑出口。一旦打开国外市场，出口份额甚至会比内销大。尽管如此，出口终究是市场扩大的结果，而不是它的开端。其二，一个国家本身的需求是技术革新和发明创造的推动力。其三,一种新产品要最终适应市场需求,就必须根据消费者的要求不断改进产品设计。征求本国和本地区消费者的意见较容易,成本最低,因此,国内需要的产品才会是本国具有优势的产品。

两国需求结构越相似,两国的消费者就越会要求同等质量的商品,它们之间贸易的可能性就越大。

平均收入水平是影响需求结构的最主要因素。平均收入是决定需求偏好的重要因素,因此,有关国家平均收入是否相近可以用来反映需求结构是否相似。平均收入水平的高低与消费品、资本货物的需求类型密切相关。收入水平高的国家更多地需要档次高、质量好的消费品及高技术含量的资本货物;收入水平较低的国家,一般需要较低档次的消费品和一般性资本货物。因此,人均收入水平相近的发达国家,相似的高档消费品和高技术的资本货物的贸易量很大。高收入国家与低收入国家之间的工业制成品贸易取决于两国需求的重叠部分,两国的重叠需求越大,两国贸易的可能性就越大。

② 来自供给方面的解释——产品的异质性和规模经济。仅停留在需求与收入层次解释当代贸易产生的原因,会有这样的问题不能解答:当收入增加带动需求水平的提高时,如果没有供给的相应调整,需求的扩大只会带来制成品交易价格的普遍上升,但是在当代国际贸易中资本与知识密集型制成品的交易价格非但没有上升,反而有普遍下降的趋势。产生这种价格下降现象的原因究竟是什么呢?来自供给方面的解释如下:首先,产品的异质性。产品的异质性是指同一类产品的商标、款式、包装、规格、销售服务等方面的差异。产品的异质性可以使不同生产者的产品满足不同消费层次、消费偏好的需求,从而形成不同生产者的优势地位,在此基础上产生产业内贸易。例如,美国和日本都生产小汽车,美国汽车以舒适、豪华、马力大为特点,而日本汽车则以经济适用、节能为特点。这就产生了对两国产品的相互需求,导致了产业内贸易。其次,规模经济。规模经济促进了各国产业内部发展专业化生产,使建立在产业内专业化分工基础上的产业内贸易得以迅速发展。产业内贸易导致市场扩大,生产者可以大批量生产,降低成本;差异产品消费者可以低的支出来消费差异产品,提高福利。

③ 其他解释。同质产品的产业内贸易指两国之间发生具有完全替代性的同质产品的双向贸易现象。对同质产品产业内贸易的解释源于格鲁贝尔和劳埃德(1975),他们认为运输成本、转口贸易、季节性贸易、消费者偏好、政府干预等均可导致同质产品产业内贸易的发生。对垂直型产业内贸易的解释包括新赫克歇尔—俄林模型(Neo Heckscher-Ohlin Model),它是对原有 H-O 模型进行修正而建立起来的。商品的垂直差异(vertical differentiation)指商品只存在质量差别。如不同质量的羊毛纺织成的羊毛衫。商品的水平差异(horizontal differentiation)指商品质量相同,但存在心理上被认为的特性的差别。如同等质量羊毛纺织的不同式样、颜色的羊毛衫。该理论通过对 H-O 模型假定的调整,在产品特性与劳动和资本等基本要素的不同组合间建立了一种联系以解释垂直型产业内贸易,但其核心仍是用要素禀赋来预测贸易,因此是对传统贸易理论偏离最小的产业内贸易理论。代表人物是法尔威(Falvey)和凯克斯基(H. Kierzkowski)。

(3)产业内贸易理论简评

优势:传统贸易理论的结论是产业间贸易,而产业内贸易理论则是对它的批判;从需求和供给两方面考察了国际贸易特别是产业内贸易发生的原因;该理论将规模经济效益作为产业内贸易利益的来源,这点比较贴近现实。

缺陷:该理论依然有静态分析这个不足之处。

2.1.3.3 国家竞争优势理论

(1)国家竞争优势理论的基本观点

1990年,美国哈佛商学院的教授波特(Porter)出版了《国家竞争优势》一书。波特认为,现有的国际贸易理论只能对国际贸易模式作出部分解释,但不能说明为什么一个国家能在某一行业建立和保持竞争优势。波特的国家竞争优势理论从微观、中观、宏观立体的分析了竞争优势的形成原因。

① 微观竞争机制与公司价值链。波特认为,国家竞争优势的基础是企业内部的活力,决定后者的关键是企业生产经营活动各环节价值增值的顺利实现,从而提出了公司价值链这一核心观点。创新的竞争能力是企业成败的关键,而这种创新能力要在企业产品价值链中得以充分体现。任何产品生产的目的都是使最终产品的价值增值,而增值要通过研究、开发、生产、销售、服务等诸多环节才能逐步实现,这种产品价值在各环节上首尾相贯的联系,就构成了产品的价值增值链。所以,能使企业获得长期赢利能力的创新应当是整个价值链的创新,而非单一环节的改善。价值链是产品总价值的展开,它由各个环节的价值活动的差额组成,竞争企业价值链之间的差异是取得竞争优势的一个重要方面。研究文献表明,近年来,美国企业围绕价值链的增值在提高产品质量、降低成本和满足市场需求方面正进行着全面改革。这种改革主要体现在三个方面:一是加速产品研究和开发,试行"精干体制",即在研究开发小批量产品开始时就将设计、制造、销售、维修服务各环节的人员组织在一个班子里实行紧密合作,改变过去那种各道工序之间的流水作业方式。结果,从设计到产品投入市场的时间大为缩短,产、销、维修服务间脱节的缺陷得以克服,使企业价值链迅速增值。二是实行灵活生产体制,针对不同的产品选择不同批量的生产方式,大大缩短了产品换代周期,使企业价值链的连续周期缩短,增值过程加快。三是改进零部件供货关系,以价值链的增值为重点,加强核心企业与外围企业的协作,变对立关系(竞争关系)为长期合作关系(协同竞争关系)。

② 中观竞争机制。中观竞争机制的视野由企业转向产业,重点考察企业价值链延伸于产业之中的特点及对策。如前所述,价值链的连续是产品价值贯穿于产品研究、开发、生产、销售、维修服务诸环节的首尾相接的过程,通过这一连续过程最终达到产品价值的增值。不同国家、不同发展阶段的不同产业,由于竞争层次与竞争水平的差异,会使得价值链的连续在时间、空间和层次上受到阻碍,即出现非连续性,这是导致许多国家的经济长期在低水平上徘徊的重要原因。波特认为,一个国家的产业发展可分为四个阶段:生产因素推动阶段、投资推动阶段、创新推动阶段和财富推动阶段。在第一阶段,价值链的连续依赖产品生产的自然资源和廉价劳动力,受有限的生产要素的制约,价值链时而中断,而连续价值链的主要手段是粗放经营和对自然资源的扩张性开采。在这一阶段,加速度的作用即价值链延续到一定程度产生的扩张效应是不显著的。在第二阶段,价值链的连续靠资本要素维持,资本的收缩和撤出会引起价值链的中断,持续不断的资本投入是关键的因素。在第三阶段,价值链的连续和增值主要不是靠自然资源和投资来维系,而是靠研究、设计、生产、销售和服

务各环节的创新,每个环节的创新都会给最终产品带来高附加价值。加速度的作用在这一阶段表现明显,它可以促进价值链的每个环节不连续地突变和飞跃,使价值链从低层次的连续演进为高层次的连续,从而使产业获得比较竞争优势,加速度的作用在很大程度上是靠高科技转化为市场的能力而获得。在第四阶段,由于缺乏创新,中断的价值链难以在高层次水平上连续,产业发展呈现低水平的连续,加速度呈负效应,会导致竞争力迅速下降。

③ 宏观竞争机制。首先,四个基本变量:要素禀赋,需求状况,相关产业和辅助产业,企业战略、结构和竞争。波特认为国内四个基本变量影响企业在国际市场上建立和保持竞争优势的能力。这些因素相互作用构成波特所谓的国家"钻石"(Diamond)。一个国家在某一产业的国际竞争力取决于上述四个因素的共同作用。各个国家都应出口"钻石"系统中四个组成部分都处于有利地位的产业中的产品,进口四个组成部分都处于不利地位产业的产品。其次,两个附加变量:政府和机遇。政府能通过水平和垂直关系把产业联成产业群,在国家竞争优势中政府的实际作用是正面或负面地影响每个基本变量。企业控制之外的偶然事件也会造成产业结构的调整和竞争优势的变化。具有最有利"钻石"的国家很可能把偶然事件转变成竞争力优势。

a. 要素禀赋。包括人力资源(质量、数量、熟练程度、人力成本),自然资料(土地的肥沃程度、数量、可耕度和地理位置),知识资源(科技的硬件和软件、研究机构、图书馆、各种科学协会),资本资源(资本供应量和成本、资本收益、资本市场的全球化、各国资本之间的流量),基础设施(邮电通讯系统、支付手段、健康保障、社会福利、文化机构)。生产条件因素又可分为基本因素和推进因素两类:基本因素是指一个国家先天拥有的自然资源和地理位置;推进因素是指通过投资和发展而创造的因素,它对于一个国家获得竞争优势至关重要,它能使价值链实现加速度的飞跃。

b. 需求状况。本国市场的需求结构取决于三种因素:一是若本国市场上有关产业的产品需求大于海外市场,则拥有规模经济,有利于该国建立该产业的国际竞争优势;二是若本国市场消费者层次高,会对本国公司的经营活动产生有益的压力,因而对相关产业取得国际竞争优势有利;三是若本国公司对国内消费者的预期需求反应迟缓,不能及时调整产业结构,改进产品,则不利于提高该国的国际竞争力。国内需求条件对一国的国际竞争优势的取得有重要影响,较佳的需求条件会促进国内的大规模连续投资。

c. 相关产业和辅助产业。相关产业是促进主导产业取得国家竞争优势的保证,主导产业(上游产业)和相关支撑产业(下游产业)间存在着密切的协同关系,上游产业的高效率会带动下游产业的高效率,下游产业的跟进效应会促进上游产业的国家竞争优势。

d. 企业战略、结构和竞争。由于各国企业的目标不同,因而企业的竞争战略和结构不尽相同。国内市场的竞争程度对该国产业取得国家优势有重大影响,国内市场的高度竞争迫使企业改进技术和进行创新,而受本国政府补贴保护的企业缺乏创新和奋斗进取性,因而难以取得国际竞争地位。

(2)国家竞争优势理论简评

国家竞争优势理论超越了传统理论对国家优势地位形成的片面认识,阐述了国家竞争优势的内涵与完整体系,强调国家优势形成的根本在于竞争,从多角度和多层次对国家优势与国际贸易进行了探讨,建立了国家竞争优势的概念体系和理论框架。国家竞争优势摒弃了传统比较成本说所假设的完全竞争，转向了对不完全竞争条件下的企业与产业的分析。与传统理论相比，国家竞争理论系统提出了政府在提高国家竞争优势中的作用，既反对自由放任，也反对越俎代庖，强调政府应为企业创造一个有利于公平竞争的外部环境。波特的企业价值链论点和国家竞争理论，已在国际社会引起广泛关注，并对许多国家的实践产生了重大影响。

2.1.3.4 规模经济理论

规模经济理论是由经济学家保罗·克鲁格曼提出，首次将规模收益递增和垄断竞争引入国际贸易分析，为国际贸易发生的原因提出新的解释，修正和发展了传统国际贸易理论。

该理论有两个基本假设：规模收益递增与不完全竞争。克鲁格曼认为，规模收益递增也是国际贸易的基础，当某一产品的生产达到一定规模，发生规模收益递增时，生产成本随生产规模的扩大而递减，因此形成成本优势，最终形成专业化分工生产并出口。规模收益递增主要源自两方面因素：一是内部经济收益，因为大规模经营可以充分发挥各种生产要素的效能，更好地组织企业内部的专业化与分工；二是外部经济效益，源于企业周围的运输、通信等外部环境。如果企业参加国际贸易，随着市场与需求的扩大，由于规模经济，产量增加使得平均生产成本下降，竞争力增强。从国际市场竞争来看，由于制成品的异质性和消费需求多样性，任何一个国家都不可能生产一个行业的所有产品，因此，国家之间形成分工与贸易，但其基础是规模报酬递增，与传统的古典或新古典贸易理论中以生产率或要素禀赋不同所产生的比较利益为基础的分工与贸易相区别。但具体哪个国家集中生产哪种产品，则没有固定的模式，既有自然竞争产生，也可以协议分工。

2.1.4 新新贸易理论

20世纪90年代以来，国际贸易实践的发展再次考验了国际贸易理论对国际贸易现实的解释力，大量证据表明，并非所有的企业都选择对外贸易。在21世纪初期，以企业异质性贸易模型和企业内生边界模型为代表的"新新贸易理论"便应运而生。该理论突破了传统贸易理论和新贸易理论中同质性企业的假定，将企业异质性纳入对企业的微观分析框架中，并且进行了大量的实证分析，对国际贸易结构和贸易流量给予了足够的解释力，成为当前国际贸易理论研究的新热点。本节主要介绍企业异质性贸易理论。

2.1.4.1 异质性贸易理论

(1) 异质性贸易理论的产生背景

传统贸易理论和新贸易理论都是以同质企业假设为基本前提。在现实世界经济中，没有哪些企业是完全同质的。在国际贸易中，也出现了新的经济现象，如有的企业参与出口，而有的企业并不出口等，这是传统贸易理论和新贸易理论所无法解释的。于是，以BEJK(2003)模型和Melitz(2003)模型为代表的两类企业异质性贸易模型就应运而生了。两者都将企业异质性加入国际贸易模型，开创了21世纪以来国际贸易理论研究的前沿领域。

BEJK(2003)模型采用比较静态分析法，引入李嘉图技术差异、"冰山"出口成本和Bertrand竞争，考察了贸易自由化对全球贸易和美国出口、就业等各方面的影响。BEJK

(2003)模型在实证方面具有重要的意义,既适合分析美国制造企业的微观层面数据,又适合各国国际贸易的宏观数据以及一般生产的数据,成为异质性企业贸易模型实证研究领域的重要基础之一。

Melitz(2003)等所构建的另一类异质性企业贸易模型,则是采用 D-S(Dixit and Stiglitz, 1977)垄断竞争分析框架,将企业异质性加入到 Krugman(1979,1980)的产业内贸易模型,构建了异质性企业的动态贸易模型。

Melitz(2003)在 Hopenhayn(1992)竞争性动态产业模型的基础上,结合 Krugman(1979,1980)的产业内贸易模型,引入企业异质性和固定出口成本,构建了包含异质性企业的动态产业模型,分析了产业内贸易对企业间资源重新配置和贸易成本的影响,解释了国际贸易中企业的差异和出口决策行为之间的关系。该模型认为,企业生产率差异是造成产业内企业异质性的最主要原因,是企业选择是否出口,或者是否退出市场等贸易行为的关键性因素。

Melitz(2003)企业异质性贸易模型最核心的结论就是贸易能够引发生产率较高的企业进入出口市场,而生产率较低的企业只能为本国市场提供产品,甚至退出市场。国际贸易进一步使得资源流向生产率较高的企业。研究结果发现,贸易更进一步促进了资源向效率高企业的转移,迫使低效率企业退出市场,促使产业层面效率水平整体提升,同时亦使社会总福利水平得到改善。

这里的企业异质性表现为企业之间生产率或边际成本的差异。该模型的主要思想是通过生产率的差异和固定出口成本的相互作用表现而来的。

Melitz(2003)模型在国际贸易理论研究中具有里程碑式重要意义,并从此开启了企业异质性贸易模型研究的新篇章,此后,很多异质性企业贸易模型都是在其研究基础上构建起来并对其不断完善和拓展的。

(2) Melitz 的企业异质性模型

Melitz(2003)模型的基本假设与克鲁格曼的中心—外围模型相似。

假定每一个企业生产一种差异化产品,企业之间的生产率存在差异,并且企业 i 在进行生产之后才知道自己的生产率水平为 φ。每个企业的生产率是存在差异的,那么每个企业就可以用 φ 来索引。

代表性消费者的 CES 效用函数为:$U = \left[\int_{i \in \Omega} q(i)^{\rho} di \right]^{1/\rho}$,$0 < \rho < 1$,$\sigma = 1/(1-\rho) > 1$,正如 Dixit and Stiglitz(1977)对消费者行为的处理所显示的那样,考虑在产品种类集中消费的一揽子商品集 $Q = U$,相应的价格指数为:

$$P = \left[\int_{i \in \Omega} p(i)^{1-\sigma} di \right]^{1/(1-\sigma)}$$

那么,市场对企业 i 产品的最有需求量为 $q(i) = Q \left(\dfrac{p(i)}{P} \right)^{-\sigma}$,其中,$q(i)$ 是市场对 i 产品的需求数量,$p(i)$ 是 i 产品的价格,σ 是产品种类之间不变的替代弹性。

对产品 i 的支出函数为:

$$r(i) = R \left(\dfrac{p(i)}{P} \right)^{1-\sigma}$$

其中，$R = PQ = \int_{i \in \Omega} r(i) \mathrm{d}i$ 为对所有种类产品的总支出。

假定企业生产只需要投入一种要素即劳动，且需要 f 单位的劳动作为固定成本，那么生产率为 φ 的企业产生 q 单位产品所需要的劳动数量为 $l=f+q/\varphi$，那么按照边际成本加成定价规则有：

$$p(i) = \frac{w}{\rho\varphi}$$

此处 w 是共同的工资率，可以被标准化为 1。

因此，企业利润为：

$$\pi(\varphi) = r(\varphi) - l(\varphi) = \frac{r(\varphi)}{\sigma} - f$$

综合考虑上述两式，可得：

$$r(\varphi) = R(P\rho\varphi)^{\sigma-1}$$

从而有：

$$\pi(\varphi) = \frac{R}{\sigma}(P\rho\varphi)^{\sigma-1} - f$$

根据上式，令其为 0，则可以求出企业在国内能够继续生存下去的生产率临界值 $\underline{\varphi}$。生产率低于临界值的企业，其可变利润不足以弥补固定成本而出现亏损，从而退出市场；而生产率在临界值之上的企业则能够进入市场进行生产。这些能够存活下来的企业是否都能出口呢？

假设某高生产率的企业将其产品出口到某 h 国。从本国运送其产品到 h 国存在"冰山"形式的运输成本（当然，这里的运输成本是涵盖了制度成本等在内的可变贸易成本），也即是说，从本国装运 $\tau>1$ 单位的产品，最终到达目的 h 国时就只剩下了 1 单位的产品，而其余 $\tau-1$ 单位的产品被"融化"掉，相当于运输成本。企业出口除了存在"冰山"运输成本外，还需要投入一定的固定出口成本 f_x。这就相当于出口所需的沉没成本，比如，在国外设立办事处或者找代理人之类，所必须投入而又无法收回的成本等。

在这些条件下，企业要出口必须同时满足一下两个条件：

$$\pi_d(\varphi) = \frac{r_d(\varphi)}{\sigma} - f \geq 0 \text{ 和 } \pi_x(\varphi) = \frac{r_x(\varphi)}{\sigma} - f_x \geq 0$$

第一个条件是企业能够生存的条件，第二个是企业能够出口的条件。只有在满足第一个条件的情况下，企业同时满足第二个条件时才能出口。

该模型的最终结论时，低于国内生产率临界值 $\underline{\varphi}$ 的低生产率企业，会因为入不敷出，而退出市场；介于 $\underline{\varphi}$ 和 $\underline{\varphi}_x$ 之间的中等生产率企业，仅仅为国内市场提供产品，但无法出口，高于 $\underline{\varphi}_x$ 的高生产率企业，则会同时为国内和国外市场提供产品。

Melitz（2003）还发现了出口促进经济增长的一个新渠道：贸易自由化（贸易伙伴增加，出口可变贸易成本及固定成本降低等）使得资源和产出的份额向生产率更高的企业重新配置，进而提高整个经济体的生产率。

2.1.4.2 企业异质性贸易模型的主要拓展

像克鲁格曼的中心—外围模型一样，Melitz(2003)的企业异质性贸易模型是非常经典的模型，它第一次不采用同质性企业假设，认为企业是异质性的，并且把企业的异质性引入到垄断竞争框架中，这是开创性的重要贡献。

Helpman 等(2004)在 Melitz(2003)企业异质性贸易模型的基础上，引入水平 FDI，构建了一个企业异质性的自由进入模型，考察异质性企业的出口与水平 FDI 之间的关系。该模型假定每个企业生产一种差异化产品，消费函数为 CES 函数，产品出口存在"冰山"形式可变贸易成本和出口固定成本。其基本逻辑是，由于存在出口固定成本，出口企业的固定成本高于非出口企业，而通过 FDI 出口的企业，其固定成本比出口企业更高，不过可变成本相对较低。其基本结论是，生产率最低的企业仅供给国内市场，生产率居中的企业通过出口供给国外市场，生产率最高的企业则通过 FDI 供给国外市场。

Antras 和 Helpman(2004)则在 Melitz(2003)企业异质性贸易模型的基础上结合 Antras(2003)的企业内生边界模型，建立了一个南北国际贸易模型，以考察异质性企业的出口、外包和垂直 FDI 之间的关系。在该模型中，假设南国的可变成本较低，而北国的固定成本较低。FDI 具有所有权优势，外包具有地理位置优势。结果表明，南北国家之间的企业生产率差异、总部密集度、工资水平差异和各国所有权优势等因素共同决定着企业组织形式和贸易模式的选择。在总部密集度较低的产业，企业一般不会进行垂直 FDI，只会选择外包；生产率水平最高的企业选择在国外外包，生产率水平居中的企业则在国内外包，生产率最低的企业则退出市场。在总部密集度最高的行业，则会出现如下的组织形式和贸易模式：生产率最高的企业选择在南国进行垂直 FDI，次高的企业则选择在南国外包，较低的企业选择在北国进行垂直 FDI，更低的企业选择在北国外包，生产率最低的企业则退出市场。

2.2 国际直接投资理论

国际直接投资(foreign direct investment，FDI)，也称为对外直接投资，是指企业或个人以生产资本在国外投资创办企业或与当地资本合营而进行的一种对外投资，其特点是对企业的经营管理拥有一定程度的控制权。那么，为什么一家企业要到国外去经营，是哪些因素促使企业的国际市场拓展并不满足于现有的国际贸易或许可经营方式，投资企业如何与占有天时、地利、人和的当地企业进行成功竞争并可以从中获得哪些收益，这些都是国际直接投资理论要研究的问题。

第二次世界大战之后，随着跨国公司的迅速崛起和国际直接投资的迅速发展，针对以上问题的国际直接投资理论也相继形成和发展。下面对其中一些有代表性的理论进行简要介绍。

2.2.1 垄断优势理论

垄断优势理论(monopolistic advantage theory)也称为特定优势理论，是最早研究对外直接投资的独立理论。其由美国学者斯蒂芬·海默(Stephen Hymer)于 1960 年最先提出，后经海默的导师查尔斯·金德尔伯格(Charles Kindleberger)进行了系统的阐述和补充。

垄断优势理论的核心内容是"市场不完全"和"垄断优势"。该理论认为：在完全竞争条件下，不存在对外直接投资，因为在完全开放市场和充分竞争条件下，信息的获得不需要时间和费用，也没有贸易障碍，国际往来只需要采用贸易方式即可实现市场均衡，在此条件下，国际企业不会比当地企业获得更多的经营优势。而正是由于在市场不完全竞争的情况下企业存在垄断优势，跨国公司才能克服海外投资的附加成本，抵消东道国当地企业的优势，确保海外投资活动有利可图。因此，对外直接投资只有在市场不完全、竞争不充分条件下才会形成。同时，垄断优势理论还把跨国公司从事对外直接投资所凭借的垄断优势归为来自产品市场不完全的垄断优势、来自要素市场不完全的垄断优势、来自规模经济的垄断优势和来自政府干预的垄断优势四大类。

垄断优势理论用垄断代替了完全竞争，突破了传统的国际资本流动理论框架，并第一次把国际投资研究从流通领域转向生产领域，其各种"垄断优势"的分析思路奠定了研究对外直接投资的理论基础。但该理论只是进行了经验的分析与描述，缺乏抽象的实证分析。因此，在海默提出垄断优势理论之后，众多经济学家利用实证方法，寻求与对外直接投资相关的垄断优势类型，较为突出的有约翰逊(H. G. Johnson)的核心资产论(Johnson, 1970)和凯夫斯(R. E. Caves)的产品特异论(Caves, 1971)。

2.2.2 内部化理论

内部化理论(the theory of internalization)也称为市场内部化理论，是解释对外直接投资的一种比较流行的理论。其是由英国学者皮特·J·巴克利(Peter J. Buckley)、马克·卡森(M. Casson)，以及加拿大学者艾伦·M·拉格曼(Alan M. Rugman)共同提出来的。该理论的思想渊源可以追溯到罗纳德·科斯(R. H. Coase)的产权经济学理论，科斯认为，由于市场失效及市场不完全将使企业的交易成本大大增加，而企业为避免这些额外费用的增加，便产生了"内部化"，以内部市场来取代原来的外部市场。

因此，内部化理论的出发点也是市场不完全，但与垄断优势理论不同的是，内部化理论认为市场不完全不仅存在于最终产品市场，也同样存在于中间产品市场，这里的中间产品不只是原材料和零部件，更为重要的是专利、专有技术、商标、商誉和管理技能等知识产品。由于市场不完全，存在着定价困难和交易成本增加等问题，而当交易成本过高时，企业就倾向于通过对外直接投资使其市场内部化，即通过跨国公司内部形成的公司内市场，克服外部市场上的交易障碍，降低交易成本。企业的内部化过程取决于四个因素：一是产业特定因素(industry specific factor)，指与产品性质、外部市场结构和规模经济等有关的因素；二是区位特定因素(region specific factor)，指由于区域地理上的距离、文化差异和社会特点等引起交易成本的变动；三是国家特定因素(country specific factor)，指东道国的政治、法律和经济制度对跨国公司业务的影响；四是公司特定因素(firm specific factor)，指不同企业组织内部市场的管理能力。其中，产业特定因素是最关键的因素。

内部化理论解释了企业跨国经营的动机，并通过对中间产品和最终产品市场不完全的区分，将分析的基点放在中间产品市场不完全上，有利地解释了发达国家企业间的相互投资活动。但该理论主要侧重于对外直接投资过程的分析，不能解释跨国公司对外直接投资的具体去向问题，同时也忽视了海默等对跨国公司垄断行为特征的分析。

2.2.3　边际产业扩张理论

边际产业扩张理论(the theory of marginal industry expansion)也称为比较优势理论。是由日本一桥大学教授小岛清(Kiyoshi Kojima)于 1987 年提出的,该理论是小岛清依据日本企业对外直接投资的实践对对外直接投资动因做出的新的解释。

边际产业扩张理论认为赫克歇尔—俄林模型(H-O 定理)的基本假设是合理的,即资源禀赋或资本—劳动要素比例的假设是对的,但在运用其分析对外直接投资时,可使用比资本更广义的经营资源(managerial resources)的概念来代替资本要素。基于这个前提,各国既有保持优势的国民经济部门,也有处于劣势的部门,投资国常常通过对外投资,来弥补本国国民经济中不具有优势部门的发展要求,即对外直接投资应从该国已经处于或即将处于比较劣势的产业(称为"边际产业")开始,并依次进行。边际产业扩张理论的基本逻辑是:输出比较劣势产业→扩大比较优势幅度,增加贸易量并促进产业结构调整→就业增加,福利收入上升并加速技术创新→对外直接投资进一步增长。

边际产业扩张理论从比较优势的角度将贸易和投资作为一个相互关联的整体进行考察,在指导日本的国际化政策,促进产业结构调整方面起到了重要作用,因此,是一个比较有说服力的外国直接投资理论。但是,这个理论着重在国民经济宏观的角度研究外国直接投资的动因和利益,没有回答实际进行投资的微观主体——企业,如何在被投资国形成与当地企业竞争的优势等问题,且全盘接受了新古典学派关于完全竞争的假设,忽视了垄断因素在对外直接投资中的重要作用。

2.2.4　国际生产折中理论

国际生产折中理论(the eclectic theory of international production)又称为国际生产综合理论,是由英国里丁大学国际投资和国际企业教授约翰·H·邓宁(John H. Dunning)于 20 世纪 70 年代提出来的。

国际生产折中理论认为,一个企业要从事对外直接投资必须同时满足三个条件:一是企业在进入某些特定的市场时,要拥有大于其他国家企业的所有权优势(ownership specific advantages),包括技术优势、企业规模优势、组织管理能力优势、金融和货币优势以及市场销售优势等,使企业能够克服国外生产所引起的附加成本和政治风险;二是企业将拥有的所有权优势通过内部化转移给国外子公司,可以比通过交易转移给其他企业获得更多的利益,即存在着内部化优势(internalization specific advantages);三是国外区位优势(location specific advantages)较大,这里的区位优势主要指东道国所特有的政治法律制度和经济市场条件。在邓宁看来,一家企业具备了所有权优势,并有能力将这些优势内部化,还不能完全解释投资活动,还必须加上区位优势,企业在进行国际生产时必然受到区位因素的影响,而只有在国外区位优势大时,企业才可能从事国际生产。同时,邓宁还强调这三个条件在对企业进入国际市场方式(出口或许可证安排或对外直接投资)的影响上起着不同的作用,如果一家企业同时满足这三个条件,它就可以进行对外直接投资。

国际生产折衷理论对已有的对外直接投资理论进行了归纳融合,达到了一个新的高度,也能较好地解释企业选择进入国际市场三种主要方式的原因。但现实中,每一种特定行业的国际企业的三方面优势内容、形式、特点、侧重点和组合不尽相同，该理论中对三要素的关系及其随时间变动阐述得并不明确，更多地体现为一种分类方式而不具有动态的特点。

2.2.5 投资发展阶段理论

投资发展阶段理论（the theory of investment development stages）也称为投资发展周期理论，是在20世纪80年代初由邓宁依据自己所提出的国际生产折衷理论，将一国的吸引外资能力和对外投资能力两方面与其经济发展水平结合起来研究所提出来的，它是继产品生命周期理论之后又一个对对外直接投资采用动态方法的研究。

投资发展阶段理论认为在一定的经济发展条件下，一国的利用外资和对外投资是紧密相关的两个发展过程；对处于不同发展阶段的国家，其经济发展状况和水平直接影响着本国企业所有权优势、内部化优势及区位优势的形成，而这些优势是决定对外直接投资活动开展的基本要素，同时也直接影响着本国的投资环境及对外资的吸引力；一国的海外投资地位与其人均国民生产总值呈正比关系（并由此形成一国对外直接投资发展的四个阶段），随着人均国民生产总值的逐步提高，一国的对外直接投资先落后于外商对该国的直接投资，而后赶上并超过。

邓宁的投资发展阶段理论对处于不同发展阶段的国家的对外直接投资活动具备广泛的解释力，当然也有人认为投资发展阶段理论以人均国民收入水平来区分经济发展阶段，进而说明一国国际投资地位的不同的办法有待商榷。

2.2.6 小规模技术理论

1977年，美国经济学家刘易斯·威尔斯（Louis T. Wells）发表了题为《发展中国家企业的国际化》的论文，该文中首次提出了小规模技术理论，并用以解释发展中国家企业的跨国经营现象与特点。

威尔斯认为，发展中国家的跨国公司虽然起步较晚，在技术和管理经验等方面与发达国家的跨国企业有明显差距。但在对于特定市场的供给过程中，发展中国家的这些特殊性所带来的不仅仅只有竞争中的绝对劣势，它们的比较优势也很明显，主要变现为如下三个方面。一是小规模技术优势。由于发展中投资母国大多市场规模不大、需求多样化，迫使发展中国家的企业不得不将引进的技术加以改造，使其生产技术更具灵活性，提供品种繁多的产品，以适应本国小规模、多样化的市场需求，从而具有小规模技术的特征。这些经过改造的小规模技术成为发展中国家跨国公司到类似市场开展对外直接投资的特殊优势之一。二是当地采购和特殊产品优势。当发达国家的技术转移到发展中国家后，往往需要对其进行改造，以适应发展中国家当地的原料供应和零部件配套生产的能力，而这一优势同样成为发展中国家企业对外直接投资的特殊优势之一。另外，一些发展中国家的海外直接投资往往是针对当地市场中的同一种族社区的需要而建立的。并且这种内涵民族文化的产品对其他种族的跨国企业而言具有较强排他性，从而使其具备某种程度上的垄断优势。三是物美价廉的产品营销策略。与大多数发达国家跨国公司的营销策略不同，发展中国家的跨国公司所依靠的不是商标优势或营销网络优势，而是通过低价格的方式销售产品。发展中国家跨国企业则从压缩广告费用、节省建厂成本和充分利用东道国的廉价劳动力资源等方面着手，尽量降低其产品的生产成本，从而在产品价格竞争中获得优势。

威尔斯把发展中国家跨国公司竞争优势的产生与这些国家自身的市场特征结合起来，对于分析经济落后国家企业在国际化初期阶段怎样在国际竞争中争得一席之地是颇有启发的。除了小规模技术理论之外，还有一些对外直接投资的理论是针对发展中国家跨国公司的类似研究，例如，S·拉奥(S. Lall)的技术地方化理论，即发展中国家跨国公司可以对外国技术进行消化、改进和创新，从而使得产品更适合自身的经济条件和需求，提高竞争力；还有J·坎特威尔(J. Cantwell)和P·E·托兰惕诺(P. E. Tolentino)提出的技术创新产业升级理论，在该理论中，两位学者认为发展中国家跨国公司的技术创新活动具有明显的"学习"特征，而技术能力的提高和积累与企业的对外直接投资直接相关，它影响着发展中国家跨国公司对外直接投资的形式和增长速度。

2.2.7 对外直接投资理论的新发展

20世纪90年代以来，跨国公司对外直接投资活动的规模进一步扩大，方式也不断推陈出新，基于这种趋势，学者们纷纷提出了一些对外直接投资理论新的观点和见解。现举三个理论来进行简要说明。

一是新资源基础论(new resource based theory)，也称为知识基础论，其代表人物是H·G·约翰逊(H. G. Johnson)。该理论认为知识(包含各种技术、诀窍、管理与组织技能、销售技能等无形资产)的学习和创造，以及企业家精神是企业最重要的内生资源，知识资产的生产成本很高，但直接投资利用知识资产的边际成本却非常低，甚至接近于零，且知识资产可以同时向跨国公司的不同海外分支机构转移，这使跨国公司相较当地企业具有了更明显的竞争优势。

二是产业集群理论(industrial clustering theory)，也称为产业集聚理论或企业扎堆理论，其代表人物主要有M·波特(M. Porter)、P·R·克鲁格曼(P. R. Krugman)等。该理论认为跨国公司希望通过获得东道国的战略性资产(包括高新技术、知识或者高素质的人力资源)来增强自己的核心优势，而这些战略性资产往往集聚在特定的地区和环境中，这促使跨国公司纷纷去投资，从而产生了集群现象，这也是跨国公司追求资源的必然结果。

三是非股权安排理论(non-equity arrangement theory)，其是20世纪90年代后随着越来越多的外国投资者通过与东道国企业签订有关技术或管理方面的合同，取得对该东道国企业的某种控制管理权，而非在企业中占有股权的形式进行投资所产生的。该理论解释了跨国公司之所以选择非股权安排及进行国际战略联盟的方式进行投资的原因。主要基于跨国公司的核心优势所具有的几个特性：①独特性。即核心优势的不易模仿性、不可交易性和不可分割性。②绝缘性。即模仿核心优势所存在的各种障碍以及先发优势所形成的路径依赖与锁定使得跨国公司的核心优势能够长久保持。③整体性。即某些独特的知识、技术诀窍和能力已渗透在企业运作的各个环节，具有整体性。④隐含性。即跨国公司具有的知识、技术诀窍和能力往往是隐含的，难以用语言文字传递和包装出售。

本章小结

本章梳理了林产品贸易关联的几种贸易理论和投资理论：绝对优势论、比较优势、要素禀赋论、技术差距与产品生命周期理论、产业内贸易理论、国家竞争优势理论、规模经济理论、异质性贸易理论；垄断优势理论、内部化理论、边际产业扩张理论、国际生产折中理论、投资发展阶段理论、小规模技术理论。

习题

1. 绝对优势论的主要内容是什么？
2. 李嘉图比较优势论的核心思想是什么？该理论对各国发展外贸有何积极意义？
3. 要素禀赋论的基本内容是什么？它从哪些方面发展了比较优势论？
4. 什么是里昂惕夫之谜？西方学者对此做了哪些解释？
5. 简述技术差距理论的主要内容及其意义。
6. 简述产品生命周期理论的主要内容。请进一步思考：
第一，产品生命周期理论将同一产品的贸易过程划分为不同阶段的依据是什么？
第二，产品生命周期不同阶段的贸易主体、贸易地理方向有何不同？原因是什么？
第三，产品贸易中优势转移的轨迹、条件是什么？
第四，产品生命周期理论对一个国家、特别是发展中国家制定贸易政策有哪些指导意义？
7. 什么是产业内贸易？其产生的原因是什么？
8. 一国的竞争优势由哪些因素决定？
9. 新新贸易理论与传统贸易理论、新贸易理论的主要区别是什么？
10. 垄断优势理论的主要内容是什么？
11. 内部化理论的主要内容是什么？
12. 边际产业扩张理论的主要内容是什么？
13. 国际生产折中理论的主要内容是什么？
14. 简要归纳国际贸易理论的发展规律和动态。
15. 简要归纳对外直接投资理论的发展规律和动态。

第3章 林产品定义、商品属性与市场

【学习目标】

知识目标	能力目标
掌握国内外对林产品的定义和分类	理解林产品的定义、分类的不统一行，能够比较国内外对林产品的界定和分类
熟悉主要林产品的商品属性	把握主要林产品的商品属性，进一步理解林产品贸易的特性
了解林产品市场的特点与变化趋势	把握林产品市场的特点和发展规律

世界林业发展与经营管理思想的变化，为研究林产品国际贸易与市场问题提供了新的借鉴，其首要任务是对林产品的界定做出动态思考，了解林产品商品属性和林产品市场。尤其林产品定义与分类的规范，可以为研究林产品国际贸易与中国市场创新建设提供必要的基础，也符合世界林业可持续发展"多种利用与永续生产"的基本要求。

3.1 林产品定义和分类

3.1.1 联合国粮农组织的定义和分类

联合国粮农组织(The Food and Agriculture Organization of the United Nations, FAO)将林产品分为木质林产品(timber forest products)和非木质林产品(non-timber forest products, NTFP)两大类。

3.1.1.1 木质林产品的定义与分类

根据1982年FAO发布的《林产品分类和定义》(FAO, 1982, http://www.fao.org/3/a-ap410m.pdf)，木材(未加工)是指自然状态的倒木或采伐的木材，带皮或去皮的，圆形、劈开的，大致成方形或其他形状(如树根、树桩、树瘤等)的木材，包括从采运点获得的所有木材，即从森林或森林外采伐的树木数量。木质林产品分类列表中的一些产品有时也有非木材的，包括其他适合于锯制的木质纤维材料(如棕榈树)、适于结构用途的(如竹藤)以及其他作为刨花板、纤维板、纸浆或作为能源使用的植物材料。根据该定义，木质林产品范畴包括以森林资源为基础生产的木材和以木材为原料的各种产品，其原料不仅仅来自森林，还应纳入一些原料为竹藤、纤维植物等的非木材纤维产品。FAO 此后发布的《林产品年鉴》对木质林产品的定义与分类均以此为据，并根据实际变化做出调整。

FAO《林产品年鉴》对林产品分类的编码主要依据两个分类标准体系。一个是国际贸易标准分类（Standard International Trade Classification，SITC）。SITC 分类标准于 1950 年由联合国统计局主持制订，并由联合国经济理事会发布，该标准历经四次修改，第四次修订版（SITC Rev. 4）的贸易数据自 2007 年起开始提供。另一个是《商品名称及编码协调制度的国际公约》（International Convention for Harmonized Commodity Description and Coding System），简称"协调制度"（Harmonized System，HS）。HS 是经联合国贸发会议、关贸总协定、国际商会等组织和美国、加拿大等 60 多个国家协作的基础上编制的国际公约，于 1988 年实施，并于 1992 年、1996 年、2002 年、2007 年、2012 年和 2017 年修订。

拓展阅读

第一，FAO 的林产品定义以欧盟统计局/联合国粮农组织/国际热带木材组织/联合国欧洲经济委员会联合调查表中对林产品的定义为基础。

第二，FAO《林产品年鉴 1997》及之前的年鉴对林产品贸易数据的收集、整理和公布是以 SITC 编码的方法为基础，木质林产品主要分为 5 个大类：原木、锯材、人造板、木浆及纤维配料、纸和纸板。自 FAO《林产品年鉴 1998》开始，林产品在 SITC 编码与 HS 编码的对应下进行分类统计。彼时，尽管联合国统计委员会已于 2006 年通过了 SITC Rev. 4，林产品年鉴对林产品的分类标准仍沿用 SITC Rev. 3。FAO《林产品年鉴 2011》参考《林产品分类和定义》（FAO，1982）及 SITC Rev. 3（SITC，1990），将林产品分为 10 个大类：原木（round wood，也译为圆木）、木炭（材）（wood charcoal）、木片和碎料（wood chips and particles）、木材剩余物（wood residues）、锯材（sawn wood）、人造板（wood-based panels）、木浆（wood pulp）、其他纤维浆（other pulp）、回收纸（recovered paper）、纸和纸板（paper and paperboard）。2019 年 FAO 发布的《林产品年鉴 2017》，林产品在贸易统计中是总称，包括 12 个大类：原木（round wood），木炭（材）（wood charcoal）、木片和碎料（wood chips and particles）、木材剩余物（wood residues）、木质颗粒及其他成型木质品（wood pellets and other agglomerates）、锯材（sawn wood）、单板（veneer sheets）、人造板（wood-based panels）、木浆、非木质纤维浆、回收纸（pulp and recovered paper）、纸和纸板（paper and paperboard），将木质颗粒及其他成型木质品单列，同时将单板从人造板中单列出来。

3.1.1.2 非木质林产品的定义与分类

FAO 和国际林业研究中心（CIFOR）也有"非木材林产品"等近似称谓。1991 年 11 月在泰国曼谷召开的"非木质林产品专家磋商会"将其定义为：在森林中或任何类似用途的土地上生产的所有可更新的产品（木材、薪材、木炭、石料、水及旅游资源不包括在内），并把非木质林产品分为 5 类，即纤维产品、可食用产品、药用植物产品及化妆品、植物中的提取物和非食用动物及其产品。1995 年，FAO 正式把非木质林产品定义为：从森林及其生物量获取的各种供商业、工业和家庭自用的产品。并把它分为两大类：适合家庭自用的产品种类和适于进入市场的产品种类。前者指森林食品、医疗保健产品、香水化妆品、野生动物蛋白质和木本食用油；后者指竹藤编织制品、食用菌产品、昆虫产品、森林天然香料、树汁、树脂、树胶、糖汁和其他提取物。

3.1.2 《联合林产品调查问卷》的定义和分类

FAO定义的林产品并不包括全部纸和纸板，也不包括纸制品、深加工的木制品和木家具。

2015年欧盟统计局、联合国粮农组织、国际热带木材组织、联合国欧洲经济委员会的《联合林产品调查问卷》扩展了林产品的范围，并对原木等林产品术语以及编制产量和贸易表所使用的标准换算系数进行了详细的说明。本书节选并整理主要术语及其统计标准如下。

3.1.2.1 林产品的一般术语

（1）针叶材

指从植物学分类为裸子植物的树木获得的所有木材，例如，冷杉、南美杉、雪松、扁柏、柏木属、落叶松、云杉、松属、崖柏、铁杉等。这些木材一般都称作软材。

（2）非针叶材

指从植物学分类为被子植物的树木获得的所有木材，例如，槭属、龙脑香属、楝属、桉属、山毛榉属、杨属、栎属、娑罗属、桃花心木属、柚木等。这些木材一般都称作阔叶树材或硬材。

（3）热带木材

根据国际热带木材协定（2006年）的定义，热带木材是指在南北回归线之间国家生长或生产的木材。

上述针叶材（C）和非针叶材（NC）的一般定义适用于原木和锯材等每项细分林产品。

3.1.2.2 细分林产品及其统计标准

细分林产品及其统计标准如下。

（1）原木

所有经砍伐或其他方式采伐和采运的原木。包括从采运获得的所有木材，即从森林和森林外树木采运的数量，其中包括在此时期，日历年度或森林年度从自然损耗，伐木和采运损耗中回收的木材。包括已去皮或未去皮的所有木材，其中包括圆形、块状、大致呈方形或其他形状（如树枝、树根、树桩和树瘤等）（若是采集的话）的木材和大体成型或削尖的木材。原木是一个总称，包括工业用原木（未加工木材）和木质燃料（包括木炭）。以立方米去皮（即不包括树皮）为单位。

①木质燃料（包括木炭材）。用来作为燃料，如烹饪、取暖或发电的原木。包括从树干、树枝和树的其他部位采集来的木材（若是为作燃料而采集），包括圆木或劈木，将用来生产木炭（如用于坑窑和移动炭窑）、木质燃料颗粒和其他成型木质品的木材。用于生产木炭的原木是用6.0这一系数乘以木炭产量（单位吨）来估计的，单位是原木实积单位（立方米）。同时也包括由原木直接（即在森林中）生产用来当作燃料的木片。不包括木炭、木质燃料颗粒和其他成型木质品的产量。以立方米去皮（即不包括树皮）为单位。

②工业用原木。除木质燃料外的所有原木，包括锯材原木及单板原木；圆形和块状的

纸浆材；其他工业用原木。以立方米去皮(即不包括树皮)为单位。提示：大多数国家惯用的分类系统并不将工业用原木贸易统计数如同产量统计数般分类成不同的最终用途(即锯材原木和单板原木，纸浆材和其他工业用原木)；只有极少数量的热带工业用原木采伐于非热带国家(即澳大利亚、中国)。

锯材原木和单板原木：纵向锯制(或切削制)加工为锯材或铁道枕木或用于单板制造(主要用旋切或刨切的方法)的原木。包括将被使用于这些目的的原木(无论是否大致呈方形)；木瓦短原木和桶板短原木；火柴短原木和其他特殊用于加工成单板的原木(例如，树瘤、树根等)。以立方米去皮(即不包括树皮)为单位。

纸浆材(圆形和块状)：用于制造木浆、碎料板或纤维板的原木。包括将被使用于这些目的的圆形或作为对开材或从原木直接加工成木片(即在森林内)的原木(带皮或去皮)。以立方米去皮(即不包括树皮)为单位。

其他工业用原木：除锯材原木，单板原木和/或纸浆材外的其他工业用原木(未加工原木)。包括将被使用于电杆、桩木、支柱、栅栏、坑木、栲胶，蒸馏，培植香菇的菇木和制造火柴等用途的原木。以立方米去皮(即不包括树皮)为单位。

(2) 木炭

木炭是经部分燃烧或外部热源而碳化的木材，包括作为燃料或其他用途(例如，作为冶金业中的还原物或者作为吸收或过滤工具的木炭)，也包括产于壳或坚果的木炭，但是不包括竹炭。以吨为单位。

(3) 木片、碎料和剩余物

①木片和碎料。加工成碎片并适用于制浆，制造碎料板和/或纤维板，用作燃料或其他用途的木材，包括由原木直接生产而成的木片，不包括直接在森林内由原木加工成的木片(已被归纳在制浆材或燃料材内)。以不包括树皮的立方米为单位。

②木材剩余物(包括用于制成成型木质颗粒的木材)。其他木材加工后的副产品。包括木工和细木工加工后产生不适合当作木料的剩余物和废料，包括锯木厂的下脚料、板皮、边条和截头、单板原木的芯板、废单板、锯末和将被用于制造木质颗粒及其他团块产品的木材废料。不包括在森林中由原木直接制成或木材加工业加工而成的木片(已被归入纸浆材或木片和碎料中)，以及其他成型产品，例如，木料、燃料砖(球)、木质燃料颗粒或类似的其他形式，以及回收废木。以不包括树皮的立方米为单位。

(4) 木质颗粒及其他成型木质品

这是木质颗粒及其他块状、片状成型木质品的总计。以吨为单位。

①木质颗粒。由木质团块直接或加入不超过总重量3%的黏合剂压缩制成。这种木质颗粒是圆柱形，直径不超过25毫米，长度不超过100毫米。以吨为单位。

②其他成型木质品。木质颗粒以外的成型木质品，例如，燃料砖和木料。以吨为单位。

(5) 锯材

从国内生产和进口的原木中通过纵向锯制或剖面切削的方法加工，厚度超过6毫米的成材。包括经过刨光、未刨光和端接等形式的厚板、梁、托梁、板材、椽、小方材、板条、箱板、枕木和"方材"等。不包括枕木、地板材、线脚(锯材任一边缘或面经过连续铣削,如榫接、开槽、槽口接合、V形接合、珠椽、模压或类似方法)和由先前锯开的木块再锯制而成的锯材。以立方米为单位。

(6) 人造板

①单板。用旋切、刨切或锯开等方法加工,厚度均匀不超过6毫米的薄板。包括用于制造层积建筑材料、家具、单板容器等的木材。产量统计数不包括在同一国内用来加工生产成胶合板的单板。以立方米为单位。

②胶合板。是将单板黏合在一起而成的板料,相邻单板的纹理一般相互成直角。单板通常平衡地放在一块由单板或另一种材料制成的中板两侧。包括单板胶合板(由两层以上的单板黏合在一起制成的胶合板,相邻单板的纹理一般相互成直角);厚芯胶合板或芯板(即中间层一般比其他层厚的实芯胶合板,由并排的窄板,短木块成木条组成(胶合或不胶合在一起皆可);蜂窝板(芯板微蜂窝结构的胶合板);复合胶合板(由单种芯板或数层以实积板或单板以外材料组成的胶合板)。不包括层积建筑材料(如胶合层积材),其单板纹理一般为同一方向,以及竹胶合板和蜂窝板。以立方米为单位。(热带)非针叶材胶合板定义为至少有一板面为(热带)非针叶木材制成。若相当数量的混合材质胶合板(针叶材/非针叶材)包括在统计资料内,会有说明。

③碎料板(也称为刨花板)。是由小木片或其他木质纤维素材料(如木片、刨花、木头碎片、细木丝、碎条、薄片等)使用一种有机黏合剂结合下列一种或多种方式黏结而成,如加热、加压、加湿、某种催化剂等。碎料板分类是一种总计类,包括定向刨花板(OSB)、华夫刨花板和亚麻碎料板,不包括木丝板和由无机结合剂制成的其他碎料板。以立方米为单位。

定向刨花板(OSB):为了使木板更有弹性而以多层窄刨花薄片交替成直角状构成的人造结构版。刨花薄片是由小片的薄木片涂上如防水酚醛树脂胶等材料后,交错一起成席状,然后在热力及压力下结合在一起制成。这样制成的产品是一种坚硬、规格一致、高强度及有防水功能的建筑用木板。不包括华夫刨花板。以立方米为单位。

④纤维板。使用木头纤维或其他木质纤维素材料制成的人造板,主要靠纤维结合力及其内在黏性黏结而成(尽管在加工过程中可加入黏合剂和/或添加剂)。包括平压和模压纤维板产品。它是硬质纤维板、中密度纤维板(MDF)及其他纤维板的总称。以立方米为单位。

硬质纤维板:湿法制密度超过0.8克/立方厘米的硬质纤维板。不包括用木片,木粉或其他木质纤维素材料添加黏合剂制成的类似产品;及由石膏或其他矿物材料制成的板材。以立方米为单位。

中高密度纤维板(MDF/HDF):干法制纤维板。当密度超过0.8克/立方厘米时,可以归为"高密度纤维板"(HDF)。以立方米为单位。

其他纤维板:经湿处理密度不超过0.8克/立方厘米的纤维板。包括中密度纤维板和软质纤维板(也称为绝缘板)。以立方米为单位。

(7) 木浆

为进一步加工成纸、纸板、纤维板或其他纤维素产品,而由制浆木材、木片、碎料或剩余物通过机械和/或化学过程处理而制成的纤维材料。它是机械木浆、半化学木浆、化学木浆以及溶解木浆的总称。它不包括由木材和回收纸以外的材料制成的纤维浆。以吨气干重量(即含10%水分)为单位。

①机械木浆。通过把制浆木材或剩余物研磨成纤维，或通过精磨木片或碎料等方法获得的木浆。这种木浆也叫作磨木浆或精磨木浆，漂白或未漂白皆可。包括化学热机械木浆。不包括爆破木浆和去原纤化木浆。以吨气干重量(即含10%水分)为单位。

②半化学木浆。通过对制浆木材、木片、碎料或剩余物进行一系列机械和化学处理而制成的木浆，只用其中一种处理方式并不足以使纤维分开。漂白或未漂白皆可。包括化学磨木浆、化学机械木浆等(名称按加工过程期间处理的重要程度排列)。以吨气干重量(即含10%水分)为单位。

③化学木浆。对制浆木材、木片、碎料或剩余物经过一系列化学处理而制成的木浆。包括硫酸盐木浆、碱法木浆、亚硫酸盐木浆，可以是漂白、半漂白或未漂白的。不包括溶解木浆。以吨气干重量(即含10%水分)为单位。若是允许的话，请提出下列四种木浆的统计数：未漂白的硫酸盐浆、漂白的硫酸盐浆、未漂白的亚硫酸盐浆、漂白的亚硫酸盐浆。

硫酸盐浆：使用机械方式把制浆木材、木片、碎料或剩余物加工成小片，然后用氢氧化钠煮液(碱法木浆)或氢氧化钠和硫化钠的混合蒸煮液(硫酸盐浆)在压力容器内蒸煮而制成的木浆，不包括溶解浆。以吨气干重量(即含10%水分)为单位。又可细分为漂白(包括半漂白)硫酸盐浆和未漂白硫酸盐浆。

亚硫酸盐浆：使用机械方式把制浆木材、木片、碎料或剩余物加工成小片，然后用一种酸性亚硫酸盐蒸煮液在压力容器内蒸煮而制成的木浆。这一过程通常用铵、钙、镁和钠这类亚硫酸氢盐溶液。不包括溶解浆。以吨气干重量(即含10%水分)为单位。又可细分为漂白(包括半漂白)亚硫酸盐浆和未漂白亚硫酸盐浆。

④溶解浆。用特殊质量木材制成的化学木浆(硫酸盐浆、碱法木浆或亚硫酸盐浆)，阿尔法纤维素含量很高(通常含90%以上)。这种木浆通常是漂白过的，适宜除造纸以外的其他用途，主要是作为纤维素用来制造人造纤维、纤维塑料、漆、炸药等各种产品。以吨气干重量(即含10%水分)为单位。

(8) 其他纤维浆

用回收纸以及木材以外的植物纤维材料制成的纤维浆，用于制造纸张、纸板和纤维板。它是由非木材及回收纤维制成的木浆以外其他纤维浆的总计。以吨气干重量(即含10%水分)为单位。

①木浆以外的纤维浆。以木材以外的植物纤维材料制造成的纤维浆，用于制造纸张、纸板、纤维板和其他。不包括由回收纸制成的浆。包括由稻草、竹子、蔗渣、茅草、其他芦苇或草类、短棉绒、亚麻、大麻、破布、其他纺织品剩余物等制成的浆。以吨气干重量(即含10%水分)为单位。

②回收纤维浆。使用回收纸或纸板制造成的纤维浆，用于制造纸张、纸板和纤维板。不包括由稻草、竹子、蔗渣、茅草、其他芦苇或草类、短棉绒、亚麻、大麻、破布、其他纺织品剩余物等制成的浆。以吨气干重量(即含10%水分)为单位。

(9) 回收纸

为了再使用或买卖而收集的废纸和碎纸片或纸张。包括已用于其原来用途的纸张和纸板及制造纸张和纸板过程中产生的剩余物。以吨为单位。

(10) 纸和纸板

包括：图文纸，卫生纸和家庭用纸，包装材料用纸和其他纸张及纸板。不包括加工成纸箱、纸板、书籍和杂志等的纸产品。以吨为单位。

①图文纸。是一个综合类别，包括新闻纸、机械非涂料纸、未涂料胶板纸及涂料纸。这类产品一般制成宽度超过15厘米的条状或卷状产品，或者制成一边超过36厘米，另一边超过15厘米的展开的长方形薄层。不包括已加工成书籍或杂志等的纸产品。以吨为单位。

新闻纸：主要用来印刷报纸的纸张。大部分是由机械纸浆和/或回收纸制成，有少量或没有填料。本类产品一般通常制成宽度超过36厘米的条状或卷状产品，或者制成一边超过36厘米，另一边超过15厘米的展开的长方形薄层。通常每平方米的重量在40至52克间，但也可能到65克。新闻纸经过机器磨光或轻微压光，白色或轻微染色，成卷状使用于凸版印刷、胶印或柔板印刷。以吨为单位。

机械未涂料纸：适用于印刷或其他图文用纸，低于90%的纤维碎料由化学木浆纤维组成。此类纸也称作磨木浆纸或机制木浆纸和杂志用纸，例如，使用在凹版印刷和胶印上，用来印制杂志用的重填充超级压光纸。不包括壁纸基纸。以吨为单位。

胶版纸：适用于印刷或其他图文用纸，至少90%的纤维碎料由化学木浆纤维组成。胶版纸可由有不同种类或碎料经不同比例的矿物填料和不同范围的磨光过程(如上胶、压光、机器上光以及浮水印等)多种方式制成。这类纸包括大部分办公室用纸(如商业表格、复印用纸、电脑用纸、文具用纸和书籍用纸)。色纸和机涂纸(每面涂料少于5克)也包括在此类纸中。不包括壁纸基纸。以吨为单位。

涂料纸：所有适用于印刷或其他图文用纸，单面或双面使用炭或矿物原料(如高岭土、碳酸钙等)当涂料。可用不同方式上涂料，机内或机外，也可使用超级压光加工补强。包括卷状或张状的复写纸原纸和非碳复写纸。不包括其他拷贝纸和转印纸。以吨为单位。

②家用纸及卫生纸。本类纸包括大范围的家用或商业及工业用纸巾以及其他卫生用纸。本类产品一般通常制成宽度超过36厘米的条状或卷状产品，或者制成一边超过36厘米，另一边超过15厘米的展开的长方形薄层。例如，卫生纸、擦面纸、厨房纸巾、擦手纸巾及工业用吸水纸。有些纸巾也用于加工成婴儿尿片、妇女卫生巾等。

母卷纸是由原木浆或回收纤维浆或两者混合制成。以吨为单位。

③包装材料用纸。主要用来包裹或包装的纸张和纸板。本类产品一般通常制成宽度超过36厘米的条状或卷状产品，或者制成一边超过36厘米，另一边超过15厘米的展开的长方形薄层。不包括非牛皮纸袋纸或牛皮箱纸板的未漂白牛皮纸和纸板且每平方米的重量在150克以上但少于225克，油毡纸及纸板，描图纸，未再加工每平方米的重量在225克或以上的胶版纸。以吨为单位。

容器材料用纸：主要用来制成瓦楞纸板的纸张和纸板。由原木浆和回收纤维浆混合制成，漂白、未漂白或杂色皆可。包括牛皮箱纸板、高耐破纸板、半化学瓦楞纸、废纸底瓦楞纸。以吨为单位。

纸箱板：有时也指折叠箱纸板，可以是单层或多层胶合，有涂料或未涂料皆可。由原木浆和/或回收纤维浆混合制成,有可轻易折叠的特性,坚硬和记忆能力。通常主要是用于制造消费性产品,例如,冷冻食品和装盛液体的容器。包括覆或涂塑料膜(不包括胶合剂)和多层涂膜的纸或纸板。以吨为单位。

包装纸(每平方米的重量不超过150克):由原木浆或回收纤维浆混合制成主要用于包裹或包装的纸,漂白或未漂白皆可。它们有可能经过不同的磨光和/或印花处理。包括牛皮纸袋纸、其他牛皮包裹纸、鸡皮纸、防油纸以及除了涂膜外未大规模均匀漂白的涂料纸和纸板。不包括描图纸。以吨为单位。

其他包装用纸:本类纸包含所有未列在以上名单但主要用来包装的纸张和纸板。大部分由回收纤维浆制成,例如,灰卡纸,并可转换用途,在某些情况下除了包装外也用于终端用途。以吨为单位。

④未列入其他项的纸和纸板。用于工业和特殊用途的纸和纸板。包括卷烟纸、过滤纸、石膏纸板和其他用于绝缘、屋顶铺垫及特定用途和处理的特殊纸;壁纸基纸;非牛皮纸袋纸或牛皮箱纸板的未漂白牛皮纸和纸板且每平方米的重量在150克以上但少于225克,油毡纸和纸板,描图纸,未再加工每平方米的重量在225克或以上的胶版纸,卷状或张状的不包括复写纸或拷贝纸的复写纸原纸和转印纸。不包括所有表面未涂料的复合纸和经多层胶合而成的纸板,未大规模均匀漂白的涂料纸和纸板,覆或涂塑料膜(不包括胶合剂)的纸和纸板。以吨为单位。

(11)木制品和木家具

是一个总称,包括深加工锯材等木制品和木家具。

①深加工锯材。经纵向锯制或切削制(包括用于镶木/拼花地板的板条和缘板,未装拼的)的木材而且任何一板缘和板面是连续成形(榫接、开槽、槽口接合、V形接合、珠橡、模压或类似方法),无论是否经过刨光、砂磨或指接。不包括竹制品以及板缘和/或板面经过除刨光或砂磨以外再处理的锯木。

②木质包裹和包装材料。包装用盒子、箱子、板条箱、筒子和类似木制容器,木制电缆卷筒,托架,箱式托盘和其他木制栈板,木制围板箱、木桶、木制圆筒、木缸、木澡盆,其他制桶工匠产品及衍生的木制配件(包括桶板)。

③家用/装潢用的木制产品。木制画框、相框、镜框或类似物品,木制餐具及厨具,木头镶嵌和嵌花细工的木制珠宝盒或餐具盒、木刻小雕像及其他木制装饰品,帽架。

④其他加工过的木制产品。工具、工具的握柄、扫帚或刷子身及把手、靴模或鞋楦、衣架、棺材及其他木制物品。

⑤建筑用木工制品。窗户、门、装饰板及其衍生产品包括蜂窝木板(也称蜂窝板,一种芯板是蜂窝结构的胶合板)、组合镶木地板、木瓦和木屋顶材。

⑥木制家具。木制椅架及其衍生品,例如,木制露营和花园座椅等,不包括沙发床、旋转座椅、医疗用座椅。其他办公室、厨房、卧室及它处使用椅子和其零件之外的木制家具。

⑦预制安装木质房屋。木制为主的预制安装房屋,例如,小木屋,由碎料板预制成的房屋。

(12)纸及纸板制品

包括所有立即可使用的纸制品。不包括注明切割成卷或张状的纸制品。

①复合纸和纸板。卷状或张状,表面未涂料或浸料,内部有或无强化处理过的复合纸和纸板(由多层纸张或纸板刷胶黏合而成)。

②特殊涂料纸和纸浆产品。卷状或张状的纸、纸板、纤维素絮纸和纤维素纤维网纸,经过涂料、浸料、覆盖、表面上色、裱糊或印刷。包括上过焦油,含或涂沥青的纸和纸板。不包括表面未涂或浸料,内部有或无强化处理过的复合纸和纸板(由多层纸张或纸板刷胶黏合而成)。

③即用复写纸和拷贝纸。不论装箱与否的复写纸、非碳复写纸和其他拷贝纸或转印纸、誊写复印纸、胶印板纸。不包括卷状或张状的复写纸原纸、非碳复写纸及其他拷贝或转印纸。

④即用家用和卫生用纸。立即可使用的成品,用于家用或卫生用的,卷状宽度不超过36厘米或切割成型的卫生纸和类似纸制品、纤维素絮纸和纤维素纤维网纸。包括纸浆、纸、纤维素絮纸和纤维素纤维网纸制成的纸手帕、擦拭纸、纸巾、桌巾、餐巾、婴儿尿布、卫生棉塞、床单和类似家用品,卫生或医院用品,衣物的配件或饰品。不包括用于生产以上产品的母卷纸。

⑤包装用纸盒、纸箱等。纸、纸板、纤维素絮纸和纤维素纤维网纸制的纸盒、纸箱、纸容器、纸袋和其他包装用容器;纸或纸板制成用于办公室、商店等的档案盒、文件盘和类似物品。

⑥即用其他纸或纸板制成品。例如,壁纸和类似墙面料;透明窗纸;以纸或纸板为主制成的楼面料,有无裁切皆可;所有办公室用品,例如,信件、文件存档、相本、各式标签、线轴、卷轴、纱管和其他纸浆、纸或纸板(有无齿孔或强化处理皆可)的类似支撑物;所有已裁切或成型的其他纸、纸板、纤维素絮纸和纤维素纤维网纸;其他由纸、纸板、纤维素絮纸和纤维素纤维网纸制成的物品。

3.1.3 中国的定义和分类

3.1.3.1 中国《国民经济行业分类》的界定

要对林产品的概念进行界定,首先就要了解林业的概念。

我国《国民经济行业分类》(GB/T 4754—1984)国家标准于1984年首次发布,先后于1994年、2002年、2011年、2017年修订。几次修订对林业产业未做特别大的调整。根据GB/T 4754—2011,一个行业(或产业)是指从事相同性质的经济活动的所有单位的集合;林业是指国民经济中以林业资源为基础的社会生产、加工及服务的产业链。根据GB/T 4754—2017,02大类,即林业(包括林木育种和育苗,造林和更新,森林经营、管护和改培,木材和竹材采运,林产品采集);20大类,即木材加工和木、竹、藤、棕、草制品业(包括木材加工,人造板制造,木制品制造,木、竹、藤、棕、草等制品制造);21大类,即家具制造业;22大类,即造纸和纸制品业。由此,林产品可定义为林业所生产的原料或半成品进行加工的产品之总称。

🔑 拓展阅读

从可持续发展的角度来看，上述林业产业和林产品的概念仍然是一种狭义的概念，并不包含生态建设，仍有拓展的空间。

2003年6月中共中央、国务院颁发了《关于加快林业发展的决定》，2007年10月党的十七大第一次把"建设生态文明"写进报告，把林业推上了一个新高度，赋予林业一系列重大使命。林业活动领域由传统的森林资源培育、管理与利用，拓展到湿地资源的保护与利用及防沙、治沙、荒漠化防治等。以森林培育管理及木材加工利用为主的传统产业迅速发展的同时，以森林休憩旅游为主的林业生态产业和以非木质林产品开发利用为主的新兴产业成为新的增长点，尤其是野生动物驯养、木本粮油、林业生物产业（林业绿色化学产品、生物质能源及材料、生物制药）等新兴产业快速成长。这些产业涉及第一、二、三产业，所有制形式、经营形式及规模具有多样化。现行林业统计中的产业分类对这些活动难以进行准确和全面地反映。同时，随着林业对外交流的增加，林业领域的国际合作与交流也随之增加，这更需要一个新的林业分类，既能全面、准确、系统地反映中国目前林业及相关产业活动现状，又能与国际分类相衔接。2008年，按照《国民经济行业分类》（GB/T 4754—2002）并结合中国国情林情，国家林业局和国家统计局颁布《林业及相关产业分类（试行）》，将林业及相关产业界定为：依托森林资源、湿地资源和沙地资源，以获取生态、经济和社会效益为目的，向社会提供林产品、湿地产品、沙产品及服务的活动（也包括部分自产自用），以及与这些活动密切相关的活动的集合；将林业及相关产业划分为：林业生产、林业管理、林业旅游与生态服务、林业相关活动4个部分，共13个大类、37个中类和112个小类。其中小类与《国民经济行业分类》（GB/T 4754—2002）的行业小类相一致，实现了《林业及相关产业分类（试行）》与《国民经济行业分类》的衔接。该定义和统计范围延续至今。按照《国民经济行业分类》（GB/T4754—2017），如下行业是林业及相关产业的主体。第一，"林业"大类（代码02）。包括6个中类：林木育种和育苗（代码021），造林和更新（代码022），森林经营、管护和改培（代码023），木材和竹材采运（代码024），林产品采集（代码025）；共计9个小类。第二，"农、林、牧、渔专业及辅助性活动"大类（代码05）中的"林业专业及辅助性活动"中类（代码052），含4个小类。第三，木材加工和木、竹、藤、棕、草制品业大类（代码20）。包括4个中类：木材加工（代码201），人造板制造（代码202），木质制品制造（代码203），竹、藤、棕、草等制品制造（代码204）；共计18个小类。第四，"家具制造业"大类（代码21）中的"木质家具制造"和"竹、藤家具制造"2个中类（代码211和212），共计2个小类。第五，"造纸和纸制品业"大类（代码22）。包括3个中类：纸浆制（代码221），造纸（代码222），纸制品制造（代码223）；共计7个小类。

随着林业产业迅速发展，人们对于林业产业认识的深化影响了对林业内涵的认识，林业的概念得到了进一步拓展，林业涉及的范围进一步扩大。目前，学术界普遍认为林业产业应该是一个完整的产业体系，以林木资源或森林资源为主要对象，含产前、产中和产后的产业链，包括林木种植业、林业规划设计业、森林培育业、林果、林药、菌类等的培育利用业、森林动物驯养业、森林狩猎业、森林采伐运输业、木材（含竹材）加工业、林产化工业、森林旅游业、森林保健业、林产品市场营销业等。林业产业作为重要的基础产业，除了具有一般产业的共同属性外，还有四大特性：资源的可再生性、产品的可降解性、三大效益的统一性和"一、二、三产业的同体性"。

扫描二维码，可以了解原国家林业局和国家统计局颁布的《林业及相关产业分类（试行）》细节。

3.1.3.2 《中国林业发展报告》的界定

根据《中国林业发展报告》，林产品分为木质林产品和非木质林产品。木质林产品分为8类：原木、锯材（包括特型材）、人造板（包括单板、刨花板、纤维板、胶合板和强化木）、木制品、纸类（包括木浆、纸和纸制品、印刷品等）、家具、木片和其他（薪材、木炭等）。非木质林产品分为7类：苗木类，菌、竹笋、山野菜类，果类，茶、咖啡类，调料、药材、补品类，林化产品类（松香等），竹藤、软木类（含竹藤家具）。

3.1.3.3 《中国林业统计年鉴》的界定

根据《中国林业统计年鉴》，林产品为依托森林资源生产的所有有形生物产品和提供的森林服务，包括木质林产品、非木质林产品、森林服务。木质林产品包括原木、锯材、人造板、木浆、纸和纸板、木炭、木片、碎料和剩余物。非木质林产品包括来自森林、其他林地和森林以外的林木的非木质生物有形产品，即包括植物和植物产品，动物和动物产品。森林服务包括两部分：一是由森林资源本身提供的服务，如森林旅游、生态服务等；二是林业生产过程中，以森林资源为对象的林业生产服务，如森林防火、森林病虫害防治等。

3.1.3.4 《中国林产品：流通、市场与贸易》的界定

根据《中国林产品：流通、市场与贸易》，林产品的界定主要遵循国际组织的分类标准——《中华人民共和国加入WTO议定书》中的《附件8：第152减让表——中华人民共和国》，同时结合中国海关进出口统计林产品税号——《中国林业统计年鉴》中的《海关进出口主要林产品代码》标准，将林产品分为木质林产品和非木质林产品两大类。其中木质林产品包括：原木类、锯材类、单板类、胶合板、纤维板、刨花板、木制品、纸类（木浆类、纸和纸制品）、家具类和其他类10大项，每大类又分为若干小类。非木质林产品包括：苗木类、菌/竹笋/山菜类、果类、茶/咖啡类、调料/药材/补品类、林产化工、竹藤软木类7大类，每个大类又分为若干小类。上述林产品的界定与分类与国际间统计标准具有一致性，便于获取数据，也符合国际营林思想的动态发展需要。

3.1.3.5 其他界定

根据国家林业局2006年11月编制的《中国森林可持续经营指南》，木质林产品包括两类：一是林地中产生的主要林产品和木质生物原产品，主要包括木材和薪材；二是木材加工品，指以木材或木材纤维为原料生产的产品，主要包括锯材、板材、家具等木制品、木浆、纸和纸制品。非木质林产品是森林产生的非木质的生物原产品，包括竹产品、藤条、化学制剂和其他工业原料，水果，坚果，调味品，食用油，野菜，蘑菇，饮料，茶类，药

材及其他产品。

随着对林业所具有的生态和社会价值认识的深化,还可以将林产品划分为有形林产品和无形林产品。有形林产品包括上述木质林产品和非木质林产品,无形林产品包括能够体现林业社会和生态价值的森林休闲、生态旅游、森林服务、林业碳汇、森林生态产品等产品(张学文,2012)。

🗝 拓展阅读

第一,不论按哪种统计口径考察林产品,我们都不难看出:林产品所包括的产品种类繁多,品种多样。它既包括生产资料产品,也包括生活消费品;既包括工业加工产品,也包括种植和养殖产品。林产品的服务对象涉及社会生产生活的方方面面。社会对林产品的需求具有多样性,这也增加了林产品贸易的复杂性。木材及其制品是林产品的重要组成部分,也是林产品贸易的主要商品。

第二,林产品的界定与分类标准并不统一,也难以保持一成不变。例如,根据FAO的林产品定义,锯材是指经纵锯、切或刨切、旋切的木材,不论是否刨平、砂光或端部结合,厚度大于5毫米(1992年前)或6毫米(1992年后);单板(薄板)是指经纵锯、切或刨切、旋切的木材,不论是否刨平、砂光或端部结合,厚度不超过5毫米(1992年前)或6毫米(1992年后)。又如,在FAO的FORSTAT数据库中,1992年前,纤维板只分为压缩纤维板($d>0.4$克/立方厘米)和非压缩纤维板($d≤0.4$克/立方厘米)2类;1992年后,分为高密度($d>0.8$克/立方厘米)、中密度(0.5克/立方厘米$<d≤0.8$克/立方厘米)、低密度(0.35克/立方厘米$<d≤0.5$克/立方厘米和$d<0.35$克/立方厘米)。

3.2 林产品商品属性

3.2.1 原木

原木(round wood)是指原条(即采伐后的树木,去除枝桠、根)长向按尺寸、形状、质量的标准规定或特殊规定截成一定长度的圆形木段。

根据使用价值,原木可以分为经济用材和薪炭材两大类。根据使用情况,经济用材又分为直接使用原木和加工用原木。直接使用原木又分为采掘坑木、房建檩条等。加工用原木又分为特级原木、针叶树加工用原木和阔叶树加工用原木,主要用于锯材、造纸、胶合板等。

根据木材加工特性,原木可以分为硬木和软木。硬木取自阔叶树,树干通直部分一般较短,材质硬且重,强度大,纹理自然美观,质地坚实、经久耐用,是家具框架结构和面饰的主要用材。常用的硬木有榆木、水曲柳、柞木、橡木、胡桃木、桦木、樟木、楠木、黄杨木、泡桐、紫檀、花梨木、桃花心木、色木等。其中,易加工的有水曲柳、泡桐、桃花心木、橡木和胡桃木,不易加工的有色木、花梨木、紫檀,易开裂的有花木、椴木,质地坚硬的有色木、樟木、紫檀和榆木。软木取自针叶树(常青树),树干通直高大,纹理平顺,材质均匀,木质较软而易于加工,一般不变形不开裂,密度和胀缩变形较小,耐腐蚀性强。因其质地松软，软木一般不能作为家具框架结构的用料，而是充当非结构部分的辅助用料，或用来加工成各种板材和人造板材。常用的软木有红松、白松、冷杉、云杉、柳桉、马尾松、柏木、油杉、落叶松、银杏、柚木、红檀木等。其中，易于加工的有冷杉、红松、银杏、柳桉和白松。软木有不同的抗风化性能，许多树种还带有褐色、质硬的节子，做家具前要将节子中的黏性液体清除干净，再进行虫胶密封处理，而松动的节子要用白胶黏实后再进行虫胶密封处理。

原木在中国木材产业发展过程中具有基础性作用。随着中国木材加工业的发展，原木进口量逐年上升。目前进口原木存在进口木种种类多、进口国家多、木种价格差异大、木种鉴定难度大等特点，导致进口商为了追求利益虚报木种、逃避关税等现象越来越严重。目前，进口原木的木种鉴定主要通过传统的形态学方法，即通过专家对其形态的宏观和微观结构进行观察并与标准物质或鉴定资料所描述的特征进行比较而确定。随着科学技术的发展，一些物理、化学等方法及新技术越来越多地被应用于木材识别中，特别是 DNA 条形码技术的出现，给木种鉴定带来了新的曙光。

图 3-1 和图 3-2 分别展示了两种软木：落叶松和北美红杉。

图 3-1　落叶松原木

注：广泛地生长于库页岛、千岛群岛、沿海省和西伯利亚，针叶材中最重、最硬和强度最大的树种之一。

图片来源：《世界贸易木材原色图鉴》

图 3-2 北美红杉原木

注：分布于太平洋海沿岸，心材浅红色或深红黑褐色，重量轻或略轻。

图片来源：《世界贸易木材原色图鉴》

图 3-3～图 3-6 则分别展示了四种来自名贵树种的硬木：条纹乌木、奥氏黄檀、阔叶黄檀（黑酸枝）、非洲紫檀（亚花梨）。

图 3-3 条纹乌木

注：主要分布于世界热带地区，心材为黑色、浅红色的带交互排列。

图片来源：《世界贸易木材原色图鉴》

图 3-4　奥氏黄檀

注：为泰国所产，在缅甸、越南、老挝也有分布，边材浅色，心材红褐色，带紫色条纹，材色多变。

图片来源：《世界贸易木材原色图鉴》

图 3-5　阔叶黄檀（黑酸枝）

注：本属木材产于热带地区，此图为缅甸的阔叶黄檀，木材具有蔷薇花的芳香气味，边材色浅。

图片来源：《世界贸易木材原色图鉴》

图 3-6 非洲紫檀(亚花梨)

注：产于西部非洲，特别是在尼日利亚、喀麦隆和刚果(金)，心材明显，质量较重、硬。

图片来源：《世界贸易木材原色图鉴》

 知识链接

早材和晚材，边材和心材

早材和晚材。每一年轮内，靠髓心部分是每年生长季节初期形成的，材色浅、组织松、材质软，称为早材(春材)；靠树皮部分是后来生长的，材色深、组织密、材质硬，称为晚材(秋材、夏材)。

边材和心材。某些树种靠近树皮部分的材色较浅，在树木伐倒时，这一部分的水分较多，称为边材。在髓心周围材色较深、水分较少的部分，称为心材。

(资料来源：刘永强，陈江．原木出材率及工艺措施分析[J]．黑龙江科技信息，2014(4)：264.)

影响原木出材率的因素

原木条件：直径小、形状差异大、尖梢度大和质量低的原木，主产出材率低。

锯材宽度：厚锯条会增加锯路宽度，有时会影响锯材规格，增加木材损耗，降低出材率。

锯材余量：亦称后备量、它包括手编余量、截头余量和加工余量。在锯制板材时必须考虑这几种余量，对锯材的名义尺寸进行放大后锯解。因此，在锯解毛料时应合理留取余量，将其控制在最小的范围。

产品配制：在同一根原木中，锯制同种规格的产品还是配制产品，对出材率影响较大。加工时通常将厚板、薄板搭配生产，采用原木心部锯厚板、边部锯薄板的原则，对方材、板材进行合理套制，主产、副产合理套制，以提高原木出材率。

操作水平：操作工的操作技术水平直接影响到原木出材率，特别是没有实现计算机优化控制的制材厂，起着决定性的作用。从下锯方案的设计到锯口位置的实现，从原木几何形状的判别到原木的卡紧定位，从材质对进料速度的影响到板材的裁边、截断等，都要操作工的合理运作，应加强操作工的理论素质和技术水平的培养。

生产条件和设备维修：应该对制材设备定期检修，保持其良性运行，以提高出材率、提高锯材的合格率及质量。

提高原木出材率的工艺措施

分类生产：对原木的树种、直径、长度和等级进行分选，对要加工的锯材规格进行分类，可在一段时间内，使原木的树种、直径等不变，锯材的产品单一，操作工艺简化。通过分类生产有利于实现下锯图设计和划线下锯，操作工更易于操作。

小头进锯：原木在锯解时，以小头先着锯进行锯解，有利于估测小头端面的直径、形状。通常原木的大头端面形状不如小头端面规整。小头进锯有利于操作工确定锯口位置和看材下料。小头进锯在跑车带锯上锯的板皮、毛方都是小头向前，为下道工序的再剖或裁边、截断的合理锯刻和剔除缺陷创造了条件。

设计下锯图：根据原木的直径、形状和质量，按最大出材率原理设计出合理的下锯图，下锯图的设计可依据所需产品规格由计算机设计出原木锯解工艺卡片。锯解工艺卡片是由不同下锯方案中比较选择出的最佳方案，可提高出材率。

划线下锯：划线下锯和采用激光对线下锯，有利于确定第一个锯口的位置，有利于下锯方案的实施，避免人工估测的误差。特别是在原木条件和锯材规格变化较大时，配合原木锯解工艺卡进行划线下锯，效果更为明显。在锯制方材、枕木时，划线下锯是必不可少的工序。

编制下锯计划：根据原木条件和锯材要求，使其在规格、质量上相互适应。在原木加工前进行下锯计划编制，做到按材配料，心中有数，又用它作为技术文件指导生产，进行定额管理。下锯计划的编制还能为"代客加工"提供判别能否完成订制任务的理论依据。下锯计划的编制借助计算机进行辅助设计，是现代制材企业生产管理的重要手段。

按生产选用理想径级原木：依据订制任务的锯材规格，按最大出材率原理挑选理想径级的原木进行加工，是提高原木出材率的重要措施。特别在主产品为枕木、方材时，选择理想径级原木，可以提高主产出材率以上，实为多出一根枕木或方材。除了对原木直径的挑选还可能对原木的断面形状进行挑选。通常椭圆形的原木的出材率比圆形的原木锯枕木、方材的出材率高。

其他措施：提高摇尺精度，使用薄锯条，合理套制产品，合理裁边与截断，按标准留钝棱，采用合理的下锯法。

（资料来源：刘永强，陈江. 原木出材率及工艺措施分析[J]. 黑龙江科技信息，2014(4)：264.）

冠以"紫檀"名称的红木类木材

在中国，"紫檀"一名由来已久。中国自古以来就崇尚紫檀，是最早认识和开发紫檀的国家。"紫"寓意着祥瑞之兆，紫气东来；"檀"在梵语中是布施的意思，意指上天赐给人类的宝贵礼物。紫檀木质紧密坚硬，香气芬芳永恒，色彩沉古绚丽多变。紫檀神秘、沉稳、端庄、典雅、含蓄、尊贵，代表了中国人最深层的文化底蕴，体现了中国人最高的审美取向。紫檀木是非常名贵的红木。

2000年国家质检总局发布实施国家标准《红木》(GB/T 18107—2000)。该标准将5属8类33种木材统称为红木。5属是以树木学的属来命名的,即紫檀属、黄檀属、柿属、崖豆属及铁刀木属。8类则是以木材的商品名来命名的,即紫檀木类、花梨木类、香枝木类、黑酸枝类、红酸枝木类、乌木类、条纹乌木类和鸡翅木类。红木是指这5属8类33种木料的心材。心材是指树木的中心、无生活细胞的部分。根据《红木》(GB/T 18107—2000),冠以"紫檀"名称的红木类木材包括:①"紫檀""檀香紫檀""小叶紫檀""金星紫檀""牛毛纹紫檀""花梨纹紫檀""鸡血紫檀"。它们为同一种木材,系紫檀属,学名:P. santalinus,中文名称:檀香紫檀,商品名:紫檀木。其中,"小叶紫檀""金星紫檀""牛毛纹紫檀""花梨纹紫檀""鸡血紫檀"为紫檀木(檀香紫檀)的不规范名称。②"大叶紫檀"系黄檀属木材,同类商品材中包含有3个树种:卢氏黄檀,诺曼蒂黄檀和海栖黄檀。其代表树种为卢氏黑黄檀,商品名:黑酸枝木。"大叶紫檀"为卢氏黑黄檀的不规范名称。③紫檀属花梨木。并不是紫檀属的所有木材都能叫紫檀木。在紫檀属中,除檀香紫檀外的多个树种,称为"花梨木",列入《红木》(GB/T 18107—2000)标准有:越柬紫檀、刺猬紫檀、安达曼紫檀、印度紫檀、鸟足紫檀、大果紫檀、囊状紫檀。商品名:花梨木。

目前,GB/T 1810—2000已被GB/T 18107—2017取代。GB/T 18107—2017于2017年12月29日正式发布,并于2018年7月1日实施。GB/T 18017—2017《红木》主要包括范围、规范性引用文件、术语和定义、分类、要求、试验方法、判定、其他及规范性附录A、资料性附录B~J等部分。该标准的正式颁布与实施,将在红木行业建立新的产品质量控制体系,规范红木原料及其制品的市场秩序,满足红木行业的用材需求,在提升红木家具制造业水平等方面发挥重要作用。同时,该标准也为相关部门对我国红木市场的监管提供科学的技术支撑,促使红木行业健康发展。

具体扫描二维码祥读。

(资料来源:颜志成,陈辉.冠以"紫檀"名称的红木类木材研究[J].质量技术监督研究,2013(01):25-29+60.)

3.2.2 锯材

锯材(sawn wood)是指原木经过纵向锯切或轮廓切削工艺,制成的厚度超过6毫米的原木初加工产品,又称为"成材"。已经锯解成材的木料,凡宽度是厚度两倍以上的称为板材,不足两倍的称为方材。锯材广泛应用于工农业、建筑、包装、家具及其他造船、车辆生产等行业,目前主要用于高档家具制造、实木地板、室内装修门窗制造、木线条加工、扶手制造、家庭楼梯板等用途。

由于世界性原木资源日渐减少,许多木材生产国和出口国禁止或限制原木出口,各国林业部门普遍重视强化对锯材制造业的管理,以增加锯材的产量和出口量,有效增加木材附加值,促进了锯材贸易的发展。

图3-7和图3-8展示了欧洲榉木锯材和非洲红花梨锯材。

图 3-7　欧洲榉木锯材

图 3-8　非洲红花梨锯材

注：颜色鲜红，微有檀香，耐久性佳

3.2.3　人造板

人造板（wood-based panels）是人工制造的板材的总称，是指以原木和采伐、造材、加工等木材剩余物，以及其他植物秸秆、矿物材料为原料，经过一定的加工使之成为单板、纤维和碎料，并与胶合剂混合，在高温高压下制成的人造板材。

人造板的种类繁多，其中，利用木材作原料生产的人造板为木质人造板；利用棉秆、甘蔗渣等非木质材料作原料生产的人造板为非木质人造板；利用水泥、石膏等矿物材料和木材混合物生产的人造板称为水泥花板和石膏花板。

图 3-9 和图 3-10 分别展示了木质人造板和麦秸人造板。

图 3-9　木质人造板

图 3-10 麦秸人造板

注：中国每年各种农作物秸秆产量高达 6 亿吨，若能利用其中的 1%~2%，即可生产约 600 万~1200 万立方米的人造板，如按 1 立方米人造板替代 2.5 立方米原木计算，可替代 1500 万~3000 万立方米原木

拓展阅读

第一，除非特别说明，本书的人造板指的是木质人造板。根据原料和加工方法的不同，木质人造板又分为胶合板、纤维板、刨花板(又称为碎料板)、细木工板等。其中，单板和胶合板主要利用原木生产；纤维板、刨花板等主要利用木材采伐、造材、加工剩余物生产。木质人造板是木材综合利用的重要产品，发展人造板生产，是合理利用和节约木材、提高木材综合利用率的重要途径。

第二，目前木质人造板的统计口径并不一致。以 FAO 为例，在 HS 2007、HS 2012 等版本中，木质人造板包括单板、胶合板、刨花板和纤维板，在 HS 2017 中则只包括胶合板、刨花板和纤维板。

(1) 单板

单板(veneer sheets)，又称为薄木，是指原木经过旋切、刨切或平切方法生产的厚度不超过 6 毫米的木质薄片(厚度通常为 0.4~1.0 毫米)。单板主要用于生产胶合板和其他胶合层积材。其中，优质单板一般用于胶合板、细木工板、模板、贴面板等人造板的面板，而等级较低的单板主要用作背板和芯板。图 3-11 展示了桉木单板。

按形态分类，单板可分为天然薄木、染色薄木、组合薄木(科技木皮)、拼接薄木、成卷薄木(无纺布薄木)。依切削方式，单板可分为平切(可再细分为直纹取花、山纹取花或随意花)、旋切、半旋切等类型。

截剖：原木进厂后，首先按照所需长度截成木段，而后根据原木直径、木材纹理和木方在刨切机上的固定方法选择锯剖方案，剖制木方，使刨切的薄木宽度符合有关要求。不同径级的原木要采用不同的截剖方案。如果方案合理，不仅单板的出材率高，而且制得的

图 3-11 桉木单板(规格：2.2 毫米×640 毫米×1270 毫米)

注：桉木单板俗称桉木面板、桉木芯板，是由旋切机采侧面滚动旋切桉树而成的木质薄片状材料，其厚度通常为 0.4~10 毫米之间

径切薄木多，弦切薄木少，所得产品的装饰价值高。

蒸煮：木方经过蒸煮(即水热处理)以后，木材的可塑性增加。在实际生产中，通常用饱和蒸汽或热水对木方进行蒸煮处理。木方放入蒸煮池时，应按树种、木方规格分别进行；水温最好保持常温，并缓慢升温，以免因热应力导致木方开裂，升至 40℃ 以上时，更应放慢升温速度；蒸煮过度也会降低薄木质量；蒸煮池应经常清除树脂、树皮、泥沙、换水，以减少木方污染；蒸煮处理后的木方应及时放入刨切机前的贮木温水槽中，依据树种和薄木厚度保温在 40~50℃。

干燥：薄木干燥设备有连续作业的滚筒式干燥机和带式干燥机以及间歇作业的干燥室。干燥室是老式干燥设备，很不经济，但干燥质量较好。目前应用最广泛的是滚筒式干燥机。比较薄的薄木，特别是厚度小于 0.4 毫米的薄木，必须采用带式干燥机。干燥后，木材含水率一般在 8%~12% 为宜。

 知识链接

单板的质量和加工方法

单板的质量项目包括厚度、均匀度、长宽及误差、含水率、花纹、色差、光滑度、矿物线等。天然薄木的加工通常采用刨切方法，其工序流程为：原木→截断→剖方→软化(汽蒸或水煮)→刨切→烘干(或不烘干)→剪切→检验包装→入库。例如，真花梨 MASA、20 条厚：指的是用缅甸、老挝花梨木，以大锯台剖成不包心材之直纹角料，经长时间蒸煮软化其纤维组织后，再以平切方式刨削成厚度为 0.2 毫米的木材薄片。

MASA 是日文,"正"的意思,即直纹,英文 quarter cut。限于市场需求,某些木材只能用单一、特别的切削方式,如非洲玫瑰木(Bubinga),往往采用半旋切或弦向平切,以取其山水状乱花。

(2)胶合板

胶合板(plywood)是用多层由原木沿弦切面切下的薄板,涂胶后按纹理纵横交错黏合,热压而成的板状材料。每生产 1 立方米的胶合板大约需要 2.5 立方米的原木,大约可替代 4.3 立方米的原木制成的板材。

胶合板的种类很多,依据用途可以将其分为普通胶合板和特殊胶合板两大类(图 3-12)。杨木胶合板如图 3-13 所示。

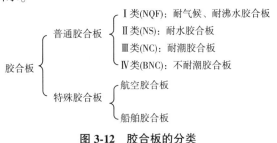

图 3-12 胶合板的分类

图 3-13 杨木胶合板

注:杨木胶合板是由杨木木段旋切成单板或由木方刨切成薄木,再用胶黏剂胶合而成的三层或多层的板状材料,通常用奇数层单板,并使相邻层杨木单板的纤维方向互相垂直胶合而成

(3)刨花板

刨花板(particle board)是指用木材加工剩余物或小径木等做原料,经专门机床加工成刨花,加入一定数量的胶黏剂,再以热能、压力或催化剂等方式经成型、热压而制成的一种板状材料。刨花板主要用于家具制造、建筑内部装修、产品包装和其他工业部门。据统计,1.3 立方米的废材大约可以生产 1 立方米的刨花板,大约可代替 3 立方米原木制成的板材使用。

刨花板分类方法很多，常用的分类方法如下。

① 按刨花板密度分类。低密度刨花板：密度为 250~400 千克/立方米。中密度刨花板：密度为 400~8000 千克/立方米。高密度刨花板：密度为 800~1200 千克/立方米。

② 按制造方法分类。平压法刨花板：刨花平铺在板面上，垂直于板面加压差很小，吸湿膨胀在长、宽方向上变化小，而在厚度方向上变化则大些。辊压法刨花板：刨花平铺在板面上，板坯在钢带上前进，回转压辊加压，压力垂直于板面，其性质与平压法刨花板相同。挤压法刨花板：制造时碎料平行于板宽方向分布，加压压力方向与刨花板面平行，其平面静曲强度低，特别是纵、横向强度差异明显，吸湿膨胀在长度方向上大，在厚度方向上小。

③ 按结构分类。单层结构刨花板：在板的厚度方向上，刨花形状、尺寸大小没有变化，施胶量也相同。三层结构刨花板：上、下表层由专门生产的平刨花或微型刨花、木纤维等组成，中层则用大刨花或废刨花。表层刨花施胶量大，芯层刨花施胶量小。渐变结构刨花板：在垂直板面的断面上，从表面到中心，刨花由细逐渐变粗，表层与芯层无明显界限。定向结构刨花板：刨花铺装时通过机械或静电定向使刨花按一定方向排列的刨花板。定向刨花板如图 3-14 所示。

图 3-14　定向刨花板

注：定向刨花板，是一种合成木料，经干燥、筛选，施加胶黏剂和添加剂的扁平窄长刨花，经定向铺装后热压而成的一种结构板材。在欧美发达国家早就广泛应用于建筑、包装、家具、装饰等多个领域，是良好的结构材料及室外材料，具有稳定性好、材耗低、强度高、防水性强、环保等特点

④ 按原料分类。木质刨花板：用木材生产加工剩余物或废木材、小径木材等为原料生产的刨花板。非木质刨花板：用亚麻、甘蔗渣、棉秆等非木质材料为原料生产的刨花板。

(4) 纤维板

纤维板(fiber board)又名密度板,是以木质纤维或其他植物素纤维为原料,添加黏胶剂,经过纤维分离、成型、热压(或干燥)等工序制成的一种人造板材。纤维板具有材质均匀、纵横强度差小、不易开裂、隔音、隔热等优点,主要用于车船、房屋内部装修、包装箱、家具衬板等。制造 1 立方米纤维板约需 2.5~3 立方米的木材,大约可代替 3 立方米锯材或 5 立方米原木。

纤维板分类方法很多,可按原料、密度、光滑面、成型介质等进行分类。

① 按原料分类。木质纤维板:用木材纤维为原料生产的纤维板。非木质纤维板:以非木材类纤维为原料生产的纤维板。

② 按密度分类。硬质纤维板:密度在 0.8 克/立方厘米以上。半硬质纤维板:密度在 0.4~0.8 克/立方厘米。按密度,纤维板还可以分为高密度纤维板、中密度纤维板、低密度纤维板。其中,最常用的中密度纤维板如图 3-15 所示。

图 3-15 中密度纤维板

注:中密度纤维板是以小径级原木、采伐、加工剩余物以及非木质的植物纤维原料,经切片、蒸煮、纤维分离、干燥后施加脲醛树脂或其他适用的胶黏剂,再经热压后制成的一种人造板材。其密度一般在 500~880 千克/立方米,厚度一般为 2~30 毫米

③ 按光滑面多少分类。一面光纤维板:一面光滑,另一面有网痕;两面光纤维板:两面均光滑;网痕纤维板:两面均有网痕。

④ 按成型介质分类。湿法成型:以水作为纤维运输和板坯成型介质,借助于板坯内水的表面张力和塑化作用,在热压过程中纤维与纤维之间形成牢固的结合力。干法成型:以空气作为纤维运输和板坯成型的介质,加胶、加热制造。半干法成型:属于干法范畴,不同之处在于纤维不预先干燥,不加或少加胶制造。

(5) 细木工板

细木工板，俗称大芯板，是由胶拼或不胶拼实木条组成的实木板状或方格板状作板芯，两面覆盖两层或多层不同纹理的旋切单板（薄木），经热压、砂光制成的一种特殊胶合板，是装饰装修用人造板的主要品种之一。芯板主要树种有柳桉、杉木、松木、杨木、桦木、松、泡桐等，面层是在板芯两侧分别贴合一层或两层单板，可分为三层细木工板和五层细木工板等，主要树种有奥古曼、柳桉、山香果、黄芸香等。在中国南方市场，芯板常用树种为杉木与进口"马六甲"、杂木等，以杉木为优，而在北方市场，芯板常用树种为杨木、桐木、进口"马六甲"等，面层常用树种为奥古曼与柳桉。

"马六甲"树木主要来自印度尼西亚东北部的马鲁古群岛等地区，在中国福建、海南等地也有引种并栽培。这种树木质地轻盈，生长迅速。"马六甲"板材表面有一定的硬度，耐磨、耐烫、耐污染、耐划痕，用这种材质打造的家具不必上漆，环保性强。"马六甲"板材的面层多用柳桉木，可做免漆生态板，在衣柜定制时非常受欢迎。"马六甲"板材有好有坏，好的马六甲板材可塑性强、不开裂、不变形，不好的马六甲板材色差较大、颜色不均、斜边距不齐、异味较大。

图 3-16 展示了柳桉芯细木工板。

图 3-16　柳桉芯细木工板

注：柳桉芯木具有光泽，无特殊气味，纹理交错，结构粗，重量均匀，且性质稳定

按照加工工艺，细木工板可分为两类。手工拼板：以人工的方式将实木条拼贴在一起，通过与上下各两层的单板粘贴形成固定，这种板握钉力差，缝隙大，不宜锯切加工，只能整块使用。机制板：通过设备加工将实木条拼贴在一起，除去层与层之间的黏连接外，实木条之间也有胶水黏接，质量优于手工拼板。

细木工板是家庭装修和家具制作的主要材料，由于加工工艺和选用材料的不同，在内嵌材料的树种、加工精细程度、胶黏剂的使用、面层树种选择等方面还存在很大区别。

(6) 集成材

集成材，又称胶合木，是指将板材按平行于纤维方向，用胶黏剂沿其长度、宽度或厚度方向胶合拼接形成的木质材料。它一般是由剔除节子、树脂、腐朽等木材缺陷的短小木方指接成一定长度后,再横向拼宽(或拼厚)胶合而成。集成材有不易变形、外形美观等特点,价格较低等优势,近年来被广泛应用于家具和房屋结构中,是一种家具和室内装饰用材,能做到小材大用、次材优用,有利于充分利用木材加工剩余废料和速生小径材,提高木材的综合利用率和附加值,有效缓解木材资源的供需矛盾。图 3-17 展示了集成材。

图 3-17 集成材

注:集成材的规格包括 2440×1220mm,厚度有 9mm、12mm、15mm、17mm、18mm、25 毫米等几种规格。常用材质包括杉木、松木、香樟木、樟子松、白松、赤松、榆木、硬杂木、枫杨、欧枫等

集成材的分类方法也很多。

① 按使用环境分。室内用集成材:在室内干燥状态下使用,只要满足室内使用环境下的耐久性,即可达到使用者要求。室外用集成材:在室外使用,经常遭受雨雪侵蚀及阳光照射,故要求具有较高的耐久性。

② 按产品的形状分类。集成材可分为板状集成材、通直集成材和弯曲集成材。此外,也可以把集成材制成异形截面,如工字形截面集成材和箱形截面集成材(中空截面集成材)。

③ 按承载情况分类。结构用集成材:是承载构件,具有足够的强度和刚度。非结构用集成材:是非承载构件,外表美观。

④ 按用途分类。集成材可分为:非结构用集成材;结构用集成材;贴面非结构用集成材;贴面结构用集成材。

(7) 压缩木

压缩木是木材经过一定的温度和压力加工处理后,产生的一种质地坚硬、密度大和强度高的强化处理材料。木材经压缩密实后,其组织构造、物理力学性质都发生了重大变化,力学强度增强,变形很小,耐磨性、耐久性好,从而有效地改善了木材的性能,提高了木材的利用价值。图 3-18 展示了压缩木。

根据压缩木的不同使用要求,在压缩前,需要对木材进行不同的预处理,包括水热处理、药物处理、金属化处理、浸渍树脂处理和微波加热处理等;与之相对应,则产生了普通压缩木、药物压缩木、金属化压缩木、表面压密材和压缩整形木等压缩木种类。

图 3-18 压缩木

注：压缩木树种以选择材质均匀、纹理直、水不溶性抽出物含量低的木材为宜。抽出物含量高的木材如松木、北美黄杉（花旗松）等则不适宜制作压缩木，因为树脂状物质对木素的流动和充分压缩有干扰作用，不易得到稳定的产品

（8）层积材

层积材是用旋切的厚单板数层顺纹组坯、低压胶合而成的一种机构材料。由于全部顺纹组坯胶合，故又称其为平行合板。单板层积材强度均匀、材质稳定，不受原木径级、长度和等级的影响，可以利用径级较小的原木、长度短不能加工的原木、缺陷多但可以旋切的原木，通过剪切和接长的方法，生产出任意长度和大小的材料。图 3-19 展示了单层层积材。

图 3-19 单层层积材

注：单板层积材（laminated veneer lumber，LVL）是由厚单板沿顺纹方向层积组坯、热压胶合再锯割而成的材料

（9）塑合木

在木材中注入乙烯系单体，经放射线照射聚合或添加引发剂，通过加热催化聚合而成的一种木材塑料。与同种木材相比，它具有密度大、尺寸稳定性好、力学强度高、耐热性强、表面光滑等特点，可经过预处理，提高板材防火等性能。图 3-20 展示了塑合木地板。

图 3-20　塑合木地板

注：木塑地板是一种新型环保型木塑复合材料产品，在生产高密度纤维板过程中所产生的木酚，加入再生塑料经过造粒设备做成木塑复合材料，然后进行挤出生产组做成木塑地板

(10) 生态板

生态板，即浸渍胶膜纸饰面胶合板/细木工板，是将浸渍氨基树脂胶膜纸铺装在多层胶合板和细木工板基材上，经热压而成的装饰板材。浸渍胶膜纸饰面胶合板/细木工板（生态板）结构如图 3-21 所示。

生态板是 2005 年后新兴的胶合板/细木工板二次加工板材，该板材仅有中国加工生产；截至 2018 年年底，尚未见到国外关于生态板的研究和生产报道。生态板结构和性质与实木板材相近，具有免油漆、实木感强、尺寸稳定性好、握钉力强、锯截方便等优点，且具有良好的装饰性和环保性，品种丰富，用途广泛。据统计，2014 年，中国生态板产量超过 700 万立方米；2018 年中国生态板产量超过 1500 万立方米。其生产企业主要集中在江苏、山东、浙江、河北、广东和广西等省（自治区），大部分企业生产规模较小。

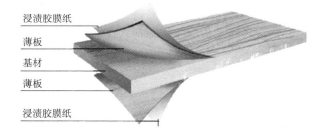

图 3-21　浸渍胶膜纸饰面胶合板/细木工板（生态板）结构示意

（资料来源：周岩. 中国浸渍胶膜纸饰面胶合板/细木工板市场前景分析[J]. 林产工业，2020, 57(03): 1-4.）

3.2.4　木浆

木浆（wood pulp）是由木片、颗粒或残留物通过机械或化学过程制成的纤维材料，主要用于造纸、纸板或其他纤维产品,按制浆方法分为机械木材、硫酸盐针叶木浆等。

一般根据制浆材料、制浆方法、纸浆用途等,对木浆进行分类。

(1) 废纸纸浆

废纸纸浆是利用使用过的废纸或印刷厂裁切下的纸边为原料,经过机械力量搅拌并经漂白或脱墨处理而制成的。废纸纸浆的纤维强度和性能是由废纸所用的纸浆种类决定的。但是由于纤维再次遭受药液侵蚀,或受机械力的损伤,所以较原来纤维性质较差。根据废纸纸浆原废纸的质量高低,分别用于制造印刷纸、书写纸、纸板及较低档次的纸张。

(2) 机械木浆

机械木浆也称磨木浆,是利用机械方法磨解纤维原料制成的纸张,它在造纸工业中占有重要的地位。它的生产成本低,生产过程简单,成纸的吸墨性能强,不透明度高,纸张软而平滑,适宜印刷上的要求。但由于纤维短,非纤维素组分含量高,所以成纸强度低。另外,由于木材中的木素和其他非纤维素绝大部分未被去掉,用其生产的纸张易变黄发脆,不能长期保存。机械木浆通常指白色机械木浆和褐色机械木浆两种。白色机械木浆主要用于生产新闻纸,也可配入其他纸浆中抄制书写纸和印刷纸;褐色机械木浆多用于生产包装纸和纸板,特别是工业用纸板。

(3) 硫酸盐木浆

硫酸盐木浆是采用氢氧化钠和硫化钠混合液为蒸煮剂。在蒸煮过程中,因为药液作用比较和缓,纤维未受强烈侵蚀,故强韧有力,所制成的纸,其耐折、耐破和撕裂强度极好。一般可分为漂白和未漂两种。未漂硫酸盐木浆可供制造牛皮纸、纸袋纸、牛皮箱板纸及一般的包装纸和纸板等。漂白硫酸盐木浆可供制造高级印刷纸、画报纸、胶版纸和书写纸等。

(4) 亚硫酸盐木浆

亚硫酸盐木浆是以亚硫酸和酸性亚硫酸盐的混合液为蒸煮剂。该浆的纤维较长,性质柔软,韧性好,强度大,容易漂白,并有极好的交织能力。依其精制程度可分为未漂、半漂和漂白三种。未漂浆因含少量木素和有色杂质,所以呈黄色,纤维也较硬,多用于抄造中等印刷纸、薄包装纸以及半透明纸和防油纸。半漂浆中含有大量的多缩戊糖,因此,抄造透明的描图纸和仿羊皮纸等。漂白浆的纤维洁白,质地纯洁而柔软,但由于经过漂白处理,纤维强度低于未漂浆。此种浆多用以制造各种高级纸。

3.2.5 纸及纸板、废纸

(1) 纸及纸板

纸及纸板(paper and paperboard),是指定量小于225克/平方米的纸和定量为225克/平方米或以上的纸板。

根据《中国造纸工业可持续发展白皮书》的定义,造纸工业包括纸浆制造、纸及纸板制造和纸制品制造三个子行业。

①纸浆制造。用植物原料(木、竹、苇、草、棉、麻、甘蔗渣等)和废纸制造纸浆。

②造纸工业。包括机制纸和纸板、手工纸和加工纸制造,产品分为文化用纸、生活用纸、包装用纸、特殊技术用纸、其他类用纸等。

③纸制品业。使用纸和纸板、手工纸和加工纸生产成纸制品，如纸箱纸盒、纸扇、笔记本、分切成包的餐巾纸、面巾纸、成卷的卫生纸等。只有将纸张加工成纸制品才能交由用户使用，而由造纸机生产出来的纸张在造纸行业统称为原纸。瓦楞纸板如图3-22所示。

图 3-22　瓦楞纸板

注：具有较好的机械强度，富于弹性，缓冲作用好

（2）废纸

废纸（recovered paper），是指用于重新使用或交易的废纸及纸板，包括已经使用过的纸及纸板和纸及纸板的剩余物。黄板废纸如图3-23所示。

图 3-23　黄板废纸

优质废纸也称为二次纤维，回收二次纤维作为造纸原料，可减少大量木材使用量，并有利于环保。一般来说，1吨优质废纸可造纸约800千克，可节省2~3吨木材，节约用电1000千瓦时，节约用水50立方米。我国生态环境部在颁布《中华人民共和国固体废物污染环境防治法（修订草案）》时，多次征求意见，科技工作者一致认为含杂率不超过0.5%的废纸是优质的造纸原料。目前中国是世界最大的纸制品生产国，也是全球第一的造纸原料输入国。由于我国森林资源缺乏、木材储备量低，国内造纸除木浆、草浆外，还大量使用回收纤维（如废纸等）。废纸浆已经成为我国国内造纸业最重要的纤维原料。一方面是随着国内环保政策趋严，造纸企业对环保更加重视，对废纸的再生处理技术日益成熟完善；另一方面，造纸企业更青睐使用废纸或其再生浆是出于成本控制需要，节约原料增加生产，减少污染保护环境，节省能源降低能耗，节省投资降低成本。而来自欧洲、美国、日本等国家和地区的进口废纸具有杂质少、质量高、品种全、分类细等优点，其品质明显高于国内废纸。国内对废纸进口需求量也在不断增加。近年来，国内环境保护压力增大，环保、海关等部门不断推出新监管措施，废纸进口许可证发放额度持续收紧。2012年，中国的进口废纸达到峰值3000万吨。2017年以来，随着中国不断加强对固体废物进口管理，进口废纸明显下降，2018年跌至1703.29万吨，同比下降33.77%。由于进口废纸减少，中国纸厂纷纷加大了国内废纸的采购量以弥补纤维原料的不足。

拓展阅读

扫描二维码可以了解废纸的分类标准。

3.2.6 木家具

家具是指在人类日常生活和社会活动中使用的具有坐卧、凭倚、贮藏、间隔等功能的器具，一般由若干个零部件按一定的结合方式装配而成。其中，木家具是指以木材及其制品为主要原材料制成的家具。

家具已成为室内外装饰的一个重要组成部分，其造型、色彩、质地等在某种程度上烘托了厅室的气氛；在一些庭院、海滩、街道等公共场所，还具有环境装饰、分隔、使用和点缀的作用。家具式样繁多，千姿百态，随着生产技术和消费需求的不断发展，家具的种类层出不穷。

(1) 按基本功能分类

①支承类家具。其主要功能是支承人体的物体，如床、椅、桌、凳、沙发等，主要是供人们坐、卧的家具。

②贮存类家具。其主要功能是贮存物品，如衣柜、酒柜、书柜等，主要是供人们贮存衣物、食品、图书、用具等物品的家具。

(2) 按基本形式分类

①椅凳类家具。包括各种类型椅、凳、沙发等，如扶手椅、方凳、单人沙发等。

②桌类家具。包括各种类桌、茶几等，如写字台、方桌、方凳、方茶几等。

③床类家具。包括各种类床，如单人床、双人床、双层床、儿童床等。

④柜类家具。包括各种柜类家具，如衣柜、书柜、酒柜等。

⑤其他类家具。如花架、书架、挂衣架、屏风等。

（3）按使用场所分类

①办公家具。各单位办公室所用家具，如写字桌、会议桌、文件柜、工作椅等。

②民用家具。供每个家庭成员使用的家具，有起居室家具、卧室家具、会客室家具、厨房家具、卫生间家具等。

③商业家具。百货商店、购物中心等贮存、陈放、展示商品用家具，如货架、柜台、展示台等。

④学校用家具。供数学或科研使用的家具，如学生桌椅、实验台、讲台、仪器仪表柜、标本柜等。

⑤公共事宜家具。礼堂、影剧院、车站、码头等公共场所供人们临时使用的家具。

（4）按结构特征分类

①框式家具。采用框架作为承力和支撑结构的一类家具，方材通过接合构成承重的框架，以装板结构围合四周。框式家具对材料和工艺要求较高，不便于组织机械化、自动化生产。

板式家具：主要部件由各种人造板为基材构成板式部件，并以连接件或圆棒榫将板式部件结合起来的家具。

拆装家具：各种零部件的接合采用连接件，可以多次拆装的家具。板式柜类家具可以采用拆装结构，框式支承类家具也可采用连接件结合，做成拆装家具。

组合家具：由一系列的单元组合而成，其中任何一件都可单独使用，也可以互相组配成新整体使用，用户可以分批购买任意挑选，根据需要组配形成不同的式样。

折叠家具：使用时可打开，存放时可折叠起来的家具。

②曲木家具。凡主要零部件由弯曲木质件构成的家具。弯曲木质件主要包括两类，一类是实木方材经软化处理、弯曲成型、干燥定型等工艺而制成的实木弯曲零件；另一类是采用单板胶合弯曲成型工艺制成的多层板弯曲零件。曲木家具造型别致，体态轻巧，结构简单，节约木材。

③通用部件式家具。各种家具均由几种规格的零部件装配而成，同一规格的零部件可能在几种不同的家具上使用，也可能在同一家具的不同部位重复使用。以较少规格的零部件装配成多种形式和多种功能的家具，可以大大提高劳动生产率，组织专业化、自动化生产。

 知识链接

板式家具与框式家具的主要区别

（1）柜体材质不同

板式家具的柜体，其结构是左右侧板（一般采用 16 毫米厚度的密度板或刨花板）加前后上下四根拉条（一般宽 16 毫米、厚 80 毫米）固定成型。框架结构式家具的柜体（框架）

结构一般采用实木。

(2) 承重力不同

板式家具的四根拉条只起固定作用，承重力主要取决于左右两块刨花板。框式家具，承重力取决于框架。

(3) 风格适应性不同

板式家具走欧式路线多，走中式路线少。框式家具适合所有的建筑风格。

(4) 可调节性不同

板式家具一般做成封闭式的，难以修改调节。框式家具拆装较为灵活。

(5) 环保程度效果不同

板式家具一般采用刨花板，甲醛释放总量比框式家具大；板式家具如果废弃，一般只能当垃圾处理，而框式家具可以回收利用。

(6) 耐候性不同

框式家具有卓越的耐候性，无论是在南方还是北方，东方还是西方，柜体(框架)不发霉、变形；板式家具恰恰相反，气候对板式家具来说是最大的挑战。

3.3 林产品市场

3.3.1 林产品市场的概念

市场的概念并不统一，可以从不同角度进行描述和界定。第一，把市场当作一种场所，即联结商品买方和卖方的地方。这是一种比较狭义的理解。第二，将市场理解为把特定的商品和服务的供求关系结合起来的一种经济体制，是商品交换关系的总和。第三，把市场看作商品和劳务、现实的和潜在的购买者的总和。第四，把市场看成有购买力的需求。

本书认为，市场是交易者(买卖双方)进行商品交换的环境、条件和交换关系的总和，而林产品市场就是交易者进行林产品交换的环境、条件和交换关系的总和。林产品市场的基本要素包括：交易设施与对象、价格体系、参与者(包括生产者、消费者、交易中介和监督者)和相应的制度安排。

林产品市场包括买卖双方实现林产品所有权交换的场所，也包括各种交易活动。狭义的林产品市场是指进行林产品所有权交换的具体场所。广义的林产品市场则是指任何形式的林产品交易活动，它不一定占据一定的空间，例如，通过信函或电话、传真、计算机网络等现代通信工具进行的林产品交易。林产品市场既包括有形林产品市场，也包括无形林产品市场。有形林产品的构成要素与一般商品市场构成要素没有太大的差别，而无形林产品市场的供求关系及市场制度安排都有其特殊之处。有的林产品属于生产资料，如木材产品，耐存放，无需包装，因而其现货市场的基础设施比较简单；有的林产品属于生活资料，如经济林产品，除了林产化工原料外，基本上属于消费品，不耐储存，且需细心包装，因而市场所需的各种设施均比木材市场复杂些。总之，这两种市场交易的产品均出自森林，但是，一种属于生产资料市场，另一种属于消费品市场，二者之间存在质的差异。

3.3.2 林产品市场的特点

林产品市场不仅具有一般商品市场的共性，还表现出较强的个性。

(1) 林产品供给受自然条件影响大

土地、温度、光照、降水等众多因素对林产品都会产生重要影响，自然条件的不确定增加了林产品生产的风险，直接影响林产品供给，给林产品供给带来较大的不稳定性。

(2) 林产品需求的多样性

林产品既是经济发展所需的生产资料，也是人们所必需的生活资料。林产品种类繁多，既包括木质林产品，也包括非木质林产品；既包括初级加工产品，也包括精深加工品；既包括有形林产品，又包括无形林产品。因此，人们对林产品的需求是多种多样的。

(3) 林产品市场制约因素多

林产品的经营活动不仅受市场供求、价格变化的影响，还受到人们生活水平、消费习惯、国家产业政策和生态保护政策等因素的影响。

(4) 林产品的商业标准化程度低

林产品种类繁多，由于树种、材种、生产区域不一样，在质量、规格等方面都存在着一定差异。林产品的交易一般数量较大，个体产品形状不一，给交易的准确计量带来一定的难度，这就使得林产品在市场交易中难以像粮食、煤炭、钢铁、水泥等商品那样实行严格的标准化。尽管木材等商品也建立了较为科学的标准，但这些标准在商业流通中运用起来则又显得过于繁杂，难以适应市场交易的需要。市场交易对商品标准的要求是科学、简明，易于理解和操作，便于管理。正是由于林产品的商业标准化程度不高，这就给使用现代化的流通手段和方式带来了困难，除普通胶合板、锯材、松香等个别产品外，林产品难以采用期货交易的方式；另外，无纸交易也有一定的难度。

(5) 森林生态产品市场具有特殊性

由于森林生态产品(生态效益和社会效益)没有固定形态，难以计量、计价，难以严格分清主体和受体，所以不能在有形市场交换，只能在无形市场上交换，通过特殊的补偿形式实现补偿，获得维持再生产所需要的恢复和发展资金。无形市场与有形市场具有伴随性，只要森林采伐利用，森林生态产品同时消失或减弱，这种无形森林生态产品市场也不复存在。森林生态与服务产品的市场交易不存在所有权转移，市场内交易是单向的、服务性的、共享的，市场上不存在一对一的买卖关系，而存在整体性的社会交换关系。

3.3.3 林产品市场的种类

可以从不同的角度，对林产品市场进行分类。

(1) 按市场客体构成特点，分为有形市场和无形市场

由于森林提供的有形产品与无形产品特点不同，不可能都在现实的有形市场上进行交易，而是区别有形市场与无形市场，以不同的方式进行两类产品的交换和价值补偿。有形产品生产者通过有形市场的产品销售，直接取得经济收入获得补偿。无形市场的交易一般

采取补偿交易形式，按"社会公共物品"来交易。生产者将无形产品投入社会服务，但不直接取得销售收入，而由国家和社会给予补偿。其中，按经营产品的品种，有形市场又进一步分为原木锯材、人造板、纸浆、家具等市场。

(2) 按需求供给的状况，分为卖方市场和买方市场

当林产品需求大于供给时称为卖方市场；当需求小于供给时称为买方市场。中国森林资源相对缺乏，中国林产品市场总体上是卖方市场。

(3) 按交易达成的地点，分为产区市场和销区市场

当交易在销区达成时称为销区市场；交易在产区达成时称为产区市场。由于林产品具有明显的地域性特征和国民经济发展的不平衡性，中国林产品产区市场和销区市场比较明显。在经济比较发达和人口稠密的地区大多形成销区市场，而在经济落后和人烟稀少的林大多形成产区市场。一般来说，当买方市场形成时，销区市场较为活跃；而当卖方市场形成时，产区市场较为活跃。

(4) 按交易参与者的集中与分散程度，分为集中市场和分散市场

企业或个人根据自身的经营状况进行林产品的购买和营销活动构成了分散市场。从中国林产品流通的现状来看，分散市场在交换中占导地位。当交易参与者较多，并进行多种林产品的交易活动时称为集中市场。集中市场最显著的特点是中介组织的介入。随着中国市场体系的不断完善，集中市场将在林产品流通中发挥越来越大的作用。集中市场又可以分为集贸市场、批发交易市场，交易中心、展销会等形式。

(5) 按交易的品种，分为专业化市场和综合市场

专业化市场交易单一品种的林产品。综合市场交易多样品种的林产品。

(6) 按市场的空间结构，分为国际市场、国内区域市场

从目前的市场状况来看，木材、竹材、非木质林产品已形成了一些专业市场，从国际市场情况来看呈现出明显的区域化倾向，目前主要有北美、环太平洋、欧洲几大市场。国内区域市场有几种划分方法：其一，把国内市场分为北方国有林区和南方集体林区两大市场；其二，把国内市场分为东北地区、沿海城市、华北中原地区、南方地区、西南地区和西北地区六大市场；其三，有代表性的城市市场。

(7) 按商品交换方式，分为现货交易市场和期货交易市场

商品的交换方式包括物物交换、现货交易和期货交易。随着经济的发展，特别是货币的出现，物物交易不扮演重要角色，现货交易和期货交易成为商品交易市场最基本的交换方式。现货交易是以货币为媒介进行的商品交换，其目的是实现商品所有权的转移，包括即期现货交易和现货远期合约交易。期货交易是按一定的交易方式对标准货期货合约进行的一种交换活动。一般而言，林产品商品交易所以期货交易为主，林产品商品贸易中心以现货远期合约交易为主，而林产品批发市场以即期现货交易为主。

3.3.4 林产品市场的结构

林产品市场结构是指林产品交换活动中各要素之间数量比例关系和联系方式。

(1) 林产品市场主体结构

林产品市场主体结构指的是进入林产品市场的交换主体数量及其之间的关系状况。具

体包括林产品销售者及其之间的关系、林产品购买者及其之间的关系以及买卖双方的关系等。目前中国林产品市场主体中的销售者主要有：各类型的林产品生产企业和个人、林产品经销企业和个人。林产购买者主要有：企业、团体和个人消费者。

(2) 林产品市场客体结构

林产品市场客体结构指的是市场交换商品的数量比例关系和联系方式。从宏观层面看，指的是各类不同林产品市场结构，如木质林产品市场与非木质林产品市场间的结构关系、有形林产品市场与无形林产品市场间的结构关系等。从微观层面看，它指的是同一市场内交易的各种林产品种类、数量及其之间的关系状况。

(3) 林产品市场行业结构

在一定的时期内，林产品市场各种流通活动的资源总是分布在不同类型的流通组织之中的，不同类型的林产品流通组织在市场中所占用的商业资源之间的数量比例及联系方式就构成了行业结构。

目前，中国林产品市场的行业结构是由以下几种流通组织形式构成的：零售企业、批发企业、生产企业直销、中介服务组织等。不同部门、不同所有制的经营组织对林产品采取不同的经营方式使中国林产品生产出现了许多丰富的变化，这些变化是林产品市场发展的标志。

(4) 林产品市场时间结构

在现代产品生产体系中，不仅存在着现货商品交易，而且还存在着交易双方当前订立合约，在将来某时间进行实物交换的远期合约交易及反映未来市场供求关系的期货合约交易，商品资源在这不同类型交易中的配置关系，构成了林产品市场的时间结构。

(5) 林产品市场空间结构

主要是指不同地区林产品市场间的关系状况。它既包括林产品的国际贸易，又包括国内不同地区之间的林产品市场结构。

3.3.5 林产品市场的创新

(1) 交易方式创新

林产品市场不断创新。随着经济的发展和技术手段的进步，林产品交易的方式将以目前的现货交易为主逐步向期货交易发展。木材是最重要的国际大宗商品之一。美国、日本、马来西亚以及一些北欧国家都曾尝试木材类期货的交易。一些期货交易所上市了原木、木浆、板材和人造板指数等期货合约。其中，芝加哥期货交易所及纽约商品交易所于1969年挂牌胶合板的期货合约，1996年芝加哥商业交易所挂牌软木胶合板期货合约，但是这些期货合约现在已经停止交易了。而美国芝加哥期货交易所(CME))的原木期货还在上市交易，截至2019年已经有50年的历史。在中国国内，大连商品期货交易所于2013年12月6日推出胶合板和纤维板期货，创新了中国林产品的交易方式。1998年联合国贸易与发展委员会的木材类期货合约调查认为，木材类期货，特别是以热带硬木胶合板为标的物的期货合约上市，有助于解决国际木材贸易过程中的一系列问题。

(2) 产品或服务创新

林产品包括原木、锯材、人造板、家具、木制品、木浆、纸和纸板等木质林产品，也包括果类、林化产品、菌类、山野菜类、茶和咖啡类、竹藤和软木类、苗木类等非木质林产品。市场创新是林业企业应对市场需求，提高经营收益的主流方式之一。推出生态木等新产品或新服务是林产品市场创新的形式之一。

(3) 政策创新

林产品自然属性决定其贸易活动更多涉及自然资源和环境保护方面的问题。在多边贸易体制下，自由贸易与环境保护博弈发展。中国作为世界重要林产品贸易大国，WTO 倡导的自由贸易体制深刻影响中国林产品贸易的规模、产业结构及贸易政策选择。尤其是 2001 年入世以来，中国不断削减贸易壁垒，提高市场准入程度，逐步朝着自由化方向发展，外贸政策逐步具备开放性、适度保护性和符合国际规范等特征。一种有管理的林产品自由贸易政策逐步形成：进口关税总水平逐步降到一般发展中国家的平均水平，并依据有效保护理论使最终产品、中间品、投入物的名义关税率保持适当的比例关系，制定和运用符合国际惯例的非关税措施，将国际竞争限制在中国所能承受的范围内；逐步向以 WTO 为核心的多边贸易体制靠拢；充分发挥国内市场机制在提高生产效率和资源配置效率中的作用，并与国际林产品市场机制保持有机联系；依靠国内立法手段和对外协调机制，构建对外贸易的秩序体系。

(4) 提高流通效率、调动市场主体的积极性

随着中国经济与社会发展，人们的生活水平不断提高，对林产品的需求量越来越大，林产品流通成了整个商品流通的重要组成部分；与林产品有关的市场交易体系不断建设和发展，成为市场经济的重要组成部分。中国逐步采取措施，合理促进林产品流通效率的提升。提高林产品流通效率对促进就业、改善地区贫困现状有显著的影响，对促进区域发展乃至国家经济增长与社会发展至关重要(张学文，2012)。

中国的人工林面积排在世界首位。这是中国由以木材生产为主向以生态建设为主的林业定性、定位的历史性转变的必然结果。在这一转变过程中，仅由国家承担主要职责远远不够，还需要调动林木生产单位、企业，特别是广大林农的植树护林的积极性。其中最重要，也是最急需的，就是在全国各地，首先是重点林区，建立活立木交易市场(一木，2006)。2003 年《中共中央 国务院关于加快林业发展的决定》中指出，积极培育活立木市场，发展森林资源资产评估机构，促进林木合理流转，调动经营者投资开发的积极性；各种社会主体都可通过承包、租赁、转让、拍卖、协商、划拨等形式参与流转。该政策极大地促进了活立木市场的发展进程。一些省份建立了活立木交易中心或市场，活立木及林地依法进行交易，贺廷显(1997)、杨文杰(1998)等对活立木市场存在的问题、活立木商品化的特征、活立木转让的市场条件等问题进行了有益的研究。王祝雄(2002)、刘荷芬(2006)等通过对江西、福建、河南等活立木交易情况的实际调研，提出规范管理活立木转让、科学制定活立木评估体系等建议。肖艳和曹玉昆(2007)则深入分析盈利预期、政策和技术等活立木市场的制约因素。莉祯和程云行(2008)介绍活立木出现的政策前提及市场交易、民间交易和托管合作造林等活立木交易方式，并以福建、浙江及河南等几个省份城市的活立木交易市场的发展为例，分析活立木交易的现状和运作过程中的问题。黄颖利和朱博(2011)基于买方估价和两人竞购的视角，研究了活立木交易的最优拍卖竞价问题。

本章小结

本章阐述林产品的定义和分类，揭示主要林产品的商品属性，概述林产品市场的概念、特点、种类、结构和创新。林产品种类繁多、品种多样，林产品的界定与分类标准并不统一，也难以保持一成不变。林产品市场具有一般商品市场的共性和较强的个性，可以从不同角度对林产品市场进行分类。林产品市场结构是林产品交换活动中各要素之间的数量比例关系和联系方式。林产品市场创新则体现在交易方式、产品或服务、制度和政策创新等多方面。

习题

1. 什么是林产品？什么是木质林产品？什么是非木质林产品？
2. FAO对林产品是如何分类的？对林产品贸易研究而言，该分类有何优缺点？
3. 如何区分原木、锯材和单板？
4. 林产品市场有何特点？
5. 林产品市场的创新表现在哪些方面？

第4章 林产品贸易统计与数据库

【学习目标】

知识目标	能力目标
了解商品统计征税的三个分类体系	理解 HS、SITC、BEC 三个商品分类体系的特点
理解 HS 和 SITC 体系下林产品的统计标准	掌握 HS 和 SITC 体系下林产品的统计标准，学会根据研究需要选用合适的林产品统计标准，理解不同林产品统计标准的对应关系
了解林产品贸易数据的主要数据库及其使用方法	根据研究需要选用数据库，学会查找林产品贸易数据

林产品贸易数据是研究林产品贸易的定量基础。林产品的定义和统计口径不同使得林产品贸易数据各异，甚至产生严重分歧。在世界范围内统一国际贸易商品分类是国际贸易发展的必然产物。国际贸易标准分类（Standard International Trade Classification，SITC，也译为标准国际贸易分类）是最早制定的用于商品统计征税的分类标准。《海关合作理事会商品分类目录》（Customs Co-operation Council Nomenclature，CCCN）简化了国际贸易程序，但因分类方法不同而需重新对应分类和编码。以 SITC 和 CCCN 为基础制定的 HS 则是国际贸易商品分类和编码制度的最新体系。此外，还有其他国际贸易商品分类体系。

中国进出口统计使用并公布的商品分类先后有两种，均参照有关国际标准分类：1991 年及以前参照 SITC 第二次修订本；1992 年及以后参照 HS 标准。

本章在概述商品分类体系的基础上，解读林产品的分类与统计标准，剖析相关数据库，以期帮助读者进一步理解林产品的定义，掌握林产品的分类与统计标准，熟悉 FAOSTAT 等相关数据库的使用方法，更好地查找林产品贸易数据，服务于林产品贸易科学研究和实践。

4.1 商品分类体系与林产品统计标准

通过上文对林产品的定义和分类的阐述，林产品的界定与分类标准并不统一。那么，进行林产品贸易研究时，应该如何选用并查找数据呢？本节在概述三个商品分类体系及其标准基础上，递进说明林产品的 HS 编码，并为本章后续小节解读林产品贸易的相关数据库奠定基础。

4.1.1 HS 分类体系与林产品统计标准

1988 年 1 月 1 日在国际上正式实施的《协调商品名称和编码制度》(Harmonized Commodity Description and Coding System, HS)涵盖 CCCN 和 SITC 两大分类编码体系,是一个多用途的国际贸易商品分类体系。HS 编码是适用于税则、统计、生产、运输、贸易管制等多方面的一种国际贸易标准语言,目前全球贸易量 98% 以上的商品使用 HS 编码。

HS 的分类原则是按商品的原料来源,结合其加工程度、用途及其所在的工业部门编排商品。HS 采用六位编码,既是一个 6 位数的多用途分类目录,又是一个 4 位数税目为基础的结构式分类目录,6 位数主要用于贸易统计和分析,4 位数用于海关征税。在 HS 六位数编码水平上,全部国际贸易商品被分为 22 类、98 章,章以下再分为目和子目。HS 编码的第一、二位数码代表"章",第三、四位数码代表"目"(Heading),第五、六位数码代表"子目"(Subheading)。

以 HS 2012 为例,林产品主要在第九类"木及木制品;木炭;软木及软木制品;稻草、秸秆、针茅或其他编结材料制品;篮筐及柳条编结品"和第十类"木浆及其他纤维状纤维素浆;回收(废碎)纸或纸板;纸、纸板及其制品",包括第九类中的第 44 章"木及木制品;木炭",第十类中的第 47 章"木浆及其他纤维状纤维素浆;纸及纸板的废碎品"和第 48 章"纸及纸板;纸浆、纸或纸板制品"。

对木质林产品而言,与 HS 2012 相比,HS 2017 的编码没有太大的变化。

HS 四位编码,以人造板为例。人造板的 HS 编码前两位数码为"44",因此,人造板下细分的"目":单板(44.08)、胶合板(44.12)、碎料板(44.10)和纤维板(44.11)前两位数码均为"44",但由于所属"目"不同,其第三、四位的数码各异;除了人造板下的分目,从表 4-1 中可以清晰地看出其他四位编码所代指的林产品范围:如工业用原木"44.03"、锯材"44.07"、回收纸"47.07"等。

HS 六位编码,以纤维板和工业用原木为例。纤维板下还能继续细分,即"子目":硬质板(4411.92)、中密度纤维板(4411.12/13/14)和绝缘板(4411.93/94),这三者第五、六位的数码各不相同。表 4-1 展示了 HS 2012 统计标准下的工业用原木"44.03"的部分分类,表中林产品前四位数码相同,而第五、六位也不同,表示工业用原木不同的细分子目;子目均以 6 位数编码表示,没有细分子目的品目,其项下的 6 位数编码子目号的第五、六位均用"0"表示,依照税则号的定义,可用于用于统一各国对外贸易林产品的分类统计。

表 4-1 HS 2012 中的原木分类(6 位编码)

商 品	HS 编码	术语解释或商品描述
工业用原木	4403	工业用原木,不论是否去皮、去边或锯成方块或粗锯角材
工业用原木(针叶)	4403.20	未处理的针叶木
工业用热带原木（非针叶）	4403.41	深红色红柳桉木、浅红色红柳桉木、巴栲红柳桉木,未处理
	4403.49	除了深红色红柳桉木、浅红色红柳桉木、巴栲红柳桉木之外的其他热带非针叶原木,未处理

(续)

商品	HS 编码	术语解释或商品描述
工业用非热带原木（非针叶）	4403.91	栎木，未处理
	4403.92	山毛榉木，未处理
其他工业原木	4403.99	其他工业原木

资料来源：中华人民共和国海关进出口税则编委会. 中华人民共和国海关进出口税则(2017 中英文对照版). 北京：经济日报出版社, 2017.

(1) 中国 8 位编码

中国从 1992 年开始采用 HS 统计对外贸易，并根据中国对外贸易商品结构的实际情况，在 HS 原 6 位编码的基础上增加了第七位和第八位编码(国家子目)，以便计税、统计及贸易管理。若没有继续细分子目的品目，其项下的 8 位数编码子目号的第七、八位均以"0"表示(表 4-2)。

表 4-2　HS 2012 中的部分原木分类(8 位编码)

商品	编码	术语解释或商品描述
工业用原木	4403	工业用原木，不论是否去皮、去边或锯成方块或粗锯角材
工业用原木(针叶)	440320.00	未处理的针叶木
工业用热带原木（非针叶）	440341.00	深红色红柳桉木、浅红色红柳桉木、巴栲红柳桉木，未处理
	440349.10	柚木
	440349.90	其他
工业用非热带原木(非针叶)	440391.00	栎木，未处理
	440392.00	山毛榉木，未处理
其他工业原木	440399.10	楠木
	440399.20	樟木
	440399.30	红木
	440399.40	泡桐木
	440399.50	其他

资料来源：中华人民共和国海关进出口税则编委会. 中华人民共和国海关进出口税则(2017 中英文对照版). 北京：经济日报出版社, 2017.

(2) 中国的 10 位税号

中国在 HS 的 8 位数 HS 编码基础上，增加第九位和第十位，构成 10 位数的税号。表 4-3 列示了中国部分原木的进口税号与税率。

表 4-3　中国部分原木的进口税号与税率

税号	商品名称	进口最惠国税率	进口普通税率(%)
4403110010	油漆、着色剂等处理的红豆杉原木	0	8
4403110020	油漆、着色剂等处理的其他濒危针叶木原木	0	8

（续）

税　　号	商品名称	进口最惠国税率	进口普通税率(%)
4403110090	其他油漆，着色剂等处理的针叶木原木	0	8
4403120010	油漆，着色剂等处理的濒危非针叶木原木	0	8
4403120090	其他油漆，着色剂等处理的非针叶木原木	0	8
4403211010	截面尺寸在15厘米及以上的红松原木	0	8
4403211090	截面尺寸在15厘米及以上的樟子松原木	0	8
4403212000	截面尺寸在15厘米及以上的辐射松原木	0	8
4403213000	截面尺寸在15厘米及以上的落叶松原木	0	8
4403214000	截面尺寸在15厘米及以上的花旗松原木	0	8
4403219010	截面尺寸在15厘米及以上的濒危松木原木	0	8
4403219090	截面尺寸在15厘米及以上的其他松木原木	0	8
4403221010	截面尺寸在15厘米以下的红松原木	0	8
4403221090	截面尺寸在15厘米以下的樟子松原木	0	8
4403222000	截面尺寸在15厘米以下的辐射松原木	0	8
4403223000	截面尺寸在15厘米以下的落叶松原木	0	8
4403224000	截面尺寸在15厘米以下的花旗松原木	0	8
4403229010	截面尺寸在15厘米以下的濒危其他松木原木	0	8

注：限于篇幅，只列示进口最惠国税率和进口普通税率，没有列示进口协定税率等其他税率。

资料来源：http://www.customs.gov.cn/customs/302427/302442/shangpinshuilv/index.html.[2019-09-30].

(3) 中国13位商品编码

2018年3月17日，第十三届全国人民代表大会第一次会议通过《关于国务院机构改革方案的决定》，明确将出入境检验检疫管理职责和队伍划入海关总署。2018年8月1日，合并后的海关总署公布：进出口货物实行整合申报，原报关报检单整合形成一张报关单，原报关报检随附的单据单证整合为一套随附单证，原报关报检参数整合为一组参数代码，原报关报检申报系统整合为一个申报系统；统一国别(地区)、港口、币制等8个原报关、报检共有项代码，其中7个采用国家标准代码或与国家标准建立对应关系。按新规，商品编码由13位数字组成，其中前8位为《中华人民共和国进出口税则》和《中华人民共和国海关统计商品目录》确定的编码(采用HS编码)，9、10位为监管附加编码，11~13位为检验检疫附加编码。例如，申报进口商品"其他热带原木(用油漆，着色剂，杂酚油或其他防腐剂处理的除外)(白柳桉原木及其他柳桉原木)"，需先在"商品编号"栏录入"4403499090" 10位数编号，再在"检验检疫编码"栏下拉菜单中选择"102 其他热带原木(用油漆，着色剂，杂酚油或其他防腐剂处理的除外)(白柳桉原木及其他柳桉原木)"，界面显示检验检疫名称，系统保存检验检疫附加编码102。中国关检合一后，部分原木的HS编码和检验检疫编码见表4-4。

表 4-4　中国关检合一后部分原木的 HS 编码和检验检疫编码

HS 编码	检验检疫编码	货物名称
4403110010	999	油漆，着色剂等处理的红豆杉原木（包括用杂酚油或其他防腐剂处理）
4403110020	999	油漆，着色剂等处理的其他濒危针叶木原木（包括用杂酚油或其他防腐剂处理）
4403110090	999	其他油漆，着色剂等处理的针叶木原木（包括用杂酚油或其他防腐剂处理）
4403120010	999	油漆，着色剂等处理的濒危非针叶木原木（包括用杂酚油或其他防腐剂处理）
4403120090	999	其他油漆，着色剂等处理的非针叶木原木（包括用杂酚油或其他防腐剂处理）
4403211010	999	截面尺寸在15厘米及以上的红松原木（用油漆着色剂，杂酚油或其他防腐剂处理的除外）
4403211090	999	截面尺寸在15厘米及以上的樟子松原木（用油漆着色剂，杂酚油或其他防腐剂处理的除外）
4403212000	999	截面尺寸在15厘米及以上的辐射松原木（用油漆着色剂，杂酚油或其他防腐剂处理的除外）
4403213000	999	截面尺寸在15厘米及以上的落叶松原木（用油漆着色剂，杂酚油或其他防腐剂处理的除外）
4403214000	999	截面尺寸在15厘米及以上的花旗松原木（用油漆着色剂，杂酚油或其他防腐剂处理的除外）
4403219010	999	截面尺寸在15厘米及以上的濒危松木原木（用油漆着色剂，杂酚油或其他防腐剂处理的除外）
4403219090	999	截面尺寸在15厘米及以上的其他松木原木（用油漆着色剂，杂酚油或其他防腐剂处理的除外）
4403221010	999	截面尺寸在15厘米以下的红松原木（用油漆着色剂，杂酚油或其他防腐剂处理的除外）
4403221090	999	截面尺寸在15厘米以下的樟子松原木（用油漆着色剂，杂酚油或其他防腐剂处理的除外）
4403222000	999	截面尺寸在15厘米以下的辐射松原木（用油漆着色剂，杂酚油或其他防腐剂处理的除外）
4403223000	999	截面尺寸在15厘米以下的落叶松原木（用油漆着色剂，杂酚油或其他防腐剂处理的除外）
4403224000	999	截面尺寸在15厘米以下的花旗松原木（用油漆着色剂，杂酚油或其他防腐剂处理的除外）
4403229010	999	截面尺寸在15厘米以下的濒危其他松木原木（用油漆着色剂，杂酚油或其他防腐剂处理的除外）
4403229090	999	截面尺寸在15厘米以下的其他松木原木（用油漆着色剂，杂酚油或其他防腐剂处理的除外）
4403230010	999	截面尺寸在15厘米及以上的濒危云杉和冷杉原木（用油漆着色剂，杂酚油或其他防腐剂处理的除外）
4403230090	999	截面尺寸在15厘米及以上的其他云杉和冷杉原木（用油漆着色剂，杂酚油或其他防腐剂处理的除外）

(续)

HS 编码	检验检疫编码	货物名称
4403240010	999	截面尺寸在 15 厘米以下的濒危云杉和冷杉原木（用油漆着色剂，杂酚油或其他防腐剂处理的除外）
4403240090	999	截面尺寸在 15 厘米以下的其他云杉和冷杉原木（用油漆着色剂，杂酚油或其他防腐剂处理的除外）
4403250010	999	截面尺寸在 15 厘米及以上的红豆杉原木（用油漆着色剂，杂酚油或其他防腐剂处理的除外）
4403250020	999	截面尺寸在 15 厘米及以上的其他濒危针叶木原木（用油漆着色剂，杂酚油或其他防腐剂处理的除外）
4403250090	999	截面尺寸在 15 厘米及以上的其他针叶木原木（用油漆着色剂，杂酚油或其他防腐剂处理的除外）
4403260010	999	截面尺寸在 15 厘米以下的红豆杉原木（用油漆着色剂，杂酚油或其他防腐剂处理的除外）
4403260020	999	截面尺寸在 15 厘米以下的其他濒危针叶木原木（用油漆着色剂，杂酚油或其他防腐剂处理的除外）
4403260090	999	截面尺寸在 15 厘米以下的其他针叶木原木（用油漆着色剂，杂酚油或其他防腐剂处理的除外）
4403410000	999	其他红柳桉木原木（指深红色红柳桉木，浅红色红柳桉及巴栲红色红柳桉木）
4403491000	999	其他柚木原木（用油漆，着色剂，杂酚油或其他防腐剂处理的除外）
4403492000	999	其他奥克曼 OKOUME 原木（奥克榄 Aukoumedklaineana）
4403493000	999	其他龙脑香木、克隆原木（龙脑香木 Dipterocarpus spp. 克隆 Keruing）
4403494000	999	其他山樟 Kapur 原木（香木 Dryobalanops spp.）
4403495000	999	其他印加木 Intsia spp. 原木（波罗格 Mengaris）
4403496000	999	其他大干巴豆 Koompassia spp.（门格里斯 Mengaris 或康派斯 Kempas）
4403497000	999	其他异翅香木 Anisopter spp.
4403498010	999	濒危热带红木原木（用油漆着色剂，杂酚油或其他防腐剂处理的除外）
4403498090	999	其他热带红木原木（用油漆着色剂，杂酚油或其他防腐剂处理的除外）
4403499010	101	南美蒺藜木（玉檀木）原木（用油漆，着色剂，杂酚油或其他防腐剂处理的除外）
4403499020	999	其他濒危热带原木（用油漆，着色剂，杂酚油或其他防腐剂处理的除外）
4403499090	101	其他热带原木（用油漆，着色剂，杂酚油或其他防腐剂处理的除外）（针叶原木）
4403499090	102	其他热带原木（用油漆，着色剂，杂酚油或其他防腐剂处理的除外）（白柳桉原木及其他柳桉原木）
4403499090	103	其他热带原木（用油漆，着色剂，杂酚油或其他防腐剂处理的除外）（羯布罗香木等原木）
4403499090	104	其他热带原木（用油漆，着色剂，杂酚油或其他防腐剂处理的除外）（安哥拉香桃花心木等原木）
4403499090	105	其他热带原木（用油漆，着色剂，杂酚油或其他防腐剂处理的除外）（其他非针叶原木）
4403910010	999	蒙古栎原木（用油漆，着色剂，杂酚油或其他防腐剂处理的除外）

（续）

HS 编码	检验检疫编码	货物名称
4403910090	999	其他栎木(橡木)原木(用油漆，着色剂，杂酚油或其他防腐剂处理的除外)
4403930000	999	水青冈木(山毛榉木)，截面尺寸在15厘米及以上(用油漆，着色剂，杂酚油或其他防腐剂处理的除外)
4403940000	999	其他水青冈木(山毛榉木)(用油漆，着色剂，杂酚油或其他防腐剂处理的除外)
4403950010	999	濒危的桦木，截面尺寸在15厘米及以上(用油漆，着色剂，杂酚油或其他防腐剂处理的除外)
4403950090	999	其他桦木，截面尺寸在15厘米及以上(用油漆，着色剂，杂酚油或其他防腐剂处理的除外)
4403960010	999	濒危的桦木，截面尺寸在15厘米及以下(用油漆，着色剂，杂酚油或其他防腐剂处理的除外)
4403960090	999	其他桦木，截面尺寸在15厘米及以下(用油漆，着色剂，杂酚油或其他防腐剂处理的除外)
4403970000	999	杨木(用油漆，着色剂，杂酚油或其他防腐剂处理的除外)
4403980000	999	桉木(用油漆，着色剂，杂酚油或其他防腐剂处理的除外)
4403993010	999	濒危红木原木，但税号4403.4980所列热带红木除外(用油漆，着色剂，杂酚油或其他防腐剂处理的除外)
4403993090	999	其他红木原木，但税号4403.4980所列热带红木除外(用油漆，着色剂，杂酚油或其他防腐剂处理的除外)
4403994000	999	泡桐木原木(用油漆，着色剂，杂酚油或其他防腐剂处理的除外)
4403995000	999	水曲柳原木(用油漆，着色剂，杂酚油或其他防腐剂处理的除外)
4403996000	999	北美硬阔叶木
4403998010	101	其他未列名温带濒危非针叶木原木(用油漆，着色剂，杂酚油或其他防腐剂处理的除外)(加蓬榄木、非洲白梧桐木等原木)
4403998010	102	其他未列名温带濒危非针叶木原木(用油漆，着色剂，杂酚油或其他防腐剂处理的除外)(白柳桉原木及其他柳桉原木)
4403998010	103	其他未列名温带濒危非针叶木原木(用油漆，着色剂，杂酚油或其他防腐剂处理的除外)(羯布罗香木等原木)
4403998010	104	其他未列名温带濒危非针叶木原木(用油漆，着色剂，杂酚油或其他防腐剂处理的除外)(安哥拉香桃花心木等原木)
4403998010	105	其他未列名温带濒危非针叶木原木(用油漆，着色剂，杂酚油或其他防腐剂处理的除外)(其他非针叶原木)
4403998090	101	其他未列名温带非针叶木原木(用油漆，着色剂，杂酚油或其他防腐剂处理的除外)(加蓬榄木、非洲白梧桐木等原木)
4403998090	102	其他未列名温带非针叶木原木(用油漆，着色剂，杂酚油或其他防腐剂处理的除外)(白柳桉原木及其他柳桉原木)
4403998090	103	其他未列名温带非针叶木原木(用油漆，着色剂，杂酚油或其他防腐剂处理的除外)(羯布罗香木等原木)

(续)

HS 编码	检验检疫编码	货物名称
4403998090	104	其他未列名温带非针叶木原木(用油漆,着色剂,杂酚油或其他防腐剂处理的除外)(安哥拉香桃花心木等原木)
4403998090	105	其他未列名温带非针叶木原木(用油漆,着色剂,杂酚油或其他防腐剂处理的除外)(其他非针叶原木)
4403999012	999	沉香木及拟沉香木原木(用油漆,着色剂,杂酚油或其他防腐剂处理的除外)
4403999019	101	其他未列名濒危非针叶原木(用油漆,着色剂,杂酚油或其他防腐剂处理的除外)(加蓬榄木、非洲白梧桐木等原木)
4403999019	102	其他未列名濒危非针叶原木(用油漆,着色剂,杂酚油或其他防腐剂处理的除外)(白柳桉原木及其他柳桉原木)
4403999019	103	其他未列名濒危非针叶原木(用油漆,着色剂,杂酚油或其他防腐剂处理的除外)(羯布罗香木等原木)
4403999019	104	其他未列名濒危非针叶原木(用油漆,着色剂,杂酚油或其他防腐剂处理的除外)(安哥拉香桃花心木等原木)
4403999019	105	其他未列名濒危非针叶原木(用油漆,着色剂,杂酚油或其他防腐剂处理的除外)(其他非针叶原木)
4403999090	101	其他未列名非针叶原木(用油漆,着色剂,杂酚油或其他防腐剂处理的除外)(加蓬榄木、非洲白梧桐木等原木)
4403999090	102	其他未列名非针叶原木(用油漆,着色剂,杂酚油或其他防腐剂处理的除外)(白柳桉原木及其他柳桉原木)
4403999090	103	其他未列名非针叶原木(用油漆,着色剂,杂酚油或其他防腐剂处理的除外)(羯布罗香木等原木)
4403999090	104	其他未列名非针叶原木(用油漆,着色剂,杂酚油或其他防腐剂处理的除外)(安哥拉香桃花心木等原木)
4403999090	105	其他未列名非针叶原木(用油漆,着色剂,杂酚油或其他防腐剂处理的除外)(其他非针叶原木)

资料来源:中国商务部。

4.1.2 SITC分类体系与林产品统计标准

国际贸易标准分类(Standard International Trade Classification,SITC,也译为标准国际贸易分类),是一种用于国际贸易商品的统计和对比的标准分类方法。SITC于1950年7月12日由联合国经济社会理事会正式通过。目前联合国已经公布了SITC的第四版(即SITC Rev.4)。

SITC采用经济分类标准,即按原料、半制成品、制成品分类并反映商品的产业部门来源和加工程度。它把所有国际贸易商品分为10类、63章、233组、786个分组,其中在435个分组里又细分了1573个子目,其余351个分组不分子目,合计共有1924个统计基本项目,各国可以根据需要增添子目。在它的编号中第一位数字表示类、第二位数字表示章、第三位数字表示组、第四位数字表示分组,如果该分组下设子目,则为五位数,分组前有一个圆点。商品分类有其独特的优点,它主要是按照商品的加工程度由低到高编排的,同时也适当考虑商品的自然属性。

以SITC第三次修订本为例。林产品主要在第二类(非食用原料——燃料除外)和第六类(按原料分类的制成品)中:第二类中的第 24 章"软木及木材"和第 25 章"纸浆及废纸",第六类中的第 63 章"软木及木制品(家具除外)"和第 64 章"纸及纸板;纸浆、纸或纸板制品",即主要林产品 SITC 编码前两位数码分别为"24""25""63"和"64"。以人造板为例,人造板的 SITC 编码前两位数码为"63",第三位数码为"4",因此,人造板下细分的"目":单板(634.1)、胶合板(634.3,634.4)、碎料板(634.2)和纤维板(634.5)前三位数码均为"634",但由于所属"目"不同,其第四位的数码各异;其中纤维板下还能继续细分,即"子目":硬质板(634.51)、中密度纤维板(634.52)和绝缘板(634.53,634.59),这三者第五位的数码也各不相同。

4.1.3 BEC 分类体系与林产品统计标准

由联合国秘书处颁布的《大类经济类别分类》(Classification by Broad Economic Categories,BEC)也是国际贸易商品统计的一种商品分类体系,旨在按国际贸易商品的主要最终用途或经济类别对国际贸易 SITC 数据的基本项目编号进行综合汇总。BEC 的三大基本货物类别分别是资本品、中间产品和消费品,与国民核算体系的三大货物类别一致,便于将贸易统计和国民经济核算相结合。

BEC 分类采用 3 位数编码结构,将国际贸易商品划分为 7 大类:①食品和饮料;②工业供应品;③燃料和润滑油;④资本货物(运输设备除外)及其零附件;⑤运输设备及其零附件;⑥其他消费品;⑦未列名货品。7 大类共分为 19 个基本类别。以类型"①食品和饮料""②未另归类的工业供应品"和"③燃料和润滑剂"为例,这三个类型中都设立了初级商品亚类(第二位数码为 1)和加工商品亚类(第二位数码为 2)。总的来说,如果商品具有初级经济部门产品特点,那它们就被列入"初级"亚类,如农业、林业、渔业、狩猎以及采掘业的产品。另外一些商品虽然具有别的经济部门产品的特点,但如果其价值几乎全部来自于初级部门(如制造业)的某种产品,则也同样被列入"初级"亚类。例如,棉花经过轧棉机处理后发生了物理变化,但皮棉的绝大部分价值来自农业部门,因此,棉花在 BEC 中仍被列为初级商品。所以,如果一个商品是农业、林业、渔业和狩猎业或者采掘业的产品并且转移的价值很小,那它就属于初级亚类。

4.1.4 不同商品分类体系下林产品统计标准的比较

在不同商品分类体系的统计口径与标准下,林产品的分类方法、编码存在差别,难以保持一致,因此,有必要对不同体系下的林产品分类进行比对。

《林产品分类和定义》(FAO,1982)的第 13~26 页以表格形式列示了林产品在 SITC Rev.2 与 HS、CCCN、ISIC、BEC 体系下的编码对应关系。

考虑到 FAO 主要依据 HS 与 SITC 两套体系公布统计数据,因此,下面以《林产品分类和定义》(FAO,1982)的林产品定义为据,对比不同分类体系下木质林产品的统计口径换算和编码。

第一,在 HS 2007、HS 2002、HS 96 和 SITC Rev.3 体系中,FAO 定义的林产品的编码见表 4-5。

表 4-5 FAO 定义的林产品及其 HS 2007、HS 2002、HS 96 和 SITC Rev.3 编码

产品编码	产品	协调系统分类 HS 2007/2002/96	国际贸易标准分类 SITC. Rev. 3
1	原木 roundwood	440110 440320/40/90	245.01 247.4 247.5
1.1	木质燃料，含木炭材 wood fuel, including wood for charcoa	440110	245.01
1.2	工业用原木 industrial roundwood (wood in the rough)	440320/40/90	247.4 247.5
1.2.C	工业用原木(针叶) coniferous	440320	247.4
1.2.NC	工业用原木(非针叶) non-coniferous	440340/90	247.5
1.2.NC.T	工业用热带原木(非针叶) of which: tropical	440340 ex440399	247.51 ex 247.52
2	木炭材 wood charcoal	HS 2007: 440290 HS 2002/96: 4402	245.02
3	木片和碎料 wood chips and particles	440120	246.1
4	木材剩余物 wood residues	440130	246.2
5	锯材 sawnwood	4407	248.2 248.4
5.C	锯材(针叶) coniferous	440710	248.2
5.NC	锯材(非针叶) non-coniferous	440720/90	248.4
5.NC.T	锯材(非针叶，热带) of which: tropical	440720 ex440799	ex 248.4
6	人造板 wood-based panels	HS 2007: 4408 4410 4411 441230/90 HS 2002/96: 4408 4410 4411 4412	634.1 634.22 634.23 634.3 634.4 634.5
6.1	单板 veneer sheets	4408	634.1
6.1.C	单板(针叶) coniferous	440810	634.11
6.1.NC	单板(非针叶) non-coniferous	440830/90	634.12

(续)

产品编码	产品	协调系统分类 HS 2007/2002/96	国际贸易标准分类 SITC. Rev. 3
6.1.NC.T	单板(非针叶,热带) of which: tropical	440830 ex440890	ex 634.12
6.2	胶合板 plywood	HS 2007: 441230/90 HS 2002/96: 4412	634.3 634.4
6.2.C	胶合板(针叶) coniferous	HS 2007: 441239 ex441290 HS 2002/96: 441219/90	634.39 634.49
6.2.NC	胶合板(非针叶) non-coniferous	HS 2007: 441231/32 ex441290 HS 2002/96: 441213/14/20	634.31 634.41
6.2.NC.T	胶合板(非针叶,热带) of which: tropical	HS 2007: 441231 ex441232 ex441290 HS 2002/96: 441213 ex441214 ex441222 ex441223 ex441229	ex 634.31 ex 634.41
6.3	碎料板 particle board, osb and others	4410	634.22 634.23
6.3.1	定向刨花板 OSD	HS 2007: 441012 HS 2002: 441020 HS 96: 441011	ex 634.22
6.4	纤维板 fibreboard	4411	634.5
6.4.1	硬质板 hardboard	HS 2007: 441192 HS 2002/96: 441110	634.51
6.4.2	中密度纤维板 MDF	HS 2007: 441110 HS 2002/96: 441120	634.52
6.4.3	绝缘板 other fibreboard	HS 2007: 441193/94 HS 2002/96: 441130/90	634.53 634.59
7	木浆 wood pulp	4701 4702 4703 4704 4705	251.2 251.3 251.4 251.5 251.6 251.91
7.1	机械木浆 mechanical	4701	251.2
7.2	半化学木浆 semi-chemical	4705	251.91

(续)

产品编码	产品	协调系统分类 HS 2007/2002/96	国际贸易标准分类 SITC. Rev. 3
7.3	化学木浆 chemical	4703 4704	251.4 251.5
7.3.1	未漂白亚硫酸盐浆 sulphate unbleached	470410	251.61
7.3.2	漂白亚硫酸盐浆 sulphate bleached	470420	251.62
7.3.3	未漂白硫酸盐浆 sulphite unbleached	470310	251.4
7.3.4	漂白硫酸盐浆 sulphite bleached	470320	251.5
7.4	溶解木浆 dissolving grades	4702	251.3
8	其他浆 other pulp	4706	251.92
8.1	非木纤维浆 pulp from fibres other than wood	HS 2007：470610/30/90 HS 2002/96：470610/90	ex 251.92
8.2	回收纤维浆 recovered fibre pulp（废纸和纸板提取的纤维素浆）	470620	ex 251.92
9	回收纸 recovered paper	4707	251.1
10	纸和纸板 paper and paperboard	HS 2007：4801/02/03/04/05/06/08/09/10 481150 4812/13 HS 2002：4801/02/03/04/05/06/08/09/10 481110/50 4812/13 HS 96：4801/02/03/04/05/06/08/09/10/12/13 ex481110 ex481120 481130 ex481140 ex481190	641.1/2/3/4/5/6 641.71/72/74/75/76/77 641. ex73/ex78/ex79 641.93 642.41
10.1	绘图纸 graphic papers	HS 2007：4801 480210/20/50/60 4809 481010/20 HS 2002/96：4801 480210/20/30/50/60 80910/20 481010/20	641.1 641.21/22/23/25/26/27/29 ex641.31 641.32/33/34

（续）

产品编码	产 品	协调系统分类 HS 2007/2002/96	国际贸易标准分类 SITC. Rev. 3
10.1.1	新闻纸 newsprint	4801	641.1
10.1.2~10.1.4	印刷纸和书写纸	HS 2007: 480210/20/50/60 4809 481010/20 HS 2002/96: 480210/20/30/50/60 480910/20 481010/20	641.21/22/23/25/26/27/29 ex641.31 641.32/33/34
10.2	家庭用纸和卫生纸 sanitary and household papers	4803	641.63
10.3	包裹和包装纸及纸板 packaging materials	HS 2007/2002: 480410/20/30/42/49/50 480510/20/30/90 480610/20/40 4808 481030/90 481150 HS 96: 480410/20/30/42/49/50 480510/20/30/60/70 480610/20/40 4808 481030/90 481130	ex641.47 641.41/42/46/48 641.51/52/54/57/58 ex641.53 641.61/62/64/69 641.71/72/74/75/76/77
10.4	未列入其他项的纸和纸板 other paper and paperboard n.e.s	HS 2007: 480240 480441 480540/50 480630 4812/13 HS 2002: 480240 480441 480540/50 480630 480990 481110 4812/13 HS 96: 480240 480441 480540/50/80 480630 480990 ex481110 ex481120 ex481140 ex481190	641.24 ex641.31 ex641.47 ex641.53 641.55 641.56/59 641.ex73/ex78/ex79 641.93 642.41

注："ex"一词意味着两种编号之间并非完全相关，并且仅部分适用 2007 年协调系统（HS 2007）或国际贸易分类标准第三次修订（SITC. Rev. 3）。在 HS 2007 中，最后一个（第六个）数字 0 意味着所有细目包括在内，例如：470320 包括 470321 和 470329。在 SITC. Rev. 3 中，如果仅列出四位数字，那么，下一位数的所有细目包括在内，例如：634.1 包括 634.11 和 634.12。

在 FAO 的林产品统计数据库（FAO statistical databases-Forestry，缩写为 FAOSTAT-Forestry）中，林产品按针叶（C）和非针叶（NC）统计，在非针叶林产品中，又特别单列热带林产品（NC.T）；全面提供林产品的贸易量、产量和最终消费量，其中，产量和最终消费量是 UN COMTRADE 等其他数据库没有的信息。除非特别说明，本书援引 FAO、ITTO、EUROSTAT 等的报告时，采用 FAO 定义和分类。

资料来源：FAO. FOREST PRODUCTS DEFINITIONS. http://faostat.fao.org/site/626/default.aspx#ancor，2012-09-10。

第二，在 HS 2012 和 SITC Rev.3 体系中，FAO 定义的林产品的编码见表 4-6。

表 4-6 FAO 定义的林产品及其 HS 2012 和 SITC Rev.3 编码

产　品	HS 2012 编码	SITC Rev.3 编码
原木	4401.10 4403.20/41/49/91/92/99	245.01 247.4 247.5
木质燃料，包括木炭材	4401.10	245.01
工业用原木	4403.20/41/49/91/92/99	247.4 247.5
工业用原木（针叶）	4403.20	247.4
工业用原木（非针叶）	4403.41/49/91/92/99	247.5
工业用热带原木（非针叶）	4403.41/49 ex4403.99	247.51 ex 247.52
木炭材	4402.90	245.02
木片和碎料	4401.21/22	246.1
木材剩余物	ex4401.39	ex246.2
锯材	44.07	248.2 248.4
锯材（针叶）	4407.10	248.2
锯材（非针叶）	4407.21/22/25/26/27/28/29/91/92/93/94/95/99	248.4
人造板	44.08/10/11 4412.31/32/39/94/99	634.1 634.22 634.23 634.3 634.4 634.5
单板	44.08	634.1
胶合板	4412.31/32/39/94/99	634.3 634.4
碎料板	44.10	634.22 634.23
纤维板	44.11	634.5
硬质板	4411.92	634.51
中密度纤维板	4411.12/13/14	634.52
绝缘板	4411.93/94	634.53 634.59
木浆	47.01/02/03/04/05	251.2 251.3 251.4 251.5 251.6 251.91
机械木浆	47.01	251.2
半化学木浆	47.05	251.91
化学木浆	47.03/04	251.4 251.5
未漂白亚硫酸盐浆	4704.11/19	251.61
漂白亚硫酸盐浆	4704.21/29	251.62
未漂白硫酸盐浆	4703.11/19	251.4
漂白硫酸盐浆	4703.21/29	251.5
溶解木浆	47.02	251.3
其他纤维浆	4706.10/30/91/92/93	251.92
回收纸	47.07	251.1

（续）

产　品	HS 2012 编码	SITC Rev. 3 编码
纸和纸板	48.01/02/03/04/05/06/08/09/10 4811.51/59 48.12/13	641.1/2/3/4/5/6　641.71/72/74/75/76/77 641.ex73/ex78/ex79 641.93 642.41
新闻纸	48.01	641.1
印刷纸和书写纸	4802.10/20/54/55/56/57/58/61/62/69 48.09 4810.13/14/19/22/29	641.21/22/23/25/26/27/29　ex641.31 641.32/33/34
其他纸和纸板	48.03/04/05/06/08 4810.31/32/39/92/99 4811.51/59 48.12/13	641.24 ex641.31 641.4/5/6 641.71/72/74/75/76/77 641.ex73/ex78/ex79 641.93 642.41
家庭用纸和卫生纸	48.03	641.63
包裹和包装纸及纸板	4804.11/19/21/29/31/39/42/49/51/52/59 4805.11/12/19/24/25/30/91/92/93 4806.10/20/40 48.08 4810.31/32/39/92/99 4811.51/59	ex641.47 41.41/42/46/48 641.51/52/54/57/58 ex641.53 641.61/62/64/69　641.71/72/74/75/76/77
未列入其他项的纸和纸板	4802.40 4804.41 4805.40/50 4806.30 48.12/13	641.24　ex641.31　ex641.47　ex641.53 641.55/56/59 641.ex73/ex78/ex79 641.93 642.41

注："ex"一词意味着两种编号之间并非完全相关，并且仅部分适用 2012 年协调系统（HS 2012）或国际贸易分类标准第三次修订（SITC Rev.3）。在 SITC Rev.3 中，如果仅列出四位数字，那么下一位数的所有细目包括在内：634.1 包括 634.11 和 634.12。

第三，在《产品总分类》（版本 2.1）（简记为 CPC Ver.2.1）、HS 2017 和 SITC Rev.4 体系中，FAO 定义的林产品的编码见表 4-7。

表 4-7　FAO 定义的林产品及其 CPC Ver.2.1、HS 2017 和 SITC Rev.4 编码

产　品	CPC Ver.2.1 编码	HS 2017 编码	SITC Rev.4 编码
1. 原木	031	4401.11/12 44.03	245.01 247
木质燃料	0313	4401.11/12	245.01
木质燃料（针叶）	03131	4401.11	ex245.01
木质燃料（非针叶）	03132	4401.12	ex245.01
工业用原木	0311 0312	4403	247
工业用原木（针叶）	0311	4403.11/21/22/23/24/25/26	ex247.3 247.4
工业用原木（非针叶）	0312	4403.12/41/49/91/93/94/95/96/97/98/99	ex247.3 247.5 247.9
工业用原木（热带非针叶）	ex0312	ex4403.12 4403.41/49	ex247.3 247.5 ex247.9

(续)

产　品	CPC Ver.2.1 编码	HS 2017 编码	SITC Rev.4 编码
工业用原木(热带非针叶)	ex0312	ex4403.12 4403.91/93/94/95/96/97/98/99	ex247.3 ex247.9
2. 木炭(材)	ex34510	4402.90	ex245.02
3. 木片和碎料	ex31230	4401.21/22	246.1
4. 木材剩余物	ex39283	ex4401.40	ex246.2
5. 木质颗粒和其他成型木质品	39281 39282	4401.31/39	ex246.2
木质颗粒	39281	4401.31	ex246.2
其他成型木质品	39282	4401.39	ex246.2
6. 锯材	311 3132	44.06 44.07	ex248.11 ex248.19 248.2
锯材(针叶)	31101 ex31109 ex3132	4406.11/91 4407.11/12/19	ex248.11 ex248.19 248.2
锯材(非针叶)	31102 ex31109 ex3132	4406.12/92 4407.21/22/25/26/27/28/29/91/92/93/94/95/96/97/99	
7. 单板	3151	44.08	634.1
8. 人造板	3141 3142 3143 3144	44.10 44.11 4412.31/33/34/39/94/99	634.22/23/31/33/39 634.5
胶合板	3141 3142	4412.31/33/34/39/94/99	634.31/33/39
刨花板	31431 31439	4410.11/19/90	ex634.22 634.23
纤维板	3144	44.11	634.5
硬质板	31442	4411.92	ex634.59
中/高密度纤维板	ex31441	4411.12/13 ex4411.14	ex634.54
其他纤维板	ex31449	ex4411.14 4411.93/94	ex634.54 ex634.59
9. 木浆	32111 32112 ex32113	47.01 47.02 47.03 47.04 47.05	251.2 251.3 251.4 251.5 251.6 251.91
机械木浆	ex32113	47.01	251.2
半化学木浆	ex32113	47.05	251.91
化学木浆	32112	47.03 47.04	251.4 251.5 251.6
化学木浆(未漂白硫酸盐浆)	ex32112	4703.11/19	251.4
化学木浆(漂白硫酸盐浆)	ex32112	4703.21/29	251.5
化学木浆(亚硫酸盐浆)	ex32112	47.04	251.6
溶解木浆	32111	47.02	251.3
10. 非木质纤维浆	ex32113	4706.10/30/91/92/93	251.92

（续）

产　品	CPC Ver. 2.1 编码	HS 2017 编码	SITC Rev. 4 编码
11. 回收纸	3924	47.07	251.1
12. 纸和纸板	3212 3213 32142 32143 ex32149 32151 32198 ex32199	48.01 48.02 48.03 48.04 48.05 48.06 48.08 48.09 48.10 4811.51/59 48.12 48.13	641.1 641.2 641.3 641.4 641.5 641.62/63/64/69/71/72/74/75/76/77/93 642.41
文化纸	3212 ex32143 ex32149	48.01 4802.10/20/54/55/56/57/58/61/62/69 48.09 4810.13/14/19/22/29	641.1 641.21/22/26/29 641.3
新闻纸	32121	48.01	641.1
其他图纸	32122 32129 ex32143 ex32149	4802.10/20/54/55/56/57/58/61/62/69 48.09 4810.13/14/19/22/29	641.21/22/26/27/29 641.3
其他图纸（机械未涂布纸）	ex32129	4802.61/62/69	641.29
其他图纸（未涂布胶版纸）	32122 ex32129	4802.10/20/54/55/56/57/58	641.21/22/26
其他图纸（涂布纸）	ex32143 ex32149	48.09 4810.13/14/19/22/29	641.3
其他纸和纸板	3213 32142 ex32143 ex32149 32151 32198 ex32199	48.03 48.04 48.05 48.06 48.08 4810.31/32/39/92/99 4811.51/59 48.12 48.13	641.4 641.5 641.6 641.71/72/74/75/76/77 641.93 642.41
家用纸和卫生纸	32131	48.03	641.63
包装用纸及纸板	32132 ex32133 32134 32135 ex32136 ex32137 32142 ex32143 ex32149 32151	4804.11/19/21/29/31/39/42/49/51/52/59 4805.11/12/19/24/25/30/91/92/93 4806.10/20/40 48.08 4810.31/32/39/92/99 4811.51/59	641.41/42/46 ex641.47 641.48/51/52 ex641.53 641.54/59/62/64/69/71/72/74/75/76/77
纸箱板	32132 32134 32135 ex32136	4804.11/19 4805.11/12/19/24/25/91	641.41/51/54 ex641.59
包装盒	ex32133 ex32136 32142 x32143 ex32149	4804.42/49/51/52/59 4805.92 4810.32/39/92 4811.51/59	ex641.47 641.48 ex641.59 641.75/76 ex641.77 641.71/72

(续)

产品	CPC Ver. 2.1 编码	HS 2017 编码	SITC Rev. 4 编码
包装纸	ex31133 ex32136 ex32137 32142 32151	4804.21/29/31/39 4805.30 4806.10/20/40 48.08 4810.31/99	641.42/46/52 ex641.53 641.62/64/69/74 ex641.77
其他包装用纸	ex32136	4805.93	ex641.59
未列入其他项的纸和纸板	ex32149 ex32133 ex32136 ex32137 32198 ex32199	4802.40 4804.41 4805.40/50 4806.30 48.12/13	641.24 ex641.47 641.56 ex641.53 641.55/93 642.41

注：符号"/"代替编码的三位或四位数，如HS2017的48.1151/59代表以下两个编码：48.1151和48.1159，在SITC Rev.4中，641.21/22代表641.21和641.22。ex表示两种编码之间并非完全相关，并且仅部分适用CPC Ver.2.1）、HS2017和SITC Rev.4编码。

资料来源：FAO. 林产品年鉴2017. http：//www.fao.org/3/ca5703m/ca5703m.pdf，2019-09-10.

4.2 FAO 数据库

联合国粮农组织(The Food and Agriculture Organization of the United Nations，FAO)是联合国的专门机构，其工作核心是实现粮食安全，确保人们正常获得积极健康生活所需的足够的优质食物。作为一个政府间组织，FAO的成员国超过194个，在全球130多个国家开展工作。FAO以中立的论坛运作，为发达国家和发展中国家服务；在该论坛上，各国平等相处，共同磋商协议，讨论政策。FAO也是知识和信息的来源，帮助发展中国家和转型国家实现农业、林业和渔业的现代化和发展，确保人人获得良好的营养和粮食安全。FAO拥有全球最大的粮食和农业统计数据库。本节概述FAO数据库及其操作实例。

4.2.1 FAO 数据库简介

FAO的统计数据库涵盖与粮食安全和农业相关的广泛主题，包括：①联合国粮农组织共用数据库(FAOSTAT)；②全球水资源及农业的信息系统(AQUASTAT)；③国家统计数据库(CountrySTAT)；④渔业和水产养殖(Fisheries and Aquaculture)；⑤性别和土地权利数据库(Gender and Land Rights Database)；⑥农产品市场信息系统(Agricultural Market Information System，AMIS)；⑦全球信息和预警系统(Global Information and Early Warning System，GIEWS)；⑧全球家畜生产及卫生图集(Global Livestock Production and Health Atlas，GLiPHA)。其中，FAOSTAT是一个在线数据库，可以免费便捷地获取自1961年以来245个国家和35个地区的统计数据，包括时间序列和横截面数据。在进行林产品贸易数据统计时，该数据库汇总了世界各国及地区的基本林产品统计数据，包括林产品产量、进出口贸易量和贸易额等年度数据，可有针对性地对林产品数据进行长时间序列分析。

4.2.2 FAO 数据库应用实例

下面介绍如何使用FAO的数据库。以统计2000、2005、2010和2015年的中国胶合板

(Plywood)进口数量为例,并对 2010 到 2015 年中国与印度胶合板的进口数量进行对比分析。

(1)进入网站

在搜索引擎输入"联合国粮农组织"或"FAO",搜索即得,打开网站后,可以根据需要切换语言(最后获得的数据结果只有英文版)。

(2)进入数据库

首先点击"统计资料(Statistics)"打开相应的页面,点击滚动页面中的"数据库(Databases)",即可直接进入英文版的粮农组织统计数据库,也就是"FAOSTAT"。进入英文版的数据库后,也可以重新选择语言进行切换。

(3)查询和下载相关数据

进入数据库后,我们可以看到"数据(Data)""国家指标(Country Indicators)""数据对照(Compare Data)""定义和标准(Definitions and Standards)"及"常见问题(FAQ)"等模块。这里主要阐述"数据(Data)"和"数据对照(Compare Data)"的使用方法。

①要查找相关数据。首先点击"数据(Data)",或点击下方的"浏览数据(visualize data)",接下来选择数据所属的域。这里需要选择的是林业(Forestry)下的林业生产和贸易(Forestry Production and Trade)。到目前为止,可以通过快捷途径在网站输入 FAOSTAT 网址直接到达该步骤,网址是 http://faostat3.fao.org/,或者 http://www.fao.org/faostat/en/#data/FO。

②选择地理范围。根据我们的研究对象,选择中国(China),在"COUNTRIES"下可以找到,也可以在"Filter results"中进行搜索找到;如果还要分析其他国家,则继续在"COUNTRY"下进行选择,如印度(India);另外,若想获得世界范围内的数据,还可以选择一个"World +(Total)",它在"REGIONS"下,代表全世界的相关数据之和,这与"World >(List)"不一样,后者指的是不求和,而是包含了独立的每个国家的数据。

③选择元素(ELEMENTS)。可以选择生产数量(Production Quantity)、进口数量(Import Quantity)、进口价值(Import Value)、出口数量(Export Quantity)、出口价值(Export Value)。这里以进口数量为例。

④选择项目(ITEMS)。这里选择胶合板(Plywood)。

⑤选择年份(YEARS)。这里选择 2000 年、2005 年、2010 年和 2015 年。

目标产品的地理位置、元素、项目以及统计年份的选择如图 4-1 所示。

(4)查询结果

以上选定后,点击"Show Data"就可以看到表格数据。图 4-2 是在只研究中国胶合板四年间出口数量的结果输出表;在选择了中国和印度两个范围的情况下,如果想要对数据进行比较,可以选择"Output Type"下的 Pivot,这样表格就能够体现中国与全球其他国家的对比数据(图 4-3)。

这时候,仔细观察数据后,我们会发现,数据只有具体的一些值,并不能很明确地知道它们代表什么意思,原因是表格中没有标明单位,此时我们可以下载电子表格,表格中就会标明具体的单位是什么。下载电子表格后我们发现表格中"Unit"一列代表对应的单位是"m^3",代表单位是 m^3。

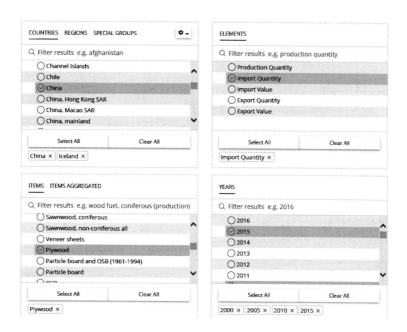

图 4-1 目标产品的地理位置、元素、项目以及统计年份的选择

Domain Code	Domain	Area Code	Area	Element Code	Element	Item Code	Item	Year Code	Year	Unit	Value	Flag	Flag Description
FO	Forestry Production and Trade	351	China	5916	Export Quantity	1640	Plywood	2000	2000	m3	763865	A	Aggregate, may include official, semi-official, estimated or calculated data
FO	Forestry Production and Trade	351	China	5916	Export Quantity	1640	Plywood	2005	2005	m3	5617074	A	Aggregate, may include official, semi-official, estimated or calculated data
FO	Forestry Production and Trade	351	China	5916	Export Quantity	1640	Plywood	2010	2010	m3	7535992	A	Aggregate, may include official, semi-official, estimated or calculated data
FO	Forestry Production and Trade	351	China	5916	Export Quantity	1640	Plywood	2015	2015	m3	10694911	A	Aggregate, may include official, semi-official, estimated or calculated data

图 4-2 中国胶合板进口数量结果输出(Table)

				All											
				2000 [2000]			2005 [2005]			2010 [2010]			2015 [2015]		
				Unit	Value	Flag Description	Unit	Value	Flag Description	Unit	Value	Flag Description	Unit	Value	Flag Description
All	China [351]	Export Quantity [5916]	Plywood [1640]	m3	763865	Aggregate, may include official, semi-official, estimated or calculated data [A]	m3	5617074	Aggregate, may include official, semi-official, estimated or calculated data [A]	m3	7535992	Aggregate, may include official, semi-official, estimated or calculated data [A]	m3	10694911	Aggregate, may include official, semi-official, estimated or calculated data [A]
	India [100]	Export Quantity [5916]	Plywood [1640]	m3	7600	Official data	m3	32718	Official data	m3	57559	Unofficial figure [*]	m3	60955	Unofficial figure [*]

图 4-3 中国与印度胶合板进口数量对比结果输出(Pivot)

在"Output Type"为"Table"时，点击"Download Data"或下载图标可以下载当前选定范围所包含的数据。要注意的是，输出类型分别为"Table"和"Pivot"时下载的表格是不一样

的。不过有的单位是缩写，可能会有不能直接看懂的情况，这时候，可以点击数据库右侧的"定义和标准(Definitions and standards)"，选择查看其中的"Units"，即可知道单位的具体含义了。

（5）数据对照(Compare Data)

数据对照，除了用表格，还可以通过折线图进行比较。选择时间范围(Time Range)，可以根据需要选择，这里选择"2010—2015年"。接下来的参考与浏览数据时选的流程，从左到右依次填写"Groups""Domains""Country/Region""Element"和"Item"（图4-4）。

图4-4　数据对照时的参数输入

选择完成后，点击"Compare Data"，即可获得折线图（图4-5）。折线图同样可以下载，点击右上角的三杠符号，可以看到有各种格式的下载或进行打印导出。

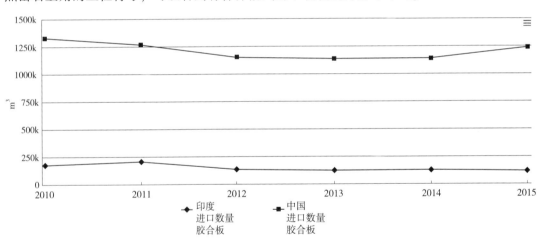

图4-5　中国与印度胶合板进口数量的比较

由此我们得到了2010—2015年中国胶合板的进口数量、印度胶合板的进口数量以及两者之间的对比关系。在实际操作中，可以根据自己的研究对象选择其他林产品进行统计分析，有针对性的对不同国家、不同时间段以及不同元素下进行时间序列分析。

4.3　UN Comtrade 数据库

本节首先梳理 UN Comtrade 数据库的发展历程及特点，加深读者的概念性认知，其次简要介绍数据库基于的三个国际贸易商品分类标准，对第一节内容做出补充，最后应用林产品贸易的实例介绍该数据库的使用方法。

4.3.1 UN Comtrade 简介

联合国商品贸易统计数据库(UN Comtrade)是目前全球最大、最权威的国际商品贸易数据资源库。每年超过 200 个国家和地区向联合国统计署提供其官方年度商品贸易数据,涵盖全球 99% 的商品交易,可以较为真实地反映国际商品流动趋势。UN Comtrade 收集了超过 6000 种商品、约 17 亿个数据记录,数据最早可回溯至 1962 年。各国家地区上报的数据均被转换成联合国统计署的统一标准格式,所有商品值按呈报国家的货币汇率或月度市场比率和交易额度转换成美元,商品数量如可能被转换成公制单位,从而对数据进行标准化处理。

UN Comtrade 具有数据容易获取、真实可靠等特点:可通过互联网公开获得数据,容易获取双边贸易数据;要求熟练掌握不同产品的类、章、目等海关税则(木质林产品:44 类属;非木质林产品);支持个性化功能,可注册个人账户,支持检索历史和结果的保存,支持定制网页。用户可以个人收藏夹的形式设置分组并获取提醒。另一方面,用户设置自定义包含多个国家及商品的国家群组和商品群组,以及高级/复杂查询,系统自动累积计算总值;系统为用户提供月度使用统计报告。

4.3.2 UN Comtrade 应用实例

UN Comtrade 统计基于三种国际贸易商品分类标准:SITC、HS 以及 BEC。SITC 历经四次修改,UN Comtrade 支持全部四个版本。HS 制度于 1983 年 6 月通过,于 1988 年 1 月 1 日起正式实施,历经 1992、1996、2002、2007、2012 和 2017 年计 6 次修改,UN Comtrade 支持全部 6 个修订版本。BEC 分类采用 3 位数编码结构。在 UN Comtrade 数据库中,相对 SITC 和 HS 统计,BEC 的统计较少。

下面介绍如何使用 UN Comtrade 的数据库,以统计年 2000、2005、2010 和 2015 年中国以及全球纤维板贸易为例。

(1)进入网站

在搜索引擎输入"联合国商品贸易统计数据库"或"UN Comtrade",搜索即得,最后获得的数据结果只有英文版。

(2)进入数据库

首先点击"获取数据(Get data)"打开相应的页面,即可直接进入 UN Comtrade 数据库数据查询页面,此时进入的是英文版的数据库,此数据库仅支持英文版。

(3)查询和下载相关数据

进入数据库后,我们可以看到"选择产品类型及频率(Type of product & Frequency)""分类(Classification)""选择所需数据(Select desired data)"及"输出结果(See the results)"等模块,构成数据查询的四个主要步骤。

①确定查询的服务或产品及查询时间。首先,选择产品类型及频率(Type of product & Frequency),这里选择产品种类为商品(Goods),选择频率为年际(Annual)。

②选择商品编码类型,即国际贸易中商品分类(Classification)。此处选择商品编码标

准。如上所述，UN Comtrade 支持 HS、SITC 和 BEC 3 个编码制度，每个制度包含不同的修订版本。我们根据中国国际贸易中多采用 HS 编码制度的惯例，选择分类为 HS 2012，即按照 HS 2012 的商品编码。

③选择所需数据（Select desired data）。该步骤包括 5 个选项：Periods（year）、Reporters、Partners、Trade flows、Commodity codes，分别表示年份、报告国、目标国、贸易方式及商品编码。依据所需数据类型依次填入对应数据类型。

需要注意的是，Periods(year) 可选择"All"或有效时间，单独最多可选择 5 年有效时间，这里分别选择 2000、2005、2010 和 2015；Reporters 可选择"All"或有效报告国，单独最多可选择 5 个有效报告国，只有目标国选择的情况下可以选择"All"；Partners 可选择"World""All"或有效目标国，单独最多可选择 5 个有效目标国，只有报告国选择的情况下可以选择"All"；Trade flows 可选择"All"或选择多个交易方式，贸易流向包括"Import""Export""re-Import""re-Export"；商品编码包含"All""Total""AG[X]"或有效编码，最多可选择 20 个。我们依据第二步编码选择，自动生成为 HS2012 commodity codes。

以纤维板为例，通过查询，纤维板的 HS 2012 编码为 4411，子类硬纸板为 4411.92，中密度纤维板为 4411.12/13/14，绝缘板为 4411.93/94。如图 4-6 所示。

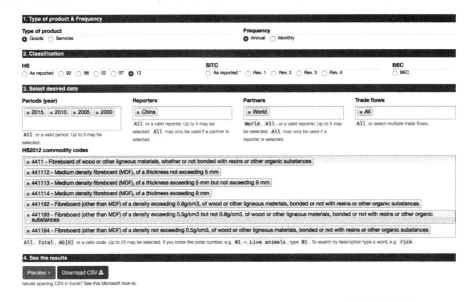

图 4-6 目标产品的相关查询条件、HS 编码、项目以及统计年份的选择

（4）输出结果

选择输出结果（See the results）。UN Comtrade 提供两种输出方式：Preview 和 Download CSV。以 CSV 输出的形式可在 excel 中打开。如果采用 Preview 的方式呈现，则如图 4-7 所示。

由此，我们得到了 2000、2005、2010 和 2015 年中国纤维板的贸易数据（图 4-7）。因为本书编写时，UN Comtrade 数据库中仅可获得 2015 年中国对世界贸易的纤维板数据，故而在预览界面中，仅展示 2015 年的数据。在实际操作中，可以根据自己的研究对象选择其他林产品进行统计分析，有针对性地对不同国家、不同时段及不同元素进行时间序列分析。

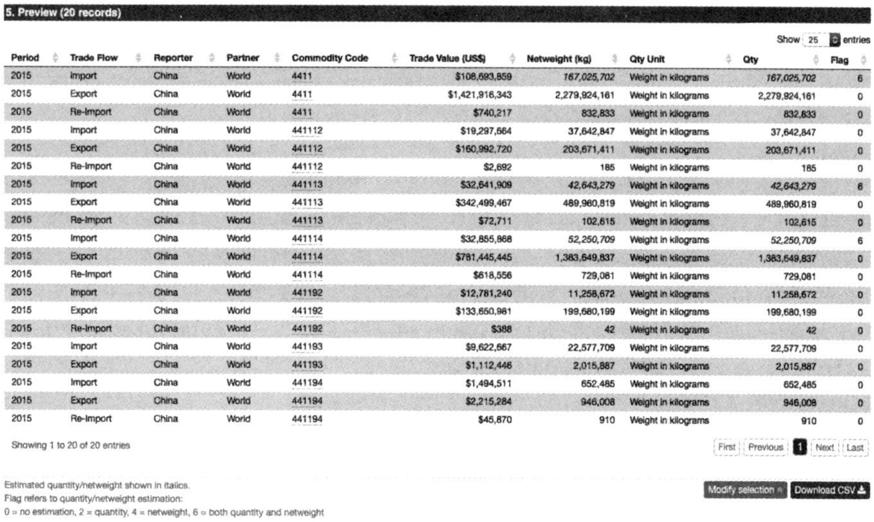

5. Preview (20 records)

Show 25 entries

Period	Trade Flow	Reporter	Partner	Commodity Code	Trade Value (US$)	Netweight (kg)	Qty Unit	Qty	Flag
2015	Import	China	World	4411	$108,693,859	*167,025,702*	Weight in kilograms	*167,025,702*	6
2015	Export	China	World	4411	$1,421,916,343	2,279,924,161	Weight in kilograms	2,279,924,161	0
2015	Re-Import	China	World	4411	$740,217	832,833	Weight in kilograms	832,833	0
2015	Import	China	World	441112	$19,297,664	37,642,847	Weight in kilograms	37,642,847	0
2015	Export	China	World	441112	$160,992,720	203,671,411	Weight in kilograms	203,671,411	0
2015	Re-Import	China	World	441112	$2,692	185	Weight in kilograms	185	0
2015	Import	China	World	441113	$32,641,909	*42,643,279*	Weight in kilograms	*42,643,279*	6
2015	Export	China	World	441113	$342,499,467	489,960,819	Weight in kilograms	489,960,819	0
2015	Re-Import	China	World	441113	$72,711	102,615	Weight in kilograms	102,615	0
2015	Import	China	World	441114	$32,855,868	*52,250,709*	Weight in kilograms	*52,250,709*	6
2015	Export	China	World	441114	$781,445,445	1,383,649,837	Weight in kilograms	1,383,649,837	0
2015	Re-Import	China	World	441114	$618,556	729,081	Weight in kilograms	729,081	0
2015	Import	China	World	441192	$12,781,240	11,258,672	Weight in kilograms	11,258,672	0
2015	Export	China	World	441192	$133,650,981	199,680,199	Weight in kilograms	199,680,199	0
2015	Re-Import	China	World	441192	$388	42	Weight in kilograms	42	0
2015	Import	China	World	441193	$9,622,667	22,577,709	Weight in kilograms	22,577,709	0
2015	Export	China	World	441193	$1,112,446	2,015,887	Weight in kilograms	2,015,887	0
2015	Import	China	World	441194	$1,494,511	652,485	Weight in kilograms	652,485	0
2015	Export	China	World	441194	$2,215,284	946,008	Weight in kilograms	946,008	0
2015	Re-Import	China	World	441194	$45,870	910	Weight in kilograms	910	0

Showing 1 to 20 of 20 entries

First Previous 1 Next Last

Estimated quantity/netweight shown in italics.
Flag refers to quantity/netweight estimation:
0 = no estimation, 2 = quantity, 4 = netweight, 6 = both quantity and netweight

Modify selection　Download CSV

图 4-7　结果输出(Preview)

4.4　中国的数据库

中国作为世界林产品生产及进出口大国，森林资源的匮乏与经济快速发展对林产品需求增加的供需矛盾使得林产品国际贸易成为中国对外经济贸易的重要组成部分。4.2~4.3重点分析了国际上通用的林产品统计数据库，本节选取涵盖重点不同的4个中国林产品统计数据库，就其各自侧重点进行分析，并对其发展进行评述。

4.4.1　国家林业和草原局数据库

国家林业和草原局数据库——中国林业数据库(国家林业和草原局政府网、国家生态网)(www.forestry.gov.cn)是国家林业和草原局官方网站，2000年建成，具备政务信息公开、网上在线办事、公众互动交流和综合信息服务功能，由国家林业和草原局主办、国家林业和草原局办公室、国家林业和草原信息化管理办公室承办。

中国林业数据库提供林业系统全局性数据，数据支持多种形式可视化，读者可以数据统计图、统计表和专题分布图的形式查阅历次森林资源清查、全国各地区森林覆盖率、各地区湿地统计等信息，同时支持图表自定义。中国林业数据库按照数据类别、行政区、洲际、业务类别和管理类别划分不同数据资源。

中国林业数据库按数据类别划分，子项为："不限""结构数据库"和"文字数据库"。按行政区划分，子项为："不限""世界林业""国家林业"和"省级林业"。按洲际划分，子项为"不限""美洲""非洲""欧洲""大洋洲"和"亚洲"。按业务类别划分，子项为""不限""森林资源数据库""荒漠资源数据库""生物多样性数据库""林业重点工程数据库""林业从业人员数据库""林业产业数据库""林业投资数据库""林业教育数据库""森林灾害数据库"和"湿地资源数据库"。按管理类别分，子项为："不限""监测类数据""管理类数据""分析类数据""综合类数据"和"规划类数据"。

除此之外，数据库还提供数据预测分析，可对全国及32个省和直辖市（包括台湾）森林资源数据进行预测和精准分析。预测建立在灰色模型基础上，采用多项式回归模型和二次指数平滑模型，预测内容包括活立木总蓄积量、人工林面积、森林覆盖率、森林蓄积量、林地面积和森林面积，预测步长自定。

除提供全局性数据查询外，中国林业数据库自2002年起，每年发布《中国林业发展报告》，内容包含上一年涉林生产、贸易、价格等林业全行业宏观数据。具体内容涵盖生态建设、林业产业、生态服务、林业改革、林业生态政策、林业支撑保障能力、区域林业发展、国际合作交流以及林产品生产及国际贸易等宏观发展数据。

中国林业数据库提供中国林业发展宏观数据，支持自定义数据查询及林业资源预测，具有全局性、宏观性的特点，尤以自2000年起每年出台的《中国林业发展报告》为代表，供读者获取宏观林业经济数据。但是数据库建设起步较晚，数据也较粗略，细分林产品及国别贸易数据获取困难。

4.4.2 中国林业科学研究院数据库

中国林业科学研究院数据库——中国林业信息网（www.lknet.ac.cn）是中国工程科技知识中心的林业分中心，由中国林业科学研究院林业科技信息研究所承建的林业科技大数据平台，为用户提供全面、便捷、智能的多维度林业服务知识。中国林业信息网涵盖多维度子数据库，主要用于林业及相关行业的管理、科研、生产和教学人员了解世界及中国林业情况。该数据库具有多维度、多层次的特点。涉及森林资源及林产品相关子数据库主要包括：世界森林资源库、中国森林资源库、世界林产品贸易库、中国林产品贸易库、中国林业年鉴库。相关数据来源于联合国粮农组织（FAO）、全国森林清查及中国海关总署。分述如下。

（1）世界森林资源库

联合国粮农组织（FAO）于1990年、2000年、2005年、2010年和2015年发布5次世界各国的森林资源数据。世界森林资源库收录了1990—2015年世界森林资源的森林面积、森林覆盖率、森林生长林碳储量和森林立木蓄积量等统计数据。主要数据项包括国家、年份、森林面积、森林覆盖率、森林生长林碳储量和森林立木蓄积量。索引数据项包括地区英文名、地区、国家英文名、国家、年份、森林面积、森林覆盖率、森林生长林碳储量、森林立木蓄积量。支持全文索引和组合索引，所有数据支持公开访问和使用。

（2）中国森林资源库

原林业部与国家林业局于1976年、1981年、1988年、1993年、1998年、2003年、2008年和2014年组织完成了8次全国森林资源清查。中国森林资源库收录了1949—2014年林业年鉴及八次森林资源清查发布的全国各省（自治区、直辖市）林地面积、森林覆盖率、木材蓄积量等统计数据。

中国森林资源库主要数据项包括序号、年代、年份区间、省（自治区、直辖市）、林地面积、有林地面积、有林地蓄积、林分面积、用材林面积、防护林面积、薪炭林面积、特用林面积、经济林面积、竹林面积、疏林地面积、灌木林面积、未成林造林、苗圃地面积、无林地面积、宜林荒地、采伐迹地、火烧迹地、宜林沙荒地、总面积、针叶林面积、针叶林蓄积、阔叶林面积、阔叶林蓄积、森林覆盖率、林业用地、有林地、面积人均、蓄积人均、活立木蓄积、林分蓄积、疏林蓄积、散生木蓄积、四旁树株数、四旁树蓄积、枯倒木蓄积。索引数据项为年份、森林清查、年份区间、省(自治区、直辖市)。支持全文检索和组合索引，所有数据支持公开访问和使用。

(3) 世界林产品贸易库

收录了1961—2014年世界各国和地区林产品进出口量、贸易额及产量的信息，数据来源于FAO。主要数据项包括国家(地区、组织)、林产品名称、类型、年份、数量、单位。索引数据项包括国家英文名、国家(地区、组织)、林产品名称、林产品英文名、类型、年份。支持全文检索和组合索引，所有数据支持公开访问和使用。

(4) 中国林产品贸易库

收集了2004—2006年中国林产品进出口的数量、国家及贸易金额等信息，数据来源中国海关总署。主要数据项包括年份、月份、类型、税号、名称、一级分类、二级分类、三级分类、产品说明、洲名、国家地区、海关、贸易方式、运输方式、数量、计量单位、金额、金额单位。索引数据项包括年份、月份、类型、税号、名称、一级分类、二级分类、三级分类、洲名、国家地区、海关、贸易方式、运输方式。支持全文检索和组合索引，所有数据支持公开访问和使用。

(5) 中国林业年鉴库

收录1949年以来历年的《中国林业年鉴》，涵盖林业行业的各类历史数据以及林业发展和历史变迁数据。主要数据项包括编号、项目名称、作者、资料来源、一级分类、二级分类、三级分类、年份、主要内容。索引数据项包括编号、项目名称、作者、资料来源、一级分类、二级分类、三级分类、年份、关键词、学科分类。支持全文检索和组合索引，所有数据支持公开访问和使用。

《中国林业年鉴》是一部综合反映中国社会主义林业建设重要活动、发展水平、基本成就与经验教训的大型资料性工具书。由国家林业局出版，每年一卷，反映上年度情况。其基本任务是为全国林业战线和有关部门的各级生产和管理人员、科技工作者、林业院校师生和广大社会读者全面、系统地提供中国森林资源消长、森林培育、林政保护、森林工业、林业经济、科学技术、专业理论研究、院校教育以及体制改革等方面的年度信息和相关资料。中国林业年鉴库对历年《中国林业年鉴》汇总整理，为中国林业生态建设提供历史借鉴和决策依据。

中国林业科学研究院数据库是林业行业大型综合性网站，数据较全面、涵盖时间跨度长。数据取自公开发表的国家统计年鉴及国际性组织，可信度较高，为林业相关人员系统提供中国及世界林业的多维度资料，且数据支持公开访问和使用。

4.4.3 国家统计局数据库

国家统计局是中国最主要的统计数据生产部门，调查统计的数据涉及经济、社会、民生的多层面。根据国家统计调查项目，国家统计局调查的领域包括国民经济核算、农业、工业、能源、投资、建筑业、房地产开发、批发零售住宿餐饮业、部分服务业、人口、劳动、就业、住户、价格、科技等。国家统计局数据发布有着悠久历史，自1955年开始发布年度统计公报,已建立起比较完善的统计数据定期公布制度,通过定期发布新闻稿、举办新闻发布会、发布统计公报、出版各类系统资料等多种形式公布统计数据。

中国统计信息网(www.stats.gov.cn)作为国家统计局的官方网站,提供多个栏目供社会各界查询中国政府统计数据。其中,中国统计数据库于2013年升级改造,包括了国家统计局各专业生产的主要数据以及有关部委生产的其他数据。除数据查询和管理功能,提供在线作图、可视化图表、地图数据和可视化产品。

"统计年鉴数据库"是以中国统计出版社出版的统计年鉴为数据源,建立的一套统计指标查询系统,内容覆盖统计年鉴全部资料,包括人口、国民经济核算、价格、固定资产投资等方面及农业、工业、建筑业等各行业。国家统计局于每月数据发布5个工作日内更新当月(季)发布数据,于中国统计年鉴出版3个月后更新上年主要经济指标详细数据。

《中国统计年鉴》由国家统计局编,系统收录了全国和各省(自治区、直辖市)的经济、社会各方面的统计数据,以及多个重要历史年份和近年全国主要统计数据,属于资料性年刊。

《中国统计年鉴》正文内容分为27个章节,即:①综合;②人口;③国民经济核算;④就业和工资;⑤价格;⑥人民生活;⑦财政;⑧资源和环境;⑨能源;⑩固定资产投资;⑪对外经济贸易;⑫农业;⑬工业;⑭建筑业;⑮批发和零售业;⑯运输、邮电和软件业;⑰住宿、餐饮业和旅游;⑱金融业;⑲房地产;⑳科学技术;㉑教育;㉒卫生和社会服务;㉓文化和体育;㉔公共管理、社会保障和社会组织;㉕城市、农村和区域发展;㉖香港特别行政区主要社会经济指标;㉗澳门特别行政区主要社会经济指标;同时附录两个篇章:台湾省主要社会经济指标;国际主要社会经济指标。

根据《国民经济行业分类》(GB/T 4754—2011),林业归第一产业农、林、牧、渔业(不含农、林、牧、渔服务业)。《中国统计年鉴》中涉及林业尤其林产品的相关子目录整理如下。

1-2 国民经济和社会发展总量与速度指标:农林牧渔业总产值,分为总量指标、指数及平均增长速度。

1-3 国民经济和社会发展结构指标:农林牧渔业发展结构指标及林业发展结构指标。

3-1 国内生产总值:自1978年历年农林牧渔业国内生产总值。

3-2 国内生产总值构成:自1978年历年农林牧渔业国内生产总值构成。

3-3 不变价国内生产总值:自1978年历年农林牧渔业不变价国内生产总值。

3-4 国内生产总值指数:自1978年历年农林牧渔业国内生产总值指数(上年=100)。

3-5 国内生产总值指数:自1978年历年农林牧渔业国内生产总值指数(1978=100)。

3-6 分行业增加值:农林牧渔业国内生产总值增加值。

3-9 地区生产总值:分地区农林牧渔业地区生产总值。

5-9 农产品生产者价格指数:林业产品以上年为基期的生产者价格指数。

5-10 分地区农产品生产者价格指数:不同省(自治区、直辖市)统计年及上一年的林业产品生产者价格指数。

5-11 按工业行业分工业生产者出厂价格指数:木材加工和木、竹、藤、棕、草制品业生产者出厂价格指数。

5-14 工业生产者购进价格指数：自1989年来木材及纸浆类生产者购进价格指数。

5-19 分行业进出口商品价格指数：统计年及上年份林业进出口价格指数。

8-25 分地区森林资源情况：不同省（自治区、直辖市）森林用地面积、森林面积、森林覆盖率、活立木总蓄积量和森林蓄积量相关数据。

8-26 造林面积：自2000年来补贴省（自治区、直辖市）造林总面积及不同造林方式的面积。

8-40 林业投资完成情况：不同省（自治区、直辖市）统计年完成投资。

9-9 按行业分能源消费量：木材加工和木、竹、藤、棕、草制品业、造纸和纸制品业等能源消费总量。

10-10 各行业按建设性质和构成分固定资产投资（不含农户）：木材加工和木、竹、藤、棕、草制品业、造纸和纸制品业等按建设性质和构成固定资产投资。

10-11 各行业按隶属关系、登记注册类型和控股情况分固定资产投资（不含农户）：木材加工和木、竹、藤、棕、草制品业、造纸和纸制品业等按隶属关系、登记注册类型和控股情况分固定资产投资。

10-12 固定资产投资（不含农户）各行业实际到位资产和新增固定资产：木材加工和木、竹、藤、棕、草制品业、造纸和纸制品业等统计年实际到位资产。

11-3 按国际贸易标准分类分进出口商品金额：软木及木材、软木及木制品（家居除外）、纸及纸板、纸浆、纸及纸板制品的进出口总额。

11-4 按商品类章分进出口商品总额：依据HS编码，林产品为第九类，第44-46章，类别为木及木制品；木炭；软木及软木制品；稻草、秸秆、针茅或其他编结材料制品；篮筐及柳条编结品的进出口总额。第十类，第47-49章，木浆及其他纤维状纤维素将；纸及纸板的废碎品；纸、纸板及其制品的进出口总额。

11-7 进口出要货物数量和金额：主要进口货物，其中原木、锯材、纸浆、纸及纸板（未切成形）为主要进口林产品，数据包括进口数量及进口金额。

12-3 农林牧渔业总产值及指数：林业总产值绝对数及较上年指数。

12-12 主要林产品产量：不同省（自治区、直辖市）木材、橡胶、松脂、生漆、油桐籽、油茶籽产量。

13-2 按行业分规模以上工业企业主要指标：木材加工和木、竹、藤、棕、草制品业、造纸和纸制品业等规模以上工业企业主要指标。

13-4 按行业分国有控股工业企业主要指标：木材加工和木、竹、藤、棕、草制品业、造纸和纸制品业等国有控股工业企业主要指标。

13-6 按行业分私营工业企业主要指标：木材加工和木、竹、藤、棕、草制品业、造纸和纸制品业等私营工业企业主要指标。

13-8 按行业分外商投资和港澳台商投资工业企业主要指标：木材加工和木、竹、藤、棕、草制品业、造纸和纸制品业等外商投资和港澳台商投资工业企业主要指标。

13-10 按行业分大中型工业企业主要指标：木材加工和木、竹、藤、棕、草制品业、造纸和纸制品业等大中型工业企业主要指标。

《中国统计年鉴》是一部全面反映我国经济和社会发展情况的资料性年刊。其中涉林议题包括：1. 综合，3. 国民经济核算，5. 价格，9. 能源，10. 固定资产投资，11. 对外经济贸易，13. 工业。反映了林业产业在国民经济中的地位和贡献，林产品的价格指数，森林资源情况，林产品的产量、进出口量和贸易额，林业固定投资以及林业企业发展等信息。数据翔实可靠，反映了整个林业行业及产品的总量及总体发展现状，但是对林产品细分子产品的反映度不高。

4.4.4 中国海关总署数据库

1981年中国对外正式公布使用海关统计数字的进出口贸易情况，标志着海关统计成为中国官方统计。中国海关统计的特点在于全面采用国际标准，其统计方法与统计口径同各国通行的贸易统计方法是一致，具有全面性、可靠性和国际可比性等特点。中国海关统计制度的制定标准与《国际商品贸易统计的概念与定义》(第3版)中各国政府编制本国对外商品贸易统计时应采用的国际标准一致。在进行海关统计时采用总贸易制，凡实际进出境并引起国境内物质存量增加或减少的货物均列入海关统计。

进出口货物的品名及编码按照《中华人民共和国海关统计商品目录》归类统计。该目录以HS编码为基础编制，由8位数编码组成，前6位数是HS编码，后2位数是根据中国关税、统计和贸易管理方面的需要而增设的本国子目。全目录计有8000余个8位数商品编号。在货物价格方面，进口货物按CIF价格统计，出口货物按FOB价格统计。进口货物统计原产国(地)，出口货物统计最终目的国(地)。最终目的国不能确定时，按货物出口时尽可能预知的最后运往国统计。此外，中国海关对进口货物的起运国(地)和出口货物的运抵国(地)亦有单独记录，作为补充资料。进口货物按海关放行的日期进行统计，出口货物按海关结关的日期进行统计。海关月度和年度统计数据按公历月和公历年汇总编制。海关统计的原始资料是经海关审核的《进出口货物报关单》。统计项目包括进出口商品的品种、数量、价格、国别(地区)、经营单位、境内目的地、境内货源地、贸易方式、运输方式、关别等。

进出口企业按照报关单的规范格式填制报关单，以电子数据交换的方式向海关申报；经海关初步审核的报关单数据通过网络传输到各地海关统计部门，海关统计人员通过使用海关统计数据质量检控系统对统计项目逐一审核，经过错误信息、逻辑检控和价格检控等多项数据质量检查，审核后的数据按月通过网络传输至总署端；综合统计司汇总各口岸的数据，对数据进行质量检控和修正，并编制贸易统计报表，按时对外发布海关统计数据。

海关统计的对外发布，由海关总署海关总署按月通过新闻媒介发布中国对外贸易的基本统计数据。月度初步数字在月后10日发布。月度详细数字可在月后21日后提供，法定节假日顺延。统计刊物有《中国海关统计》月刊、《中国海关统计年鉴》《中国对外贸易指数》月刊、《进出口贸易动态分析》季刊等。公众也可通过海关统计资讯网等网址获取海关统计数据。

网上查询数据可以通过海关总署官网(www.customs.gov.cn)。海关统计提供的主要数据包括货运监管业务统计快报表、进出口关别总值、进出口重点商品量值、进出口主要国别(地区)总值、贸易方式、进出口美元值、人民币总值表、进出口企业性质宗旨等，最早数据追溯到1981年。除提供数据统计分析之外，海关统计还提供进出口检测预警。该系统包括快速反应、贸易指数、预测和预警四个子系统包括：①监测报表：及时反映月度全国进出口总体情况及主要分类项目的进出口情况；②高贸易摩擦风险监测表：对当月中国进口数量增长较快而价格下降较大的商品来源地的监测，从中可以发现对中国进行商品倾销等不正当竞争的倾向；③商品预警：是对中国部分重要商品的进口量值是否过多或过少的一种判断，用预警灯表示，红灯表示进口过多，黄灯表示偏多，绿灯表示正常，浅蓝灯表示进口偏少，蓝灯表示过少；④监测报告：根据预警和监测结果所撰写的分析报告，表达作者对情况的描述、原因的分析、影响的判断以及政策措施建议等。

中国海关统计由中国海关总署发布，是海关依法对进出口货物贸易的统计，是国民经济统计的组成部分，是国家制定对外经济贸易政策、进行宏观经济调控的重要依据，是研究中国对外经济贸易发展和国际经济贸易关系的重要资料，可观反映了对外贸易和海关依法行政的过程和结果。

拓展阅读

扫描二维码，可以了解中国海关统计条例(国务院令第454号)和海关统计数据在线查询平台(http：//43.248.49.97/)操作指南。

本章小结

本节梳理了目前常用的林产品贸易统计标准和数据库。首先，概述商品统计征税的HS、SITC和BEC体系及林产品统计标准，详细对比不同体系下林产品的统计标准和编码。其次，介绍国内外主流林产品贸易统计数据库，包括FAO的林产品数据库、联合国商品贸易统计数据库(UN Comtrade)和中国主要的林产品统计数据库。其中，FAO数据库是全球最大的粮食和农业统计数据库；UN Comtrade数据库是全球最大、最权威的商品贸易数据库，拥有林产品贸易双边流动的详细数据；中国各林产品统计数据库涵盖重点不同。使用者应根据其研究需要选用数据库。

习题

1. 目前商品统计征税的体系有哪些？
2. 林产品贸易数据统计标准有哪些？各标准之间有何区别与联系？
3. 国际上通用的林产品贸易统计数据库有哪些？请选择合适的贸易统计数据库，查询1992—2018年间中国的原木贸易数据，进而对中国原木的进口变化规律进行分析预测。
4. 中国主要的林产品统计数据库有哪些？简要叙述各数据库的特点及优势。

第5章 林产品贸易模型及其应用

【学习目标】

知识目标	能力目标
熟悉林产品贸易模型	能够描述林产品贸易模型的功能
理解不同模型之间的区别与联系	能够比较林产品贸易模型,可以根据研究需要选用或修正模型
理解林产品贸易模型的演进脉络	动态把握林产品贸易模型的演进规律

林业资源及林产品作为重要的战略储备资源,在国际和中国具有重要的研究价值,林产品贸易问题的国际科研方向越来越向定量分析和数学建模方向发展。按照经济学理论构建基础不同进行划分,主流的林产品贸易模型可以概括为局部均衡理论模型和一般均衡理论模型,前者着重考察单个市场或部分市场的供求与价格之间的均衡状态,后者在承认市场上各种商品价格和供求存在关联影响的前提下探讨这些商品价格与供求的均衡关系。本章概述林产品贸易模型,阐述不同模型之间的区别与联系,理清模型的演进脉络,并描述不同类别模型的功能。

5.1 林产品贸易模型概述

5.1.1 林产品贸易模型的演进

5.1.1.1 局部均衡理论模型

政策制定者和森林经营者往往需要行之有效的手段,用来评估未来林产品市场的状况以及考量目前市场及政策框架变动可能导致的结果。自20世纪80年代以来,局部均衡理论模型已经被广泛用于这方面研究,此类模型基于萨缪尔森提出的空间均衡思想,认为世界市场均衡由最大化社会剩余所决定。然而,尽管这些模型具有相同的理论基础,但是在研究地理范围、细节描述以及研究主题实用性等方案仍然存在较大差别。

对林产品市场及贸易的定量分析和预测起源于20世纪50年代,初始时期仅仅局限于时间序列的分析。此时期的代表人物有两位:一位是研究新闻纸需求问题的 Stan Pringle;另一位是开发了木地板市场计量模型的 Robinson Gregory。到了60年代,学界开始对林产品市场进行计量研究,其中值得注意的是 Stan Pringle 的学生 Bill Killop,其首次对整个林产品市场实施系统研究,包括从木材供给到最终产品需求。至 70 年代,Darius Adams,Vernon Robinson 和 Richard Haynes 三位学者着重对相关政策进行模拟。进入 80 年代,林业部门模型受到了美国林务局的欢迎,出于政策模拟需要,美国林务局大力资助研究人员开发新模型,此时林业部门模型向着全面化发展,即考虑到整个国家范围的各种林产品。其中最著名的当数 Adams 和 Haynes(1980)合作开发的木材评估市场模型(timber assessment market model,TAMM),此模型成为后续林业部门模型的参照。最终对于林产品市场的模拟朝着国际化趋势迈进,全球主要国家被纳入模型中。1987 年,国际应用系统分析研究所(International Institute for Applied Systems Analysis,IIASA)对外发布了其开发的林产品全球贸易模型(global trade model,GTM)。该模型是全球贸易模型(CINTRAFOR global trade model,CGTM)的前身,该模型的诞生可以认为达到了林业部门模型研究的一个高峰。

下文将重点对各时期以及各类别的林业部门模型演进历史进行梳理。

现代林业部门模型起源于 4 个基础模型,分别是木材评估市场模型(TAMM)、北美纸浆造纸工业模型(model of the north american pulp and paper industry;PAPYRUS)、国际应用系统分析研究所全球贸易模型(international institute for applied systems analysis global trade model,IIASA GTM)和木材供给模型(timber supply model,TSM)。这 4 个模型经过更新完善又衍生出多个子模型(图 5-1)。目前 4 个基础模型除 TSM 外其余 3 个均已不再使用,并且 TSM 也经历了较大的调整。

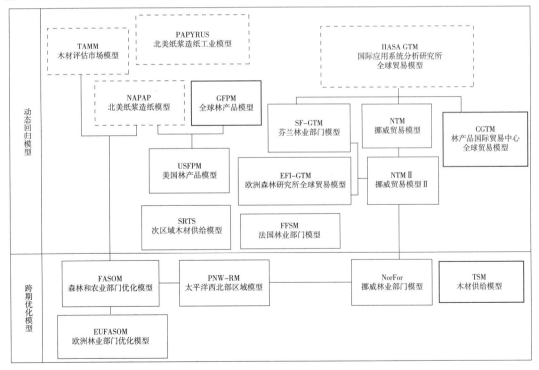

图 5-1 林业部门模型的历史演进

注:整理自 G. S. Latta 等(2013),其中字体加粗的图框指 4 个最原始的模型,虚线图框指模型现已不再使用,实线图框指模型现在仍然在用,边框线条加粗的图框中的模型以全球贸易为研究范围

上述林业部门模型在技术性以及最优化假设等方面存在显著差异，其中 TAMM、PAPYRUS 和 IIASA GTM 基于动态回归框架，在某一时期内一次性解决净社会剩余优化问题，而 TSM 则通过跨期优化并最大化所有时间段的社会剩余，这表明在 TSM 这样的跨期优化模型中，未来时间段中的折现率是非常重要的，同时模型模拟所需要的外部信息也将非常繁多，不仅包括需求曲线位置、成本和弹性，还包括森林资源增长和产量等数据。

(1) 动态回归模型

木材评估市场模型(TAMM)是首批使用的林业部门模型之一以用于政策分析，以响应 1980 年美国《森林、牧场可更新资源规划法》(the Forest and Rangeland Renewable Resources Planning Act, RPA)提出的对实木市场进行分析的号召。RPA 要求在考虑经济因素情况下全面分析美国可再生资源的现状和预期用途，而 TAMM 无法实现对纸浆和造纸行业的评估，此种情形下北美纸浆造纸工业模型(model of the north american pulp and paper industry, PAPYRUS)应运而生，此后经美国林务局及相关学者不断优化和完善最终形成北美纸浆造纸模型(north american pulp and paper model, NAPAP)。

虽然 PAPYRUS 没有被广泛使用，但该模型构建时所用的"价格内生线性规划系统(PELPS)"成为后续 NAPAP、全球林场品模型(global forest products model, GFPM)及国际应用系统分析研究所全球贸易模型(IIASA GTM)等的开发基础。此外，美国林产品模型(United States forest products model, USFPM)是 GFPM 的子模型，其将 NAPAP 模型所含区域由 11 个整合成 4 个，并对一些林产品进行合并。IIASA GTM 属于全球林业部门模型，通过对该模型进行结构、数据、假设等方面的调整优化之后，形成了林产品国际贸易中心全球贸易模型(CINTRAFOR global trade model, CGTM)。此后不同地区和国家在 IIASA GTM 基础之上对贸易区数量以及林产品制造过程进行调整，形成了芬兰林业部门模型(Finnish forest sector model, SF-GTM)、欧洲森林研究所的全球贸易模型(European forest institute global trade model, EFI-GTM)、挪威贸易模型(Norwegian trade model, NTM)、挪威贸易模型Ⅱ(Norwegian trade model, NTMⅡ)等一系列林业部门模型。

法国林业部门模型(French forest sector model, FFSM)是一个动态回归模型，模型包含 22 个地区和 10 种林产品，其与上述模型没有直接关联。与大多数动态回归模型不同，FFSM 按照地域、管理类型、种类和径级等因素划分森林资源，并将国内和国际商品区分为不完全替代品。次区域木材供给模型(sub-regional timber supply model, SRTS)是另一个与上述模型无直接关联的动态回归林业部门模型，该模型用于美国南部森林资源评估，主要关注美国南方森林管理的可持续性以及更细化的林地条件的分析。

(2) 跨期优化模型

木材供给模型(timber supply model, TSM)首次提出了利用跨期最优化框架，同时在所有时间段内最大化社会剩余，该模型对每一地区、每一潜在管理方案的收益和成本均形成一个清单。与递归动态模型不同，TSM 只涵盖一个市场层级和一种林产品(原木)，而且不涉及木制品的供需以及贸易领域；森林和农业部门优化模型(forest agriculture sector optimization model, FASOM)与农业部门模型相结合，使得森林与农业的土地利用变化决策内生化，在 2005 RPA 评估之后，TAMM 和 NAPAP 模型被嵌入到 FASOM 中，直至当前已有

20 多种生物质能源原料以及温室气体核算模块纳入该模型;太平洋西北部区域模型(Pacific Northwest Regional Model,PNW-RM)初期属于 FASOM 的变体,主要解决美国俄勒冈州西部地区私人森林问题,目前主要与房屋开发的土地使用模式相结合,增加生物质能源核算模块,并进一步将扩大模拟研究区域;挪威林业部门模型(Norwegian forest sector model/NorFor)是挪威评估森林政策有效性的补充手段,其所内含的林木采伐结构与需求结构分别和 PNW-RM 以及 NTM II 类似,并可以在每一步骤中逐步解决跨期优化问题;欧洲业部门优化模型(European forest sector optimization,EUFASOM)是 FASOM 的一个分支,两者在模拟农业问题方面有相似之处。

5.1.1.2 一般均衡理论模型

一般均衡理论(general equilibrium theory)是 1874 年法国经济学家瓦尔拉斯创立的学说,该理论指出当整个经济体系处于均衡状态时,所有消费品和生产要素的价格将有一个确定的均衡值,它们的产出和供给将有一个确定的均衡量,并且在"完全竞争"的均衡条件下,出售一切生产要素的总收入和出售一切消费品的总收入必将相等。基于一般均衡理论构建的模型多种多样,本小节主要选取可计算一般均衡模型(computable general equilibrium,CGE)和全球贸易分析模型(Global Trade Analysis Project,GTAP)这两个典型代表进行论述,探讨此类模型在分析林产品市场与贸易等方面的特性。

(1)CGE 模型

19 世纪新古典学派代表人物法国瓦尔拉斯在《纯粹经济学要义》(1874)一书中提出了一般均衡的概念,当整个经济处于均衡状态时,市场中所有消费品和生产要素的价格将有一个确定的均衡值,它们的产出和供给也将存在确定的均衡量。他还认为在"完全竞争"的均衡条件下,出售一切生产要素的总收入和出售一切消费品的总收入必将相等。该理论提出后得到了学界的关注和认可,后经华西里·列昂惕夫(Wassily Leontief,1906—1999)、约翰·希克斯(Hicks,John Richard,1904—1989)、肯尼斯·约瑟夫·阿罗(Kenneth J. Arrow,1921—2017)、吉拉·德布鲁(Gerard Debreu,1921 至今)、利夫·约翰森(Leif Johansen,1930—1982)、赫伯特·斯卡夫(Herbert Scarf,1930 至今)及莱昂内尔·麦肯齐(Lionel Mckenzie,1919 至今)等人加以改进和发展,这些经济学家利用集合论与拓扑学等数学方法,在相当严格的假定条件之下证明一般均衡体系存在着均衡解,而且这种均衡可以处于稳定状态,并同时满足经济效率的要求。一般均衡理论与模型发展源流如图 5-2 所示。

20 世纪 30 年代,美籍俄裔经济学家华西里·列昂惕夫以一般均衡概念发展出投入产出模型,为一般均衡理论的研究提供了经济数量方法。该模型主要借助投入产出表(Input-Output Table)运行,而投入产出表是由投入表与产出表交叉构成,前者反映各种产品的生产投入情况,包括中间投入和最初投入(初次分配),后者反映各种产品的使用去向情况,包括中间使用去向和最终使用去向。在投入产出表的基础上可以建立相应的数学模型,例如,产品平衡模型、价值构成模型等,用以进行经济分析、政策模拟、计划论证和经济预测。

20 世纪 40 年代,英国经济学家约翰·希克斯将均衡定义为"当经济中的所有个体从多种可供选择的方案中挑选出他们所偏爱的生产和消费数量时,静态经济就处于一种均衡状态"。

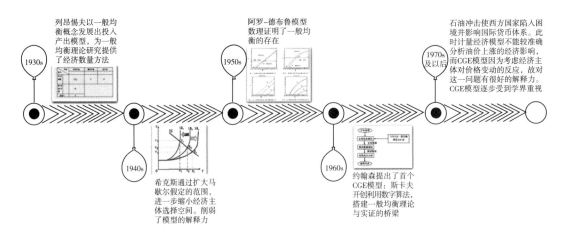

图 5-2 CGE 模型的发展历程

此静态均衡概念有两个特点：一是一定存在着向均衡方向变动的趋势；二是收敛于均衡的速度是极快的。希克斯是在一个很短的时期中处理均衡问题的，他借助了马歇尔的方法，并且通过扩大马歇尔假定范围进一步缩小经济主体的选择空间，这削弱了模型的解释力。

20 世纪 50 年代，美国经济学家肯尼斯·约瑟夫·阿罗和美籍法国经济学家吉拉德·德布鲁共同开发了阿罗—德布鲁模型（Arrow-Debreu model），证明一般均衡是存在的。该模型认为慈善国家掌握全部信息，再分配问题是通过第二福利法则（second welfare theorem）解决的。在产出集合（production sets）凸性假设（convexity assumptions）下，当竞争性均衡通过一次性总付税（lump sum taxes）对初始资源重新分配时，任何帕累托最优资源分配都可以最终被分散。同样的，对公共物品征收一次性缴纳总额税不会改变资源竞争性分配效应。在 1970 年以前，公共物品分配的效率标准、外在因素适当的内在化、预算平衡的公共产品的定价都被广泛接受。

20 世纪 60 年代，挪威经济学家利夫·约翰森提出了世界上第一个 CGE 模型，该模型用一组方程来描述供给、需求以及市场关系，线性化的求解方法使一般均衡理论可以实证运用。随后美国经济学家赫伯特·斯卡夫开创了利用数字算法（finite convergence property），搭建了一般均衡理论与实证求解的桥梁，促进了 CGE 模型在北美地区的快速发展。

到了 70 年代，石油冲击使西方许多国家都陷入了巨大的困境，并对国际货币体系产生重大影响。国际货币基金组织（International Monetary Fund，IMF）要求对油价大幅上涨产生的经济影响进行分析。由于计量经济模型依赖于过去稳定的石油价格的数据，所得出的回归系数非常小，以致产生误导的结论：石油冲击将不会对经济活动产生大的影响。但事实上石油冲击引发了 1930 年以来最严重的经济衰退。这使得学者们开始重视 CGE 模型，因为该模型虽然没有石油价格变动，但是它可以考虑成本变化，例如，借助以前的工资变动对石油价格上涨成本上升的情况进行分析。CGE 分析与之前其他模型的不同之处在于，它考虑经济主体对价格变动的反应，比如因为价格上升、消费者可能寻找替代品或改变偏好、厂商可能会改变生产计划等。一个比较完善的 CGE 模型会很好地刻画这些特征，虽然可能也会有误差，但不会犯计量经济模型纯粹依赖数据的错误。

(2)GTAP 模型

GTAP 模型是根据新古典经济理论设计的多国多部门应用一般均衡模型,由美国普渡大学教授汤姆斯·赫特(Thomas W. Hertel,1997)所领导的全球贸易分析计划(global trade analysis project,GTAP)发展而来。依据澳大利亚 IMPACT 计划以及 SALTER 计划为理论基础的该模型,适用范围为全球贸易分析。

GTAP 模型和 CGE 模型存在紧密关联。从研究目的及理论基础来划分,广义的 CGE 模型包括瓦尔拉斯 CGE 模型(Walrasian CGE)、Macro CGE 模型和 Micro CGE 模型。CGE 模型的一个重要研究领域即国际贸易,其主要代表为澳大利亚莫纳什大学的政策研究中心开发的 ORANI 模型和 MONASH 模型以及美国普渡大学开发的 GTAP 模型。其中 ORANI 模型和 MONASH 模型属于 Macro CGE 模型,GTAP 模型属于 Walrasian CGE 模型。可以认为 GTAP 在世界范围内的广泛应用是 CGE 模型最重要的发展,该模型采用比较静态方法进行模拟,即将政策及市场变化的某种组合(模拟情景)表示为对最初市场均衡的"冲击",然后求解得出整个国际经济体系经过充分调整后达到的新的均衡,两者的差别作为"冲击"产生的影响效果。在这一模型框架中进行政策模拟时,可以同时探讨该政策对各国国内生产总值、商品价格、进出口、就业水平、社会福利水平及各部门生产与进出口等的变化。

GTAP 由 GTAP 数据库和 GTAP 模型软件两部分构成。其中,GTAP 数据库包括四个文件夹,分别是 Sets、Parameters、Main Data 和 Energy Volume Data;GTAP 软件模型包括两个部分,分别是 GTAPAgg 和 RunGTAP。GTAP 软件模型最早版本是 1994 年的 GTAP.TAB2.2a,继该版之后又相继发行了数个版本,例如,Version4.0(1998)、Version4.1(1998)、Version5.0(2000)、Version6.0(2000)、Version6.1(2000)、Version6.2(2000)、Version7.0(2017)等。相比之下,GTAP 数据库更新频率比 GTAP 模件软件频繁得多,自 1993 年推出第一个版本的数据库之后(GTAP 1 Database),共陆续推出 10 个后续版本,其中第二(GTAP 2 Database)至第五(GTAP 5 Database)与 GTAP 模型软件 5 个主要历史版本发布时间较为一致。随着模型软件本身的完善,GTAP 模型主要以数据库更新为主,2017 年发布了 GTAP 9 Database。

表 5-1 归纳了 GTAP 模型的发展历程。

表 5-1 GTAP 模型的发展历程

时间段	发 展 历 程
1990—1995	汤姆斯·赫特前往澳大利亚从事 IMPACT 项目; 汤姆斯·赫特在国际农业贸易研究联合会组织了 CGE 小组会议; 模型名称 GTAP 首次确定; 第一个数据库免费提供; 设计第一个 GTAP 网站; 开发第一个主要的乌拉圭回合政策申请; 第一财团成员是世界银行,澳大利亚生产力委员会、澳大利亚农业和资源经济局、经济研究局等组织则作为代表公众利益的普通成员; GTAP 3 模型版本发行

(续)

时间段	发展历程
1996—2000	RunGTAP 发行； GTAP 模型软件 Version4.0、4.1、5.0、6.0、6.1 和 6.2 相继发行； 普渡大学举办了第一届全球经济分析年会(简称年会)； 在丹麦举办了第二届年会； 澳大利亚莫纳什大学举办了第三届年会
2001—2005	美国普渡大学举办了第四届年会； 在中国台湾举办了第五届年会； 在荷兰海牙举办了第六届年会； 在美国华盛顿特区举办了第七届年会； 在德国吕贝克举办了第八届年会
2006 至今	在埃塞俄比亚亚的斯亚贝巴举办了第九届年会； 在美国西拉法叶举办了第 10 届年会； 在芬兰赫尔辛基举办了第 11 届年会； 在智利圣地亚哥举办了第十二届年会； 在马来西亚槟城举办了第十三届年会； 在意大利威尼斯举办了第十四届年会； GTAP 8 数据库发布； 在瑞士日内瓦举办了第十五届年会； GTAP 模型软件 Version7.0 发行； GTAP 9 数据库发布

资料来源：根据相关资料整理。

5.1.2 林产品贸易模型的特点及功能

5.1.2.1 局部均衡理论模型

作为局部均衡理论模型，林业部门模型具有以下一些关键特征，包括木材供给和森林生长特性、时间范围、地理范围以及与其他部门的联系等。

各林业部门模型对木材供给的设置是不同的，一部分模型将木材生长率设置为外生变量，比如 GTM 和 GFPM 中的静态模型部分，还有一些模型则模拟不同立地条件下和森林管理紧密关联的木材生长情况。年木增长模块是基于林业部门模型框架之外的各类参数决定的，考虑到这些外部因素以及周期性采伐行为，故木材供给曲线往往呈现出周期性变化。此外，各模型中涉及的木材供给弹性是基于计量经济学研究得出的，弹性可能会随着区域变化而变化，例如，EFI-GTM 中木材供给弹性在 0.5~1.5 之间变化。在较为完美的预测模型中，木材增长模式是完全不同的，模型不仅将模拟木材供应的情况，而且也将模拟不同森林管理手段对木材供应的影响。在类似 NorFor 的区域适用性模型中，森林管理、林木生长以及木材供给等因素通常根据国家森林资源清单中的地区性数据而设置，而在类似 FASOM 或 TSM 等涵盖较大区域的模型中则对森林管理与林木生长做内生化处理。由于动态回归模型中木材供给响应机制是基于理论假设，例如，完全市场信息等而设置的，所以此类模型可能会过高估计政策及市场变化产生的影响力，因此，动态回归模型更适合于进行短期预测。

在不同林业部门模型中，时间跨度和优化技术方面也存在差异性。通常情况下，具有外生森林生长模块的林业部门模型往往是那些具有优化周期的模型，这些模型也更适合做短期预测分析，例如，15~20年的时间跨度模拟分析；而较为完善的预测模型则倾向于模拟未来一百年或更长时间的林业变动。

对于区域性林业部门模型而言，难以避免将面临区域间的林产品贸易问题，而模型未涵盖区域的木材供需弹性很可能影响预测结果。不同的林业部门模型对产品供需弹性的处理存在很大差异，例如，FASOM和PNW-RM中所含的一些产品是完全没有弹性的，而在NorFor和NTM中每个产品都具有特定的供需弹性，这意味着在这些林业部门模型设置中，区域内和区域外林产品之间不能实现完全替代。此外，除了FASOM和EUFASOM两个模型之外，林业部门模型通常和其他经济部门的联系比较薄弱，在分析林产品贸易等问题时较难体现不同行业间的关联性。

5.1.2.2 一般均衡理论模型

挪威经济学家利夫·约翰森于1960年首次提出CGE模型。此后，CGE模型的发展似乎出现了一段时间的中断，直到20世纪70年代都没有显著进步，而从70年代起CGE模型开始引起广泛关注。原因有二：一是世界经济面对着诸如能源价格或国际货币系统的突变、实际工资率的迅速提高等较大的冲击；二是由于该模型的细化处理能力日益提高。

一个典型的CGE模型就是用一组方程来描述供给、需求以及市场关系。在这组方程中商品和生产要素的数量是变量，所有的价格（包括商品价格）、工资也都是变量，在一系列优化条件（生产者利润优化、消费者效益优化、进口收益利润和出口成本优化等）的约束下，求解这一方程组，得出在各个市场都达到均衡时的一组产品数量和价格。

CGE模型经常被用来分析税收、公共消费变动、关税和其他外贸政策、技术变动、环境政策及工资调整等问题，探明新的矿产资源储量和开采能力的变动等对国家或地区（国内或跨国的）福利、产业结构、劳动市场、环境状况和收入分配等的影响。该模型在经济的各个组成间建立起数量联系，能够考察来自经济某一部分的扰动对经济另一部分的影响。对于投入产出模型来讲，它所强调的是产业的投入产出联系或关联效应，而CGE模型则在整个经济约束范围内把各经济部门和产业联系起来，从而超越了投入产出模型。这些约束包括：对于政府预算赤字规模的约束，对于贸易逆差的约束，对于劳动、资本和土地的约束，以及对于环境考虑（如空气和水的质量）的约束等。到目前为止，CGE模型大发展已经有了几十年的历史，并被广泛应用于60多个国家，相关学者在国际贸易、公共财政、环境和发展政策等方面也发表了丰硕的研究成果，其中运用于林产品市场和贸易领域的研究也较为普遍。

GTAP是美国普渡大学Thomas W. Hertel（1997）教授主持的全球贸易分析计划发展而来的多国多部门可计算一般均衡模型。该模型通过建立可细致描述每个国家（或地区）生产、消费、政府支出等行为的子模型，再根据国际间商品贸易的关系，将各子模型联结成一个多国多部门的一般均衡模型。GTAP模型包含了87个国家（地区）的65种产品，在此模型架构中进行政策仿真时，可以同时探讨政策调整对各国（地区）各部门生产、进出口、商品价格、要素供需、要素报酬、国内生产总值及社会福利水平的变化。该模型划分13

个产业部门(表5-2),划分的国家和地区包括中国大陆、香港、台湾,国外的日本、韩国、东盟、其他亚洲国家和地区、欧盟、北美自由贸易区(North American Free Trade Agreement,NAFTA)和其他国家地区。

表 5-2 GTAP 模型中的产业部门分类

部门分类	部门加总
粮食作物	小麦、水稻、加工大米、谷物
油料作物	油料作物
蔬菜水果	蔬菜水果
其他作物	糖料作物、糖、植物纤维
动物及动物产品	牛羊马、牛羊马肉制品、猪、猪肉制品、羊毛及丝、奶、奶制品
渔业	渔业
矿产及资源	煤、石油、天然气、森林
加工食品	食物制品、饮料、烟草
纺织品	纺织品、服装、皮革
轻工业	木器品、造纸业
机械电子	机械电子设备、交通设备、电子设备
重工业	石油及煤炭制品、化学橡胶制品、矿山设备、制造产品
金属制品	金属制品
服务业	GTAP 数据库剩余部门

GTAP 模型结构如图 5-3 所示。模型包括土地、资本、技术劳动力、非技术劳动力和自然资源五种生产要素,以及家庭、政府及厂商等三个代表性行为主体。假设家庭和政府部门分别决定其消费和储蓄行为,在开放体系中政府与家庭支出包括购买国产品与进口品两部分,厂商的中间品投入和产品也包括国内和国外市场。GTAP 模型假设不同地区的产品或中间品不能完全相互替代,各国储蓄通过全球银行决定投资资金的流向。此外,模型对各部门设定如下:政府对各种产品的需求由 CES(constant elasticity of substitution) 函数将国产品与进口品组成综合商品表示,而且政府以柯布—道格拉斯(Cobb-Douglas,C-D)效用函数决定产品组合,即政府每种产品的支出占政府总支出的比例固定;家庭消费者的产品需求也由 CES 函数将国产品与进口品形成综合商品表示,而且消费偏好以介于 CES 和 CDE(constant difference of elasticity)之间的函数表示,即家庭对个别产品的消费量既受所有产品价格相对变化的影响,也受私人支出总金额变化的影响,其影响幅度取决于该产品与其他产品的各自价格弹性、交叉价格弹性及收入弹性。由于国家间进出口价格数据差异在某种程度上反映了运输费用,因此,模型设计一个虚拟的国际运输部门,各国进出口货品的到岸价(cost insurance and freight,CIF)与离岸价(free on board,FOB)之差反映货品的运输需求,将其以 C-D 函数加权即为综合运输服务,在均衡状态下全球综合运输服务供给等于全球运输需求加总。值得注意的是,正是 GTAP 运输部门的设计使贸易自由化中非关税障碍消除的影响能以该部门生产效率系数的变化反映。

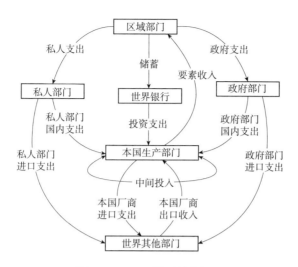

图 5-3 GTAP 模型基本框架

GTAP 生产技术结构如图 5-4 所示。该模型假设生产要素与中间投入不可替代；产出增加与土地、资本、技术劳动、非技术劳动及自然资源五种生产要素和中间品为 CES 函数关系；由于中间投入包括国产品和进口品，因此，先用 CES 函数将不同来源的进口加权成综合进口中间品，再用 CES 函数将国产与综合进口中间品加权成为综合中间品。此外，GTAP 对价格体系的设定考虑了由于税负和补贴导致的市场价格和行为主体面对的价格之间的差异：本国产品最原始的价格为生产者的供给价格，加上生产税即为"国内市场价格"；再加上国内货物税得本国消费者面对的"国产品需求价格"；用 CES 函数将国产品与进口品的需求价格加权得"本国消费者面对的综合商品需求价格"。若产品出口至国外市场，则市场价格加上出口税得"本国出口品的 FOB 价格"；再加上单位运输成本得"进口国进口货品的 CIF 价格"；当其进入外国海关后加上进口税即为"进口国进口品的市场价格"；若进口国再对进口品征收货物税，则得"进口国消费者的进口品需求价格"；同理，用 CES 函数将进口国国产品消费者需求价格与进口品需求价格加权即为"进口国消费者面对的综合商品的需求价格"。

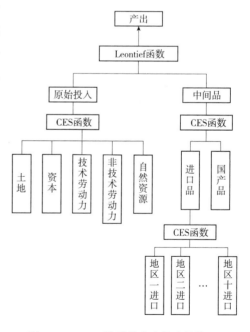

图 5-4 GTAP 模型的生产技术结构

由于 GTAP 模型对政策定量分析具有良好效果，能够对政策选择和决策提供具体并且比较准确的建议，当今世界主要经济组织，如 WTO、IMF、世界银行等都已经采用 GTAP 模型对国际经济进行分析，并且获得了较好的模拟结果。随着中国与国际社会关系的不断紧密，各项政策措施以及分析工具与世界接轨显得尤为必要，通过运用 GTAP 模型模拟中国林产品对外经贸发展及其政策变化，从而对林业政策选择提供定量的评价和建议，具有重要的理论价值和现实指导意义。

5.1.3 林产品贸易模型述评

通过前文梳理,目前林产品贸易模型可以分为两大类:一类基于局部均衡理论模型所构建;另一类则在一般均衡理论基础上进行架构,在分析解决林产品经济贸易等问题上各有优势。就一般均衡模型或称林业部门模型而言,当前基于全球视角开发和使用的模型共有3个,分别是林产品国际贸易中心全球贸易模型(CINTRAFOR Global Trade Model,CGTM)、木材供给模型(Timber Supply Model,TSM)和全球林产品模型(Global Forest Products Model,GFPM)。其中CGTM是应用系统分析国际研究所于1987年开发的模型,涵盖43个木材生产国、33个木材消费区域以及10种林产品;TSM只涵盖一个市场层级、一种林产品(原木),而且不涉及木制品的供需以及贸易领域;与CGTM一样,GFPM同样基于全球视角构建,但GFPM囊括了14类林产以及180个国家,因此,该模型更加能够反映出各种林产品之间的经济关系和各国之间的贸易关系,也更加具有全球视角。

以CGE和GTAP为代表的一般均衡模型是在承认市场之间是有联系和影响的条件下关注所有市场均衡。同林业部门模型相比,此类模型在分析林产品市场和贸易关联问题时更加全面但同时也更加复杂,因此,研究者大多还是采用林业部门模型模拟和分析林产品贸易领域相关问题。

5.2 主流模型解读

林产品贸易模型是进行定量研究的基础,也是制定贸易政策的重要依据之一。当前世界范围内产业内与产业间贸易的加深使得涉及全球模拟的林产品贸易模型价值愈加凸显。林产品贸易模型主要分为一般均衡模型和部门均衡模型两大类,其中一般均衡模型涉及所有行业部门,能够全面反映经济社会的变动,但对单个行业刻画精度有限;部门均衡模型将其他行业认为外生给定,专注于行业内部,对单个行业刻画较为精细。这两类模型均在林产品贸易方面得到了应用。当然,需要指出,由于林业部门对于其他行业的相互依赖关系较为有限,部门均衡模型在主流学术界更加被认可。正如本章5.1节所述,林业部门均衡模型又分为跨期优化模型和动态回归模型两类,其中跨期优化模型以TSM模型最为经典,动态回归模型以GFPM模型最具有代表性,这两者刚好形成单个产品模型与多产品模型的层进关系。因此,本节将首先介绍TSM和GFPM模型,对于一般均衡模型,本节选取具有较高学术声誉的GTAP模型进行解读。当然,由于这3个模型均较为复杂,本节的解读仅限于对它们的核心数理逻辑、初步试用与运行,读者可以通过本研究提供的网址获取更多信息。

5.2.1 TSM模型

20世纪80年代全球范围内开发了5个主要原始模型,是当前世界13个主要林业部门均衡模型的基石。TSM模型是这5个原始模型中唯一仍然在使用的模型。不同于其他4个原始模型,TSM模型并非属于动态回归模型,而是属于跨期优化模型,即在一定时间跨度内达到社会剩余净现值达到最大化。该模型数理表达如下:

$$S_j = \int_0^{Q_j} D_j^s(n)\,\mathrm{d}n + \int_0^{Q'_j} D_j^p(n)\,\mathrm{d}n - C_j \tag{5-1}$$

式中，j 为年份；S 为社会剩余；Q 为非纸浆材；Q' 为纸浆材；$D(Q_j)$ 和 $D(Q'_j)$ 分别为非纸浆材和纸浆材的反需求函数；C 为包括采运和再造林在内的总成本。式(5-1)表示不考虑折现的情况下，单个年份达到社会剩余最优，在引入折现率 $\rho(\rho = \mathrm{e}^{-r}$，$r$ 为利率)时，可进一步通过式(5-2)得到社会剩余净现值最大化：

$$S(x_0, z_0, u, w) = \sum_{k=0}^{J-1} \rho^k S_k + \rho^J S_J^*(x_J, z_J) \tag{5-2}$$

式中，J 为所模拟时间跨度的最后一年；x_0、x_J 分别所模拟时间跨度内第一年和最后一年某一种林分的面积；x_0、x_J 分别所模拟时间跨度内第一年和最后一年再造林投入水平，$u = \{u_1, u_2, \cdots, u_{J-1}\}$ 为当年某一种林分中森林采伐面积的比例；$w = \{w_1, w_2, \cdots, w_{J-1}\}$ 为当年每公顷再造林的林地的投入水平；S_J^* 为最优最终价值函数(optimal terminal value function)。同时，式(5-2)满足如下约束：

$$0 \leqslant u \leqslant 1 \tag{5-3}$$
$$0 \leqslant w \tag{5-4}$$
$$x_{j+1} = (A + BU_j)x_j + v_j e \tag{5-5}$$
$$z_{j+1} = Az_j + w_j e \tag{5-6}$$

式中，A、B、U 分别为 M 维方阵；e 为 M 维列向量；M 的大小由林分的林龄层级数决定；U 是主对角线为 u 的对角阵；A、B、e 矩阵赋值分别如下：

$$A = \begin{bmatrix} 0 & 0 & 0 & \cdots & 0 & 0 \\ 1 & 0 & 0 & \cdots & 0 & 0 \\ 0 & 1 & 0 & \cdots & 0 & 0 \\ 0 & 0 & 1 & \cdots & 0 & 0 \\ \cdots & \cdots & \cdots & \cdots & \cdots & \cdots \\ 0 & 0 & 0 & \cdots & 1 & 0 \end{bmatrix}, \quad B = \begin{bmatrix} 1 & 1 & 1 & \cdots & \cdots & 1 \\ -1 & 0 & 0 & \cdots & \cdots & 0 \\ 0 & -1 & 0 & \cdots & \cdots & 0 \\ 0 & 0 & -1 & \cdots & \cdots & 0 \\ \cdots & \cdots & \cdots & \cdots & \cdots & \cdots \\ 0 & 0 & 0 & 0 & -1 & 0 \end{bmatrix}, \quad e = \begin{bmatrix} 1 \\ 0 \\ 0 \\ 0 \\ \cdots \\ 0 \end{bmatrix}$$

TSM 模型作为经典的全球木材供给模型，其在林业部门均衡模型中具有自身的学术地位。但当前学术界关于林业部门均衡的主流模型集中于以 GFPM 模型为代表的动态回归模型，而非以 TSM 为代表的跨期优化模型。另外，TSM 模型自 2001 年后并没有进一步更新，对该模型的使用往往由用户自行扩展，且实际上该模型的应用并不多见，本书对模型的软件应用不进行进一步论述。

5.2.2 GFPM 模型

5.2.2.1 GFPM 模型原理结构

GFPM 模型模拟了全球约 180 个贸易国家和地区、14 种林产品的市场均衡状态，能够较为全面客观地反映全球森林资源和林产品市场发展动态；同时，该模型基于 FAO 数据库建立，其对于林产品的分类也与目前沿袭 FAO 分类方式。GFPM 模型的数理逻辑分为静态模拟和动态模拟两个部分，其中静态部分描述某一年的市场均衡状态，是阐述了 GFPM 模型的基本经济学内涵(如供求曲线的形状)，动态部分描述外生变动对于市场均衡的影响

(如供求曲线的位移)。

静态部分的核心数理逻辑如下：GFPM 模型包括需求、供给、加工和贸易 4 个板块，这 4 类经济活动在式(5-7)所示约束条件下达到市场均衡。

$$\max Z = \sum_i \sum_k \int_0^{D_{ik}} P_{ik}(D_{ik}) \mathrm{d}D_{ik} - \sum_i \sum_k \int_0^{S_{ik}} P_{ik}(S_{ik}) \mathrm{d}DS_{ik} - \sum_i \sum_k \int_0^{Y_{ik}} m_{ik}(Y_{ik}) - \sum_i \sum_j \sum_k c_{ijk} T_{ijk} \tag{5-7}$$

式中，Z 代表社会福利；i 和 j 代表任意两个国家；k 代表某一种最终产品；P 表示价格；D 表示最终产品需求；S 表示原材料供给；Y 表示加工产品数量；m 表示制造成本；T 表示贸易量；c 表示包括关税和其他税收在内的单位运输成本。即当林产品市场达到均衡时，所有国家的所有最终产品对于消费者的价值之和减去为了生产这些最终产品所耗费的全部原材料成本、制造成本和运输成本后的余额最大化，该约束条件的经济学意义在于世界市场的均衡是由最大化社会剩余决定的。

同时以上经济活动必须满足一定的资源和技术约束，包括图 5-5 所示的林产品转换流和式(5-8)所示的物料平衡限制。林产品物料流描述了从森林资源到 HWP 的转换过程，初级产品沿着实线箭头方向经过加工成为最终产品，虚线部分代表在薪材价格上升到一定程度时工业原木可以用来生产薪材。在式(5-8)中 a_{ikn} 表示在 i 国生产每单位 n 产品所需要投入的 k 产品数量，该公式的经济学意义是在任何一个国家的任何一种产品，进口量加供给量等于消费量加出口量，从而达到资源平衡和市场出清。

$$\sum_j T_{ijk} + S_{ik} + Y_{ik} = D_{ik} + \sum_n a_{ikn} Y_{in} + \sum_j T_{ijk} \tag{5-8}$$

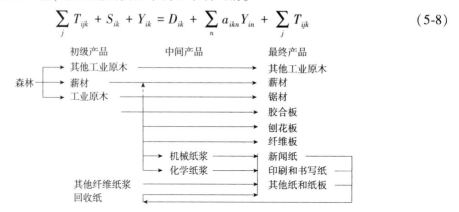

图 5-5　GFPM 模型中的林产品转换流

供求曲线是决定市场均衡状态的基础，也是大部分经济学模型的核心内容，同时由于篇幅限制，本书仅对式(5-7)中的供求曲线的数理逻辑做进一步解释。GFPM 模型静态部分的供求曲线如式(5-9)~式(5-11)所示。

$$D_{ik} = D_{ik}^* \left(\frac{P_{ik}}{P_{ik,-1}} \right)^{\delta_{ik}} \tag{5-9}$$

$$S_{ik} = S_{ik}^* \left(\frac{P_{ik}}{P_{ik,-1}} \right)^{\lambda_{ik}} \tag{5-10}$$

$$S_i = (S_{ir} + S_{in} + \theta_i S_{if}) \mu_I, \text{ and } S_i \leq I_i \tag{5-11}$$

式中，D^* 表示上一期价格 P_{-1} 下的本期需求量；δ 为价格需求弹性；S^* 为上一期价格下的本期需求量；λ 表示价格供给弹性；r 表示工业原木，n 表示其他工业原木；f 表示薪材，$0 \leq \theta \leq 1$ 表示源与森林的薪材比例，$\mu \geq 1$ 表示单位原木对森林蓄积量的消耗量；I 表示森林蓄积量。

GFPM 动态部分的数理架构较为复杂，涉及供给、需求、生产、运输、贸易、税收、汇率等方方面面，本书也仅选取涉及因外生变量导致供求曲线位移的数理逻辑进行阐述，具体如式(5-12)~式(5-14)所示。

$$D^* = D_{-1}(1 + \alpha_y g_y + \alpha_0) \tag{5-12}$$

$$S^* = S_{-1}(1 + \beta_I g_I + \beta_a g_a), \quad \text{for} \quad k = r, n, f \tag{5-13}$$

$$\text{otherwise} \quad S^* = S_{-1}(1 + \beta_y g_y) \tag{5-14}$$

式中，g_y 表示 GDP 增速；α_y 表示需求 GDP 弹性；α_0 表示阶段性趋势；g_I 表示森林蓄积量的变动；g_a 表示森林面积的变动；β 森林供给相对面积和蓄积量的弹性。式(5-13)表示工业原木、其他工业原木和薪材供给曲线的移动，式(5-14)表述回收纸、其他纸浆供给曲线的移动。另外，g_I 和 g_a 可以由包括人均 GDP 在内的内生变量所决定，也可以外生给出。

式(5-9)~式(5-14)表明，本期需求取决于上一期的需求以及 GDP 增速，同时本期供给由上一期供给以及外生或者内生的供给曲线移动。除了式(5-12)~式(5-14)所约束的变量，其他可以导致供求曲线移动的变量以及相应的弹性系数也可以被引入到 GFPM 中。

5.2.2.2 GFPM 模型数据需求与结果输出

GFPM 模型通过 QPELPS(Quadratic Price Endogenous Linear Programming System)最优化工具求解基期的均衡状态，并预测未来林产品市场变动。因此，GFPM 模型数据需求主要分为基期历史数据和未来数据输入两大块。基期历史数据包括统计数据和变量估计数据两大类，其中统计数据包括 1992—2014 年(GFPM version 2017)主要林产品的产量、产值、贸易量、贸易额、森林资源量以及宏观经济数据，具体见表 5-3；变量估计包括各内生与外生变量的弹性值、贸易惰性、关税、加工系数等。有一部分变量估计数据，如加工系数，是由 GFPM 模型内置的程序模块根据所输入的历史统计数据进行最优化求解而来；另一部分变量估计数据(主要是各类弹性系数)是由回归模型估计得出，其他数据，如关税，需在文献基础上通过折算为从量税的基础上由使用者给出。未来数据输入主要包括各类内生外生变量未来的增长率及其弹性变动率。为方便使用者使用 GFPM 模型，模型开发者 Joseph Boungiorno 教授每年对该模型进行更新时会对各国所有以上数据进行更新并均汇总在 GFPM 模型的 world.xlsx 数据表中。

表 5-3 GFPM 模型对历史统计数据需求

GFPM 模型中的名称(中)	GFPM 模型中的名称(美)	数据库条目名	GFPM 模型中的文件名
	FAOSTAT 数据库条目		
薪材	Fuelwood	WOOD FUEL+	Fuelwood.csv
木片和碎料	Chips and Particles	Chips and Particles	Chips.csv

(续)

GFPM 模型中的名称(中)	GFPM 模型中的名称(美)	数据库条目名	GFPM 模型中的文件名
木材剩余物	Wood Residues	Wood Residues	WdResidue.csv
工业原木	Industrial Roundwood	INDUSTRIAL ROUNDWOOD+	IndRound.csv
其他工业原木	Other Industrial Roundwood	OTHER INDUST ROUNDWD+	OthIndRound.csv
锯材	Sawnwood	SAWNWOOD+	Sawnwood.csv
胶合板	Plywood	Plywood	Plywood.csv
单板	Veneer Sheets	Veneer Sheets	Veneer.csv
刨花板	Particleboard	Particle Board	ParticleB.csv
纤维板	Fiberboard	FIBREBOARD+	FiberB.csv
机械浆	Mechanic Pulp	Mechanical Wood Pulp	MechPlp.csv
化学浆	Chemical Pulp	Chemical Wood Pulp	ChemPlp.csv
半化学浆	Semi-chemical Pulp	Semi-Chemical Pulp	SemiChemPlp.csv
其他纤维浆	Other Fiber Pulp	Other Fibre Pulp	OthFbrPlp.csv
新闻纸	Newsprint	Newsprint	Newsprint.csv
印刷和书写纸	Printing and Writing Paper	Printing+Writing Paper	PWPaper.csv
其他纸和纸板	Other Paper and Paperboard	Other Paper+Paperboard	OthPaper.csv
废纸	Waste Paper	Recovered Paper	WastePaper.csv
森林蓄积量和面积	Forest Stock and Area	Forest Stock and Area	Forest.csv
	世界银行数据库条目		
国内生产总值，人口	GDP, Population	GDP, Population	GDPPopulation
国内生产总值平减指数	GDP Deflator	GDP deflator for United States	GDPDeflatorUS

在完成基期与未来世界林产品市场均衡状态求解后，GFPM 模型将输出各国基期及未来 14 种林产品的产量、贸易量、消费量、价格、增加值、森林蓄积量等 14 类数据，具体见表 5-4。GFPM 模型同时会以折线图的形式输出主要国家和大洲在各数据的时间序列变动情况，输出的所有原始数据均被按照产品类型汇总在 output 文件夹下。

表 5-4 GFPM 模型输出数据类型与产品种类

输出项目	产品种类
物理量类	薪材
——消费量	工业原木(总合)
——产量	锯材
——进口量	胶合板

(续)

输出项目	产品种类
——出口量	刨花板
——净贸易量	纤维板
——森林面积	机械浆
——森林蓄积量	化学浆
金额类	废纸
——消费额	新闻纸
——产值	打印与书写纸
——进口额	其他纸和纸板
——出口额	
——净贸易额	
——价格	
——增加值	

5.2.2.3 GFPM 模型使用与运行

GFPM 模型自 2006 年将环境库兹涅茨曲线引入森林资源变动与木材供给后,并未出现数理结构的重大调整,模型每年的更新也仅限于对基期统计数据、各项参数估计及未来内外生变量变动的校调,并将其汇总更新在 world.xlsx 数据表中。GFPM 模型的开发者 Joseph Buongiorno 教授将每年会将最新版 GFPM 模型程序与数据包、使用手册、world.xlsx 表格校调及生成方法说明、模型软件架构与设计说明打包上传至其实验室网站,系在地址为:http://labs.russell.wisc.edu/buongiorno/welcome/gfpm/。

自 2014 版起,GFPM 模型停止对 32 位操作系统的支持,当前最新的 2017 版 GFPM 模型对于电脑软硬件要求如下:运行内存(RAM)2GB 及以上;64 位英文 Windows7/8 操作系统;64 位英文 Microsoft Office 2010 及以上版本。

需要注意的是,操作系统与 Office 的语言须严格限定为英文,否则在 GFPM 模型运行过程中将出现乱码导致程序停止运行。用户可以选择英文单语言版操作系统与 Office,也可以选择使用可更改为英语的多语言版操作系统与 Office。通过实际使用发现,以上基本配置情况下,运行 4 阶段的程序并输出结果大约需要 2 小时,在更高硬件配置的电脑上运行时间可以大幅缩短,例如,在 8G 运行内存的台式机中,仅需 40 分钟即可完成以上操作,因此,建议用户尽可能地提升电脑硬件配置。

以 GFPM version 2017 为例,安装 GFPM 模型时,首先解压 GFPM-2017-05-17.zip 文件,得到 UserManuals2016-7-8-2016.zip 与 GFPM-01-29-2017+World265.zip 文件,其中 UserManuals2016-7-8-2016.zip 文件包含 GFPM 模型使用手册、world.xlsx 表格校调及生成方法说明、模型软件架构与设计说明,GFPM-01-29-2017+World265.zip 文件为 GFPM 模型的程序以及数据包。为保证程序正常运行,需要将 GFPM-01-29-2017+World265.zip

文件直接在 C 盘盘根解压，解压后可得 Copy-to-C-Drive、GFPM、PELPS 三个文件夹，其中 GFPM 文件夹中包含模型的主程序与数据文件，PELPS 文件夹中是 GFPM 模型所依赖的 QPELPS 最优化工具。将 Copy-to-Drive 文件夹中的 SNJRT11.DLL 文件复制到 C:\Windows\System(Windows 7)或者 C:\Windows\syswow64(Windows 8)，至此，GFPM 模型完成安装。

在运行 GFPM 模型时，首先双击 C:\GFPM\GFPM.bat 文件，启动 GFPM 模型的主程序框(图 5-6)，然后敲击任意键进入 GFPM 模型的主菜单(图 5-7)。GFPM 模型主菜单总计有 5 个条目，分别为：①Calibrate GFPM model、Run base-period；②Compare base-period solution with data；③Run multi-periods；④Get output；⑤Quit GFPM。选项①、②和③是用来校调与更新 world.xlsx 中的数据，由于 GFPM 模型的开发者 Joseph Buongiorno 教授已完成对 world.xlsx 数据表的校调与更新，在不需要重新校调与更新的情况下，用户可直接进行第④和⑤项操作。

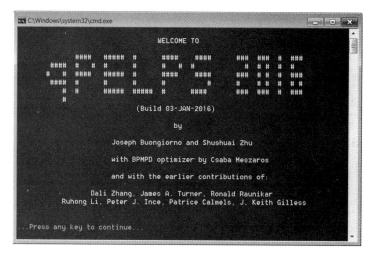

图 5-6 GFPM 主程序框

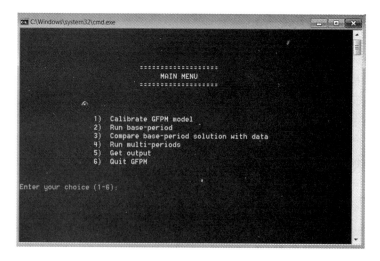

图 5-7 GFPM 模型主菜单

在 GFPM 主菜单中输入数字"4"并点击回车后，需要输入需要模拟的阶段数。这里的阶段数指的是从基年（GFPM version 2017 以 2013 年为基年）起对未来世界林产品市场进行预测时所划分的时间区间，并与 world.xlsx 数据表的 ExogChange 工作表中第一列的 period mxn 相对应。这里的 period m∗n 指第 m 阶段包含 n 年的时间跨度，例如，period 1×2 指第一个阶段，时间跨度为 2 年，即模拟时间区间为 2014—2015 年，一般时间区间的设定上以满足末尾年份以 5 或者 0 为结尾为惯例（如 1×2、2×5、4×5）。在 ExogChange 工作表中往往会跳过一些阶段（如 3×5），GFPM 在运算时将所跳过的阶段的变量参数设置认为与前一阶段相同（如 3×5 变量参数设置与 2×5 相同）。

在键入所需要运行的阶段数并回车后将会出现保存 world.xlsx 数据表的提示，点击 SaveWorld 按钮后，GFPM 将自动运行程序。当然，用户在进行具体研究的时候往往需要在 world.xlsx 数据表中设置外生变量及其弹性系数，用户在运行程序之前需预先对 world.xlsx 数据表进行更改并保存。GFPM 模型在运行时将出现如图 5-8 所示的界面，如果在整个程序运行过程中出现"No BPMPD error was found"，说明程序运行良好。

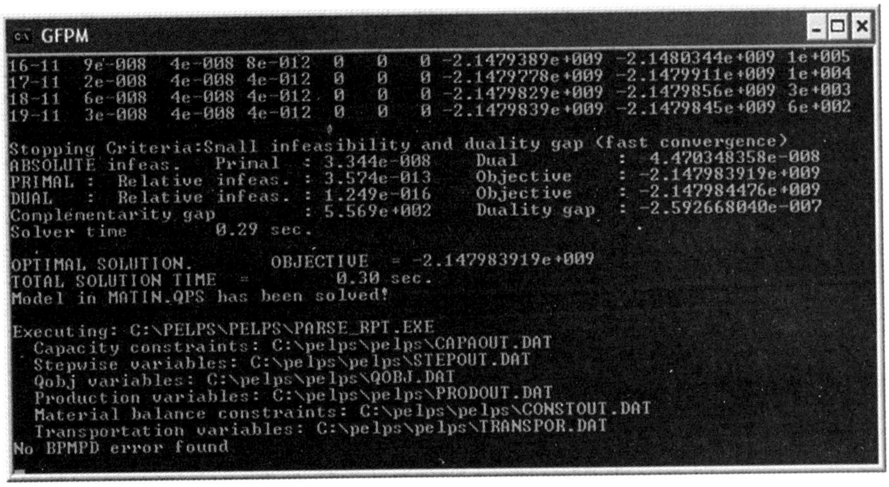

图 5-8　正在运行的 GFPM 模型

在完成数据计算之后，GFPM 模型的主程序框将回到图 5-7 所示的状态，此时输入数字"5"并回车将会进入导出数据结果的界面（图 5-9）。图 5-9 的界面中前两个选项分别用于导出基准情景（Base Scenario）和对比情景（Alternative Scenario）的结果，第三个选项用于比较两个情景之间的不同。

此处的基准情景一般指 GFPM 自带的数据模拟出的结果，对比情景一般指在自带数据基础上引入外生变量之后模拟出的结果。输入数字"1"（或"2""3"）后将启动 Excel 程序（图 5-10）进行进一步处理并导入到相应的 excel 文件中。图 5-10 中的 Detailed Output 将给出 180 个国家的数据（表 5-4），Trend Summary 在 Detailed Output 结果基础上进一步制作大洲时间序列折线图，Major Country Summary 则在 Detailed Output 基础上制作主要林业大国的时间序列折线图。

图 5-9　GFPM 模型导出数据结果菜单

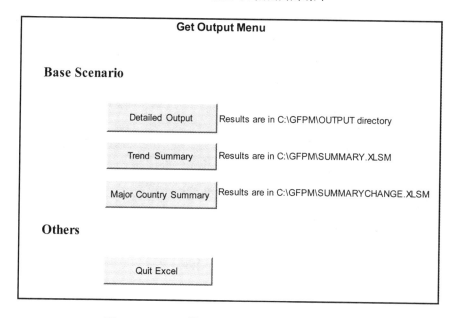

图 5-10　GFPM 模型导出数据结果的 Excel 程序

GFPM 模型作为一个可以较为全面客观分析全球林业市场与贸易的模拟工具，可以输出不同林产品的价格、贸易量、生产量、消费量的变化，用户可以通过将现实中的非法采伐、REDD+、关税壁垒、生物质能源政策、碳补偿等经济与资源环境政策设置外生变量模拟其对于世界林产品市场与贸易的影响。

5.2.3　GTAP 模型

5.2.3.1　GTAP 模型原理结构

全球贸易分析模型（GTAP）是根据新古典经济理论设计的多国多部门应用一般均衡模型。由美国普渡大学教授 Thomas W. Hertel 所领导的全球贸易分析计划（global trade analysis project，GTAP)发展出来的，目前已被广泛应用于贸易政策之分析。在 GTAP 模型架构中，首先建立可详细描述对每个国家(或地区)生产、消费、政府支出等行为的子模型，然后通过国际间商品贸易之关系，将各子模型联结成一个多国多部门的一般均衡模型。在此模型架构中进行政策仿真时，可以同时探讨该政策对各国各部门生产、进出口、商品价格、要素供需、要素报酬、国内生产总值及社会福利水平变化等。

GTAP 模型假定市场是完全竞争的，生产的规模报酬不变，生产者最小化生产成本，而消费者效用最大化，所有产品和投入要素市场全部出清。产品的生产采用嵌套的常系数带弹性(constant elasticity substitute，CES)的生产函数。

$$X=\left[\alpha_L L^P+\alpha_k K^P\right]^{\frac{1}{P}} \tag{5-15}$$

式中，X 为产品；L、K 为两种投入品；P 为价格。

同时，每个国家只有一个账户，所有的税收、金融资产、资本和劳动力的收入都积聚到这个账户。账户内的收入又分为政府消费、私人消费和存款三大部分。政府的效用方程采用柯布—道格拉斯方程形式：

$$U=AX^\alpha Y^{1-\alpha} \tag{5-16}$$

式中，U 为效用；A 为技术水平参数；X、Y 为产品；α 表示 X 所得在中所占的份额。

私人的支出方程采用固定差异弹性(Constant Difference of Elasticity，CDE)效用方程，从而产品和要素全部出清。生产要素在模型中分为劳动力、资本和土地，劳动力和资本因为其流动性，在设置上可以在各个不同的部门之间流通，而土地则并不能流通。相较于劳动力，资本可以跨国流动。此时，采用阿明顿假设进行产品复合，即进口产品与国内产品看作不同产品，相互间具有不完全替代关系，仍旧用常系数替代弹性表示。

$$X=\left[\alpha_L Xm^P+\alpha_k Xd^P\right]^{\frac{1}{P}} \tag{5-17}$$

式中，X 为产品；X_m、X_d 分别为进口产品和国内产品。

在 GTAP 模型中，有两个国际部门(国家银行和国际运输部门)，各个国家的储蓄汇总到"国际银行"，并根据资本回报率在各个国家之间进行分配。"国际运输部门"主要负责地区之间产品的运输，平衡到岸价(CIF)和离岸价(FOB)之间的差异，并通过双边贸易将世界各国联系起来。GTAP 模型还体现了不同国家进出口存在着的相应的关税或补贴(出口关税为负，即为补贴)和运费。GTAP 模型中进出口商品价格表达式如下：

$$P^{FOB}=P^{EX}(1+T^{EX}) \tag{5-18}$$

$$P^{CIF}=P^{FOB}(1+F) \tag{5-19}$$

$$P^{IM}=P^{CIF}(1+T^{IM}) \tag{5-20}$$

式中，P^{FOB} 表示出口港口价；P^{CIF} 表示进口港口价；P^{EX} 表示出口商品国内价格；P^{IM} 表示进口商品国内价格；T^{EX} 和 T^{IM} 分别表示出口关税和进口关税(或补贴)；F 表示运费。

5.2.3.2 GTAP 模型数据需求与结果输出

GTAP 模型的应用研究往往是基于 GTAP 数据库人为设置情景假设模拟在当前经济结构下，某一政策变动对贸易、产出、增加值等宏观经济因素的影响。情景设置根据研究对象的不同会有所其区别，但其核心都是 GTAP 是数据库本身编制的投入产出表。当前 GTAP 9 Database 涵盖了 140 个国家与地区的 58 个行业门类(表 5-5)。

表 5-5　GTAP 9 Database 涵盖的行业门类

序号	GTAP 代码	行业门类名(英)	行业门类名(中)
1	PDR	Paddy rice	稻米
2	WHT	Wheat	小麦
3	GRO	Cereal grains nec	其他谷物
4	V_F	Vegetables, fruit, nuts	蔬菜、水果、花生
5	OSD	Oil seeds	食用油料作物
6	C_B	Sugar cane, sugar beet	糖用甘蔗、甜菜
7	PFB	Plant-based fibers	植物纤维
8	OCR	Crops nec	其他作物
9	CTL	Bovine cattle, sheep and goats, horses	牛、羊、马
10	OAP	Animal products nec	其他畜禽
11	RMK	Raw milk	原料奶
12	WOL	Wool, silk-worm cocoons	羊毛、蚕茧
13	FRS	Forestry	林业
14	FSH	Fishing	渔业
15	COA	Coal	煤炭
16	OIL	Oil	石油
17	GAS	Gas	天然气
18	OMN	Minerals nec	其他矿产
19	CMT	Bovine meat products	牛肉产品
20	OMT	Meat products nec	其他肉产品
21	VOL	Vegetable oils and fats	植物油脂
22	MIL	Dairy products	乳制品
23	PCR	Processed rice	加工大米
24	SGR	Sugar	糖
25	OFD	Food products nec	其他食品
26	B_T	Beverages and tobacco products	饮料与烟草制品
27	TEX	Textiles	纺织品
28	WAP	Wearing apparel	服装
29	LEA	Leather products	皮革制品
30	LUM	Wood products	木制品
31	PPP	Paper products, publishing	纸制品与出版业

（续）

序号	GTAP 代码	行业门类名(英)	行业门类名(中)
32	P_C	Petroleum, coal products	石化与煤制品
33	CRP	Chemical, rubber, plastic products	化学、橡胶与塑料制品
34	NMM	Mineral products nec	其他矿物制品
35	I_S	Ferrous metals	有色金属
36	NFM	Metals nec	其他金属
37	FMP	Metal products	金属制品
38	MVH	Motor vehicles and parts	汽车及零部件
39	OTN	Transport equipment nec	其他交通设备
40	ELE	Electronic equipment	电子设备
41	OME	Machinery and equipment nec	其他机械及设备
42	OMF	Manufactures nec	其他制造业
43	ELY	Electricity	电力
44	GDT	Gas manufacture, distribution	天然气生产与运输
45	WTR	Water	水
46	CNS	Construction	建筑
47	TRD	Trade	贸易
48	OTP	Transport nec	其他运输
49	WTP	Water transport	水运
50	ATP	Air transport	空运
51	CMN	Communication	通信
52	OFI	Financial services nec	金融服务
53	ISR	Insurance	保险
54	OBS	Business services nec	其他商业
55	ROS	Recreational and other services	娱乐与其他服务业
56	OSG	Public Administration, Defense, Education, Health	公共行政、防务、教育与健康
57	DWE	Dwellings	住房

GTAP 9 Database 的数据表结构如图 5-11 所示。图中英文字母定义如下：V 表示金额，D、I、X 分别表示国内、进口、出口，P、G、F 分别表示私人、政府、企业的购买行为，M 指市场价，VST 特指国际运输服务的价值。例如，VDFM 是指本国公司购买商品的市场价值。该数据库的结构与常见的投入产出表相一致，表述"总产出=总耗用"，即"本国生

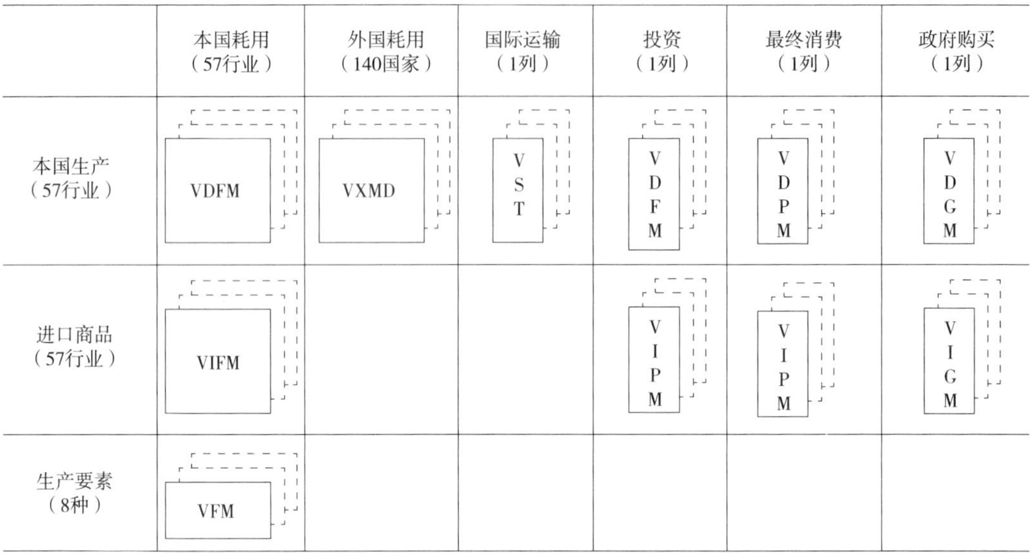

	本国耗用 （57行业）	外国耗用 （140国家）	国际运输 （1列）	投资 （1列）	最终消费 （1列）	政府购买 （1列）
本国生产 （57行业）	VDFM	VXMD	VST	VDFM	VDPM	VDGM
进口商品 （57行业）	VIFM			VIPM	VIPM	VIGM
生产要素 （8种）	VFM					

图 5-11　GTAP 9 Database 数据表结构

产+进口+生产要素投入＝本国耗用+国外耗用+国际运输+投资+最终消费+政府购买"这一平衡关系。GTAP 9 Database 的数据表由 2004、2007 和 2011 年三年为基期的数据表构成。

5.2.3.3　GTAP 模型使用与运行

GTAP 模型的运行需借助 RunGTAP 这一可以在 Windows 系统上实现可视化交互的程序。RunGTAP 软件可以使用 GTAP 数据库的数据运行标准 GTAP 模型，即前文所述的 GTAP2.2a 至 7.0。如果需要修改标准 GTAP 模型或者使用更加庞大的数据库，则需借助 GEMPACK 这一软件程序，对 GTAP 进行建模与求解。GEMPACK 程序的 Windows 适配版本为 WinGEM。标准 GTAP 模型、GTAP 数据库、RunGTAP、WinGEM 下载地址如下：

①标准 GTAP 模型：https://www.gtap.agecon.purdue.edu/resources/res_display.asp?RecordID=2458

②GTAP 数据库：https://www.gtap.agecon.purdue.edu/databases/v9/default.asp

③RunGTAP：https://www.gtap.agecon.purdue.edu/products/rungtap/default.asp

④WinGEM：http://www.copsmodels.com/gp114.htm

GTAP 模型运行的硬件要求如下：①运行内存（RAM）：256 MB；②操作系统：Microsoft Windows 98/2000/XP/Vista/7/8。

在完成安装后，我们首先介绍要 RunGTAP 的运行，首先双击桌面上的 RunGTAP 图标，会看到如图 5-12 所示的界面。

```
RunGTAP:ACORS3x3/GTAP
--------------------------------------------------
File  Copy  View  Version  Tools  Help
--------------------------------------------------
Title  RunGTAP  Version  Closure  Shocks  Solve  Results
--------------------------------------------------
```

图 5-12　RunGTAP 启动界面

RunGTAP 使用一个控件访问标签页或者索引卡接口：前两页（Title 和 RunGTAP）包含一般信息；第三页（Version）包含有关当前文本的信息和程序正在使用的 GTAP 的特定数据汇总信息；剩下的四页（Closure、Shocks、Solve 和 Results）涉及模拟。

在使用 RunGTAP 做模拟时，首先点击 RunGTAP 的 Closure 页以获取外生变量列表。当进行模拟时，用户可以在几种不同的闭包函数中进行选择，同时下方的面板会显示在选定的闭包函数中哪些变量是外生的。使用 Tools | Load Closure File 菜单命令来加载 book 封闭文件可以查看已加载的不同数据集。用户在模拟中应使用 GTAP 标准的闭包函数，可通过 Tools | Load Closure File 页面下选择 Standard 键。

在完成 Closure 页面的操作后，点击 Shocks 页。如果此页面存在已设置但无关本次模拟的 shock，单击"Clear Shocks List"按钮予以清除。接下来可以通过点击靠近 Shocks 页顶部的 Variable to shock 标签右边的向下箭头将变量设置为 shock。

设置完 shock 之后单击 RunGTAP 的 Solve 页面。Solve 页面是使用 RunGTAP 进行模拟的主要环节，主要包括以下五个主要步骤：①首先点击最上面的"Change"按钮（在它前面有 Solution method 字样），点击 Johansen 选择 Johansen 的方法；②确保 Parameter file：default 是显示在第二个"Change"按钮的左侧，这意味着用户使用的是默认值，或正常的参数值；③如果它已经不在那里，在标有 Experiment Description 的文本框中插入文本 Numeraire simulation；④按下"Save Experiment"按钮以保存实验文件，这将形成一个对模拟的完整说明，以便今后重复模拟；⑤最后点击"Solve"按钮。当模拟完成时会出现一个"Please Wait"的窗口，RunGTAP 将提示模拟所耗时间多长时间，此时只要按下"OK"即可查看结果。

5.3 林产品贸易模型的应用

在资源约束趋紧、环境污染严重、生态系统退化等严峻形势下，全球林产品经贸问题日益受到国际社会的普遍重视，而利用数理模型定量化研究经贸政策或市场冲击对林产品贸易的潜在影响也逐步成为研究焦点。本小节主要回顾前文所介绍的主流林产品贸易模型的应用成果，探讨各类模型的研究领域及研究结论差异性，并对模型未来发展方向做初步的预测。

5.3.1 局部均衡模型主要应用领域——以 TSM 和 GFPM 为例

5.3.1.1 TSM 研究领域及成果

TSM 由美国华盛顿州"未来资源"（Resources for the Future，RFF）团队开发，该团队的总部设在华盛顿特区，是一家无党派、非营利性的智囊机构。TSM 的第一个版本是 TSM96，于 1996 年完成开发，该版本模型使用经济市场供求方法来计算全球工业原木价格及产出的跨期时间路径；第二个版本是 2001 年发布的 TSM2000，此后再无进一步更新。该模型将原木分为纸浆材（Pulpwood）和实木（Solidwood）两种，并将世界划分成 10 个主要区域：亚太地区（Asia Pacific）、东西伯利亚（Eastern Siberia）、西西伯利亚（Western Siberia）、俄罗斯（前苏联）欧洲部分（European USSR）、北欧（Nordic Europe）、加拿大西部

(Western Canada)、加拿大东部(Eastern Canada)、美国南部(U.S. South)、美国太平洋地区(U.S. Pacific)和新兴地区(Emerging Region)。由于 TSM 只涵盖一个市场层级、工业原木一种产品,而且不涉及林产品贸易领域,所以该模型的使用和研究成果都比较匮乏,主要的应用方向有环境分析、可再生能源及气候变化等,并且研究成果大多数是由此模型的开发团队产出。

关于环境分析领域,近年来的研究重点是如何促进森林管理发展,增强森林提供生态系统服务的功能。此类研究涉及栖息地保护、水质净化、休闲娱乐等方面,TSM 则被用于评估减少森林采伐对环境保护目标实现的影响(Sedjo et al., 1994;Sohngen et al., 1999);可再生能源研究有两大主题:一是探讨能源独立和安全问题;二是探究化石燃料消耗减缓问题。近年来,在能源政策分析方面,林业部门模型研究受到极大的关注,多位学者曾利用 FASOM、GFPM、TSM(Daigneault et al., 2012;Sedjo et al., 2012)等模型模拟预测生物质能源与林产品市场之间的关联;林业部门模型对气候变化研究通常集中在与未来温室气体有关的森林生长及木材供应问题上,以及论证森林固碳对气候变化减缓的作用。TSM(Sedjo et al., 2000;Daigneault et al., 2012)在这一方面的应用主要体现为评估碳税、补贴系统、碳市场等对于气候变化减缓的潜在影响。

5.3.1.2 GFPM 研究领域及成果

GFPM 模型应用的核心在于两个或多个分析情景的建立,按照模型内部架构模拟输出在达到市场均衡状态下各国各种林产品的价格、消费量、产量、贸易量、森林面积和森林蓄积量。GFPM 模型最早的应用可以追溯到 1998 年,至今已经有 17 年历程,GFPM 在此期间的应用领域大致可以以 2010 年为时间节点分为两个阶段,其中第一阶段的应用以解决贸易问题为主,第二阶段的应用更多地讨论贸易中的能源环境问题。

GFPM 研究领域及研究成果归纳见表 5-6。

表 5-6 GFPM 研究领域及研究成果归纳

研究领域		作者	主要观点
林产品经济贸易与模型应用	贸易自由化	Zhu et al. (2001)	在 APEC 成员国中完全取消关税对于世界林产品市场和成员国内部影响有限
		Zhu et al. (2002)	加速贸易自由化对世界林产品总体消费量和产量影响不大,但会较大地影响世界林产品贸易
		Turner et al. (2008)	俄罗斯增加软木原木出口税对俄罗斯林产品贸易弊大于利,也会带来全球林业市场格局变化
		Zhu et al. (2008)	美国针对多国的铜版纸反倾销税对世界林产品格局的影响不具备长期效应
		Li et al. (2007)	因防止病虫害入侵禁止原木贸易会影响林产品生产和消费,贸易政策应遵循各国区别对待原则
		Li et al. (2008)	取消非法采伐对于发达国家有利,但对发展中国家不利
		Prestemon et al. (2008)	虫害入侵会对美国木材市场造成严重后果,尤其当美国贸易伙伴相应的禁止进口美国木材时

(续)

研究领域		作者	主要观点
林产品经济贸易与模型应用	贸易格局预测	Buongiorno et al. (1998)	预测世界林业市场、贸易状况及其对欧洲的意义
		Buongiorno et al. (1999)	模拟和预测世界和亚太地区的林业产业
		Turner et al. (2005)	在 RPA 评估框架下,预测美国林业 2030 年市场情况和主要国际竞争对手
		Buongiorno et al. (2014)	跨区贸易及投资合作对全球林业部门的潜在影响
	林业经济政策	Buongiorno et al. (2015)	模型预测全球木材生产和木材价格变动情况
		Michinaka et al. (2011)	运用集群分析法评估林产品需求的价格弹性和收入弹性
		Zhang et al. (2012)	中国集体林改革分别对国内和国际产生的影响
		Zhu et al. (2002)	评估美国纸张回收这项环境政策的国际影响
	模型	Buongiorno et al. (2015)	对 GFPM 前期及预期的技术进步进行梳理
能源与环境	林业生物质能源及贸易	Raunikar et al. (2010)	对 GFPM 进行修改,将林业部门与 IPCC 两方案进行联合,评估生物质燃料高需求所产生影响
		Buongiorno et al. (2011)	运用 GFPM 分析木材和森林生物质能源需求增加造成后果
		Ince et al. (2012)	利用 GFPM 和 USFPM 两种模型评估全球木质能源消费扩张产生的经济影响
		Zhang et al. (2014)	构建模型分析木质能源和全球木质林产品市场之间的价格主导的交互影响
		Matzenberger et al. (2014)	生物质能源国际贸易的前景分析
	林产品固碳	Nepal et al. (2012)	分别在美国和全球木材市场和木质能源消费情境下推测美国林业部门 2010—2060 年碳封存情况
		Nepal et al. (2013)	评估了未来碳储量情景的潜在有效性
		Bougiorno et al. (2013)	模拟预测林业政策对森林碳储存的长期影响

注:整理自张小标等(2014)、袁恬等(2015)。

(1)GFPM 模型在贸经济易问题方面的应用

GFPM 模型早期的应用大多集中于广义的贸易领域,包括贸易自由化问题和贸易格局的预测,其中贸易自由化问题是 GFPM 模型关注的重点。

①贸易自由化。GFPM 模型在贸易自由化方面的应用涉及关税壁垒问题和非关税壁垒问题两方面,其中关税壁垒问题方面的应用主要阐述了削减关税和单方面增加关税对于世界林产品市场和贸易的影响;植物检疫壁垒和非法采伐是 GFPM 模型在非关税壁垒问题的主要研究方向。GFPM 模型在贸易自由化方面的应用也呈现出从初期的关税壁垒问题向非关税壁垒问题转变的趋势。

②贸易格局预测。GFPM 能够较为准确地预测世界、地区和林业大国未来较长一段时间内的林产品市场、林产品贸易和林业资源的变动,对于一个国家而言可以把握未来世界

林产品贸易格局趋势及自身的比较优势。已有的这方面应用所得出的一些主要结论，例如，到 2010 年，亚洲地区可能会成为各种林产品最大的净进口地区，同时南美洲和前苏联地区将成为工业原木最主要的净出口地区；美国、日本和西欧在 2030 年前可能仍然是主要的林产品进口国，快速增长的经济会让中国成为世界上最大的原料木、中间产品和最终林产品的市场等，已经在后续的数据中得到验证。另外，由于其预测结果是可以被未来观测的数据所检验的，因此，GFPM 模型在贸易格局方面的预测对于模型本身的修正和完善具有重要的参考意义。

③林业经济及政策分析。GFPM 作为政策评估工具，对林业经济冲击以及政策变动的评估应用案例较为丰硕。此类研究既包括传统经济学研究，例如，林产品生产与价格的关联、林产品供需价格弹性等；也有学者探讨热点林业政策对林产品市场及贸易的影响，例如，分析废纸回收政策的国际影响力、中国集体林权改革在国内外林产品市场中的效力等。

（2）GFPM 模型在贸易与能源环境领域的应用

GFPM 模型除了广泛应用于评价传统林产品贸易及其自由化问题，近几年更多涉及了与林产品贸易关联的能源及环境问题的研究，最具代表的研究成果主要涉及林业生物质能源及其国际贸易、林产品固碳及其贸易流动等方面。

①林业生物质能源及其国际贸易。作为最为主要的生物质能源之一，林业生物质能源已成为现阶段林业经济问题的一个热点。GFPM 在这方面已有的应用可以分为两类，第一类比较多见，具备以下三个共同点：第一，都认为生物质能源需求是政策驱动的，在设立分析情境时均采用来自 IPCC 或者其他组织、政府政策所规划的未来生物质能源消费增速、人口增速、GDP 增速进行模拟；第二，都将燃料木作为林业生物质能源唯一用于贸易的最终产品；第三，都致力于考量林业生物质能源消费对于世界林产品贸易、林产品市场和林业资源的影响。第二类主要从价格驱动的角度考虑林业生物质能源问题，并且对 GFPM 模型作出了大量修正，将由林产品所生产出的纤维素乙醇、电力、燃料木作为进行消费和贸易的最终产品，从而研究生物质能源与全球全球林产品市场之间的相互作用。

②林产品固碳及其贸易流动。经济社会中的碳流动和碳交易是近年来一个新兴的经济问题，这一问题的研究对于具有巨大碳流动的林业经济而言具有重要意义。GFPM 模型本身的架构并不涉及碳流动，但作为一个非常好的动态均衡贸易模型，GFPM 和其他核算碳流动的模型的组合可以有效地解释一个较长时期的林产品和活立木固碳量的变化以及伴随林产品贸易而产生的碳流动。GFPM 模型在林产品固碳及其贸易流动方面的应用较为多样化，如在全球层面上讨论一国林业固碳的收益、成本和溢出效应；从林业固碳所获得补偿费用反向考虑其对于林业经济和林业资源的影响。另外，在林业生物质能源消费背景下讨论林业固碳量变化也是比较常见的应用。

（3）GFPM 模型对于中国林产品贸易问题研究的适用领域

GFPM 模型对于中国林产品贸易问题研究具有较高学术和实践价值。首先，GFPM 模型现存应用尚存在一定不足，这些不足是中国学术界在 GFPM 模型应用中的可突破之处；其次，对于目前国际林产品贸易科研中的热点问题也是中国在该模型应用方面不可忽视的问题；最后，中国林业经济目前面临的一些实际问题也是 GFPM 模型重要的使用领域。

①GFPM 模型已有应用的突破。目前 GFPM 的应用仍然存在以下三点不足：第一，解释能力的不足。尽管 GFPM 模型基于一系列假设和均衡可以较好模拟林业经济问题，但却不能详细地解释所模拟结果的内在形成机制，如何修正模型或者结合新的模型增强 GFPM 模型的解释能力是一个值得思考的问题；第二，多政策的交叉。GFPM 已有的应用往往基于单个政策设立分析情境，然而林产品贸易方面常常受多政策交叉影响；第三，价格驱动问题的分析。已有的应用往往侧重于政策驱动的问题，往往未考虑到来自其他市场的力量（例如，来自林业以外的林产品替代品的市场变化通过价格影响林产品市场），然而这种市场力量往往比政策更强。

②GFPM 模型在热点关注领域的应用。GFPM 模型在中国学术界的应用应关注目前林产品贸易中的热点问题。经过文献检索和整理，林产品市场及贸易中的环境问题（包括环境科学、工程环境）和生态问题具有较多的论文数量和较高的平均被引频次，GFPM 模型在这两个热点领域具有较好的应用前景；同时，尽管能源燃料问题论文基数较低，但极高的平均引用频次意味着 GFPM 模型同样不能忽视这一热点问题；传统的林学虽然论文基数大，但平均引用频次过低，或许不是中国未来 GFPM 模型应用方面的重点。

③GFPM 在中国林业经济贸易中的应用。GFPM 模型对于中国目前林业经济面临的一些问题具有较好的学术和实践价值，这些问题包括：集体林权改革的经济影响，GFPM 在这一方面的应用已有少量研究，但仍然值得进一步深化；林产品非关税壁垒问题；林业产业转型问题，林产品加工制造业是目前中国林业的支柱产业，也是中国林业主要的创汇产业，但这种劳动和原材料密集型产业长期来看，尤其是在绿色经济观念不断强化的背景下，未必有利于中国林业可持续发展，GFPM 模型在这一问题具有较好的适用性。

5.3.2 一般均衡模型主要应用领域——以 GTAP 为例

随着经济自由化和全球化的深入推进，有关自由化对中国外经贸发展及政策的影响以及中国相关外经贸政策变化对外经贸影响的定量分析的研究已经开始日益成为国内外经济研究的焦点之一。

国外利用 GTAP 来分析国际经济贸易，随着模型发展越来越完善，其分析效果越来越得到学界普遍认同。随着 GTAP 的发展以及中国经济在世界中的重要性日益凸显，利用该模型对中国经济的研究也日益增多，例如，美国普渡大学全球贸易分析中心近几年就自由化对中国外经贸影响作了大量的研究。研究的领域包括：中国加入 WTO 对农村和城市收入不平等的分析、对中国加入 WTO 之后跨海峡直接贸易和投资的模拟分析以及中国加入 WTO 对外国所有权的影响等。总体来说，普渡大学全球贸易研究中心对中国的研究开创了对中国经贸影响定量分析的先河，推动了中国政策分析定量化的研究与发展，为进一步研究自由化政策对中国经贸政策奠定了基础。

GTAP 模型研究领域及研究成果归纳见表 5-7。

表 5-7　GTAP 模型研究领域及研究成果归纳

研究主题		作者	研究观点
亚洲区域贸易自由化经济效应研究	单个国家贸易影响研究	Shakur et al. (2005)	孟加拉国通过与周边国家的区域贸易可获得贸易自由化福利
		Hartono et al. (2007)	印度尼西亚通过 FTA，在实际 GDP 增长、产出及福利改进方面可获得净收益并解决贫困问题
	双边区域贸易影响研究	Lee et al. (2001)	评估日本—新加坡 FTA 的各种经济效应，认为日本—新加坡 FTA 影响不明显；如果存在网络外部性并能通过其来提高贸易伙伴国内部及之间的全要素生产率，则 FTA 福利效应会比较明显
		Fung et al. (2007)	对中国香港—中国 FTA 效应研究显示，中国香港会增加对中国的出口，香港获益而中国利益会受损
	多边区域贸易影响研究	Urata et al. (2003)	对东亚区域贸易自由化后成员国的经济水平进行模拟分析
		Bchir et al. (2006)	对东亚区域贸易自由化经济效应进行分析
		Jin et al. (2006)	评估中日韩 FTA 对各参与国及世界其他国家的影响，认为该 FTA 具有明显的贸易转移效应；对成员国贸易有利，对其他国家不利
		Weerahew (2007)	对中印 FTA 及 SASTA 经济效应进行定量研究，认为在中印 FTA 下，印度撤除中方关税将遭受福利损失；多边和单边贸易自由化会使 SAARC 地区有显著的福利净收益
		Park (2006)	定量评估不同路径的东亚区域贸易协定的效应，认为已有的、被提议的或正在谈判的东亚区域贸易协定对世界及其参与国都存在正效应
欧洲区域贸易自由化经济效应研究	单个国家经济效应研究	Harbuzyuk (2001)	分析乌克兰加入 EU 的各种影响，指出当农业部门包含于关税同盟中时乌克兰社会福利变化比较敏感；如果农业不被列入自由化，则乌克兰福利状况会更好
	双边区域贸易研究	Manchin (2004)	设置情景定量分析俄罗斯—欧盟 FTA 各种经济效应，指出只有当俄罗斯在削减工业产品关税的同时削减农业及服务贸易关税才会从中获益
美洲区域贸易自由化经济效应研究		Hinojosa et al. (1999)	主要分析区域贸易自由化对中美洲发展中国家和 NAFTA 发达国家在贸易、福利及发展方面的效应，同时分析中美洲国家最优区域安排
		Kouparitsas (2001)	分析加拿大—美国和北美自由贸易协定各种效应
		Brown et al. (2005)	评估美洲自由贸易区经济效应，研究认为 FTA 将使各成员国均增加福利，而世界其他地区遭受福利损失

5.3 林产品贸易模型的应用 · 147 ·

(续)

研究主题		作者	研究观点
非洲区域贸易自由化经济效应研究		Lewis et al. (1999)	重点研究欧盟、南非和南部非洲其他国家这三大区域之间的贸易协定,指出欧盟—南非 FTA 贸易创造效应大于贸易转移效应;南部非洲其他国家与南非和欧盟建立三边 FTA 将使其获益更大
		Master et al. (1999)	分析欧盟—南非 FTA 经济效应,结果表明双方均从中获益,而 SADC 其他国家和世界其他国家会利益损失
		Evans(2000)	评估国家各种贸易选择经济效应,指出贸易自由化具有明显贸易创造效应但也遭受因贸易条件恶化引致的利益损失
		McDonald et al. (2001)	评估欧盟—南非 FTA 对南部非洲其他地区的影响,认为博茨瓦纳从中获益主要由于资源配置效率提高和贸易条件改善
		Andriamananjara et al. (2001)	加入贸易开放度和全因素生产率等分析因素,认为由贸易引致的经济增长占经济增长的 2%;欧盟—南非 FTA 净贸易效应是贸易创造效应;南非出口额和进口额都将增长
		Lewis et al. (2003)	分析南部非洲参与区域贸易自由化的各种经济效应
		Hallaert2007)	评估 SADC FTA 对马达加斯加经济的效应,结果表明 SADC FTA 对促进马达加斯加实际 GDP 增长作用有限,但其贸易和生产模式会发生改变;只有当多边自由化时 SADC FTA 效应才会显著
		Alexander et al. (2007)	模拟 EPAs 对 SADC 的经济效应
跨区域贸易自由化经济效应研究	双边区域贸易自由化经济效应研究	Adams(2003)	分析澳大利亚—美国 FTA 的经济效应,指出贸易保护的削弱会使澳大利亚和美国增加就业和资本并获得更高的实际工资
		McDonald et al. (2004)	运用 GTAP5.0 版模拟分析了 EU-RSA FTA 的效应。他们指出,南非福利收益随着食品和农业贸易自由化发展而增长的速度快于 EU 随南非食品贸易自由化深化而得到的福利收益的增长速度。因此,他们还指出,发达国家和发展中国家之间的双边谈判是一个更复杂的过程,在其中,各种策略的福利效应比较隐晦,也不会必然与发达国家完全自由贸易相吻合
		Abdelmalki et al. (2006)	运用 GTAP6.0 版,通过把 87 个地区整合为 6 个新地区,通过 3 种情景的模拟,评估了建立摩洛哥—美国 FTA 的各种福利经济效应。他们指出,鉴于双边贸易流量规模(Bilateral Trade Flows Sizes)的不同,贸易自由化对摩洛哥经济增长的重要性比对美国经济增长大。建立摩洛哥—美国 FTA 不仅对该 FTA 两个成员国具有重要影响作用,而且对于其他地区也有显著影响。该 FTA 带来的贸易转移效应对尤其是法国(法国是摩洛哥最大的贸易伙伴)影响最大,该 FTA 也将会使北部非洲国家遭受福利净损失。通过该 FTA,使摩洛哥原本集中于 EU 尤其是法国和西班牙的市场得以多样化
		Zhuang et al. (2007)	分析 KORUS 对成员国各部门的经济效应,指出 US-Korea 双边贸易量增长较大,增长通过产业内和产业间贸易增长实现

(续)

研究主题		作者	研究观点
跨区域贸易自由化经济效应研究	多边区域贸易自由化经济效应研究	Adams(1998)	估计 APEC 贸易自由化对各成员产业和地区结构的影响，认为贸易自由化可以带来资本存量的增加和实际的增长
		Francois et al.(2005)	探究欧盟与发展中国家之间的自由贸易协定效应
		Tekle et al.(2006)	比较分析基于单方面关税减免六种模拟情况的各种效应
		Chong et al.(2007)	检验美国—新加坡—日本三边 FTA 的福利效应，研究认为作为轴心国家的新加坡在这种轴心—辐条模式的 FTA 中获得净福利收益，作为辐条的日本和美国都是利益损失者，且日本比美国损失更多
中国区域贸易自由化经济效应研究	中国大陆	薛敬孝等(2004)	利用 CGE/GTAP 模型，通过比较 GDP 变动、出口变动、进口变动、贸易平衡、贸易条件变动及社会福利得出建立包括各主要经济体的"10+3"贸易安排是东亚贸易安排的最佳选择
		杨军等(2005)	分析中澳自由贸易区对中澳两国生产、生产要素和国民收入的影响及对世界其他国家的影响，认为建立自由贸易区将改进世界总福利
		周曙东等(2006)	对中澳之间双边贸易量较大的产品进行分类汇总后对建立中澳自由贸易区进行模拟，认为中澳贸易自由化对中国工业出口有利，且通过建立自由贸易区而产生的贸易创造效应将有效地调整产业结构
		李众敏(2007)	分析了东亚地区三种贸易自由化方案对各国总体福利的影响，并以净出口变化分析对生产者的影响
		黄凌云等(2007)	考虑发达国家 SPS 限制对建立中日韩自由贸易区进行模拟，认为中日韩三国间存在明显的经济互补性，建立自由贸易区将改进三国福利
		周曙东等(2010)	分析了中国—东盟自由贸易区的建立对中国进出口贸易的影响，结果显示 2010 年中国—东盟自由贸易区的建成将显著改变中国的进出口贸易格局。农产品出口增多、原奶出口减少、运输设备/纺织品/石油煤炭制品/天然气等出口会增加；进口全部表现为小幅增加
		刘宇等(2011)	分析欧韩自贸区建成对中国宏观经济和各产业部门的影响，结果显示对中国总体经济呈负面影响，但幅度很小
		蒋含明等(2012)	基于 GTAP 模型从宏观经济和产业层面模拟预测"海峡两岸经济合作框架协议"的建立对于两岸经济贸易等方面所可能造成的影响
		张光南等(2012)	基于 GTAP 模型及相关地区关税校准，分析《两岸经济合作架构协议》"早期收获"和"全面实施"两种降税安排对两岸三地的经贸影响

(续)

研究主题		作者	研究观点
中国区域贸易自由化经济效应研究	中国大陆	帅传敏等（2013）	模拟分析欧盟、美国、日本分别和同时征收碳关税对中国农产品贸易的影响，结果表明碳关税将改变世界贸易的利益格局，征税国受益而中国等发展中国家受损
		刘冰等（2014）	考察《区域全面经济伙伴关系协议》框架下降低技术性贸易壁垒所带来的中国经济效应变动，研究显示零关税对成员国的经济总量、福利水平、贸易规模都有明显的正向变动效应，并且这种正向变动效应将随着区域内技术性贸易壁垒的逐步降低而逐渐扩大
		蔡松锋等（2015）	分析跨大西洋贸易与投资伙伴协议的经济影响，模拟结果显示该协议有利于全球经济和贸易增长，对美欧经济复苏有较大促进作用，大部分金砖国家经济将受到负面影响，但协议会提高金砖国之间贸易量
	中国台湾	徐世勋等（1999）	与大陆学者利用CGE/GTAP模型分析区域贸易自由化的经济效应的研究情况相比，中国台湾学者对GTAP的运用和分析相对比较集中，主要是徐世勋等几位学者研究中国台湾的贸易政策效应
		许钠鑫等（1999）	
		翁永和等（2001）	
		杜芳秋等（2003）	

由于全球分析中心对中国实际情况了解不够深入，所以在使用GTAP模型时基本没有对其进行调整，并且因为中国存在着特殊的经济背景和发展状况，所以GTAP模型中的一些变量选择也不切实际，研究中国问题的结论可能有失偏颇。但是由于在国际上GTAP模型应用处于对外经贸理论研究前沿，对国际上很多国家的模拟已经被证明是成功的，因此，将GTAP模型与中国的经贸政策结合，并且根据中国的实际情况对模型做出调整，对中国经济贸易政策做系统的定量研究具有重要现实价值。

此外，由于GTAP模型处于不断变化当中，现有GTAP模型应用研究还局限于关税领域，对于服务贸易和非关税措施由于当时发展水平受限，所以未能将其包括在模型中，而服务贸易和非关税措施在对经贸的影响已经变得至关重要，所以结果难免偏颇较大。而国外新近发展对GTAP做了很大的修缮，不仅将许多非关税措施包括其中，而且将服务贸易措施定量化，同时还建立了动态的GTAP模型，从而使得采用GTAP模型预测，分析今后20年的经济政策成为可能；GTAP的发展还将规模经济和不完全竞争引入模型之中，使得模型更贴近现实；将国家风险和资本流入引入模型；将服务贸易引入GTAP模型，从而使模型更加全面。利用最新的GTAP模型，结合中国经济发展的特殊现实，将定性与定量分析方式相结合，分析自由化对中国林产品贸易的影响将非常具有前瞻性和现实意义。

本 章 小 结

本章阐述国际林产品贸易模型。首先，依据经济学理论基础、研究目的和研究范畴的差异性,将国际林产品模型划分为局部均衡模型(即林业部门模型)和一般均衡模型,追溯模型的起源和发展路径,理清各模型的历史脉络以及不同模型之间的联系与区别,并初步概括不同类别的模型其特点与功能。其次,择选 TSM、GFPM 和 GTAP 三个代表模型,借助图例,进一步阐述其核心数理结构与内涵、操作流程、模拟过程和输出结果,为模型初学者提供基础的模型操作参考。最后,对基于三个主流模型的研究成果进行综述,依托前人研究对两类模型做深入分析,直观反映模型的适用范畴、科研进展和主要研究人员及机构,以便读者快速了解模型发展现状以及未来可能应用方向。

▲ 习题

1. 简要论述目前常见的林业部门模型,并根据自身的研究领域选择合适的模型进行集中阐述。
2. 尝试安装和学习本章介绍的一个或多个林产品贸易模型,就某一感兴趣的林业贸易相关问题,搜集一种或几种林产品贸易数据,然后利用安装的模型得出模拟结果,并试着分析和解读模拟结果的合理性。

第6章 林产品贸易政策与措施

【学习目标】

知识目标	能力目标
了解林产品贸易相关的国际公约	能够解读林产品贸易相关的国际公约
理解欧盟、美国、日本、澳大利亚等发达国家林产品贸易政策	正确认识发达国家林产品贸易政策
理解俄罗斯、印度、印度尼西亚、中国、巴西等转型经济国家和发展中国家的林产品贸易政策	正确认识转型经济国家和发展中国家的林产品贸易政策
理解林产品贸易政策的发展趋势	动态认识林产品贸易政策的发展趋势

"两头在外"特征在中国林产品行业中尤为明显。世界各国尤其是木材原料主要供应国和林产品主要进口国的进出口贸易政策的变更，对中国林产品行业的发展具有重要的影响。因此，研究世界各国实施的主要林产品进出口贸易政策或与林产品贸易相关的宏观贸易政策，把握各国贸易政策的发展方向，跟踪发展重点和脉络，有助于林产品出口企业了解贸易政策背景，更好地应对林产品贸易国际局势的转变，发现他国贸易政策对企业发展提供的市场机会与带来的威胁，同时可为中国政府制定与完善符合本国利益的林产品进出口贸易政策提供参考。鉴于此，本章将对欧盟、美国、日本、澳大利亚等发达国家及地区，以及俄罗斯、印度、印度尼西亚、中国、巴西等转型经济国家和发展中国家的林产品贸易政策进行梳理与论述。

6.1 林产品贸易相关的国际公约

在经济全球化的背景下，生态与环境问题日益受到国际社会化的普遍关注，与之相关的国际公约也在直接或间接地影响着国际贸易的进行和发展，林产品贸易也不例外地受到影响，尤其是与国际公约背道而驰的非法采伐和相关贸易受到严格制约。在各类国际环境公约中涉及森林问题的主要有《生物多样性公约》《生物多样性公约的卡塔赫纳生物安全议定书》《国际植物新品种保护公约》《国际遗传工程和生物技术中心章程》《关于特别是作为水禽栖息地的国际重要湿地公约》《联合国防治荒漠化公约》《濒危野生动植物物种国际贸易公约》《国际热带木材协定》《保护世界文化和自然遗产公约》《保护臭氧层维也纳公约》

《关于消耗臭氧层物质的蒙特利尔议定书》修正、《联合国气候变化框架公约》《联合国气候变化框架公约京都议定书》《关于森林问题的原则声明》等，这些公约均程度不同地对国际林产品贸易有所影响。以下对4个主要的国际性公约进行论述。

(1) 国际上打击非法采伐和相关贸易的协议

非法采伐与相关贸易已经成为政府间高层次的协商和合作议题，催生一系列共同打击非法采伐与相关贸易的国际行动计划和协议。《八国集团森林行动计划》(G8 Action Program on Forests)是国际首次承诺打击非法采伐与相关贸易的主要行动计划，有效提升了国际间对非法采伐的关注程度。由于对贸易问题的重视，欧盟将森林执法与施政(FLEE)行动计划扩展为"森林执法、施政与贸易(Forest Law Enforcement, Governance and Trade, FLEGT)行动计划"，目标包括向林产品供给国提供援助和制定欧盟的林产品贸易措施，减少非法采伐的林产品进入欧盟。欧盟与相关国家和地区组织签订自愿伙伴协定，有关国家和地区组织有义务在协定规定的时间内建立许可体系。为落实木材进口许可制度，欧盟建立了木材进口的监督检查系统，以保证所采伐木材的合法性，并由海关负责监督有关协定的执行。这类协议最终演化为森林认证和木材性认证量大认证体系，对中国的木材原料进口和林产品出口造成极大的影响。

(2) REDD+机制

减少森林采伐和森林退化造成的碳排放是成本相对较低的温室气体减排措施，通过减少毁林造成的排放可以完成总减量的50%左右(政府间气候变化工作组，2007)，同时还会带来其他方面的收益。"帮助发展中国家减少砍伐和森林退化，通过各种政策和激励措施来保护森林、对森林的可持续经营以及增加森林碳汇"组成REDD+机制。具体的发展历程为：2005年在加拿大蒙特利尔召开的第11次缔约方大会上首次提出RED(减少发展中国家毁林)。2007年在印度尼西亚巴厘岛举行的第13次缔约方大会，在RED基础上增加森林退化的REDD正式纳入《巴厘行动计划》，与会各国通过了一项减少发展中国家因森林砍伐而造成的温室气体排放的决议。该决议建议通过能力建设、提供技术援助、示范活动及资源动员，鼓励各国政府设法克服实施减少碳排放过程中遇到的各种障碍(缺乏有效的制度框架，缺乏足够和持续的资金支持，缺乏必要的技术和适当的政策与积极的激励措施)。2009年12月，在第15次缔约方大会中讨论《哥本哈根协议》中有一重要内容：对林业的补偿不仅包括减少毁林和森林退化，发展中国家还需通过森林可持续经营、森林保护及增加碳储量的活动。2010年在墨西哥坎昆会议上强调发达国家提供资金援助发展中国家。2011年的德班气候大会讨论"REDD+"的长期资金问题并达成共识。在2015年法国巴黎的第21次会议中的《巴黎协定》，强调发达国家在减缓和适应两方面继续向发展中国家提供资金援助。例如，自2008年起，玻利维亚、印度尼西亚等发展中国家已经在森林碳伙伴基金、碳基金的支持下实施REDD项目，森林碳伙伴基金和碳基金是"REDD+机制"的产物。

(3)《国际热带木材协定》

该协定于1983年11月18日在日内瓦通过，1985年4月1日生效，是国际社会为保护热带森林生态系统，实现可持续利用和养护热带森林及其遗传资源而订立的国际法律文件。该协定的宗旨是为生产和耗用热带木材的各国之间的合作和协商提供一个有效的纲领，促进国际热带木材贸易的扩展和多样化以及热带木材市场结构条件的改善，推广和支持研究与发展工作，以求改善森林管理和木材利用，鼓励制定旨在实现持久利用和养护热带森林及其遗传资源，保持有关区域生态平衡的各种国家政策。中国于1986年7月2日批准加入该协定。

(4)《关于森林问题的原则声明》

该声明的全称为"关于所有类型森林的管理、保存和可持续开发的无法律约束力的全球协商一致意见权威性原则声明"，于1992年的世界环境发展大会上通过，是人类社会第一个就"森林的保护、管理和合理开发"达成共识的声明，具有非常重要的国际意义。该声明在林产品贸易方面强调：应推动林产品公开的自由国际贸易，森林产品的贸易应该根据非歧视性的多边商定条例和程序，以及符合国际贸易法和惯例的规定；降低或消除关税壁垒和阻碍，提供附加值较高的林产品及其本地加工品进入市场的机会和有利的价格均应予鼓励，以便使生产国更好地保存和管理其可再生的森林的资源；在国内和国际均应鼓励将环境成本和效益核算纳入市场体系和价格机制内，以便实现森林保存和可持续开发；森林保存和可持续开发政策应与经济、贸易和其他有关政策结合；应避免可能导致森林恶化的财务、贸易、工业、运输和其他政策和做法；各国限制或禁止木材及其他森林产品国际贸易的单方面措施如与国际义务或协议有所抵触，则应当撤销或避免，以求实现长期可持续的森林管理。

6.2 发达国家林产品贸易政策

6.2.1 林产品进口贸易的壁垒措施

6.2.1.1 关税壁垒

21世纪以来，中国林产品行业再出口欧美日等发达国家或地区时遭遇的关税壁垒主要为反倾销和反补贴调查后的关税增加。从反倾销调查发起国及案件数来看，2001—2012年，中国木质林产品遭受的反倾销调查案件数为27起，占全球总案件数的26.21%。由表6-1可知，对中国木质林产品发起反倾销调查的国家或地区以美国、欧盟等发达国家及地区为主。从反倾销调查对象来看，被调查的对象主要是胶合板、纤维板、木地板、纸和纸板等出口额较大的木质林产品。总体而言，中国木质林产品所遭受的反倾销调查案件数随着其出口贸易额地不断增加而上升。且2008年全球性金融危机和欧洲主权债务危机致使全球经济呈现出不景气的状态，使得中国木质林产品遭受反倾调查销件的数量迅速增加，表明在经济衰退期间中国木质林产品更加容易遭到发达国家或地区的反倾销诉讼。

表6-1 中国木质林产品反倾销调查情况

年份	案件数/起	发起成员—遭受成员	产品及HS码
2001	1	美国—中国	折叠礼品盒 481920、481950

(续)

年份	案件数/起	发起成员—遭受成员	产品及HS码
2003	2	加拿大—中国	木头板条 442190
		欧盟—中国	胶合板 441231
2004	1	以色列—中国	薄木皮或漆纸或三聚氰胺纸贴面的中密度纤维板和漆纸或薄木皮贴面的胶合板 441112、441113、441114
2005	1	土耳其—中国	前处理工程层压地板 441872
2006	3	中国—日本	电解电容器纸 480511、480591
		欧盟—中国	熨烫板 442190
		土耳其—中国	木薄板制胶合板,每层厚度≤6mm 441210、441231、441232
2007	2	韩国—中国	牛皮纸 480421、480429
		美国—中国	低克重热敏纸 370310、481159、481190
2008	2	澳大利亚—中国	卫生纸 481810
		印度—中国	普通中密度纤维板 4412
2009	4	阿根廷—中国	强化地板 441011、441112、441113
		澳大利亚—中国	胶合板 441231、441232、441239
		巴基斯坦—中国	纸板 481092、481099
		美国—中国	某些涂布纸 481014、481019、481022
2010	5	阿根廷—中国	铜版纸 481013、481019
		欧盟—中国	新闻纸 481013、481014、481019
		以色列—中国	纸杯 482369
		巴基斯坦—中国	书写纸或印刷纸 480255、480256、480257
		美国—中国	多层实木复合地板 440910、440929、441231
2011	5	中国—美国	涂布白折叠纸及纸板 481031、481032、481039
		印度—中国	树脂和其他有机物质结合木或木质纤维板 441112、441113、441114
		摩洛哥—中国	胶合板提取物 4412
		巴基斯坦—中国	书写纸或印刷纸 480255、480256、480257
		泰国—中国	铜版纸和纸板 481013、481019、481022
2012	3	韩国—中国	胶合板 441231、441232
		中国台北—中国	铜版纸 481013、481014、481019
		美国—中国	硬木和装饰胶合板 441231、441232、441239

资料来源:时小琳,刘伟平.中国木质林产品遭遇反倾销强度的研究[J].林业经济问题,2014(4):319-323.读者可通过世界贸易组织I-TIP application的网站自行下载与更新数据。

6.2.1.2 技术壁垒

进入21世纪以来,以美国、欧盟、日本等为代表的发达国家和地区的林产品管理标准、技术法规与各类标准(技术标准、管理标准)类别众多,且各项技术标准与要求越来越详细与复杂,对中国的家具、胶合板、纤维板、木制品等林产品出口贸易发展形成一定的障碍。欧盟设计的木质林产品技术贸易壁垒条款包括欧盟一般产品安全指令、欧盟安全认证标志等,具体可详见表6-2。美国联邦法规 CFR40P63 和美国环保署法规 EPARIN2060-AG52、EPA74.30 等对胶合板、纤维板、家具等木质林产品中的甲醛、苯酚、乙醛、铬、汞、镉、有机化合物、铅等提出严格的限量标准;2009年,美国加利福尼亚州空气资源委员会(CARB)对复合木制品的甲醛释放量提出更加严格的限制标准,将硬木胶合板、刨花板以及中密度纤维板等的甲醛排放量限定要求分别由原来的 0.20 微克/克降低为 0.08 微克/克、0.30 微克/克降低为 0.18 微克/克、0.30 微克/克降低为 0.21 微克/克等;美国于 2011 年 1 月 3 日生效的《复合木制品甲醛标准法案》(S1600),再次提高在美国生产和售卖的硬木胶合板、刨花板及中密质纤维板等复合木制品中甲醛释放量限量标准。日本同样设计了数量繁多的技术标准与法规,对人造板中甲醛释放量的限定标准极为严格。日本的 JISA5905、JESK1570、JISK1571 等法规对木制品、家具中的甲醛和防腐剂提出严格的安全环保要求,并明确以 JIS1460、JASMAFF、MO-TIFCATION NO.920/990 作为检测标准。

表6-2 欧盟涉及木质林产品的技术壁垒

启动时间	技术贸易壁垒类型	涉及的相关品
2002年1月15日	欧盟一般产品安全指令	木质家具
2004年4月1日	欧盟安全认证标志	人造板
2007年6月1日	欧盟化学品注册、评估、许可和限制法规	木质家具
2009年4月1日	欧盟本材及木质品规例和新环保设计指令议案	木质家具
2009年11月30日	欧盟生态标签标准	所有林产品
2003年3月3日	欧盟尽监查法案	所有林产品

6.2.1.3 绿色贸易壁垒

绿色贸易壁垒是指为保护生态环境而直接或间接采取的限制甚至禁止贸易的措施。绿色壁垒应包括进出口国为保护本国生态环境和公众健康而设置的各种环境保护措施、法规标准等。国际公约如 WTO 协定中突出强调了环保例外权以及 TBT 协议中明确规定的组织成员方可以按合适的水平采取为保护人类或动植物的生命健康而采取必要的保护措施,这为绿色贸易壁垒的设置提供依据。目前中国林产品进出口贸易中经常遭遇的绿色贸易壁垒主要有以下4种。

(1)绿色关税

根据《关税与贸易总协定》规定,缔约方可以在不违反国民待遇的前提下,根据自己的环境计划自行决定对进口产品征收以保护环境为目的的环境税费。绿色关税是发达国家保护环境、限制进口最早采用的手段,指一些国家以保护环境和维护人类健康为由,对某些影响生态环境的他国进口产品征进口附加税,即除征收一般正常关税外加征额外的环境附加税,或者限制、禁止其进口,甚至实行贸易制裁。例如,2017年6月欧盟第二次延长针对从中国进口的胶合板的反倾销税,税率最高达6.7%,以减轻法国、西班牙、意大利、希腊和匈牙利的生产商所面临的竞争。

(2)绿色环境标志

部分发达国家要求，除了标明产品质量达到标准外，还需表明特定的绿色环境标志，其核心在于证明产品的生产、使用、消费、处理过程中符合环保标准，对生态系统和人类、动植物健康没有损害或者损害很小。1978年，德国率先实施"蓝色天使"计划后，美国、日本、加拿大、法国、欧盟等发达国家纷纷效仿与推行环境标志制度。绿色环境标志制度的标准严格，认证程序复杂，认证费用较高，在增加进口产品的交易成本和生产成本同时，也利于发达国家对进口产品实施有效控制。为顺利进入欧美、日本等国家或地区的市场，中国必须为家具、人造板等林产品申请绿色环境标志，取得绿色通行证。

部分国家或地区的环境标志制度归纳见表6-3。

表6-3 部分国家或地区的环境标志制度

国别	建立年份	环境标志制度的名称
德国	1977	蓝色天使制度
加拿大	1988	环境选择方案
日本	1989	生态标志制度
北欧四国	1989	白天鹅制度
美国	1989	绿色标签制度
印度	1991	生态标志制度
奥地利	1991	奥地利生态标志
法国	1991	NF环境
葡萄牙	1991	生态产品
欧盟	1992	欧盟制度
瑞典	1992	良好环境选择
新西兰	1992	环境选择制度
韩国	1992	生态标志制度
新加坡	1992	绿色标志制度
克罗地亚	1993	环境友好
中国	1994	环境标志制度

注：北欧四国指的是芬兰、挪威、瑞典、丹麦。

资料来源：周中林．绿色壁垒理论与实证研究[M]．背景：中国农业出版社，2009：144.

(3)绿色包装制度

发达国家为保护生态环境和人类健康不受损害，积极倡导绿色包装，制定大量法律和法规，禁止进口商品使用对生态环境可能产生威胁的包装材料，尤其是可能携带病虫害对进口国的生态造成潜在危害的以天然材料为主的包装材料。例如，1994年，德国颁布《循环经济和废弃物处置法》，在最大限度地减少资源使用量的同时，要求包括废弃包装物在内的所有废旧产品均要循环再使用。随后，欧盟各成员国也陆续出台结合本国实际情况的循环再利用法律法规。如奥地利法律规定的包装材料必须循环使用，丹麦则要求的废弃物必须进行再循环处理。日本十分重视资源的循环利用,颁布和实施《回收条例》《有效利用资源促进法》《容器再利用法》。绿色包装制度的推广与实施,客观上减少包装废弃物的数量,保护生态环境和人类的健康。但同时,为发达国家设置绿色贸易壁垒提供了便利条件。绿色包装及废弃物的循环再利用是以立法的形式强制性规定与执行,发达国家常常以中国出口的林产品不符合绿色包装要求为由百般刁难,中国林产品出口企业只好重新进行包装以满足进口国的要求。林产品出口企业承担着较高的包装费用和固体废弃物处理成本,出口林产品的价格优势被削弱。

(4)绿色卫生检疫制度

《实施动植物卫生检疫措施协议》建议各成员国根据现行的国际标准采取有关措施,保护人类及动植物免受毒素、污染物以及添加剂的影响,避免进口动植物携带的病虫害或疾病对人类健康产生伤害。发达国家往往利用协定的不完善性,以保护本国的生态环境及人类的健康为幌子,大多制定与实施严格的卫生检验检疫制度,限制发展中国家产品的进口。例如,欧盟对来自中国、东南亚等国家产品的木制托盘和木质包装箱提出需要经过熏蒸灭菌处理方可允许进口的要求。日本规定,没有经过熏蒸或蒸煮过的竹片作为包装材料的产品被禁止进入日本国内。2010年4月,美国向WTO提交《建议法案—中国木制品工艺品输美检疫要求》,根据该法案,中国向美国出口的全部木质林产品需要出具检验检疫证明,以证实木质林产品均经过熏蒸或者热处理,同时所有木质林产品需要加贴可溯源标识。鉴于此,中国的家具、胶合板等木质林产品深受西方发达国家严格的检验检疫措施的影响。

6.2.1.4 认证制度

(1)CE认证

CE认证只限于产品不危及人类、动物和货品的安全方面的基本安全要求。凡是产品加贴"CE"标志,意味着产品符合《技术协调与标准化新方法》指令要求,证明产品已通过相应的合格评定程序或制造商的合格声明,可以在欧盟各成员国内销售,实现欧盟范围内商品的自由交易。CE认证在欧盟属于强制性认证。欧盟规定,自2004年4月1日起,凡是在欧盟销售的人造板等木质林产品需要获得CE认证,即需要根据CE认证EN13986标准对人造板出口企业的生产加工过程进行控制,加强企业产品质量的管理与监督。中国是人造板生产大国,在欧盟占有较大的市场份额,人造板及家具的出口数量大幅度增加,发展势头稳定。欧盟推行的CE认证制度对中国人造板、家具等木质林产品出口产生较大影响。

(2)森林认证

森林认证又称森林可持续经营的认证,是一种运用市场机制来促进森林可持续经营的工具,其主要目的是遏制全球非法木材采伐,确保林产品所使用的木材来源于经营状况良好的森林,敦促企业采用负责任的方式从事森林经营。目前世界主要有两大全球森林认证体系(FSC)和(ISO14001)和两大区域体系(泛欧森林认证体系与泛非森林认证体系),其中,森林管理委员会(FSC)和泛欧森林认证体系(PEFC)是国际上广泛认同的森林认证体系。森林认证包括森林经营认证(FMC)和产销监管链认证(COC)。森林经营认证是根据所制定的一系列原则、标准和指标,按照规定的和公认的程序对森林经营业绩进行认证,而产销监管链认证是对木材加工企业的各个生产环节,即从原木运输、加工、流通直至最终消费者的整个链进行认证。随着《雷斯法案》和欧盟的"木材法案"的陆续生效,中国林产品出口企业越来越多地面临环境保护意识强的国家提出森林认证的要求,未获得 FSC 认证的产品遭到合同的续签限制或受到价格限制。森林认证作为强制性认证只不过是个时间问题,这将是中国林产品出口面临的新外部冲击。

(3)木材合法性认证

2008 年 5 月 22 日美国《雷斯法案》修正案正式生效,这是一部禁止非法来源植物及其制成品(包括林产品)贸易的新法律。美国《雷斯法案》只是 2007 年美国粮食、保护和能源法案(俗称"美国农业法案")的一部分,一直以来是美国相关机构打击野生动物犯罪最有力的工具之一。修正后的《雷斯法案》延伸至植物及其制品(林产品)贸易,要求美国公司依靠本身诚信承诺或声明不进口非法采伐的木材和产品,政府将进行检查或根据举报进行核查,一旦发现这些企业进口或销售非法采伐的木材和产品,将采取严厉的惩罚措施。2005 年 12 月,欧盟通过《木材合法采伐与贸易的自愿伙伴关系双边协议》,要求生产国要承诺其有合法可靠的管理机构及技术体系来证明木材是根据国家法律生产的,将非法木材从成员国市场中驱逐出去;2013 年 3 月,《欧盟木材法案》正式实施,要求木材贸易商有义务执行有关程序来保证其进口到欧盟的产品或者在欧盟国内生产的产品是来自合法采伐的木材。2012 年 11 月澳大利亚通过《非法木材采伐禁止法案》,禁止进口含有非法采伐木材的规定木材制品,要求进口商进口规定的木材制品时需要进行"尽责调查",而原木加工商要进行"尽责调查"。

6.2.2 林产品进口贸易的支持措施

6.2.2.1 税收政策

政府为了实现一定时期的社会或经济目标,通过税收政策手段,调整市场经济主体的物质利益、给予强制性刺激,从而在一定程度上干预市场机制运行的一种经济活动及其准则。发达国家通过降低进口税率和采取其他的一些政策措施来满足本国市场对原木的需求。此外,还通过与其他国家签署相关协议和条约来使其对原木的出口。例如,美国为开拓全球市场,降低林产品关税税率低,鼓励林产品自由贸易。2012 年,美国林产品总体进口关税平均水平为 0.55%,相对于 2002 年下降了 44%。日本 2012 年林产品进口关税平均水平为 1.21%,相对于 2002 年,下降了 61%。2012 年,原木及其他原材进口关税税率平均水平为 0.69%,锯材为 1.55%,人造板为 5.43%,木浆和回收纸、纸板、纸均为 0。而欧盟实行共同的关税政策,为促进原木进口更多的是通过双边或多边贸易谈判推动原材料自由贸易,在 G8、G20 等多边平台中宣传造势、营造氛围,重视与原材料出口国建立对话和协商机制,对部分发展中国家实施特惠制,使受惠国家大部分初级产品(包括原材料)以较低的或零关税待遇进入欧盟市场(表 6-4)。

表 6-4 欧盟促进原木进口的相关政策措施

年份	政策内容
2003 年	2003 年,欧盟和俄罗斯签订《共同经济空间协定》,旨在进一步取消贸易障碍

(续)

年份	政策内容
2005年	2005年,欧盟和俄罗斯达成《共同经济空间协定路线图》,确定开展投资、知识产权、公共采购、工业产品、能源、竞争政策、宏观经济与财政服务、贸易便利化与海关等议题的对话
2008年	《原材料倡议——满足欧洲增长和工作岗位的关键需要》
2009年	2009年10月与韩国签订《自由贸易协定第》第3.2.1条规定,禁止出口税、出口禁止、出口配额和其他贸易限制措施

资料来源:胡传海. 欧盟原材料贸易战略述评[J]. 国际商务究,2012,33(06):5-12,78.

6.2.2.2 林产品出口贸易的扶持政策

发达国家为实现本国林产品的出口贸易,在国际上极力推动贸易自由化的发展,而对于本国林产品的出口贸易则通过财政补贴和金融信贷来支持。例如,美国为促进国内林产品开发国际市场而采取一系列的扶持政策(表6-5)。而补贴政策更多的是对本国营造林也进行一定的补助和税收减免,以促进本国林业的发展,为本国林产品出口提供良好的基础。在税收减免方面,美国的生长周期长的林产品,其税率比其他产品少60%,国有林免交固定财产税,美国林主可以其造林费的10%来抵免投资税;日本的林业所得税按扣除40%的林木生产成本和50万日元后的林产品销售收入征收,若经营者按照规定制订森林计划,并严格按计划对森林进行经营和管理,可加扣20%的生产成本,且免征林业企业和个人用于林业业务的交易税,免征森林中属于林业协作组织的库房和事务所,以及国家公园和防护林区内的山林、池沼等的固定资产税,免征从事林业业务的土地购入交换行为的不动产购置税。在补贴方面,美国私有林主采用具有可持续的采伐行为方式,并安排专项资金用于森林的采伐和培育,同时注意森林的防火和防病虫害,均可享受免费或廉价取得苗种、免费获得技术支持等优惠待遇,美国政府为私有林主提供50%的森林抚育补助,以不高于65%的比例进行更新造林补贴;日本对于瘠薄地的林竹和一般造林分别给予70%和40%造林成本补贴,对林业综合开发地区和以森林培育与管理为目的的林道建设给予55%的补贴,林主由于其森林被指定为防护林而遭受的损失,日本给予补贴。实施形式众多的各种林业制成品出口支持项目与计划。各国均出台了出口信用保险融资支持的措施以及其他政策性金融措施。例如,美国的多种出口促进项目、短期和中期出口信用担保、小企业支持以及多种补贴计划(表6-5)。欧洲一些国家采用过桥融资、运输担保、一些针对中小企业的特别计划,欧盟实施泛欧网络计划等。

表6-5 美国林产品出口贸易扶持政策

支持项目名称	开始年份	性质	执行方案
外国市场开发项目(FMD)	2004	出口促进资金支持	自主重点是一些具有行业代表性或拥有全国性会员的贸易组织,为其多种出口促进活动提供资金
出口信用担保项目	2000	短期出口信用担保	对木制品来说,信用期限通常为180天或少于720天,从2005年7月1日期,商品信贷公司将对GSM—102计划和供应商信贷担保计划(SCGP)采用风险费结构

(续)

支持项目名称	开始年份	性质	执行方案
出口信用担保项目	2000	短期出口信用担保	作为GSM—102的补充，使用的贷款年限为三到六年
供应商信贷担保计划SCGP	2000	买方信用担保计划	SCGP计划对美国出口商向外国进口商直接提供短期信贷而进行担保
小企业创新研究自主市场与贸易计划		小企业支持	用于中小企业开发新技术并获取信息提高中小企业的生存能力与利润率；资助帮助小企业为农林渔产品拓展市场
质量样品项目	1999年11月	对小农场主、小农林企业提供支持	小规模试验计划用来鼓励发展和扩大美国农业商品的出口市场，其通过支持美国企业向潜在的外国进口商提供商品样品，促进外国进口商对美国农业商品的高品质有更好的认识和理解
新兴市场项目	1990年		目的是通过向被批准的技术和支持活动提供所需的成本，支持美国公共和私人组织，改善市场准入，在那些有望提供新兴市场机会的中低收入国家，发展和促进美国农产品和加工品的出口
市场进入计(MAP)	1978年	出口活动资金支持	勇于开拓、维持、拓展出口市场

资料来源：宋维明，侯方淼. 中国林产品对外贸易政策研究[M]. 北京：中国林业出版社，2012.

6.3 发展中国家林产品贸易政策

6.3.1 木材材料的出口限制政策

经济的发展常常伴随着自然环境的恶化，世界各国对保护地球环境的呼声下《森林多样性公约》《国际热带木材协定》《关于森林问题的原则声明》等国际公约得到通过。发展中国家一方面为本国森林资源的可持续经营和利用，另一方面也为了对本国木材加工业的发展和反制部分发达国家设置的各种林产品贸易壁垒而实施了各种林木限伐和出口配额政策（表6-6）。

表6-6 部分发展中国家的林木限伐和原木出口限制的部分相关政策

国家名称	实施时间	限制内容
印度尼西亚	1980—1992	原木出口禁令
	1992—1998	禁止性关税（替代出口禁令）
	2001—2002	再次实行原木出口禁令
马来西亚	1992至今	原木出口配额
	1993—1996	沙巴原木出口禁令

(续)

国家名称	实施时间	限制内容
喀麦隆	1994年1月	颁行林业、动物资源和渔业法,其中第71条第1款规定:"自本法颁行之日起5年过渡期内,带皮原木总产的70%须在国内加工;过渡期结束后,禁止带皮原木出口,所有带皮原木须由国内企业进行加工。"该条第3款规定,未经加工的林木产品在出口前,必须向喀麦隆林业和动物资源部申请出口许可证,并交纳一定税金,出口量越大,税率越高
	1999年8月	自本法颁行之日起5年过渡期内,带皮原木总产的70%须在国内加工;过渡期结束后,禁止带皮原木出口,所有带皮原木须由国内企业进行加工。不过,为推动发展部分树种,在交纳一定税金后,部分带皮原木仍可继续出口,此类树种的种类、出口税率、实施法则通过法规形式确定
莫桑比克	2016年12月	全面禁止出口未经加工的原木,以保护遭受破坏的本国硬木森林。经过部分加工的木材可以出口,但须缴纳出口附加税。例如:大梁木(BEAMS)20%、板材木(planks)15%、地板木(parquet)3%。木材制成品出口免征出口附加税。例如:家具
冈比亚	2017年2月	森林、环境、气候变化与自然资源局根据《森林法》第16款第3条决定暂停该国的木材(包括原木)进出口与运输
尼日利亚	2017年2月	停止发放木材出口的 CITES 许可证
赞比亚	2017年	依据赞比亚2015年第94号法令,所有保留地之外的100千米范围内亦禁止各类原木的获取行为,在此范围内任何装运原木的机动车辆都将被没收
缅甸	2016年4月~2017年3月	实施全国性的伐木禁令,将若开邦、掸邦和克钦邦的主要林区被列入禁伐名单
	2017年5月	停止木材和木制品的出口

资料来源:韩丽晶. 木材可追溯性视角下的林产品环境贸易政策研究[D]. 黑龙江哈尔滨:东北林业大学,2015; 唐帅,宋维明. 我国原木进口现状及面临的形势分析[J]. 林业经济,2012(05):34-38,79.

6.3.2 林产品出口贸易的扶持政策

由于发展中国家的经济发展水平不高,工业基础较为薄弱,林产品深加工业的发展较为不足,森林初级资源出口成为林产品参与国际贸易的主要方式,但随着各国环境问题日趋凸显,多数发展中国家通过提高原木出口关税和出口配额制度来限制原木的出口,其作用不仅能够在一定程度上保护本国的森林资源,同时也能够在一定程度上吸引外资,从而促进本国林木深加工业的发展,提高其林产品的生产技术和产品质量,进而实现出口创汇。其主要措施在于一定的补贴以及相关税收的减免(表6-7)。

表6-7 部分发展中国家扶持林产品贸易的相关政策

国家	部分相关政策
南非	南非政府基于相当于机器设备价值15%对每个项目给予最多不超过300万兰特的现金补贴,这些补贴会用于将机器设备从海外运抵南非,包括设备的运费、人员的转移费、差旅费、技术人员的佣金、港杂费、内陆运输费、保险费和代理费等; 通过《出口信贷与州国投资、再保险法》《贷款协定法》和《外汇管制特赦及税收修正法》保障外商投资的合法权益和规范外商的投资行为

(续)

国家	部分相关政策
柬埔寨	1994年8月4日通过的《投资法》鼓励投资农工业及加工业的投资，在依法设立的特别开发区投资，投资优惠包括免征全部或部分关税和赋税
马来西亚	分别于1968年和1975年颁布《投资鼓励法》和《工业协定法》，1986年10月又制定了《投资促进法》，在工业领域采取以出口为导向的外资开放政策。对外资开放工业领域从独立后食品、家具、橡胶制品、服装印刷等领域扩展到包括录像机、彩电、计算机、钢铁制品等现代工业领域。2009年，废除了外商投资委员会制定和实施的外商投资指引规则，规定有关马来西亚地方公司的股份交易、兼并和收购业务不再需要外商投资委员会的审批
印度尼西亚	2007年第25号《投资法》，旨在减少繁琐拖拉的行政程序并允许投资者在一处获得相关许可而加快营业执照申请流程
泰国	成立"促进投资委员会(BOI)"，促进泰国的投资事业、制定优惠政策、向投资者提供奖励并为投资者提供相关的服务，放宽对投资领域的限制，重点扶持产业政策，进一步减免设备和原材料进口关税及企业所得税，放宽对外国人持股比例的限制，准许外国人购买房地产和鼓励出口措施等方面
缅甸	《外商投资法》规定在特定领域在项目建议书获得批准后能够获得5年的免税；企业将所得利润作为储备金，并在1年内进行再投资，其所获得的利润可被减免税收；企业产品外销，出口所得利润可获得50%的减征所得税；企业开办期间确因需要而进口的机器、设备、仪器、机器零部件、备件和材料，可减免关税或其他国内税或两种税收同时减免
越南	实行《投资法》，并规定外商在艰苦地区的投资企业享受2年的免税优惠，免税期满后4年征收7.5%，接着8年征收15%。在土地租用费用方面，特别艰苦地区的免租期为15年，艰苦地区的减免期限为11年

资料来源：根据如下资料汇总。

[1] 商务部国际贸易经济合作研究员，中国驻马来西亚大使馆经济商务参赞处，商务部对外投资和经济合作司. 对外投资合作国别(地区)指南(南非). 报告地：中国驻哈萨克斯坦大使馆经济商务餐赞处，2017.

[2] 商务部国际贸易经济合作研究员，中国驻马来西亚大使馆经济商务参赞处，商务部对外投资和经济合作司. 对外投资合作国别(地区)指南(柬埔寨). 报告地：中国驻哈萨克斯坦大使馆经济商务餐赞处，2017.

[3] 商务部国际贸易经济合作研究员，中国驻马来西亚大使馆经济商务参赞处，商务部对外投资和经济合作司. 对外投资合作国别(地区)指南(马来西亚). 报告地：中国驻哈萨克斯坦大使馆经济商务餐赞处，2017.

[4] 商务部国际贸易经济合作研究员，中国驻马来西亚大使馆经济商务参赞处，商务部对外投资和经济合作司. 对外投资合作国别(地区)指南(印度尼西亚). 报告地：中国驻哈萨克斯坦大使馆经济商务餐赞处，2017.

[5] 商务部国际贸易经济合作研究员，中国驻马来西亚大使馆经济商务参赞处，商务部对外投资和经济合作司. 对外投资合作国别(地区)指南(泰国). 报告地：中国驻哈萨克斯坦大使馆经济商务餐赞处，2017.

[6] 商务部国际贸易经济合作研究员，中国驻马来西亚大使馆经济商务参赞处，商务部对外投资和经济合作司. 对外投资合作国别(地区)指南(缅甸). 报告地：中国驻哈萨克斯坦大使馆经济商务餐赞处，2017.

[7] 商务部国际贸易经济合作研究员，中国驻马来西亚大使馆经济商务参赞处，商务部对外投资和经济合作司. 对外投资合作国别(地区)指南(越南). 报告地：中国驻哈萨克斯坦大使馆经济商务餐赞处，2017.

[8] 陈晓倩，宿海颖，王光忻. 中国主要林产品海外市场贸易政策变动分析[J]. 世界林业研究，2013，26(05)：88-92.

[9] 杨红强. 中国木质林产品国际贸易比较优势研究[D]. 南京：南京林业大学，2005.

6.4 中国林产品贸易政策

中国是林产品贸易大国,中国林产品贸易政策不仅直接影响中国林产品贸易,而且直接影响国际林产品贸易格局。因此,研究分析中国林产品贸易政策走向,不仅对于国内相关林产品生产、贸易企业具有重要意义,而且对于国外林产品贸易伙伴有重要参考价值。政治经济利益和发展目标是制定对外贸易政策的依据,在不同的社会经济发展阶段,中国的林产品贸易政策发生了很大的变化。

6.4.1 林产品进口贸易政策梳理

中国林产品进口贸易政策主要可以划分为集中控制(1979年之前)、以计划经济为主(1979—1988年)、计划与市场共同作用(1989—1998年)、自由贸易为主(1999至今)的4个时期。在不同时期,林产品进口贸易政策和林产品出口贸易政策的目标、手段都存在差异。关税、国家专营、进口配额和进口许可证是改革开放后中国林产品进口贸易的主要政策工具箱,但不同时期重点采用的政策工具区别较大:改革开放早期主要采用国家专营、进口配额和进口许可证的进口贸易政策,随着改革开放的不断深入,逐步放弃了国家专营、进口配额和进口许可证,关税成为中国林产品进口贸易政策的主体,而且关税税率逐步下降。

第一时期(1979年之前):这一时期中国林产品对外经济交往较少,实行集中控制的贸易体制。林产品进口贸易主要由政府指定专门的国有公司根据国家建设需要从有限的几个国家和地区进口。进口数量小,树种相对集中,国家高度垄断经营。

第二时期(1979—1988年):林产品对外贸易的重要性逐渐得到重视,林产品被政府列为重点发展项目,国家财政安排专项资金用于林产品进口,并指定公司专营林产品进口业务。关税政策虽然作了一些调整,但在进出口贸易中大量采用许可证和配额经营时,关税即便存在,也是形同虚设。

第三时期(1988—1998年):中央计划林产品比例逐年减少,1993年完全取消计划内林产品进口;自1993年关贸协定乌拉圭回合签字起,多次自主大幅降低进口关税,至1998年底,主要林产品进口税率分别为原木2%、锯材3%、高档板材6%~9%、胶合板15%、细木工18%、木线条20%、木家具22%,原木、锯材等初级林产品进口税率已降至世界平均水平,但胶合板、木家具、纸产品等关税依然较高。

第四时期(1999年至今):1998年中国实施了天然林资源保护工程,对国内采取禁伐和逐年减伐等措施,使得国内的木材资源供给迅速减少。与此同时,中国的木材需求却进入了迅速增长时期,特别在基本建设和居民消费等方面,林产品需求趋于不断扩大。在此背景下,中国林产品进口关税大幅度降低,几乎没有非关税措施。从1998年12月1日起取消了原定的"只有经过国家审核确定的专营单位才有权从事国际林产品贸易"的管理办法,按新规定,凡具有外贸经营权的公司、企业均可在自负盈亏的基础上自主进口。从1999年1月1日起,为了鼓励木材进口,实行木材进口零关税政策,原木、锯材、薪材、木片、纸浆和废纸等的进口税调减到0,胶合板的进口税亦由原来的20%调减到15%。同时，继续实施边境小额贸易进口增值税减半的政策。2001年1月1日起，中国林产品平均关税为12.3%。加入WTO后，中国严格按照入世承诺，对249种林产品降低关税，并逐步取消非关税措施，向世界开放林产品市场。2002年中国木材、纸及其制品平均关税已降至8.9%，同时，取消部分非关税壁垒，如取消了对原木和胶合板的进口管制等。2003年中国木材、纸及其制品平均关税仅为7%，2005年又将家具进口关税降为0，纸及制品的关税由7.5%降至4.6%。2010年7月1日起对33个最不发达国家原产的4762个税目输华商品实施零关税，实施零关税的商品包括木材、种用苗木、插花及花蕾、干果、水果、林下药材等大量林产品和林产工业用料。

总体而言，改革开放以来中国一直实行鼓励林产品进口的贸易政策。目前中国的林产品进口税率已接近世界平均水平，甚至部分林产品关税还低于发达国家水平，林产品关税降低的余地已经不大。除了禁止软木类、枕木类、木粉类、木制一次性筷子进口等一些小的措施以外，现在中国进口林产品没有非关税措施。但为了发展和保护国内市场，高附加值林产品进口关税是逐步调整的，而且在2008年全球金融危机发生后，对实木家具、藤竹家具以及其他家具征收10%的关税，自2012年4月15日起执行。

6.4.2 林产品出口贸易政策梳理

20世纪80年代以来，中国在不同的时期对不同林产品分别采取了出口鼓励政策和出口限制政策。出口鼓励政策主要包括出口退税等手段；出口限制政策主要包括出口关税、出口配额控制、禁止出口等手段。总体而言，中国林产品出口贸易政策呈现出两大特征：第一，逐步减少木材资源型初级林产品的出口鼓励政策，对其出口限制政策越来越严格；第二，灵活采用出口退税等出口鼓励政策促进林产品出口和林业的健康发展。

6.4.2.1 出口退税政策

1997年亚洲金融危机和2008年全球金融危机发生后，调整出口退税政策应对金融危机时期国际市场需求的萎缩。亚洲金融危机之后，中国在1998—2003年对所有木质林产品实行了出口退税，即对资源型林产品原木、软木及制品、竹、藤实行了5%退税率；对木片、锯材、单板、家具、强化板、纤维板、纸以及纸质品等林产品实行了13%的出口退税率。2008年全球金融危机爆发后，中国于2008年8月、11月、12月，经过3次调整提高了117种林产品出口退税，相当于给出口林业企业年补贴4.1亿美元。例如，将部分竹制品的出口退税率提高到11%，将部分家具的增值税出口退税率提高到11%和13%，将部分林产品的增值税出口退税率从5%提高到9%。

在正常时期逐步减少对资源型林产品的出口退税。2006年9月15日起，取消对木炭、枕木、软木制品等木制品的出口退税，对胶合板、实木复合地板、强化木、木窗、木门和家具的出口退税由原来的13%下降为11%。2007年7月1日起，取消对濒危动物、植物及其制品和部分木板及一次性木制品的出口退税；纸制品和部分木制品出口退税率下调至5%；木家具出口退税率下调至9%。

6.4.2.2 进口原木加工锯材出口试点

为有效保护国内森林资源，加强对进口原木加工锯材出口的管理，扩大出口创汇。

2001年，在绥芬河、满洲里等中俄边境口岸实施了进口原木加工锯材出口试点，此后中国锯材出口快速增长。2003年，扩大了进口原木加工锯材出口试点范围；2014年，取消了进口原木加工锯材出口试点企业备案核准的行政审批。

6.4.2.3 出口关税政策

为了保障国内供应、保护本国资源，2006年11月1日起，中国对部分高能耗、高污染、资源型的出口商品加征出口关税，其中涉及林产品的包括木片、实木地板和一次性筷子，首次加征出口关税，关税暂定税率为10%。2008年1月1日起，以暂定税率的形式对木浆等征收10%的出口关税。2018年，中国仍然对木片、一次性筷子和木浆等资源型林产品征收10%的出口关税。

6.4.2.4 出口配额和出口禁止

2001年原木被列为第一批《禁止出口货物目录》；2004年木炭被列为第二批《禁止出口货物目录》。根据2006年11月3日发布的《新一批加工贸易禁止类商品目录》，自2006年11月22日起，总计有66类木制品和用濒危树种木材生产的板材和家具等被列入加工贸易禁止类商品，不允许出口。自2007年1月1日起，对锯材实行出口许可证管理制度。自2007年4月26日起，以国产木材生产的木浆、纸制品等不允许出口。2008年，森林凋落物、泥炭（草炭）被列为第五批《禁止出口货物目录》。

6.5 林产品贸易政策发展趋势

6.5.1 关税壁垒的风险值得重视

为了保护森林资源，许多国家尤其是原木出口国纷纷通过提高原木出口关税、原木出口严控政策等贸易政策限制原木出口，导致国际市场上的原木供给紧张，价格高涨。例如，俄罗斯分别于2007年7月1日、2008年4月1日两次提高原木出口关税税率，现已提高至25%，且不低于每立方米15欧元。素有"森林之国"之称的非洲加蓬共和国政府决定自2010年1月起禁止原木出口。

近年来美国国内的贸易保护主义逐渐抬头，给全球林产品贸易蒙上了阴影。例如，2017年美国商务部对美国进口某些加拿大针叶锯材产品征收20%税率，美国胶合板起诉方在2018年5月11日提交了书面申请，并在美国贸易代表办公室的听证会上向美国政府提出请求，要求把针叶材（软木）胶合板产品加入500亿清单直接加征25%的关税。为了应对美国从2018年7月6日正式开始对340亿美元的中国产品加征25%的关税，中国于2018年8月23日起对从美国进口的160亿美元商品加征25%的关税，征税产品包括18.3亿美元的木制品和原木。

以反倾销调查为主的贸易摩擦频繁发生。2003年美国对中国木制卧室家具提出反倾销调查，涉案企业130多家，金额9.6亿美元，2004年终裁征收0.83%~198%不等的反倾销税；2005年美国对中国文具纸反倾销案，涉案金额1.25亿美元；2005年美国对中国木地板锁扣专利技术侵权发起"337"调查，2007年签发普遍排除令限制相关产品的进口美国,涉案企业18家,涉案金额数亿美元;2006年美国对中国铜版纸同时提起反倾销和反补贴调查,涉案金额1.2亿美元,2007年裁定征收10.9%~20.4%的临时反补贴税;2006年加拿大家具业特保调查案,要求对中国家具征收3年的高额附加税;2007年美国又开始对中国木制卧室家具实施新一轮反倾销复审调查;2007年美国对中国木地板和胶合板332调查正式启动……林产品贸易争端常常久拖不决,一旦裁决,一般对出口国、尤其发展中国家不利,极大影响出口贸易,进而影响出口国产业发展和就业。例如,受美国木制卧室家具法倾销案影响,2004年7月到2005年3月,中国对美木制卧室家具出口额下降15%。中国面临的越来越多的林产品贸易争端。

6.5.2 非关税贸易壁垒更加多样化与苛刻

近年来,以美国、欧盟、日本等为代表的发达国家和地区为了为保护人类、动植物的健康和安全以及满足本国的贸易需求,不断制定与实施一系列对发展中国家而言过于苛刻的环保标准,给中国林产品贸易出口带来一定的影响。

(1)苛刻的技术要求指标

美国和欧盟针对家具、人造板、纤维板等木质林产品相继出台了大量苛刻的法令法规,在亚洲,中国林产品重要的出口国之一日本也对人造板中的甲醛含量等技术指标重新进行了严格规定,这些苛刻的技术要求给中国木质林产品出口带来了巨大影响。此外,欧盟等国家还针对茶叶、食用菌等林产品中的农药残量制定了严格标准,使中国的优势非木质林产品贸易额下降。

(2)严格的环境与资源保护条约

目前,欧洲和美国等发达国家已相继制定了1800多个环境与资源保护条约,加重了发展中国家的绿色贸易壁垒。欧盟的欧洲统一认证体系要求企业对人造板生产工序、设备、原辅料和产品质量进行严格控制,随时对产品进行检查、评估,几乎涵盖了欧盟所有相关的技术法规。

6.5.3 进口林产品认证制度日趋完善与严格

非法采伐加快了森林退化的进程,破坏可持续森林经营和发展,还会导致沙漠化、土壤侵蚀、增加二氧化碳排放,破坏守法运营商的商业生存能力等,因此,各国纷纷打击非法采伐以保护环境、减缓气候变化、改善木材贸易环境的手段。例如,2003年5月欧盟实行了名为"森林执法、施政和贸易行动计划"(FLEGT),以保证只有按照生产国国内法规生产的木制品才能进入欧盟,努力减少欧盟对非法木材的消耗。同时致力于和木材生产国(合作伙伴国)签订《自愿合作伙伴关系协议》(VPA)。这些协议都是基于自愿的基础,对限制非法木材没有法律强制力,但是2013年3月3日起,欧盟"木材及木制品规例和新环保设计指令"强制实施,要求出口欧盟的木材生产加工销售供应链上的所有厂商,都必须获得FSC森林认证。

企业若要通过第三方森林认证要承担额外的认证费用。据广东省WTO/TBT通报资讯研究中心的数据显示,目前欧盟认可的第三方森林认证是泛欧森林认证体系(PEFC)和泛美森林认证体系(FSC),认证费用可达数十万元人民币,而企业需要在生产和经营中投入大量的成本才能达到这些认证要求或维持资格。另外，通过 FSC 森林供应认证的原材料比较少，合法木材价格高，这将导致企业增加采购成本。成本的增加会导致价格失去竞争优势，降低出口产品的国际竞争力。例如，杭州龙神工贸有限公司 2012 年出口欧美的木质沙发和椅子货值在 4000 万元左右。按照新的认证要求，公司成本增幅在 5%~10% 左右。因为木材经销商对于是否具备 FSC 认证的木料，一般会给出两个不同的价格，环保型材料价差在 5% 左右，如果是实木材料的，价差一般都在 10% 以上。欧盟这一新的"环保指令"，令企业生产成本大幅提升，挤压利润。随着中国木材进口数量的急剧增加，俄罗斯、印度尼西亚、巴布亚新几内亚、泰国等中国木材进口的主要来源国又是非法伐木的高风险供应国，围绕中国木材贸易的争论也越来越多，欧盟和美国这些政策的施行必定会加剧中国对木材等木质林产品原料的社会需求与林业供应能力不足的矛盾，制约中国木质林产品出口的增长和国际竞争力的进一步提高。

6.5.4 碳关税等碳排放壁垒措施值得重视

碳关税是指主权国家或地区对高耗能产品进口征收的二氧化碳排放特别关税。除于应对气候变暖和削弱竞争对手竞争力等目的，欧洲和美国等发达国家已着手制定碳关税等碳排放政策措施。2008 年 1 月 23 日，欧洲委员会发布了《修订欧盟 2003 年 87 号指令》的提案，要求欧盟内部进口者购买碳排放指标，使得进口者承担额外的税费。2009 年美国众议院通过的《清洁能源安全法案》即包含了"碳关税"的条款：自 2020 年起，美国总统将获权对来自未采取措施减排温室气体国家的纸张等进口产品采取"边境调节"措施，即可以对这些产品征收碳关税。森林在保护生态环境、调节气候变化方面具有无可替代的作用，具有环境、经济和社会效益。一方面，木质林产品可以通过储碳和减排两个方面减缓气候变化；另一方面木质林产品在采伐、生产过程中也会减少森林面积、产生碳排放。因此，碳关税等碳排放壁垒对国际林产品贸易格局的潜在影响不容忽视。

本章小结

本章阐述林产品贸易政策与措施。首先，概述相关的国际公约。其次，解读欧盟、美国、日本、澳大利亚、俄罗斯、印度、印度尼西亚、中国、巴西等国家的林产品贸易政策。最后，归纳世界林产品贸易政策的发展趋势。

习题

1. 国际公约是如何影响林产品国际贸易的？请举例说明。
2. 发达国家与发展中国家在林产品国际贸易中采取的对外贸易政策有什么区别？为什么？
3. 中国的林产品国际贸易政策在不同时期的区别在哪里？原因是什么？
4. 面对发达国家的贸易壁垒，中国林产品国际贸易的出路在哪？为什么？
5. 查阅相关文献，完成一篇包括森林认证、木材合法性认证、反倾销和反补贴调查、技术壁垒、绿色壁垒、气候变化政策、原料出口国出口限制等世界各国林产品贸易政策变化影响中国林产品出口贸易（含出口额、出口竞争力）的文献综述。

第7章 林产品贸易争端与协调

【学习目标】

知识目标	能力目标
掌握贸易争端的概念与分类、特点与成因、解决方法与法律规范	正确认识贸易争端,掌握解决方法与法律规范
理解贸易协调组织与协调机制的特点与理论基础	正确认识贸易协调组织的作用,理解利用贸易协调机制解决贸易争端的条件和原则
了解世界林产品贸易壁垒的特点与贸易争端的历史、趋势	把握世界林产品贸易壁垒的特点,理解林产品贸易争端发展的规律和特征
理解涉华林产品贸易壁垒和贸易争端的特点和发展态势	理解涉华林产品贸易壁垒和贸易争端的发展规律,初步学会分析和解决林产品贸易争端问题

7.1 贸易争端与贸易协调概述

7.1.1 贸易争端的概念与分类

(1) 基本概念

国际贸易争端(international trade dispute),是指国际贸易主体之间在贸易活动中产生的争端。国际贸易主体包括私人、国家(地区)和国际经济组织。一般来说,在大型国际经济组织之间、国家地区之间产生的贸易纠纷中,涉及的范围、行业广泛,经济规模和贸易数额较大,国际贸易争端往往含有政治干预、贸易保护等因素。

(2) 种类划分

国际贸易争端因其参加的主体、当事人之间权利义务不同而有不同特点。以国际贸易关系的参加者为标准,国际贸易争端分为以下3种。

第一,不同国家的国民之间的国际贸易争端。这类争端一般产生于不同国家国民(包括自然人和法人)之间因货物买卖、技术转让、投资、工程承包等跨国经贸活动过程中。该类争端一般为当事人之间在国际经贸合同的解释或履行中发生,但在某些情况下,也可能是非契约性争端,如由于侵权行为所产生的纠纷。特点:争端各方当事人的法律地位是平等的,其权利与义务对等。

第二,国家(地区)与本国或外国国民之间的国际贸易争端。主要特点:争端双方具有不同的法律地位——一方为主权国家(或享有独立立法或司法权的地区),另一方为本国或外国国民。按照国际法一般原则,国家享有主权,可以制定和修订法律,并享有司法豁免权。而一般的国民则无此权力,对国家制定的法律,必须遵守。此类争端主要发生在国家对具体从事国际经贸活动的当事人行使管理或监督的过程中。例如,国家海关或税务部门对进出口的货物征收关税、进出口商品检验部门对货物进出口依法进行的检验、外汇管理部门依法对外汇实施的管理、国家其他职能部门依法对国际技术转让和投资所实施的管理。在国家与外国国民之间的贸易交往中,有时也直接订立商事合同,如国家与外国投资者之间订立的允许外国投资者开发本国自然资源的特许权协议,在此情况下,尽管协议双方也可以通过合同的方式确定他们之间的权利与义务,但是,就当事双方的法律地位而言,作为缔约一方的国民,其法律地位显然与国家不同。

第三,国家(地区)之间的国际贸易争端。这是指主权国家在贸易交往中所产生的争端。特点:①争端一般产生于国家之间订立的双边或多边国际公约的解释或履行。②争端双方均为主权国家。③争端的解决方法以非司法方法为主。

7.1.2 贸易争端的特点与成因

(1)特点

贸易争端的主要特点体现为:争端发生在国际贸易领域;争端的主体具有涉外性;发生争端的法律关系的标的物位于国外或行为在国外完成;产生、变更或消灭法律关系的法律事实发生在国外;争端解决所适用的法律可由当事人协商确定,或为某一当事人所在国家的法律,或为第三国法律,或为国际公约或国际惯例;争端解决方式多样,程序复杂;争端的主体,往往是国家之间,在解决争端的期间,往往伴随着政治谈判;争端具有多行业性,贸易主体为了能在争端期间更好地保护自己的利益,通常会将不相干行业拖入争端,使得贸易争端面临升级为贸易战的风险。

(2)成因

在国际贸易中,产生争端、纠纷的原因很多,例如,合同是否成立,双方国家法律和国际贸易惯例解释不一致;合同条款规定得不够明确,双方对条款的解释不同,习惯上无统一的解释;在履约中产生了双方不能控制的因素,致使合同无法履行或无法按期履行,而双方对是否可以解除合同或延期履行合同看法不一致;买方不按时开出信用证,不按时付款赎单,无理拒收货物或在买方负责运输的情况下,不按时派船或签订运输合同、指定交货地点等;卖方不按时交货或不按合同规定的品质、数量、包装交货,不提供合同和信用证规定的合适单证;制度不同,夹杂着政治、意识形态、统计方法等因素引发贸易争端;利用技术优势,针对他国设定歧视性标准,产生贸易壁垒,导致贸易主体之间无法进行正常的贸易活动;某些国家或地区不合规进行反倾销反补贴调查,进而提出惩罚措施。

7.1.3 贸易争端的解决方法与法律规范

(1) 解决方法

司法方法：即通过诉讼方法解决国际经贸争端。由于世界上并不存在、也不可能存在专门解决这类争端的、凌驾于各主权国家之上的法院，此处所谈的司法方法，是在一国法院提起的涉及不同国家当事人的国际经贸争端，各国法院根据本国的民事诉讼法对此类争端行使管辖权。一国法院做出的判决，若需到另一国执行，还要得到另一国法院的司法协助。

非司法方法：即通过法院以外的方式解决争端的方法，如通过双方当事人友好协商或谈判，或者由双方同意的第三人进行调解或仲裁。这种方法又称选择性的争端解决方法（alternative dispute resolution，ADR）。其前提是当事人之间达成的通过 ADR 解决争端的协议。何谓 ADR？在西方法律论著中有两种不同的看法。一种观点认为，ADR 是指当事人之间约定的通过除诉讼以外的方法解决他们之间争端的各种方法的总称，如仲裁、调解和模拟诉讼（mini-trial）等，包括协商、调解和仲裁。另一种观点则把仲裁也排除在 ADR 之外。该观点认为，在 ADR 下，争端的解决有赖于争端各方自动执行他们之间业已达成的解决争端的方案。双方也可以选择一个中立的第三方协助他们解决争端，但该第三方的作用不同于仲裁员，后者有权做出对双方当事人有拘束力的裁决。ADR 协议不能保证有一个终局的、对双方当事人均有拘束力的决定。该观点还认为，仲裁最早属于 ADR 程序，但就仲裁庭可对当事人之间的争端做出有法律拘束力的裁决而言，它是一种准司法的方法，而 ADR 程序则主要通过当事人之间的"合意"解决他们之间的争端，无论是当事人之间达成的解决争端的方案，还是第三方提出的解决方案，都不具有法律上的拘束力，不能得到法院的强制执行。

(2) 法律规范

国际法规范：主要指国际社会为了处理国家之间，国家和私人之间或不同国籍私人之间的经济争端而签订的国际条约。这类条约可以大致分为三类：其一，处理国际贸易争端的双边国际条约。国际条约指国家间缔结的以国际法为准则的国际书面协定。解决国际贸易争端是许多双边国际条约的重要内容之一，许多双边条约都对此进行了规定。前述的双边投资条约中一般都包含有处理国际贸易争端的内容，比如依据中国和法国之间的双边协定，投资争端应该尽可能通过和解解决；如果 6 个月未能达成和解，则可以向东道国行政当局申请或向东道国法院提起诉讼解决。其二，处理国际贸易争端的专门性国际多边条约。主要是指前述的 1965 年签订的《解决国家和他国国民间投资争端公约》（《华盛顿公约》），以及世界贸易组织章程附件二（《关于争端解决规则和程序的谅解书》）等。这类国际条约一般都规定仲裁或其他特别的争端解决方式，而世界贸易组织所规定的争端解决机制是目前国际上极富特色和具有很大权威的争端解决机制。其三，处理国际贸易争端的司法和仲裁条约。在司法方面，主要的条约包括 1945 年的《国际法院规约》，该条约对于解决国际争端做了较全面的规定；1954 年的《民事诉讼程序公约》，1965 年的《民商事案件中诉讼和非诉讼文书的国外送达公约》以及 1970 年的《民商事案件中外国判决的承认和执行公约》等。在仲裁方面，主要的条约包括 1899 年和 1907 年的《海牙和平解决国际争端公约》，1927年的《关于执行外国仲裁裁决的日内瓦议定书》，1958年的《承认与执行外国仲裁裁决公约》(《纽约公约》)等。目前，《纽约公约》是国际仲裁领域最有影响的国际公约。中国已经于1987年1月22日加入该公约，但提出了两项保留，即"互惠保留"和"商事保留"。

国内法规范：各国立法普遍主张对本国境内的国际贸易争端享有管辖权，对于某些类别的国际贸易争端，有些国家在其立法中明确规定必须由本国法院管辖法院，或只允许适用本国法律。一般而言，国内法中关于国际贸易争端处理的规范主要是仲裁法规范，它既可以表现为专门的仲裁法，又可以是存在于程序法中的关于仲裁的法律规范。有些国家的仲裁法还就调解程序作了规定。

7.1.4 多边贸易协调组织与协调机制

7.1.4.1 多边贸易协调组织

多边协调组织主要是世界贸易组织(World Trade Organization，WTO)。WTO是国际贸易领域最主要的政府间国际组织，统辖当今国际贸易中货物、服务、知识产权和投资等领域的规则，并对成员之间经济贸易关系进行监督和管理，是最重要的国际贸易协调组织。

7.1.4.2 多边贸易协调机制

一个WTO争端案经过全部程序直到做出首次裁决一般应不超过1年，如果上诉，则应不超过15个月，如果涉及易腐商品等情况下，案件应不超过3个月。基本程序如下。

(1)磋商程序

一般情况下，各成员在接到磋商申请后10天内应对申请国作出答复，30天内展开善意秘密磋商，并不得妨碍任何成员在任何进一步程序中的各种权利。如在接到磋商请求之日后60天尚未能解决争端，可请求成立专家小组。在紧急情况下，有关成员应在接到请求之日后10天内进行磋商。如在接到请求之日后20天内磋商未成，则申诉方可请求成立专家小组。

(2)斡旋、调解与调停程序(非强制程序)

秘密进行，可在任何时候开始，也可在任何时候结束。WTO总干事可以依其职权开展斡旋、调解和调停。一旦斡旋、调解和调停被终止，申诉方即可请求建立专家小组。并且，只要各方同意，在专家小组工作期间仍可继续进行斡旋、调解和调停。

(3)仲裁程序

DSU第25条规定，仲裁可以作为争端解决的另一种方式，适用于解决涉及有关双方已明确界定的问题引起的争议。如果争端当事方同意以仲裁方式解决争议，则可在共同指定仲裁员并议定相应的程序后，由仲裁员审理当事方提出的争端。经诉诸仲裁的各方同意，其他成员可成为仲裁程序的一方。诉讼方应执行仲裁裁决。DSU第21条对执行建议和裁决的监督程序，第22条补偿和中止减让程序在细节上做必要修改后应适用于仲裁裁决。

(4)专家小组程序

这是争端解决机制的核心程序，从严格意义上来说，专家小组的建立才真正开始了多边贸易体制争端解决程序。①争议方向争端解决机构请求成立专家小组后，一旦此项请求被列入争端解决机构会议议程，专家组最迟应在这次会后的下一次争端解决机构会议上予以设立,除非在该会议上争端解决机构以"反向意思一致"的表决方式决定不设立专家组。争端解决机构应在当事方提出设立专家小组请求后15日内为此目的召开会议。专家小组被批准设立后,最迟应在此日后30天内明确全部组成人员。②专家小组一般由3位专家组成,除非争端各方一致同意,否则争端当事方的公民或在争端中有实质利害关系的第三方公民都不得作为有关争端的专家小组组员。③专家小组原则上在6个月(最长不超过9个月)内提交最后报告。在专家小组提出报告以供各成员传阅后20~60天间,除非某争端方提出上诉或争端解决机构一致反对采纳此报告,该报告即视为通过。

(5)上诉审查程序

这是一项WTO新增的程序。为受理专家小组案件的上诉,DSU设立了一个7人组成的"常设上诉机构"。只有争端当事方可就专家小组报告提出上诉。上诉审理的范围也仅限于专家小组报告中论及的法律问题及该小组所做的法律解释。上诉案审理期限原则上为60~90天。上诉机构可以维护、修正、撤销专家小组的裁决结论。上诉机构的裁决为最后裁决,当事方应无条件接受,除非争端解决机构一致反对。这就形成了WTO独特的两审终审制,增强了争端解决机构的权威性和灵活性。

(6)对争端解决机构的正式建议或裁定的监督执行

这是DSU确立的一项具体的监督措施。在专家小组及上诉机构的报告被采纳后,该报告即成为争端解决机构的正式建议或裁定;有关成员应向争端解决机构通报其执行这些建议或裁定的意向;如果不能马上执行,应当确立一个合理的期限。从专家小组建立之日起到争端解决机构确立了上诉执行期限为止,时间上应不超过15个月,最长应不超过18个月。① 实际履行。在专家小组或上诉机构报告通过后30天内举行的争端解决机构会议上,有关成员应将执行争端解决机构建议和裁决的意愿通知该机构。该建议和裁决应迅速执行,如不能迅速执行,则应确定一个合理的执行期限。合理期限由争端解决机构批准,当事方协商或由仲裁裁决确定。② 补偿。如果被诉方的措施违反了WTO规则,而且没有在合理的期限内执行争端解决机构的建议和裁决,则被诉方应申诉方请求,必须在合理期限届满前与申诉方进行贸易补偿谈判。补偿是指被诉方在贸易机会、市场收入等方面给予申诉方相当于其所受损失的减让。补偿是临时措施,只在被诉方未能实际履行争端解决机构建议裁决时适用,且应与WTO有关协议保持一致。

(7)"交叉报复"

如果争端解决机构的建议或裁定没有在合理的时间内得到实施,申诉方可申请授权采取补偿和中止减让或其他义务的措施,但必须遵守各项原则和严格的程序。一般是申诉方应首先中止相同部门的减让或其他义务;在这种做法不奏效时,可以要求中止同一协定内其他部门的减让和义务;如果这种行动仍不能使当事方执行裁决,则申诉方可以中止另一有关协议下的减让或其他义务。这后两项内容即所谓的"交叉报复",无疑将提高制裁的力度。

🔑 拓展阅读

相比GATT,WTO更自动、更有效的争端解决机制,保障了各成员的权力与义务的大体平衡,任何一方不能将其不符合WTO的做法强加于另一方。有了这个机制,许多不能通过成员方之间双边磋商解决的纠纷与争端便有了一条多边的解决出路。

7.1.5 区域协调组织与协调理论

7.1.5.1 区域协调组织

(1) 区域协调组织的分类

区域协调组织主要是各种区域经济一体化组织，表现为各种区域经贸集团，其内涵和外延差异很大，从不同的角度可以分为不同的类型。

第一，按一体化的程度分类。

自由贸易区(Free Trade Area)：这是一种较松散的经济一体化组织，指成员国之间取消了商品贸易的关税壁垒与数量限制，使区域内各成员国间的商品可以自由流动，每个成员国仍保留各自的关税结构，按照各自的标准对非成员国征收关税。为了防止非成员国将商品出口至低税率的成员国，然后再转出口至高税率的成员国，从而使实行高税率的成员国的关税政策失效，产生所谓的贸易的偏转，成员国政府一般实施较严格的原产地规则。目前世界上最重要的自由贸易区是北美自由贸易区(NAFTA)。

关税同盟(Customs Union)：这是一种较高层次的区域经济一体化组织，指成员国之间完全取消关税和其他贸易壁垒，实现内部的自由贸易，并对非成员国的商品进口建立统一的关税制度。其目的是使成员国的商品在统一关境以内的市场上处于有利地位，排除非成员国的竞争。关税同盟已经开始具有超国家的性质，譬如二战中建立的比(利时)卢(森堡)荷(兰)关税同盟。

共同市场(Common Market)：这是经济一体化发展的更高层次，指成员国之间完全取消关税和数量限制，实现商品自由流动，建立对非成员国的统一关税；同时，还取消对生产要素流动的限制，允许劳动、资本等要素在成员国之间自由流动。欧盟的前身就是一个共同市场。

经济联盟(Economic Union)：这是一种更为高级的经济一体化组织形式。结成经济联盟的国家不但相互之间的商品与生产要素可以完全自由流动，建立共同的对外关税，而且还制定和执行某些共同的经济政策和社会政策，逐步废除成员国在政策方面的差异，使一体化从商品交换扩展到生产、分配乃至整个国民经济，形成一个有机的经济实体。目前的欧盟就属于经济联盟。

完全的经济一体化(Complete Economic Integration)：这是经济一体化的最高形式。它不仅包括经济联盟的全部内容，而且各成员国还统一所有重大的经济政策，包括财政政策、货币政策、农业政策和福利政策，统一货币，并由相应的机构执行共同的政策。欧盟正在朝着这个方向发展。

各种区域经济一体化组织形式的内容和基本特征见表 7-1。

表 7-1 五种形式的区域经济一体化的比较

特 征	自由贸易区	关税同盟	共同市场	经济联盟	完全的经济一体化
商品自由流动	是	是	是	是	是
共同对外关税	否	是	是	是	是
要素自由流动	否	否	是	是	是

(续)

特征	自由贸易区	关税同盟	共同市场	经济联盟	完全的经济一体化
协调经济政策	否	否	否	是	是
统一经济政策	否	否	否	否	是

第二,按一体化的范围分类。部门一体化(Sectoral Integration):指区域内各成员国的一种产业或几种产业(或商品)的一体化。例如,1952 年建立的欧洲煤钢共同体和 1958 年建立的欧洲原子能共同体。全盘一体化(Overall Integration):指区域内各成员国的所有经济部门都加以一体化,如欧盟。

第三,按参加国的经济发展水平分类。水平一体化(Horizontal Integration):指由经济发展水平相同或接近的国家所形成的经济一体化。如欧洲经济共同体、中美洲共同市场等。垂直一体化(Vertical Integration):指由经济发展水平不同的国家形成的一体化。如1994 年 1 月 1 日成立的北美自由贸易区,将经济发展水平不同的发达国家(美国、加拿大)和发展中国家(墨西哥)联系在一起,使区域一体化组织内部国家之间在经济上具有更大的互补性。

(2)主要的区域协调组织

当代世界主要的区域经济一体化组织见表 7-2。

表 7-2 世界主要的区域经济一体化组织

所属洲别	组织名称	创立时间	成员国数目
亚洲	亚太贸易协定(原曼谷协定)	1975 年	6
	东南亚国家联盟(简称东盟)	1967 年	10
	南亚区域合作联盟(简称南盟)	1985 年	7
	海湾合作委员会	1981 年	6
欧洲	欧盟(欧洲共同体)	1993 年	27
	欧洲自由贸易联盟	1960 年	7
	独联体经济联盟	1993 年	9
	黑海经济合作组织	1992 年	11
美洲	美洲自由贸易区	1994 年	34
	北美自由贸易区	1994 年	3
	中美洲共同市场	1961 年	5
	安第斯集团	1996 年	5
	拉美南方共同市场	1994 年	4
非洲	西非经济共同体	1973 年	7
	南部非洲发展共同体	1992 年	14
	阿拉伯马格里布联盟	1989 年	5
	中非国家经济共同体	1983 年	11

(续)

所属洲别	组织名称	创立时间	成员国数目
亚太	亚太经合组织(APEC)	1989年	21
其他	澳新自由贸易区	1990年	2

注：截至2016年7月，中国(大陆)已签署自由贸易协定14个，涉及22个国家和地区。分别是中国与东盟、新西兰、新加坡、巴基斯坦、智利、秘鲁、哥斯达黎加、冰岛、瑞士、韩国和澳大利亚的自贸协定，内地与香港、澳门的更紧密经贸关系安排(CEPA)，以及大陆与台湾的海峡两岸经济合作框架协议(ECFA)。详见中国自由贸易区服务网http://fta.mofcom.gov.cn/。

7.1.5.2 区域协调理论

(1)关税同盟理论

关税同盟理论建立和发展的代表人物是普林斯顿大学经济学教授范纳(J. Viner)和李普西(R. G. Lipsey)。主要观点：关税同盟形成后，会产生贸易创造效应、贸易转移效应和贸易扩大效应等静态效应，获得规模经济效益、刺激市场竞争、刺激投资、促进生产要素自由流动、促进技术进步等动态效应。

第一，静态效应。

贸易创造效应(trade creating effect)：指由于关税同盟内实行自由贸易后，产品从成本较高的国内生产转往成本较低的成员国生产，从成员国的进口增加，新的贸易被"创造"出来。贸易创造效应的福利效果表现为：①由于内部取消关税，成员国由原来生产并消费本国的高成本、高价格产品，转向购买成员国的低价产品，从而使消费者节省开支，提高了福利；②提高了生产效率，降低了生产成本。从成员国看，以扩大的贸易替代本国的低效率生产，从同盟整体来看，生产从高成本的地方转向低成本的地方，同盟内部的要素得以重新配置，改善了资源利用效率。

贸易转移效应(trade diversing effect)：是指由于关税同盟对外实行保护贸易，导致从外部非成员国较低成本的进口，转向从成员国较高成本的进口，发生"贸易转移"。贸易转移效应的福利效果表现为：①由于关税同盟的建立，阻止了从外部低成本进口，使消费者由原来购买外部的低价格产品转向购买成员国较高价格的产品，增加了开支，减少了福利；②从全世界的角度来看，这种资源的重新配置导致了生产效率的降低和生产成本的提高，降低了整个世界的福利水平。之所以会发生这种贸易转移和福利的减少，是由于关税同盟给予内部成员国以优惠性贸易安排的缘故，背离了比较利益的基本原则。目前并不确定建立关税同盟对相关国家净福利的影响。

贸易扩大效应(trade expansion effect)：是指关税同盟建立后，由于市场上商品的销售价格比原来低，当商品的需求富有弹性时，商品的进口就会增加，因而成员国之间的贸易规模会扩大。

其他静态效应：譬如关税同盟建立后，成员国之间取消关税，从而可以减少征收关税和打击走私的行政支出，还有利于加强集体对外谈判的力量等。

第二，动态效应。

关税同盟还具有动态经济效果，这些动态效应通过如下渠道表现出来。

获得规模经济效益：关税同盟可以使生产厂商获得内部规模经济和外部规模经济之

利。内部规模经济主要来自于对外贸易的增加,以及随之带来的生产规模的扩大和生产成本的降低。外部规模经济则来源于整个国民经济和一体化组织内的经济发展。建立关税同盟将使各国国内市场联结成为一个统一的区域市场,而更大的区域市场将增加实现规模经济的机会。而且,区域一体化也有助于基础设施(如交通运输、通信网络)实现规模经济。

刺激市场竞争:关税同盟的建立,摧毁了原来各国受保护的市场,增强了市场竞争性,将促使企业改组和产品更新,推动先进技术的使用,从而提高生产效率和经济福利。

刺激投资:成立关税同盟以后,市场规模的扩大和投资环境的改善大大增强了投资吸引力。关税同盟的建立从三个方面促使投资增加。①关税同盟建立后,成员国国内市场变成统一的区域性大市场,需求增加,市场空间扩大,从而使企业追加投资。②关税同盟建立后,市场竞争加剧,为了增强竞争力,厂商一方面要扩大生产规模,增加产量,降低成本,另一方面必须进行设备更新,提高装备水平,改进产品质量,并研制新产品。③由于关税同盟的成员国减少了从非成员国的进口,迫使非成员国为了抵消贸易转移的不利影响,到成员国内进行直接投资,就地生产,就地销售,以绕开关税壁垒。

促进生产要素自由流动:关税同盟成立后,内部市场趋于统一,生产要素可以在成员国间自由流动,提高了生产要素的流动性。要素的自由流动将使生产要素的配置更加合理,要素利用率更高,实现生产要素的最佳配置。

促进技术进步:关税同盟建立后,市场扩大、竞争加剧,使得企业愿意投资于研究与开发活动,促使技术不断革新与进步。

(2)大市场理论

大市场理论是分析共同市场成立的原因与效益的理论,其代表人物是西托夫斯基(T. Scitovsky)和德纽(J. F. Deniau),其核心观点:共同市场导致市场扩大、竞争激烈,因而可以获得规模经济并实现技术利益。许多人认为欧洲经济共同体发展的动力即来自于这种内部市场的扩大。

(3)协议性国际分工理论

协议性国际分工理论是日本学者小岛清提出来的。小岛清认为,在经济一体化组织内部,如果仅仅依靠比较优势进行国际分工,不可能完全获得规模经济的好处,反而可能会导致各国企业的集中和垄断,影响组织内分工和贸易的和谐发展。在消除比较优势差距的极端状态下,国际分工无法通过价格机制自动实现,所以,为了获得规模经济,应该进行协议性的国际分工。所谓协议性国际分工,是指一国放弃某种商品的生产并把国内市场提供给另一国,而另一国则放弃另外一种商品的生产并把国内市场提供给对方,即两国达成相互提供市场的协议,实行协议性分工。

达成协议性分工的3个必备条件:第一,参加协议分工的国家生产要素禀赋差异不大,工业化水平和经济发展水平相近,协议性分工的对象产品在每一个国家都能够生产。第二,作为协议性分工的对象产品,都能获得规模经济效益。第三,每个国家自己实行专业化的产业和让给对方的产业之间没有优劣之分,否则不易达成协议。这种优劣主要取决于规模扩大后的成本降低率和随着分工而增加的需求量及其增长率。

由上述第三个条件,小岛清得出如下结论:协议性国际分工是在同一范畴商品内的更细的分工,即应按照各种商品的范畴进行国际分工。但他同时认为,目前尚无法解决划分同一类范畴商品的问题。

上述3个条件表明,一体化容易在同等发展阶段的国家之间建立,而不能在工业国和初级产品生产国之间建立;在工业发达国家之间,可以进行协议性国际分工的商品范围越大,利益也越大。另外,生活水平和文化等较为类似的地区容易达成协议,并且容易保证相互需求的均等增长。

(4) 综合发展战略理论

综合发展战略理论是与经济发展理论紧密联系、指导发展中国家经济一体化的理论,其代表人物是发展中国家合作研究中心的高级研究员鲍里斯·塞泽尔基。该理论认为,经济一体化是发展中国家的一种战略,要求有强有力的共同机构和政治意志来保护较不发达国家的优势,因此,有效的政府干预对于经济一体化是很重要的,发展中国家的经济一体化是变革世界经济格局、建立国际经济新秩序的要素。

与其他经济一体化理论相比较,综合发展战略理论有3个显著的特点。第一,突破了以往的经济一体化理论的研究方法。以往的经济一体化理论研究,一种是以要素配置合理化为基础的研究方法,另一种是以贸易保护主义为基础的研究方法。综合发展战略理论主张用与发展理论紧密联系的跨学科的研究方法,把经济一体化作为发展中国家的一种战略,而不限于市场的统一。第二,充分考虑了发展中国家实现一体化过程中国内外的制约因素,譬如跨国公司的强大作用、经济发展中的两极分化等,故而把经济一体化看作发展中国家集体自力更生的手段和逐渐改变世界经济格局的重要因素。第三,在制定一体化政策时,主张综合考虑政治、经济因素,强调经济一体化的基础是生产和基础设施,主张政府的有效干预,反对强加的一体化。

7.2 林产品贸易壁垒与贸易争端

7.2.1 林产品贸易壁垒

林产品贸易壁垒集中于非关税措施领域(宋维明等,2015),主要有以下几种。

7.2.1.1 技术法规、标识和标准

发达国家涉及林产品的技术法律、法规、指令与特殊化学指标和安全性能规定众多,例如,美国环保署法规关于限制油漆中重金属的规定、美国联邦法规关于双人床安全及软体家具防火阻燃性能的规定,欧盟新方法指令中关于限制甲醛释放量、砷及重金属的环保指令及家具防火阻燃性指令,日本建筑基准法关于限制甲醛释放量的规定,欧盟CE认证、美国UL认证、日本JAS认证和北美的TECO认证等合格评定程序。

(1) 美国的相关技术法规、标识和标准

美国与林业相关的低碳法律:《美国联邦生物能源公法》(Federal Biofuels Public Laws)❶、《2009美国复兴与再开发法》A篇[American Recovery and Reinvestment Act of 2009

---

❶ http://ita.doc.gov/td/energy/biofuels.htm [2012-12-20]

(ARRA 2009)(Public Law 111-5)Division A]、《2008 能源改善和扩展法》B 篇[Energy Improvement and Extension Act of 2008(Public Law 110-343)Division B]、《2008 食品保护和能源法》[Food Conservation and Energy Act of 2008(Public Law 110-234)]、《2007 能源独立和安全法》[Energy Independence and Security Act of 2007(EISA)(Public Law 110-140)]、《2006 税收减免和健康保护法》[Tax Relief and Health Care Act of 2006(Public Law 109-432)]、《2005 能源政策法》[Energy Policy Act of 2005(EPA Act 2005)(Public Law 109-58)]、《2004 美国就业创造法》[American Jobs Creation Act of 2004(Public Law 109-432)]、《2000 生物质研究和开发法》[Biomass Research and Development Act of 2000(Public Law 108-357)]等。[1]

美国涉及林产品安全的法律主要有 8 部(表 7-3)。其中,《2008 消费品安全改进法》的修改主要包括:铅含量、禁用某些邻苯二甲酸酯、强制性第三方检验、溯源性标签和产品注册卡、检举者保护、提高民事赔偿等,要求非常严格。此外,美国还有 2 个条例涉及林产品安全,即《禁用含铅涂料条例》(16 CFR 1303)和《危险物质和商品管理和实施条例》(16 CFR 1500)。

表 7-3 美国涉及林产品安全的法律

序号	法　律	要　求
1	清洁空气法(CAA)	有害物质(有机挥发物 VOC 等)
2	清洁水法	有害物质
3	海洋保护、研究和禁猎法	有害物质
4	安全饮水法	有害物质
5	紧急计划和社区知情法	有害物质
6	联邦杀虫剂、杀真菌剂和灭鼠剂法	有害物质
7	有毒物质控制法	有害物质(废弃物)
8	资源保护和回收法	有害物质

资料来源:宋维明,缪东玲,程宝栋. 低碳经济与林产品贸易[M]. 北京,中国林业出版社,2015.

美国涉及复合木制品甲醛释放量的法律:主要是美国 CARB 发布的 ATCM 法规和美国《复合木制品甲醛标准法》两部法律。

2007 年 4 月 27 日美国加利福尼亚州空气资源委员会(California Air Resources Board,CARB)根据调查举行公众听证会,批准"空中传播有毒物质的控制措施(Airborne Toxic Control Measure,ATCM)"。2008 年 4 月 18 日《降低复合木制品甲醛排放量的有毒空气污物控制测量法规》(简记为 ATCM 法规)获得加利福尼亚州行政法规办公室的批准,成为加利福尼亚州法规,立即生效,并于 2009 年 1 月 1 日开始强制执行。ATCM 法规旨在减少在加利福尼亚州销售、供应、使用或制造的木质人造板及木质人造板制品中的甲醛释放量,其甲醛限量要求明显高于欧盟标准。据悉明尼苏达州和俄勒冈州也将效仿实施 ATCM;其

---

[1] www.afandpa.org [2012-10-20]

至欧洲也将仿效。ATCM 法规的相关内容包括：①适用范围。法规第 93120 章第 1~12 节是关于有毒空气控制测量来减少木质人造板中的甲醛释放量，其适用范围仅限于加利福尼亚州。ATCM 涉及的产品包括刨花板（PB）、中密度纤维板（MDF）、薄中密度纤维板（≤8 毫米）、单板芯硬木胶合板（HWPW-VC）、复合芯硬木胶合板（HWPW-CC）。涉及的商业范围包括：在加利福尼亚州销售、供应、使用或制造木质人造板及含有木质人造板产品的制造商、进口商、加工商、分销商和零售商。②甲醛释放量标准分两阶段实施。根据法规第 93120 章第 2 节，甲醛释放量标准归纳见表 7-4。③第三方认证要求。CARB 在全球范围内建立了独立的人造板认证分支机构，提供甲醛释放量检测和产品认证服务。对人造板制造商而言，必须依据法规第 93120 章第 4 节（由 CRAB 承认的第三方认证机构通过的符合性认证），必须符合法规第 93120 章第 2 节（符合甲醛排放量标准）。④测算方法及对含超低甲醛排放制造商的特殊规定。第三方认证进行人造板甲醛释放量测试时，主要方法为大气候箱法，次要方法有穿孔萃取法等。每年必须由第三方认证机构为其使用的每个测试实验室至少证明一次次要方法与主要方法的直接等效性。除了第三方认证外，CARB 制定了控制措施来允许制造商以较低的频率测试其产品，数据合格后可申请无甲醛或超低甲醛免认证。根据第 93120 章第 3 节 d 篇，针对胶合板的测试结果必须不超过第二阶段的排放标准；针对刨花板和纤维板的排放标准，则规定了目标值和上限值（表 7-5）。免认证有效期均为两年。⑤产品标签要求。符合甲醛释放标准的每块产品上必须明确贴标，标识至少包括以下内容：制造商的名称、生产批号和所生产的批量、符合排放标准的标志、CARB 批准的第三方认证机构编号。⑥延续销售的规定。在法规第 93120 章第 12 节附录 1 中，专门对制造商、进口商、分销商、零售商、加工商的延续销售进行了规定。人造板的制造商在每个规定生效日期之后，延续销售的最长时间是 3 个月，进口商也是 3 个月，而分销商则是 5 个月，零售商是 1 年，加工商是 18 个月；成品的进口、分销、零售商的最长时间是 18 个月。

表 7-4　ATCM 法规的甲醛释放量限值　　　　　　　单位：mg/L

阶段	代号	实施日期	单板芯硬木胶合板	复合芯硬木胶合板	刨花板	中密度纤维板	薄中密度纤维板
第一阶段	P1	2007 年 1 月 1 日	0.08	—	0.18	0.21	0.21
		2009 年 7 月 1 日	—	0.18			
第二阶段	P2	2010 年 1 月 1 日	0.05	—			
		2011 年 1 月 1 日	—	—	0.09	0.11	
		2012 年 1 月 1 日	—	—			0.13
		2012 年 7 月 1 日	—	0.05			

注：测量方法按 ASTM E 1333—96（2002），以百万分之一作为单位，这是一种大型气候箱测试方法。与中国穿孔萃取法以 mg/100 g 为单位不同。

资料来源：中国人民共和国商务部. 出口商品技术指南：木制品[R/OL]. P114.[2013-05-10]. http://sms.mofcom.gov.cn/article/zt_jshfw/

资料来源：宋维明，缪东玲，程宝栋. 低碳经济与林产品贸易[M]. 北京，中国林业出版社，2015.

表 7-5　刨花板、纤维板的超低甲醛释放量目标值和上限值　　　　　　　　单位：mg/L

	刨花板	纤维板	胶合板
甲醛释放（目标值）	0.05	0.06	0.05
甲醛释放（上限值）	0.08	0.09	—

注：测量方法按 ASTM E 1333 — 96(2002)，以百万分之一作为单位，这是一种大型气候箱测试方法。与中国穿孔萃取法以毫克/100 克为单位不同。

资料来源：宋维明，缪东玲，程宝栋. 低碳经济与林产品贸易[M]. 北京，中国林业出版社，2015.

2010 年 7 月 7 日，《复合木制品甲醛标准法》(Formaldehyde Standards for Composite Wood Act, S. 1660)由美国总统签署正式成为美国法律。该法基于美国家具用品联盟(AHFA)与 CARB 在 2007 年制定的 ATCM。根据该法，《有毒物质控制法》(Toxic Substances Controls Act, TSCA)应该做相应的修改。该法于 2011 年 1 月 3 日生效，适用于在美国供应、销售或制造的本国或进口硬木胶合板、中密度纤维板、刨花板及其制品。

此外，美国还有众多相关技术标准。美国有 400 多个行业协会、专业团体、政府部门制定技术标准，一些标准在国际上很有影响力。例如，美国试验与材料学会(ASTM)是世界上最大的制定自愿标准的组织，它制定的标准超过 11 000 项。又如，美国标准学会(ANSI)根据美国国会授权，将其中一些行业标准、专业标准和政府部门标准上升为美国标准。此外，美国办公家具协会(BIFMA)、美国防火协会(NFPA)和美国保险商实验室(UL)等标准组织也制定相应的标准，或被引用为美国国家标准(ANSI)。上述标准多数可在相关网站免费下载。

(2)欧盟的碳技术法规、标识和标准

1985 年，欧盟理事会批准并发布了《关于技术协调和标准化新方法》，规定欧盟发布的指令是对成员国有约束力的法律，成员国需要制定相应的实施法规。只有涉及产品安全、工业安全、人体健康、消费者权益保护等内容时才制定欧盟指令。欧盟指令只规定基本要求，具体内容由基本技术标准规定。这些标准被统称为"欧盟协调标准"。

欧盟技术标准分为欧洲标准和成员国标准两个层次，有 10 万多项，很多是推荐性的，但是众多欧洲消费者喜欢符合这些标准的产品，因此，进口商品也只能尽量满足相关标准要求。欧盟技术法规的主体由新方法指令和旧方法指令构成。在林产品中，涉及安全的主要指令包括：通用产品安全指令(2001/95/EC)，也称 GPSD 指令，是为了弥补欧盟各国有关消费者安全保护方面法规的差异性，确保投入市场的产品的安全性而对 92/59/EEC 指令的修订；建筑产品安全指令(89/106/EEC)；针对甲醛的欧盟 93/68/EEC 指令；挥发性有机化合物指令(1999/13/EC)；有害物质限制指令(76/769/EEC)及其一系列的修订和补充，对产品所使用的油漆等物质中可能含有的限用物质进行规定；化学品注册、评估、许可和限制制度(REACH 法规)(欧盟 1907/2006 条例和 2006/121/EC 指令)等。

欧盟发布的 REACH。该法规于 2007 年 6 月 1 日正式实施，对进入其市场的所有化学品进行预防性管理，这意味着外国企业向欧盟出口化学品及其下游产品，必须通过欧盟境内的生产商或者进口商进行注册，否则将被迫退出欧盟市场。REACH 法规还规定了严格的检测程序和高昂的检测费用，这些费用全部由企业承担。据欧盟估算，每种化学品的基本检测费平均 8.5 万欧元，每种新化学品的检测费平均 57 万欧元。另外，针对挥发性有机化合物（VOC），在 1976 年欧盟合作行动的第 18 号报告的基础上，由英国标准协会（BSI）的 CEN/TC134 制定了 prEN TC134N1113 文件，后来被国际标准化组织采用，成为 ISO/TC 219N135 标准。

欧盟《关于限制经过砷防腐处理的木材进入市场的指令》（2003/2/EC 指令）。该指令于 2003 年 1 月 6 日通过，明确了从 2004 年 6 月 30 日起，输往欧盟的木材及木制品除 CCA（加铬砷酸铜）外，不得使用其他含砷防腐剂。凡是用 CCA 进行防腐处理的木材及木制品，在投放市场前，需加贴标签"内含有砷，仅作为专业或工业用途"，即不得用作居家结构材料等。

欧盟的人造板 CE 标准。CE 认证标志，属于欧盟市场的强制性安全认证标志，无论欧盟内部企业生产的产品，还是其他国家生产的本土或进口产品，在欧盟市场流通就必须加贴 CE 标志，以表明产品符合欧盟《技术协调与标准化新方法》指令的要求。CE 是从法语"Communate Europpene"缩写而成，意为欧洲共同体。事实上，CE 还是欧洲许多国家语种中，"欧共体"一词的缩写。CE 还代表"欧洲统一"（Conformitee Europeenne）或"符合欧洲（要求）"（Conformity with European(Demand)）。从 2004 年 4 月 1 日起，欧盟以外国家生产并在欧盟地区销售的人造板产品需要实行 CE 认证。EN 13968 是欧盟认证的标准。欧盟人造板的标准和中国国家标准有相同之处，也有众多区别。同时，CE 认证重视工厂质量控制（在企业自己实验室），而不是送到质检部门进行外部检验。另外，在抽样数量和检验结果的表述方面，中国采用 GB 2828 抽样检验方案，而欧盟采用 EN 326 抽样标准；从抽样统计结果看，欧盟 EN 326 比中国 GB 2828 的置信概率高；从检验结果看，欧盟 EN 326 标准除算术平均结果外，更注重标准差和板内及板间差。

欧盟的生态标签（Eco-label）。2009 年 11 月 26 日，欧盟通过了"关于建立对木质地板覆面授予欧盟生态标签的生态标准的决议"（2010/18/EC）、"关于授予木制家具欧盟生态标签的生态标准的决议"（2009/894/EC），将木地板和木家具纳入生态标签制度。欧盟的生态标签制度起源于 1992 年通过的 EEC880/92 号条例的"生态标签体系"，2000 年通过的欧盟 1980/2000 号条例进一步修改和补充，允许贸易商和零售商为自己品牌的商品申请生态标签，标签图案像一朵绿色小花，故又名"欧洲之花"，加贴生态标签的产品被称为"贴花产品"。作为欧盟规定的一种自愿性产品标签体系，生态标签是一个门槛较高的"绿色壁垒"，是欧盟可持续消费和生产行动计划的重要组成部分。2010/18/EC 涵盖"木地板覆面"产品组，是指在产品中超过 90%的质量由源于木、木粉和/或以木/植物为基础的材料构成的原木覆面、层压地板、软木覆面板及竹地板。欧盟有些成员国使用不同于欧盟统一规定的"生态标签"，例如，德国的"蓝天使"标志、北欧诸国的"天鹅"标志。2000 来了欧盟在生态标签补充条例中规定，成员国可以制定本国的生态标签体系，但是产品的选择标准、生态标准应该与欧盟生态标签体系一致。如果企业已经获得 ISO14001 认证或 EMAS（欧盟生态管理及审计体系）认证，则更容易申请到生态标签，还可以获得 25%的标签使用费减免。ISO14001 认证或 EMAS 侧重于对企业生产的环保要求，而生态标签则关注企业某一特定产品的环保标准。

（3）日本的碳技术法规、标识和标准

日本于 1950 年颁布《建筑基准法》，2003 年 7 月 1 日修改该法，对建筑物防震、材料、环境和环保等作了详细规定。由于林产品涉及濒危物种，还需遵守《华盛顿公约》和《濒危野生动植物物种国际贸易公约》(CITES)。此外，视产品，还需遵守《家居用品质量标签法》《消费品安全法》(PSC)、《工业标准法》(JIS 体系)和《农业标准化管理制度》(JAS)等。此外，日本还有针对甲醛的 JAS-JPIC-EW-SE00-01 等标准，针对有机挥发物(VOC)的 JIS A1901：2003 等标准。

(4) 其他规定

第一，植物检疫措施国际标准第 15 号(ISPM 15)。为控制入侵虫害的蔓延，2002 年《国际植物保护公约》植物检疫措施临时委员会对国际贸易中包装用木材制定了《植物检疫措施国际标准第 15 号》(ISPM 15)。截至 2006 年 1 月，执行此项标准或正在按照 ISPM 15 制定国家标准的有欧盟及其他 20 多个国家，其中包括使用包装用木材的主要工业产品出口国和进口国。

第二，回收或再生纸类产品环保标签标准。表 7-6 显示了一些国家回收或再生纸类产品环保标签标准。

表 7-6 一些国家回收或再生纸类产品环保标签标准

国家	纸浆来源	原料质量或特性	限用或禁用物质	其他要求		
				废水	制程	环境负荷
德国	100%废纸	符合 1, 2, 5 级	甲醛、五氯酚、氯丙醇、荧光剂、染料/色料、双氨染料、乙二醛			
美国	100%废纸	20%为消费后	染料/色料、香料、油墨		漂白、去油墨不得使用氯	
加拿大	人工林					能源消耗+固废+COD + TEFsub 总量限制
日本	100%回收浆		荧光增白剂，双氨染料			
新西兰	100%回收浆	50%为消费后，人工林需有验证	染料/色料/涂料、界面活性剂、清洁剂、杀菌剂、消泡剂、乙二胺四乙酸(EDTA)	废水、空气、废弃物管理，污染改善计划		能源管理(含 CO_2 减量)
北欧国家			香料、有害物质甲醛乙二醛、含氯有机物	废水、空气		能源消耗

资料来源：于宁. 亚洲地区绿色采购政策与活动. 中国台湾绿色采购联盟，环境与发展基金会，2013.

总之，目前各国相互效仿，涉林碳技术法规、标识和标准的形式愈加繁多，要求越来越高。取得碳标识意味着取得了进入实施碳标识制度国家市场的"通行证"，但碳标识的标准严格、认证程序复杂、手续繁琐，往往会增加生产和交易成本，也为一些国家制造"绿色技术性贸易壁垒"提供了借口。

(5) 技术性贸易壁垒及其评判标准

经济学界对技术法规和标准对国际贸易造成的障碍进行了模型化评估(包括规则保护模型、供给变化模型和需求变化模型等)。尽管各个分析模型很难精确地量化技术法规和标准的差异对国际贸易造成的障碍,但是,最显而易见、最主要的障碍是出口国出口商和生产商因遵守进口国的技术法规和标准而导致的产品成本升高。

各国为消除技术法规和标准差异对国际贸易造成的障碍所做的努力。各国以及区域性经济合作组织纷纷制定同一技术法规和标准(Harmonization)或者互相承认协议(MRA, Mutual Recognition Agreement)。尽管同一技术法规和标准以及互相承认协议对国际贸易起到了积极的促进作用,但是,如果缺乏相关的国际准则,仍有可能出现制定技术法规和标准的目的仅仅是为了保护本国产业的情况,尤其是在关税壁垒逐步消除的背景下。为了避免技术法规、标准以及合格评定程序的制定和实施给国际贸易造成不必要的障碍,关税与贸易总协定及世界贸易组织开展了一系列的谈判并达成了技术性贸易壁垒协议。1947年的关贸总协定(GATT1947)仅在第3条、第1条和第20条概括性地提及了技术法规和标准。随后,为评估非关税壁垒对国际贸易造成的影响而成立的GATT工作组研究认为,技术性壁垒是出口商面临的最大的非关税壁垒。在1979年东京回合谈判中,32个缔约方签署了技术性贸易壁垒的多边协定,该协定对所有缔约方开放,自愿签署。1994年乌拉圭回合议定的技术性贸易壁垒协议(TBT)是WTO一揽子协议中不可少的组成部分,明确规定了为使技术法规、标准以及合格评定程序不给国际贸易造成不必要的障碍,各缔约方应有所为有所不为。不为应所为,为所不应为,都可能给国际贸易造成不必要的障碍。

技术性贸易壁垒的评判标准。总的来说,如果存在以下情况,则可以认为技术法规、标准以及合格评定程序限制了贸易,给国际贸易造成了不必要的障碍:技术法规、标准以及合格评定程序的采用及其实施仅仅是为了增加成本。例如,在进行合格评定时迟延检测或者主观地收取额外费用;如果技术法规和标准规定的水平高于达到某一特定的政策目标所需的必要程度,通过牺牲国内产品利润以减损进口产品的利润,则可能有贸易保护的目的,判定的方法是:它们是否高于在该产品均由国内生产商生产的情况下规定的水平;如果技术法规、标准或者合格评定程序在适用时或者对国内产品和进口产品发生影响时有所区别,那么,区别的差额部分即是不必要的保护;是否在所有可行的备选方案中选择了对贸易造成最小障碍的技术法规、标准以及合格评定程序。

第一,技术法规不应给国际贸易造成不必要的障碍。为此,技术性贸易壁垒协议(TBT)第2.1、2.2条规定了以下原则:①各成员方在执行技术法规时不应因原产地不同而对进口产品有所区别(最惠国待遇原则);②不应给予进口产品低于国内产品的待遇(国民待遇原则);③应基于相关的科学和技术信息;④不以给国际贸易造成"不必要的障碍"的方式制定和实施。同时,TBT还明确规定了制定技术法规时应遵循的指导方针,以确保技术法规不给国际贸易造成不必要的障碍。TBT第2.2、2.3、2.4、2.5条规定,如果制定技术法规时同时符合以下情况,则不应认为技术性法规对国际贸易造成了不必要的障碍:①采用技术性法规的目的是为了达到正当的目标。这些正当目标包括:国家安全的要求,防止欺诈行为,保护人身健康和安全,保护动物、植物的生命和健康,保护环境;②技术性法规和标准基于国际标准。如果认为国际标准不存在或者国际标准不合适,则制定的技术性法规不应比实现上述正当目标的必要程度更严格。并且考虑了不能实现上述目标所产生的风险。根据技术性贸易壁垒协议的相关规定,判断一个不以国际标准为基础的技术性法规是否对贸易造成了不必要的障碍,首先看该法规要达到的目标。如果制定该法规的目标是上述正当目标之一,那么,下面要做的是审查该法规规定的技术标准是否比达成上述目标所要求的技术标准的必要程度更严格,并且,如果采用一个不如该法规严格的法规,则存在的不能实现上述正当目标的风险。在评估不能实现上述目标的风险时,应考虑的因素有:①已有的科学和技术法规;②相关的加工生产技术;③该产品的预计的最终用途。

第二,标准不应给国际贸易造成不必要的障碍。制定、采用和实施标准的良好行为规范。如果各成员方之间自愿采用的标准差异很大,那么,自愿采用的标准也可能会对国际贸易造成很大的障碍。为了协调各国在制定标准时尽量一致或者相似,TBT 第 4.1 条规定,各成员方须保证其中央政府标准化机构接受并遵守协议附件三中的制定、采用和实施标准的良好行为规范(Code of Good Practice for the Preparation, Adoption and Application of Standards)。它们应采取能够采取的适当措施确保其境内的地方政府和非政府的标准化机构以及它们参加的或其境内有一个或者多个机构参加的区域性标准化组织,接受并遵守良好行为规范。此外,成员方不得采取直接或者间接导致要求或鼓励这些标准化机构违反良好行为规范的措施。无论标准化机构是否接受良好行为规范,确保其境内的标准化机构遵守良好行为规范是各成员方的义务。该规范要求:①在标准方面,各标准化机构应给予原产于世界贸易组织其他任何成员方境内产品不低于给予本国同类产品以及原产于其他任何国家同类产品的待遇(D 条);②各标准化机构应保证不制定、不采用以及不实施在目的上或效果上给国际贸易造成不必要障碍的标准(E 条);③当国际标准存在或者即将制定完毕时,各标准化机构应当以它们或者其相关部分作为制定相应标准的基础,除非它们或者相关部分由于保护力度不够、基本的气候、地理因素或者基本技术等原因而收不到效果或者不合适(F 条);④为了使标准在尽可能广泛的基础上协调一致,各标准化机构须以适当的方式在资源允许的条件下,充分参与有关国际标准化机构有关它们已采用或准备采用的某种产品标准的制定工作(G 条);⑤各标准制定机构应尽可能基于性能方面的产品要求而非对描述性特征的设计方面的产品要求制定标准(I 条);⑥各标准化机构应至少每 6 个月公布一次工作计划,包括其名称、地址、正在制定的标准以及以前采用的标准(J 条);⑦在采用一个标准之前,标准化机构应留出至少 60 天的时间让世界贸易组织其他成员方境内的利害关系方对标准草案提出意见(L 条);⑧标准化机构在对此标准做进一步的处理时,应考虑在征询意见期间收到的意见,对已接受本良好行为规范的各标准化机构提出的意见,应尽可能快地给予答复,答复内容必须包括该标准有必要偏离有关国际标准的原因(N 条)。如果某国制定、实施标准时违反了上述规定,给国际贸易造成了不必要的障碍,其他成员方的生产商或者出口商可以根据相关国内法的规定,请求国内救济。或者依据 WTO 相关争端解决的协议,请求本国政府与制定规范的成员方进行磋商以至启动争端解决程序。

第三,合格评定程序不应给国际贸易造成不必要的障碍。TBT 第 5 条规定:①制定、采用和实施合格评定程序时,给予进口产品的待遇不应低于给予原产于国内产品的待遇;②经要求,应该提供给外国供应商有关评定期间的信息,以及评定供货商要出口的产品是否合格所要求的信息;③向外国供应商收取的任何费用与评定国内产品合格时收取的费用相比是公平的;④合格评定程序中所用的设备的地点以及样品的抽取不应给外国供应商及其代理人带来不必要的不便;⑤应在合格评定程序中设立复审程序审查对该程序的投诉。

7.2.1.2 碳关税

以美国和欧盟国家为首的发达国家曾努力实现碳关税合法化,声称要征收碳关税。发展中国家存在被迫接受碳关税的可能性。发达国家在碳减排方面有技术、实力、利益,为保持国内产业竞争力,一直鼓吹把气候变化与国际贸易联系起来,对不量化减排国家的产品征收碳关税。美国、法国、英国、日本等已有所行动,但欧盟尚无统一的碳关税规定。

(1) 美国

法案:美国多个法案涉及边境调节措施,包括 S. 1766(2007 年 7 月)、S. 2191(2007 年 7 月)、S. 3036(2008 年 5 月)、H. R. 6186(2008 年 6 月)、H. R. 6316(2008 年 6 月)和 H. R. 2454(2009 年 6 月)和美国电力法案(草案,2010 年 5 月)等。其中,有 3 部影响力巨大。其一,2008 年 5 月提出的《利伯曼—沃纳气候安全法案》(S. 3036)❶❷。其二,由众议院议员克里斯多佛·范·霍伦于 2009 年 4 月 1 日在众议院提出的《碳排放上限和红利法》(H. R. 1862)❸。其三,由众议院议员亨利·韦克斯曼和爱德华·马基提出,2009 年 6 月 26 日众议院通过的《美国清洁能源与安全法案》(H. R. 2454),授权总统在不迟于 2018 年 1 月 1 日之前作出如下判断:遵守美国 CAT 是否会继续造成国内生产和就业的下降以及未实行减排国家温室气体排放的增加,由此决定是否采取边境调节措施❹。在这 3 部法案中,边境调节措施一般包含适用的国家、适用的产品和计价方法 3 方面。2010 年 5 月 12 日,在美国参议院听证会上,民主党参议员约翰·克里(John Kerry)和独立参议员乔·利伯曼(Joe Lieberman)提出了参议院版气候法案草案。草案发布后,奥巴马总统发表声明对该法案予以支持。该草案包含了碳关税条款,即"如果与美国高能耗行业存在竞争的国家到 2025 年仍没有达到美国的能效或减排要求,则美国将从那时候开始对相关产品的进口征收边境调节税"。

目的:这些法案,不仅保护气候安全,也开始兼顾其他政策目标,出发点和动机基本相同,即将外国产品因不受减排约束而获得的额外优势抵消,以保护美国产业的国际竞争力。《利伯曼—沃纳气候安全法案》适用的产品范围和国家范围都比较有限,有明确的确定进口产品碳排放配额价格和数量的计算方法,规定的各项参数非常具体,可操作性强。例如,确定了判断是否对一国的产品采取边境调节措施的办法:是否具有相同的效果由国际气候变化委员会来确定,要求该国所削减的温室气体量的百分率等于或高于美国的水平;如果难以确定削减百分率,国际气候变化委员通过评估该国所采取的削减温室气体排放的绿色技术、该国所执行的削减温室气体排放的规制项目,来确定该国采取的减排措施是否与美国采取的减排措施具有可比性。而《碳排放上限和红利法》和《美国清洁能源与安全法案》的产品范围、国家范围都有所扩大,进口产品的碳排放配额价格和数量的计算不甚明确,执行人员的自由裁量权和操作余地更大,为贸易保护主义预留了更多的空间。因此,这 3 个法案对须支付的进口费用计算方法各不相同,但都希望以保证美国产品的竞争力。

---

❶ [2010-12-09]. http://www.govtrack.us/congress/billtext.xpd? bill=s110-3036.

❷ [2010-12-16]. http://www.pewclimate.org/docUploads/L-Wonepager.pdf.

❸ Cap and Dividend Act of 2009, H. R. 1862, 111th Cong. §9902(b)(2)(B).

❹ American Clean Energy and Security Act of 2009, H. R. 2454, 111th Cong. §767(b)(2).

《碳排放上限和红利法》和《美国清洁能源与安全法案》的规定相对笼统。总之,"碳关税"是美国的威慑策略之一,是推行新能源技术、发展新能源产业的一个谈判工具,其实质目的:①迫使以中国、印度为代表的新兴经济体实施强制减排承诺;②保护本国产业竞争力,降低出口国竞争优势。

(2) 欧洲国家

与美国遥相呼应的是法国,甚至在碳关税实施计划上走在美国前面。在第 12 届联合国气候变化大会上,法国建议"对没有签署后《京都议定书》减排目标和义务的国家的工业产品出口征收额外关税(extra tariff)"。其主要目的有二:其一,在欧美贸易中保持本国竞争力,矛头实指美国,要因是美国没有征收碳税,而欧盟国家多征收碳税,在欧洲没有实施一定的减缓或补偿措施条件下,碳税征收将对那些能源密集型部门产生不利影响,使其降低甚至失去竞争力;其二,在当时气候谈判格局下,"碳关税"成为"要挟"美国签署《京都议定书》的博弈筹码。2009 年 9 月,萨科齐在联合国气候大会上鼓吹设立欧盟碳税边界机制,对来自"污染国家"的产品征收关税。法国国民议会和参议院于 2009 年 10 月和 11 月先后投票,通过了从 2010 年 1 月 1 日起在法国国内征收碳税的议案,标准为化石能源每排放 1 吨二氧化碳征税 17 欧元;并将考虑对一些发展中国家出口产品征收"碳关税"。2010 年 1 月,萨科齐特别提出,2010 年法国将继续推动设立欧盟碳关税,以加强针对"环境倾销"行为的斗争。2010 年 4 月 15 日,萨科齐与贝卢斯科尼联名致信欧盟委员会主席巴罗佐,呼吁对欧盟外生产的不符合其碳排放标准的产品在进入欧盟时收取补偿金,并以此手段促进欧盟以外国家采取积极措施减少二氧化碳排放量。这一提议被纳入欧盟审议范畴,并得到了比利时、荷兰、丹麦等国政界人士的响应和支持。

作为碳关税的前期准备,许多欧洲发达国家都开始在国内征收碳税,如荷兰和英国分别于 1996 年和 2001 年开始对气候变化征税,主要集中在电力、煤炭、天然气、液化石油气等部门;德国于 1999 年开始对汽车燃料、燃烧用轻质油、天然气和电力征税;芬兰、瑞典、挪威和丹麦在 20 世纪 90 年代初对家庭和工业行业征收二氧化碳排放税等。此外,加拿大、日本等国政府也在碳关税方面开始采取一些举措,如 2008 年加拿大政府就有官员提出对中国、印度等发展中国家进口商品征收碳关税,其 BC 省(英属哥伦比亚)也于 2008 年 7 月起率先在北美对汽油、柴油、天然气、煤、石油以及家庭暖气用燃料等所有燃料征收碳税;日本政府也表示力争在 2011 年以后开征全球变暖对策税。

(3) 发展中国家

发展中国家会缺少反制措施和话语权。第一,发展中国家出口的所谓高碳产品普遍属于国际产业价值链低端产业,在发展中国家之间的替代率较强,再加上大多数发展中国家短期内又必须依赖这些产业发展,因此互相竞争现象不仅不可避免而且普遍存在;第二,发展中国家之间在碳减排和碳关税方面立场并不协调,加之发达国家利用小岛国、非洲国家等对全球变暖的恐惧心理,分化发展中国家集团,造成发达国家、新兴发展中大国和发展中小国在气候变化问题上的对立局面,孤立发展中大国,进而削弱发展中国家整体的碳关税谈判能力,在一定程度上制约了其话语权。第三,由于经济和技术制约,发展中国家的产品普遍达不到发达国家的碳排放标准。同时,许多发展中国家产品对发达国家市场依赖性很大,对碳关税并没有足够的制约工具,即便在因反对发达国家碳关税而报复的贸易战极端情况下,受损也将远超过发达国家。因此,在碳关税问题上,发达国家将长期处于强势,其是否出台碳关税的核心考虑因素不在于担心发展中国家实施报复措施,而在于其国内政治经济利益需要。

发达国家的主流政治力量均倾向于对未承担减排义务的国家实施碳关税,这预示着未来这些国家在碳关税问题上很可能达成一致立场,对进口产品联合采取边境限制措施,一种新的贸易保护措施将紧锣密鼓地出现在世界经贸舞台上。

7.2.1.3 气候友好型补贴

为了实施自己的温室气体减排义务,加大对气候友好型产业的扶持力度,政府可以采取补贴措施。尽管目前WTO的《补贴和反补贴措施协议》(SCM)关于不可诉补贴的规定,面临有效性的质疑,但是,相关国家仍然可以找出能够容纳精心设计的气候友好型补贴的空间。值得注意的是,基于共同但有区别的责任,无论发达国家还是发展中国家都积极通过增加森林覆盖率来加大碳储存力度,同时发挥森林在环境保护、自然资源保育、生物多样性维系等方面重要的作用,从而最终解决全球气候变化和生态危机问题。许多国家政府一直就有提供林业补贴的措施。例如,为了促进森林可持续发展,同时使提供森林生态产品和服务的林农得到补贴与支持,欧盟在共同农业和农村发展政策的基础上开展了森林生态补偿措施。欧盟通过森林战略、共同农业政策与农村发展计划、交叉遵守政策等与"LIFE"环境财政工具的结合,形成了较为完善的森林生态补偿体系。其中,欧盟各成员国经常采用的森林生态补偿途径是通过消耗性支出由政府对具有生态价值的森林进行经营和管理。

7.2.1.4 绿色采购政策

增加对气候友好产品的采购并不违反WTO的《政府采购协议》。许多国家纷纷制定绿色采购政策,众多行业协会、非政府组织和企业也纷纷推出非强制性的"负责任采购政策"或"绿色采购"措施,不断"绿化"企业的供应链。

7.2.2 世界林产品贸易争端

很多林产品贸易争端寻求双边或在区域范围内解决,利用多边争端解决机制,向WTO申诉的林产品贸易争端并不多。其中,木材贸易争端和纸产品贸易争端如下。

7.2.2.1 木材贸易争端

(1)争端的规模与解决方式

利用多边争端解决机制,诉诸WTO的木材贸易争端归纳见表7-8。

表7-8 WTO木材贸易争端概况

申诉时间 案件编号	被诉方	申诉方	事 由	结 果
1998-06-17 DS137	欧盟	加拿大	对原产加拿大的针叶材实施卫生与技术进口限制措施	经磋商解决
2000-05-19 DS194	美国	加拿大	美国对针叶材反补贴及1930年关税法771(5)节	DSB通过专家小组报告,加拿大的出口限制不构成补贴

(续)

申诉时间 案件编号	被诉方	申诉方	事由	结果
2001-01-17 DS221	美国	加拿大	美国对针叶材反倾销、美国URAA第129(c)(1)条及其所附的SAA	DSB通过专家小组报告，加拿大认为美国的做法与GATT1994第6(2)、6(3)、6(6a)、ADA第1、9.3、11.1、18.1和18.4条，WTO协定第16(4)条不一致不成立
2001-08-21 DS236	美国	加拿大	美国对特定针叶材反补贴初步认定	DSB通过专家小组报告，认定在一定程度上美国违反SCM，使加拿大在该协议下的利益丧失或减损，要求美国改正
2002-03-06 DS247	美国	加拿大	对加拿大特定针叶材临时反倾销	经磋商解决
2002-03-03 DS257	美国	加拿大	对加拿大特定针叶材肯定性最终反补贴税决定	经磋商解决
2002-09-13 DS264	美国	加拿大	对加拿大特定针叶材产品反倾销最终决定	经磋商解决
2002-12-20 DS277	美国	加拿大	对加拿大针叶锯材第四次调查	2004年3月22日WTO通过专家小组报告，认为美国肯定性损害终裁，违反ADA第3.5和3.7条，违反SCM第15.5和15.7条，建议美国改正。第三方：中国、欧盟、日本、韩国
2004-04-14 WT/DS311	美国	加拿大	美国商务部未确定每个出口商单独的最终反补贴税税率	经磋商解决
2017-11-18 WT/DS533	美国	加拿大	美国对加拿大软木木材反补贴的某些措施违反：SCM第1.1(a)、1.1(b)、2.1(a)、2.1(b)、10、11.2、11.3、14(d)、19.1、19.3、19.4、21.1、21.2、32.1、32.5条；GATT1994第Ⅵ：3条	2018年3月15日，加拿大请求设立专家小组；3月27日DSB推迟设立专家组；4月9日DSB成立专家小组。第三方：巴西、中国、欧盟、日本、哈萨克斯坦、韩国、俄罗斯、土耳其和越南 2018年6月27日，加拿大请总干事组成小组；7月6日，总干事组成小组
2017-11-18 WT/DS534	美国	加拿大	美国对加拿大软木木材差异化定价的措施违反：ADA第1、2.1、2.4、2.4.2条；GATT 1994第Ⅵ：1、Ⅵ：2条	2018年3月15日，加拿大请求设立专家小组，被推迟；4月9日DSB成立小组，巴西、中国、欧盟、日本、哈萨克斯坦、韩国、俄罗斯和越南保留第三方权利。2018年5月9日，加拿大请总干事组成小组；5月22日，总干事组成小组。2019年4月9日专家小组报告认为美国违反ADA第2.4.2条，据DSU第19.1条建议美国改正。应2019年6月4日加拿大申请，争端进入上诉审查程序；8月2日，上诉机构主席通报难以在90天内完成报告

注：《关贸总协定1994》(GATT1994)、《补贴与反补贴措施协议》(SCM)、《反倾销协议》(ADA)、《世界贸易组织协定》(WTO协定)。

资料来源：WTO. Index of disputes issues. [2019-10-31]. https://www.wto.org/english/tratop_e/dispu_e/dispu_subjects_index_e.htm

缪东玲. 美国反补贴反倾销交替引起木材贸易争端探究[J]. 北京：国际贸易问题，2003(9)：55-59.

(2)争端的特点

第一,争端涉及的成员方、贸易领域、措施、协议较为集中。1998年,双方磋商达成一致后,加拿大与欧盟的争端没有再发生。以后的木材贸易争端都是加拿大和美国围绕反倾销和反补贴措施交替展开的,涉及《关贸总协定1994》(GATT1994)、《补贴与反补贴措施协议》(SCM)、《反倾销协议》(ADA)、《世界贸易组织协定》(WTO协定)和WTO《关于争端解决规则和程序的谅解》(DSU)。第三方主要为欧盟、印度、日本、中国和韩国,在2017年开始的2个争端案中增加了哈萨克斯坦、俄罗斯、土耳其和越南。其中,木材反补贴贸易争端更加复杂,概括见表7-9。

表7-9 加拿大向WTO申诉的历次木材反补贴贸易争端

案件编号 (名称)、简介	争论的主要问题	与SCM相关的WTO裁决摘要、 专家组或上诉机构报告援引的主要条款
WT/DS 194(加拿大申诉美国将出口限制解释为补贴) 2000年5月19日加拿大要求磋商。2001年8月23日通过专家组报告	①加拿大的出口限制是否构成SCM第1.1(a)的间接补贴。②加拿大的申诉是否满足成立的条件,美国是否违反其WTO义务	专家组报告:①争端所定义的(加拿大的)出口限制不构成SCM第1.1(a)(1)iv项所指的财政资助。②美国进行行政措施陈述,对771(5)(B)(iii)条的"实践""解释",并非与SCM第1.1条不一致。对此加拿大没有主张,专家组不必要也不合适做出裁决。据DSU第19.1条,对美国在SCM和WTO协定下的义务没有建议 报告援引的主要条款:SCM的第1.1(a)条
WT/DS 221(加拿大申诉美国的URAA第129条(c)款(1)项及其所附的SAA) 2001年1月17日加拿大要求磋商。2002年8月30日通过专家组报告	①美国的关税估价体系是否与WTO一致,预期和回顾关税估价体系是否有区别。②美国URAA第129条(c)款(1)项是否使美国违反其WTO义务	专家组报告:①预期关税估价体系和回顾关税估价体系(Prospective and Retrospective Duty Assessment Systems)一致。②加拿大认为美国URAA第129条(c)款(1)项与GATT1994第6(2)、6(3)、6(6a)、ADA第1、9.3、11.1、18.1和18.4条,WTO协定第16(4)条不一致的主张不成立;对该结论没有建议 报告援引的主要条款:SCM的第10条、19.4款、21.1款、32.1款;ADA第1、9.3、11.1、18.1、18.4、注释12
WT/DS 236(加拿大申诉美国对其特定针叶材反补贴税初裁) 2001年8月21日加拿大要求磋商。2002年11月1日专家组报告通过	①美国商务部认定以提供商品或服务方式支持木材采伐业、构成财政支持的解释,是否与SCM第1.1(a)条一致。②美国计算补贴额方法是否符合SCM1.1(b)、14(d)条的规定	专家组报告:①美国商务部认定以提供商品或服务方式支持木材采伐业、构成财政支持的解释,并非与SCM第1.1(a)条不一致。美国商务部没有按加拿大要求的根据SCM1.1(b)、14、14(d)主导市场价格确定争端商品的生产者受益事实及受益总额;不论下游争端商品的生产者是否得益于无关的上游原木生产者的投入,就确定下游争端商品的生产者受益的做法失败。美国强制采取临时反补贴措施违反SCM第1.1(b)、10、14、14(d)、17.1(b)条。美国从2001年9月4日起,超限额征收反补贴税,违反SCM第10、17.2、17.5、19.4及32.1条和GATT1994第6(3)条。②美国商务部根据SCM第20.6条做出"紧急情况初步决定",及根据该决定强制实施临时反补贴措施违反SCM第20.6、17.3、17.4款。③美国相关补贴法律法规的"加速"(即"快轨道程序")和"行政评议"并非与SCM第19和21条不一致,拒绝"加拿大对美国不能保证其法律法规使美国能够履行其SCM第32.5条和WTO协定第16(4)条规定的义务"的主张。④据DSU第3.8条,认定在一定程度上美国违反SCM的规定,使加拿大在该协议下的利益丧失或减损。建议美国改正 报告援引的主要条款:SCM的第1条、第14(d)项、20.6款、第17.3和17.4款

(续)

案件编号（名称）、简介	争论的主要问题	与SCM相关的WTO裁决摘要、专家组或上诉机构报告援引的主要条款
WT/DS 257（加拿大申诉美国对其特定针叶材反补贴税终裁） 2002年5月3日加拿大要求磋商。 2003年10月，美国上诉。 2004年2月17日上诉机构报告和经修正的专家组报告通过。 2004年12月30日加拿大要求成立第21.5条专家组，并请求DSB授权中止其减让或其他义务。 2005年9月6日，美国上诉。 2005年12月20日第21.5条专家组报告和上诉机构报告通过	美国发动第四次木材调查、反补贴税终裁的法律程序、计算"补贴"额的方法、反补贴税率等，是否违反了SCM第1、2、10、11、12、14、15、19、22、32.1条和GATT1994第6(3)、10(3)条。 美国为遵守DSB建议和裁决所采取的措施与美国在SCM第10、32.1条和GATT 1994第6(3)条下的义务是否一致	专家组报告：美国商务部的反补贴税终裁与SCM的第10、14(d)和32.1条，与GATT 1994第6(3)条不一致。美国应据SCM第19.4和GATT1994第6(3)条规定征收反补贴税；美国调查当局收集证据应遵循SCM第12条规定的法律程序，应据SCM第10、11.4、32.1条开始调查。建议美国改正。 上诉机构报告：支持专家组的裁定，即美国恰当地认定加拿大省政府给予立木特定采伐权构成SCM第1.1条规定的补贴；推翻专家组对SCM第14(d)条的解释和认为"美国认定补贴受益额度"不正确的裁定，上诉机构无法判断美国在调查中确定"受益额度"是否正确；支持专家组关于美国的做法与SCM和GATT 1994不一致的裁定，包括美国未能分析拥有锯木厂的木材采伐者通过出售原木给其他木材生产者是否给予补贴；推翻专家组关于美国的做法与其WTO的义务不一致的裁定，包括未能判定通过锯木厂将初级木材销售给无关的木材深加工者是否给予补贴，因为初级木材产品和深加工木材产品都是美国商务部联合调查的产品。 报告援引的主要条款：SCM的第1.1(a)(1)(iii)项、第14(d)项 第21.5条专家组报告：美国继续违反SCM第10、32.1条，GATT 1994第6(3)条。 第21.5条上诉机构报告：专家组在权限内行事，程序正确，维持专家组的裁定。报告援引的主要条款：SCM的第10条、第32.1款
WT/DS 277（对加拿大针叶锯材第四次"双反"调查） 2002年12月20日加拿大要求磋商。 2004年4月26日专家组报告通过。 2005年2月14日加拿大请求成立第21.5条专家组。 2006年1月13日加拿大上诉。 2006年5月9日上诉机构的报告和经修正的专家组报告通过	①加拿大政府提供伐木权的做法是否构成SCM第1.1(a)意义上的"财政资助"。 ②美国计算补贴额方法是否符合SCM1.1(b)、14(d)的规定。 ③美国ITC的木材反补贴损害调查是否符合ADA第3.5、3.7条和SCM第15.5、15.7条规定的条件。美国为遵守DSB的建议和裁决所采取的措施或此类措施与美国在SCM第10、32.1条和GATT 1994第6(3)条下的义务是否一致	专家组报告：①加拿大政府提供伐木权的做法构成SCM第1.1(a)意义上的"财政资助"。②美国计算补贴额方法不符合SCM1.1(b)、14(d)的规定。③美国国际贸易委员会的产业损害威胁最终裁定未能满足ADA第3.5、3.7和SCM第15.5、15.7条规定的条件（即"实质性进口大幅增长""国内产业损害威胁和进口之间存在因果关系"）。美国对加拿大针叶产品的反倾销和反补贴措施违反美国的义务，建议美国改正。 第21.5条专家组报告：美国ITC的裁定执行专家组和DSB的建议，并没有与美国在ADA和SCM下的义务不一致。 第21.5条上诉机构报告：专家组评议"美国ITC的裁定（第129节）"时，适用标准不当，不符合BSU第11条的规定，因此推翻专家组关于"美国国际贸易委员会的裁定"并非与美国在ADA第3.5或3.7条、SCM第15.5和15.7条不一致的结论，也推翻专家组关于美国已执行了DSB的建议和裁决的结论。由于缺乏确凿证据，上诉机构未能就"美国国际贸易委员会的裁定（第129节）"是否与美国在ADA第3.5或3.7条、SCM第15.5和15.7条下的义务一致"进行分析并给出结论 报告援引的主要条款：SCM的第1.1、14(d)、15条

(续)

案件编号（名称）、简介	争论的主要问题	与SCM相关的WTO裁决摘要、专家组或上诉机构报告援引的主要条款
WT/DS311（加拿大申诉美国商务部未确定每个出口商单独的最终反补贴税税率）2004年4月14日加拿大要求磋商	美国的做法是否违反了SCM第10、19.1、19.3、19.4、21.1、21.2、21.4、32.1条和GATT 1994第6(3)条	撤诉。以《美国—加拿大软木协议》作为一揽子解决方案
WT/DS533（加拿大申诉美国针对加拿大软木锯材的反补贴措施）2017年11月18日加拿大要求磋商	美国的做法是否违反SCM第1.1(a)、1.1(b)、2.1(a)、2.1(b)、10、11.2、11.3、14(d)、19.1、19.3、19.4、21.1、21.2、32.1、32.5条；GATT1994第Ⅵ:3条	2018年3月15日，加拿大请求设立专家小组；3月27日DSB推迟设立专家组；4月9日DSB成立专家小组，第三方：巴西、中国、欧盟、日本、哈萨克斯坦、韩国、俄罗斯、土耳其和越南 2018年6月27日，加拿大请总干事组成小组；7月6日，总干事组成小组

资料来源：WTO. Index of disputes issues. [2019-10-31].
缪东玲，李淑艳. 美加木材反补贴贸易争端及其对中国的影响与启示[J]. 北京林业大学学报（社会科学版），2009，8(4)：78-82.

第二，争端反复交替围绕反补贴和反倾销发生。加拿大和美国是最重要的木材及木材制品贸易伙伴。美国一直从加拿大进口大量木材。他们自然特别关心木材贸易利益。两国也是经济水平较接近的对手，又都有利用WTO争端解决机制（DSM）的丰富经验，也可能因此而针锋相对，展开持久较量。争端反复发生，这说明美国一直在限制加拿大的特定针叶材进口，持续地保护其国内木材产业。

美加木材贸易争端的一揽子解决方案及其局限性：北美自由贸易协定屡次判定，没有证据证明加拿大林木业接受补贴，并于2005年夏要求美国停止征税、允许加拿大木材在美国市场自由贸易，并返回早前征收的全部53亿美元税金。美、加于2006年9月12日正式签署《美国—加拿大软木协议》，设置加拿大木材在美国市场占有率的上限（34%），美国实施边境税（当北美市场的软木价格降至360美元时征税）、退还自2002年5月以来所征收的50亿美元反倾销税及反补贴税中的78%，明确禁止对加拿大软木行业提供新的补贴，加拿大软木公司放弃对美国公司的相关法律诉讼。该协议于2006年12月12日生效。2006年10月12日，美国和加拿大通告DSB，他们根据DSU第3.6条就WT/DS236、WT/DS247、WT/DS257、WT/DS264、WT/DS277和WT/DS311争端达成共识（其中，WT/DS247、WT/DS264主要涉及美对加拿大木材反倾销），以《美国—加拿大软木协议》作为一揽子解决方案。两国长达二十多年的软木贸易争端终于告一段落。2008年1月10日加拿大当局宣布，在木材行业遇到市场困难时，将通过省级政府提供10亿美元的支持；1月13日，美国公平木材进口联盟表示，对加拿大当局公布的木材行业补贴计划担忧，认为该计划违反了《美国—加拿大软木协议》。类似情况后续不断。终于，2016年美国对加拿大木材发起新一轮双反，2017年木材贸易争端再起。其一，2016年12月16日，美国商务部(USDOC)宣布,应 Committee Overseeing Action for Lumber International Trade Investigations or Negotiations(COALITION)于 2015 年 11 月 25 日提出的申请,对进口自加拿大的某些软木制品(Softwood Lumber Products)启动反倾销与反补贴立案调查。2015 年美国进口自加拿大的软木制品价值约为 45 亿美元。2017 年 4 月 21 日,美国商务部对加拿大软木制品做出反补贴初裁;6 月 23 日做出反倾销初裁。11 月 2 日,美国商务部作出双反肯定性终裁:①加拿大强制应诉企业 Canfor Corporation、Canadian Forest Products Ltd. 和 Canfor Wood Products Marketing Ltd. 倾销幅度为 8.89%,Resolute FP Canada Inc. 倾销幅度为 3.20%,Tolko Marketing and Sales Ltd. 和 Tolko Industries Ltd. 倾销幅度为 7.22%,West Fraser Mills Ltd. 倾销幅度为 5.57%,其他生产商/出口商倾销幅度为 6.58%;②加拿大强制应诉企业 Canfor Corporation 补贴幅度为 13.24%,Resolute FP Canada, Ltd. 补贴幅度为 14.70%,Tolko Marketing and Sales Ltd. 和 Tolko Industries Ltd. 补贴幅度为 14.85%,West Fraser Mills, Ltd. 补贴幅度为 18.19%,J. D. Irving, Limited 补贴幅度为 3.34%,其他生产商或出口商补贴幅度为 14.25%。裁定除 Canfor Corporation、Canadian Forest Products Ltd. 和 Canfor Wood Products Marketing Ltd. 以外的其他涉案生产商或出口商存在为规避肯定性终裁结果而大量出口涉案产品的紧急情况,因此,上述反倾销措施对相关生产商或出口商自本案初裁公布于美国联邦公报之日前 90 天对美国出口的涉案产品进行追溯执行。其二,2017 年 12 月 7 日,美国国际贸易委员会(USITC)对进口自加拿大的软木制品作出双反产业损害终裁,4 名国际贸易委员会委员均投肯定票。裁定 USDOC 终裁裁决存在倾销和补贴行为的涉案产品对美国国内产业造成实质性损害;涉案企业不存在为规避肯定性反倾销终裁而大量出口涉案产品的紧急情况,因此将不对加拿大涉案产品追溯征收反倾销税。其三,根据 USITC 的肯定性裁定,USDOC 将对进口自加拿大的涉案产品颁布反倾销和反补贴税令。本案涉及美国协调关税税号为 4407.10.01.01、4407.10.01.02、4407.10.01.15、4407.10.01.16、4407.10.01.17、4407.10.01.18、4407.10.01.19、4407.10.01.20、4407.10.01.42、4407.10.01.43 等项下的产品以及税号 4415.20.40.00、4415.20.80.00 和 4418.99.90.05 等项下的部分产品❶。

第三,第三方的实质利益许多并不直接涉及木材,而主要是认为美国根据其国内立法实施反补贴或反倾销与 WTO 有关协定、协议的规定不一致。由此可知,WTO 有关协议的国内效力与美国复杂的国内法律效力问题,也是引起争端较多的原因之一。这类争端往往很棘手,也会反复发生。木材贸易争端就是一例。

上述特点与 WTO 争端解决机制(DSM)有很大关系(缪东玲,2002;缪东玲和李淑艳,2009)。

7.2.2.2 纸制品贸易争端

在 WTO 的多边框架内,纸制品贸易争端概况见表 7-10。

---

❶ 资料来源:中国国际贸易救济信息网,2017-12-08

表 7-10　WTO 纸制品贸易争端概况

申诉时间 案件编号	被诉方	申诉方	事由	结　果
1998-02-20 DS119	澳大利亚	瑞士	对覆膜的胶版印刷纸(即道林纸)采取反倾销措施	1998 年 3 月 13 日双方达成了一致同意的解决办法
2004-06-04 DS312	韩国	印度尼西亚	对商业信息纸和胶版印刷纸(即道林纸)征收反倾销税	2005 年 11 月 28 日 DSB 通过专家小组报告,认为韩国违反《反倾销协议》。2006 年 12 月 22 日印度尼西亚要求成立第 21.5 条专家组,并请求 DSB 授权中止其减让或其他义务 2007 年 10 月 22 日 DSB 通过第 21.5 条专家组报告,认为韩国违反 ADA 的第 6.8 条、附件 2 第 7 段、第 6.2 条 第三方:加拿大、中国、欧盟、日本、美国和中国台北
2007-09-14 DS368	美国	中国	对覆膜的胶版印刷纸(即道林纸)的"双反"初步决定	中国认为美国违反 ADA 第 1、2、7、9 和 18 条;GATT 1994 第 6 条;SCM 第 1、2、10、14、17 和 32 条。磋商解决
2008-05-09 DS374	南非	印度尼西亚	对未覆膜的胶版印刷纸(即道林纸)的反倾销措施	印度尼西亚认为南非违反 ADA 第 11.3 和 11.4 条。由于南非的反倾销终止,2008 年 11 月 20 日,印度尼西亚撤诉
2013-11-27 DS470	印度尼西亚	巴基斯坦	对特定纸产品的反倾销和反补贴调查	印度尼西亚认为巴基斯坦违反 ADA 第 5.10,1,18.1,18.4 条;SCM 第 11.11,10,32.1,32.5 条;GATT 1994 第 VI:1, VI:2, VI:3, X:3(a), XI:1 条。2014 年 5 月 12 申请成立专家小组,24 日 DSB 决定延期成立专家小组
2015-03-13 DS491	印度尼西亚	美国	对特定涂布纸产品的反倾销和反补贴调查	印度尼西亚认为美国违反 ADA 第 3.5,3.7,3.8 条;SCM 第 2.1,2.1(c),10,12.7,15.5,15.7 和 15.8 条;GATT 1994 第 VI 条。 2014 年 7 月 9 日申请成立专家小组;7 月 20 日 DSB 决定延期成立专家小组;8 月 20 日申请成立专家小组;8 月 31 日 DSB 决定延期成立专家小组。2015 年 9 月 28 日,DSB 成立一个小组,加拿大、中国、欧盟、韩国和土耳其保留其第三方权利。2016 年 1 月 25 日,印度尼西亚请总干事组成小组;2 月 4 日,总干事组成小组。2017 年 12 月 6 日,小组报告分发给成员。2018 年 1 月 12 日 DSB 通过小组报告,认为美国没有违反规定

资料来源:WTO. Index of disputes issues. [2019-10-31]. 经过作者归纳。

WTO 纸制品贸易争端的特点:第一,争端涉及的贸易领域、措施和协议都较集中。申诉方主要是印度尼西亚、中国和瑞士,被诉方相对分散,涉及澳大利亚、韩国、美国、南非和巴基斯坦。争议集中于对纸制品的反倾销,或反补贴,或"双反"。第二,争端较为简单,多数经过磋商解决。

7.3 中国林产品遭遇的贸易壁垒与贸易争端

7.3.1 中国林产品遭遇的贸易壁垒

7.3.1.1 贸易救济措施

截至 2019 年 10 月,中国连续 25 年成为反倾销调查最多的国家,连续 14 年成为反补贴调查最多的国家。而反倾销和反补贴("双反")也一直是中国木质家具、木地板、纸和纸制品等林产品外贸发展中遭遇的主要贸易壁垒形式。中国林产品从 1993 年第一次接受其他贸易成员反倾销调查以来,几乎每年都遭受了不同程度的反倾销或"双反"合并调查,美国是对华进行反倾销调查最多的国家(表 7-11);2008 年之前立案密集,之后有所缓和(表 7-12)。

表 7-11 1995—2019 年 10 月中国主要林产品遭受反倾销概况:基于反倾销发起成员

发起成员	涉案的主要林产品	案件数	实施最终措施数
美国	铜版纸、活性炭、卧室木家具、涂布纸、薄棉纸和皱纹纸、礼品盒、盒装铅笔、胶合板、实木复合地板	13	8
加拿大	复合木地板、木质百叶窗帘、窗板	2	2
阿根廷	木质衣架、铅笔、铜版纸	3	2
欧盟	胶合板、家具、铜版纸	3	3
韩国	涂布印刷和打印纸、胶合板、未涂布印刷和打印纸	4	2(调查中 2 起)
中国台湾	非涂布纸	1	1
印度	热敏纸、中密度纤维板、工程饰面木地板、铜版纸	4	3
土耳其	原木胶合板、复合木地板	2	2
埃及	铅笔、木螺丝钉、壁纸	3	2
以色列	中密度纤维板、胶合板	1	1
澳大利亚	A4 复印纸、胶合板	2	1
新西兰	日记本	1	—
摩洛哥	胶合板	1	1
南非	铜版纸	1	—
巴基斯坦	单面涂层双层(灰底)纸板	1	1
合计		42	29(调查中 2 起,未获得信息 2 起)

资料来源:2011 年前主要来源于:贾祥翔,石峰,吴盛富,等.我国林产品对外贸易壁垒及应对策略[J].林产工业,2011(1):12-15;从 2011 年起,作者据商务部网站(http://cacs.mofcom.gov.cn/cacscms/view/notice/ckys)整理。

表 7-12 中国林产品遭受反倾销、反补贴调查案件概况

发起时间	反倾销数量	反补贴数量	涉及林产品类型	发起成员
1993	1	0	铅笔	美国
2002	1	0	打印及印刷纸、道林纸	韩国
2003	2	0	木制卧室家具	美国
		0	胶合板	欧盟
2004	1	1	复合木地板（双反）	加拿大
2005	3	0	皱纹纸、薄页纸	美国
			透明玻璃纸薄膜	印度
			横格文具纸、铜版纸（双反）	美国
2006	4+1	2	家具	欧盟
			复合木地板（双反）	加拿大
2006	1		胶合板	土耳其
			卫生纸（双反）	澳大利亚
2007	3	2	牛皮纸	韩国
			蜡光纸（反补贴）、日记本、低克重热敏纸双反	美国
2007	1		强化木地板	土耳其
2008	2	1	低克重热敏纸	美国
			复合木地板（双反）	加拿大
2010	1	1	多层复合木地板（双反）	美国
2010	1	1	铜版纸（双反）	欧盟
2010	1		铜版纸	阿根廷
2011	2		木质纤维板	印度
			胶合板	摩洛哥
2012	2	1	硬木装饰胶合板（双反）	美国
			胶合板	韩国
2013	1		铜版纸	南非
2014	0	0	壁纸和类似墙纸（保障措施*)	土耳其
2015	1	1	未涂布纸（双反）	美国
2016	0	0	未涂布纸（反规避*)	美国
2016	1	0	单面涂层双层（灰底）纸板	巴基斯坦
2016	1	1	A4复印纸（双反）	澳大利亚
2016	1	1	硬木胶合板（双反）	美国
2017	1	0	工程饰面木地板	印度
2017	1	0	涂布印刷纸	韩国

（续）

发起时间	反倾销数量	反补贴数量	涉及林产品类型	发起成员
2018	1	0	铜版纸（否定性裁决）	印度
2018	1	0	复印、打印、传真用未涂布纸	韩国
2019	1	1	木柜和浴室柜（双反）	美国

注：没有用括号注明的都是反倾销案；依反倾销发起时间统计，标记*的案例除外。

资料来源：2011年前主要来源于：印中华，宋维明，张英，等．中国林业产业应对国际贸易壁垒的策略研究[J]．世界林业研究，2011(6)：55-60；从2011年起，作者据商务部网站（http：//cacs.mofcom.gov.cn/cacscms/view/notice/ckys）整理。

21世纪以来，主要案件简述如下。

2003年12月17日，美国商务部（USDOC）发布公告，对进口自中国的木制卧室家具（wooden bedroom furniture）启动反倾销立案调查。2004年11月17日，美国对华木制卧室家具作出肯定性反倾销终裁。2005年1月4日，美国修改对华涉案产品的反倾销终裁并发布反倾销征税令。2015年11月2日，美国对华木制卧室家具启动第二次反倾销日落复审立案调查。2016年2月5日，美国国际贸易委员会（USITC）投票决定对华木制卧室家具适用全面日落复审产业损害调查程序。2016年3月9日，USDOC对华涉案产品作出第二次反倾销快速日落复审肯定性终裁。2017年1月10日，USITC投票决定对进口自中国的木制卧室家具作出第二次反倾销全面日落复审肯定性产业损害终裁：裁定若取消该案反倾销措施，在合理可预见期间内涉案产品的进口对美国国内产业造成的实质性损害将会继续或再度发生。在该项裁决中，5名委员会委员投肯定票，1名委员未参加复审。该案涉及美国协调关税税号为9403.50.9042、9403.50.9045和9403.50.9080等项下产品。

2006年美国对中国铜版纸进行"双反"调查。该案案具有重大意义，这是美国第一次打破不对非市场经济国家征收反补贴税的惯例，将双反矛头指向其定义的非市场经济国家。该案最终以无损害结案，但是2010年，美国再次对中国铜版纸发动"双反"调查并做出肯定性终裁，中国输美铜版纸企业遭遇重挫。

2006年9月28日，美国商务部开始正式对进口自中国和印度的横格纸征收反倾销税，同时对进口自印度的横格纸征收反补贴税。2011年4月，美国商务部部分修改对印度涉案产品的反倾销税。2012年8月31日，继美国对中国和印度涉案产品作出反倾销和反补贴日落复审肯定性终裁后，美国商务部第一次延长对中国和印度涉案产品的反倾销征税令，同时第一次延长对印度涉案产品的反补贴征税令。2017年7月3日，美国商务部发布公告，对进口自中国和印度的横格纸启动第二次反倾销日落复审立案调查，对进口自印度的横格纸启动第二次反补贴日落复审立案调查。2017年10月6日，美国国际贸易委员会（USITC）投票决定进口自中国和印度的横格纸（lined paper school supplies）适用反倾销快速日落复审产业损害调查程序、进口自印度的横格纸适用反补贴快速日落复审产业损害调查程序。审查若取消反倾销和反补贴措施，在合理可预见期间内，涉案产品的进口对美国国内产业构成的实质性损害是否将继续或再度发生。在该案是否适用快速日落复审产业损害调查程序裁定中，4名委员投肯定票。

2006年10月20日，土耳其开始正式对进口自中国的胶合板征收每立方米240美元的反倾销税。2012 年 7 月 10 日,土耳其第一次延长对华胶合板反倾销征税令。2017 年 7 月 5 日,土耳其经济部进口总局发布第 2017/16 公告,应土耳其胶合板生产商协会代表国内企业提交的申请,对原产于中国的胶合板(土耳其语:kontrplak)启动反倾销日落复审立案调查程序。该案涉及税号 4412.10、4412.31、4412.33、4412.34、4412.39 和 4412.32 项下的产品。

2007 年 10 月 31 日,土耳其对原产自中国的强化木地板启动反倾销立案调查。2014 年 5 月 3 日,土耳其经济部发布第 2014/14 号公告,第一次延长对华涉案产品的反倾销税,税率维持 1.60~2.40 美元/平米不变。2019 年 4 月 12 日,土耳其贸易部发布第 2019/12 号公告,决定对原产自中国和德国的强化木地板(土耳其语:laminat parke)启动反倾销日落复审立案调查。涉案产品的土耳其税号为 4411.13.90.00.11、4411.14.90.00.11、4411.92.90.00.11 和 4411.93.90.00.11。

2010 年 2 月 18 日,欧盟对原产于中国的铜版纸(coated fine paper)进行反倾销立案调查;2011 年 5 月 14 日,做出反倾销肯定性终裁。2010 年 4 月 17 日,欧盟对原产于中国的铜版纸进行反补贴立案调查;2011 年 5 月 14 日,作出反补贴肯定性终裁。2016 年 5 月 13 日,欧盟委员会发布公告称,应 Arctic Paper Grycksbo AB、Burgo Group SpA、Fedrigoni SpA、Lecta Group 和 Sappi Europe SA 五家企业于 2016 年 2 月 12 日提交的申请,对原产于中国的铜版纸进行双反日落复审立案调查。2017 年 7 月 4 日,欧盟对原产于中国的铜版纸作出双反日落复审终裁,裁定若取消双反措施,涉案产品的倾销及补贴对欧盟产业的损害会继续或再度发生,因此决定继续维持对涉案产品的"双反"措施。裁定中国涉案企业反倾销税率为 8%~35.1%、反补贴税率为 4%~12%。涉案产品欧盟 CN(Combined Nomenclature)编码为 ex 4810 13 00、ex 4810 14 00、ex 4810 19 00、ex 4810 22 00、ex 4810 29 30、ex 4810 29 80、ex 4810 99 10 和 ex 4810 99 80(欧盟 TARIC 编码为 4810130020、4810140020、4810190020、4810220020、4810293020、4810298020、4810991020 和 4810998020。)该案倾销调查期为 2015 年 1 月 1 日~2015 年 12 月 31 日,损害分析期为 2012 年 1 月 1 日~2015 年 12 月 31 日。

2010 年 11 月 18 日,美国商务部宣布对进口自中国的复合木地板(multilayered wood flooring,多层木地板)进行反倾销和反补贴立案调查。2011 年 4 月 6 日,美国商务部做出反补贴肯定性初裁;2011 年 5 月 26 日做出反倾销肯定性初裁;2011 年 6 月 27 日修改对华涉案产品初裁结果;2011 年 10 月 18 日做出反倾销和反补贴肯定性终裁;2011 年 12 月 8 日修改反倾销终裁结果并开始正式对涉案产品征收反倾销税。该案涉事中国企业共 169 家,只有一家企业未被征税,其余企业被征收高达 6.78% 或 27.12% 的惩罚性关税。2016 年 11 月 1 日,美国对华复合木地板启动第一次反倾销日落复审立案调查程序。2017 年 3 月 6 日,美国商务部发布公告,对进口自中国的复合木地板作出第一次反补贴快速日落复审肯定性终裁,2017 年 3 月 9 日,美国商务部发布公告,对进口自中国的复合木地板作出第一次快速反倾销日落复审终裁。2017 年 11 月 29 日,美国国际贸易委员会(USITC)投票对进口自中国的复合木地板作出"双反"日落复审产业损害肯定性终裁:裁定若取消现行反倾销和反补贴措施,在合理可预见期间内,涉案产品的进口对美国国内产业造成的实质性损害可能继续或再度发生。根据终裁结果,该案现行反倾销措施继续有效。在该项裁决中，4名美国国际贸易委员会委员均投肯定票。涉案产品的美国协调关税税号为4412.31.0520、4412.31.0540、4412.31.0560和4412.31.2510等。截至2019年11月1日，该案的全部节点如下：2010年10月21日，原审立案申请；2010年11月18日，原审立案；2010年12月3日，原审产业损害初裁；2011年5月20日，原审初裁；2011年10月18日，原审终裁；2011年11月9日，原审产业损害终裁；2012年7月31日，新出口商立案；2013年1月30日，行政复审立案；2013年5月30日，新出口商初裁；2013年7月31日，新出口商立案；2013年8月23日，新出口商终裁；2013年11月25日，行政复审初裁；2014年1月31日，新出口商立案；2014年2月28日，行政复审立案；2014年5月9日，行政复审终裁；2014年6月12日，行政复审初裁；2014年6月12日，新出口商初裁；2014年8月15日，新出口商初裁；2014年9月29日，情势变迁终裁；2014年11月7日，新出口商终裁；2015年1月9日，新出口商初裁；2015年1月9日，行政复审初裁；2015年1月9日，新出口商初裁；2015年2月4日，行政复审立案；2015年2月12日，情势变迁初裁；2015年3月13日，情势变迁立案；2015年7月13日，情势变迁终裁；2015年7月15日，新出口商终裁；2015年7月15日，行政复审终裁；2015年7月24日，修改终裁结果；2015年7月29日，新出口商立案；2015年9月24日，情势变迁初裁；2015年10月26日，新出口商立案；2015年11月17日，情势变迁终裁；2016年1月8日，行政复审初裁；2016年1月27日，新出口商立案；2016年2月9日，行政复审立案；2016年5月31日，新出口商初裁；2016年6月2日，新出口商初裁；2016年7月19日，行政复审终裁；2016年7月19日，新出口商终裁；2016年10月26日，新出口商终裁；2016年11月1日，日落/期终复审立案；2016年12月27日，行政复审初裁；2016年12月28日，新出口商初裁；2017年2月7日，情势变迁初裁；2017年2月13日，行政复审立案；2017年3月9日，日落/期终复审终裁；2017年3月22日，情势变迁终裁；2017年6月5日，行政复审终裁；2017年6月5日，新出口商终裁；2017年11月29日，日落/期终复审产业损害终裁；2018年1月3日，行政复审初裁；2018年2月23日，行政复审立案。

　　2010年12月9日，阿根廷工业部贸易管理及政策副国务秘书处照会中国驻阿经商参处，通告阿方已收到业界对原产于美国、韩国、芬兰、奥地利和中国的书写、印刷或类似用途的纸及纸板开展反倾销调查的请求。2010年12月16日，阿根廷生产部发布第238/2010号决议，对产自中国、美国、韩国、芬兰和奥地利的铜版纸进行反倾销调查。2012年3月20日，阿根廷经济和财政部发布2012年第63号决议，对中国、美国、芬兰和奥地利的涉案产品作出反倾销肯定性初裁，同时终止对韩国涉案产品的反倾销调查。2012年6月21日，阿根廷经济和财政部发布2012年第298号决议，对中国、美国、芬兰和奥地利的涉案产品作出反倾销肯定性终裁，决定对原产于中国的纸张及纸板征收39.56%的反倾销税。该措施自2012年6月14日生效，有效期5年。2016年12月7日，阿根廷生产部发布2016年第428号决议，决定对原产自中国的铜版纸产品（纤维含量占总重比例>10%，≤50%）发起反规避调查，涉案产品的南共市税号为48102990。2017年7月24日，驻阿根廷使馆经商参处收到阿根廷生产部贸易国务秘书处外贸副国务秘书处照会，通告根据该部2017年第316-E号决议，决定结束对原产于中国和芬兰的铜版纸的反规避调查，并自签发之日起对中国产铜版纸征收39.56%的从价税,有效期为5年。

2011年5月2日,摩洛哥立案,对中国胶合板(plywood extract)进行反倾销调查。倾销调查期限为2010年1月1日~2010年12月31日。涉案产品HS编码:4412.13、4412.14、4412.19、4412.22、4412.29。2012年6月4日,摩洛哥外贸部作出初裁:经过两次进口咨询委员会审核,初步认定存在倾销、重大损害和因果关系,考虑实施25%的临时反倾销税。2012年12月5日,摩洛哥外贸部作出终裁,决定对自中国进口的涉案产品征收25%的反倾销税,为期5年。2017年12月4日,日落/期终复审立案。2018年5月8日,日落/期终复审终裁,维持征收反倾销税,反倾销税率为25%,为期5年。

2012年9月27日,美国"硬木胶合板公平贸易联盟"(Coalition for Fair Trade of Hardwood Plywood,由美国北卡罗来纳、纽约和俄勒冈州硬木胶合板制造商组建)要求美国政府对原产于中国的硬木装饰胶合板发动"双反"调查,认为中国制造商和出口商正在美国市场"倾销"硬木装饰胶合板,其价格较公平市值低298%~322%,同时受到中国政府补贴,补贴幅度超过2%的允许范围。按照美方程序,正式征收"双反"税需要美国商务部(USDOC)及美国国际贸易委员会(USITC)同时做出肯定性裁决方可生效。2013年11月6日,USITC公告,对原产于中国的硬木装饰胶合板做出"双反"否定性终裁,裁定涉案产品未对美国国内产业造成实质性损害或实质性损害威胁。根据USITC的否定性裁决,美国将不对原产于中国的硬木装饰胶合板征收反倾销和反补贴税。本案是中国林产品第4次遭到美国"双反"合并调查。在中国企业积极应诉,产业协会、商务部的密切配合下,中国获得实质性胜利。

2012年11月9日,韩国对原产于中国的胶合板(plywood)进行反倾销立案调查。涉案产品海关编码为4412.31.4000、4412.31.5000、4412.31.6000、4412.31.7000、4412.32.4000、4412.32.5000、4412.32.6000、4412.32.7000(2007年之前是4412.13.4000、4412.13.5000、4412.13.6000、4412.14.4000、4412.14.5000、4412.14.6000)。涉案产品描述:将木材切成薄的单板,再用黏胶剂黏合而成的多层板状材料,并使相邻层单板的纤维方向互相垂直胶合而成,厚度在6毫米以上。倾销调查期为2011年7月1日~2012年6月30日,损害调查期为2009年1月1日~2012年6月30日。被选定企业:上海怡达国际贸易有限公司(Shanghai International Trade YEE DA Imp. And Exp. Co. Ltd)、江苏连云港远泰国际贸易有限公司(Lian Yungang Yuantai Internatioanl Trade Co. Ltd.)、上海V-Joint木业有限公司(Shanghi V-Joint Wood Corp.)、南宁金轮木业有限公司(Nanning Jinlun Woods Co. Ltd.)。2013年5月8日,韩国贸易委员会发布公告,决定不对中国产胶合板征收临时反倾销税,但仍将继续相关调查。2013年12月1日,韩国企划财政部发布公告,作出终裁:对自中国进口的6毫米以上胶合板征收为期3年的反倾销税,税率为2.42%~27.21%。其中,广西贵港昌海木业有限公司:4.14%,广西绿辰木业有限公司:4.14%,广西剑涛木业有限公司:3.27%,广西金轮木业有限公司:5.11%,山东新港木业有限公司:4.36%,普遍:17.48%,涉案产品海关编码为441231和441232。2017年5月19日日落复审终裁,继续对进口自中国的阔叶木胶合板产品(厚度>6毫米)征收为期3年的反倾销税。

2014年12月12日,土耳其对进口壁纸和类似墙纸(wallpaper and similar wallcoverings)

进行保障措施立案调查。2015年6月23日，WTO保障措施委员会发布公告称，土耳其对进口壁纸和类似墙纸作出保障措施终裁并开始对涉案产品征收为期3年的保障措施税。2018年2月23日，土耳其对进口涉案产品启动第一次保障措施日落复审立案调查。2018年7月4日，WTO发布公告称，土耳其代表团向其提交保障措施终裁通告。土耳其对进口壁纸和类似墙纸作出保障措施日落复审肯定性终裁，决定延长对涉案产品的保障措施，具体措施如下：2018年8月6日~2019年8月5日为5美元/千克，2019年8月6日~2020年8月5日为4.5美元/千克，2020年8月6日~2021年8月5日为4美元/千克。涉案产品的土耳其税号为4814.20.00.00.00、4814.90.10.00.00和4814.90.70.10.00。

2015年2月11日，美国商务部宣布对进口自中国、澳大利亚、巴西、印度尼西亚和葡萄牙的无涂层纸(uncoated paper)进行反倾销和反补贴立案调查；2016年1月11日，对中国、澳大利亚、巴西、印度尼西亚和葡萄牙的无涂层纸作出反倾销肯定性终裁，对进口自中国和印度尼西亚的无涂层纸作出反补贴肯定性终裁。2016年3月3日，美国对澳大利亚、巴西、中国、印度尼西亚和葡萄牙的涉案产品发布反倾销征税令，对中国和印度尼西亚的涉案产品发布反补贴征税令。2016年11月7日，应United Steel, Paper and Forestry, Rubber, Manufacturing, Energy, Allied Industrial and Service Workers International Union、Domtar Corporation、Finch Paper LLC、P. H. Glatfelter Company和Packaging Corporation of America的申请，美国商务部对进口自澳大利亚、巴西、中国、印度尼西亚和葡萄牙的无涂层纸进行反规避调查；2017年6月9日，作出反规避调查肯定性初裁——初步裁定涉案产品存在改变GE亮度83%±1%来规避相关反倾销和反补贴措施的行为；2017年9月1日作出反规避调查肯定性终裁——涉案产品的亮度存在被轻微改变为GE亮度83%±1%来规避相关反倾销和反补贴措施的行为，因此裁定将GE亮度83%±1%的无涂层纸纳入涉案产品范围。该案涉及美国协调关税号4802.56.1000、4802.56.2000、4802.56.3000和4802.56.4000等项下的产品以及税号4802.62.1000、4802.62.2000、4802.62.3000和4802.62.5000等项下的部分产品。

2016年1月30日，应巴基斯坦国内生产商代表Century Paper & Board Mills Limited, Karachi的申请，巴基斯坦国家关税委员会对进口自或原产于中国、印度尼西亚和韩国的单面涂层双层(灰底)纸板(one side coated duplex board (grey back))启动反倾销立案调查(倾销调查期为2014年10月1日~2015年9月30日，损害调查期为2012年10月1日~2015年9月30日)；2017年5月12日作出反倾销肯定性初裁，初步裁定中国的临时反倾销税为15.12%、印度尼西亚的临时反倾销税12.87%、韩国的临时反倾销税为14.98%，裁定自2017年5月12日起生效，有效期为4个月(诉讼号No.1046/2017的原告不适用裁决)；2017年7月29日，作出反倾销肯定性终裁，决定基于成本加运费价格(C&F value)对中国涉案产品征收18.57%反倾销税，对印度尼西亚征收16.22%反倾销税，对韩国征收14.98%反倾销税，裁决自2017年5月12日起生效，有效期为5年。涉案产品的巴基斯坦税则号为4810.9200和4810.9900。

2016年4月12日，澳大利亚反倾销委员会对进口自中国、巴西、印度尼西亚、泰国的A4复印纸(A4 copy paper)发起反倾销调查，同时对进口自中国和印度尼西亚的涉案产品发起反补贴调查；2016年9月29日首次作出反倾销反补贴初裁；2016年11月4日作出第二次反倾销肯定性初裁,由于对中国和印度尼西亚以补贴价格出口涉案产品的证据不足,澳大利亚反倾销委员会将作进一步的调查和分析以确定中国和印度尼西亚是否以补贴价格出口产品。涉案产品的海关编码为4802.56.10\03和4802.56.10\09。

2016年12月9日,美国商务部应硬木胶合板公平贸易联盟(Coalition for Fair Trade in Hardwood Plywood)及其成员于2016年11月18日提交的申请,对进口自中国的硬木胶合板(hardwood plywood)启动反倾销和反补贴立案调查。2016年12月30日,美国国际贸易委员会(USITC)对进口自中国的硬木胶合板作出反倾销和反补贴产业损害肯定性初裁。2016年美国对中国硬木胶合板的进口额约11.5亿美元。2017年4月18日美国商务部作出反补贴初裁;6月19日作出反倾销初裁;2017年11月13日作出反倾销和反补贴肯定性终裁。终裁裁定:①两家强制应诉企业Shandong Dongfang Bayley Wood Co., Ltd.(山东东方柏利木业)和Linyi Chengen Import and Export Co., Ltd./Linyi Dongfangjuxin Wood Co., Ltd.(临沂承恩商贸有限公司)倾销幅度均为183.36%,获得单独税率未被抽中的应诉企业及中国其他生产商/出口商倾销幅度均为183.36%;②强制应诉企业Linyi Sanfortune Wood Co., Ltd.(临沂圣福源木业)的补贴幅度为22.98%,Shandong Dongfang Bayley Wood Co., Ltd.(山东东方柏利木业)的补贴幅度为194.90%,61家未应诉企业的补贴幅度为194.90%,中国其他生产商/出口商补贴幅度为22.98%。在反倾销调查中,美国商务部裁定包括山东东方柏利木业在内的中国涉案企业均存在为规避可能作出的肯定性反倾销终裁而大量出口涉案产品的紧急情况。在反补贴调查中,美国商务部裁定山东东方柏利木业和61家未应诉企业存在紧急情况。故该案终裁裁定的反倾销和反补贴措施将追溯至该案初裁发布于联邦公报之日前90日对在美国海关报关的相关中国生产商和出口商的涉案产品生效。2017年12月1日,美国国际贸易委员会(USITC)对进口自中国的硬木胶合板作出"双反"产业损害终裁。裁定美国商务部终裁裁决存在倾销和补贴行为的涉案产品对美国国内产业造成实质性损害或存在实质性损害威胁。根据美国国际贸易委员会的肯定性裁决,美国商务部将对进口自中国的涉案产品颁布反倾销和反补贴税令。与此同时,美国国际贸易委员会对华涉案产品为规避可能作出的肯定性"双反"终裁而大量出口涉案产品的紧急情况作出否定性裁定。该案涉及美国协调关税税号4412.10.0500、4412.31.0520和4412.31.0540等项下的产品以及税号4412.99.6000、4412.99.7000和4412.99.8000等项下的部分产品。

2017年2月17日,印度商工部反倾销局发布公告称,应印度企业Greenlam Industries Limited的申请,决定对原产于或进口自中国、马来西亚、印度尼西亚和欧盟的工程饰面木地板(veneered engineered wooden flooring)启动反倾销立案调查。倾销调查期为2016年10月~2016年9月,产业损害调查期为2013—2014年、2014—2015年、2015—2016年以及本次倾销调查期。2018年2月13日,印度商工部反倾销局发布公告称,对原产于或进口自中国、欧盟和印度尼西亚的工程饰面木地板做出反倾销肯定性终裁,裁定原产于或进口自上述国家的涉案产品存在倾销行为并对印度国内产业造成了实质性损害,故建议对中国涉案企业征收0.56美元/平方米的反倾销税,对欧盟涉案企业征收0~6.91美元/平方米的反倾销税,对印度尼西亚涉案企业征收1.21美元/平方米的反倾销税;对原产于或进口自马来西亚的工程饰面木地板作出反倾销否定性终裁,结束本次反倾销调查并且不征收反倾销税。该案涉及印度海关编码 44091010 和 44092990 项下产品。

2017 年 7 月 10 日,韩国贸易委员会发布公告,应当地企业 Hansol Paper Co.、Korea Paper Co. 和 Hongwon Paper Co., Ltd. 于 2017 年 6 月 8 日提交的申请,决定对进口自中国、日本和芬兰的每平米重量 55 克到 110 克之间的涂布印刷纸(coated printing paper)进行反倾销立案调查。2017 年 11 月 16 日,韩国反倾销委员作出反倾销肯定性初裁并建议企划财政部征收临时反倾销税:①中国寿光美伦纸业有限责任公司(Shouguang Meilun Co., Ltd,/Nanchang Chenming Paper Co., Ltd)及其关联企业 8.98%,芬欧汇川(中国)有限公司(UPM(China)Co., Ltd)及其关联企业为 12.12%,Gold East Paper(Jiangsu)Co., Ltd 及其关联企业 9.49%,其他中国出口商/生产商 9.72%;②鉴于日本涉案企业未配合调查,Mitsubishi Paper Mills Ltd、Nippon Paper Industries Co., Ltd 及其他日本出口商/生产商均为 56.30%;③芬兰 Stora Enso Publication Papers OY Ltd 为 10.51%,UPM Paper ENA OY 及其他日本出口商/生产商为 4.64%。涉案产品的韩国税号为 4810.13.1000、4810.14.1000、4810.19.1000、4810.19.9000、4810.22.0000 和 4810.29.0000。

2018 年 1 月 23 日,印度商工部发布公告称,应印度纸业生产商协会(Indian Paper Manufacturers Association)提交的申请,对原产于或进口自中国、欧盟和美国的铜版纸(coated paper)进行反倾销立案调查,倾销调查期为 2016 年 4 月~2017 年 6 月(15 个月),损害调查期为 2013—2014 年、2014—2015 年、2015—2016 年以及本倾销调查期;2018 年 12 月 26 日,作出反倾销否定性终裁:涉案产品的倾销与印度国内产业遭受的损害之间不存在因果关系,故决定终止该案反倾销调查,且不建议对中国、欧盟和美国的铜版纸征收反倾销税。该案涉及印度税号 4810 项下的产品。

2018 年 10 月 15 日,韩国贸易委员会(KITA)发布公告称,决定自 2018 年 10 月 16 日起对进口自中国、印度尼西亚和巴西的 A3、A4、B4、B5 复印、打印、传真用非涂布纸(uncoated paper)启动反倾销立案调查。涉案产品的韩国税号为 4802.56.1020、4802.56.1090、4802.57.1020、4802.57.1090、4802.62.1020、4802.62.1090、4802.69.1020 和 4802.69.1090。倾销调查期为 2017 年 7 月 1 日~2018 年 6 月 30 日,损害调查期为 2015 年 1 月 1 日~2018 年 6 月 30 日。2019 年 2 月 21 日,作出反倾销初裁:涉案产品存在倾销,该倾销行为对韩国国内产造成了损害,决定继续该案反倾销调查。涉案产品的韩国税号为 4802.56.1020、4802.56.1090、4802.57.1020、4802.57.1090、4802.62.1020、4802.62.1090、4802.69.1020 和 4802.69.1090。

2019 年 3 月 27 日,应美国厨柜联盟(the American Kitchen Cabinet Alliance)于 2019 年 3 月 6 日提交的申请,美国商务部宣布对进口自中国的木柜和浴室柜(wooden cabinets and vanities)发起反倾销和反补贴立案调查。2019 年 4 月 19 日,美国国际贸易委员会(USITC)投票作出反倾销和反补贴产业损害初裁。2019 年 10 月 3 日,美国商务部作出反倾销肯定性初裁:中国强制应诉企业 The Ancientree Cabinet Co., Ltd. 的倾销率为 4.49%,Dalian Meisen Woodworking Co., Ltd. 的倾销率为 262.18%,Rizhao Foremost Woodwork Manufacturing Company Ltd. 的倾销率为 80.96%,获得单独税率的生产商/出口商倾销率为 39.25%,中国其他生产商/出口商的倾销率为 262.18%。美国商务部预计将于 2020 年 2 月 17 日对涉案产品作出反倾销终裁。该案涉及美国协调关税税号 9403.40.9060 和

9403.60.8081项下产品及税号9403.90.7080项下部分产品。

7.3.1.2 技术性贸易壁垒

21世纪以来，中国竹木标准化工作得到很大的发展，标准体系逐渐形成。采用或修改国际或国外相关的产品标准工作越来越得到重视。例如，胶合板GB/T 9846.1~9846.8—2004标准，就采用或修改ISO或JAS相关标准。但是中国木制品标准还存在不少问题。第一，产品标准是中国木制品标准的主要内容。以人造板标准为例，现有国家标准和行业标准56项，大多数为产品标准。而ISO标准者以基础标准、方法标准为主，重在统一术语、试验方法、评定手段，使得各方提供的数据均有可比性。例如，在24项ISO家具标准中，17项是方法标准。第二，中国特色产品在现行标准中得到充分体现。例如，竹藤产品在国家和行业标准中比重较大，但是在ISO标准体现中，很多产品没有对应的标准。第三，中国木制品标准与ISO标准同类产品的同类项目检查方法不同。

知识链接

中国林产品的相关标准

中国的人造板国家标准比较多。如果按照涉及的产品归类，中国主要的人造板国家标准和行业标准如下。

纤维板：《难燃中密度纤维板》（GB/T 18958—2013）、《浮雕纤维板》（LY/T 1204—2013）、《地板基材用纤维板》（LY/T 1611—2011）、《硬质木纤维瓦楞板》（LY/T 1203—1997）、《中密度纤维板》（GB/T 11718—2009）、《硬质纤维板》（GB/T 12626—2015）、《薄型硬质纤维板》（LY/T 1205—1997）。

刨花板：《模压刨花制品第1部分：室内用》（GB/T 15105.1—2006）、《定向刨花板》（LY/T 1580—2010）、《刨花板》（GB/T 4897—2015）、《船用贴面刨花板》（LY/T 1057—2020）、《石膏刨花板》（LY/T 1598—2011）。

胶合板（单板类）：《刨切单板》（GB/T 13010—2006）、《难燃胶合板》（GB/T 18101—2013）、《单板层积材》（GB/T 20241—2006）、《单板内贴式有孔胶纸带》（LY/T 1579—2000）、《细木工板》（GB/T 5849—2016）、《混凝土模板用胶合板》（GB/T 17656—2018）、《普通胶合板》（GB/T 9846—2015）、《集装箱底板用胶合板》（GB/T 19536—2015）、《铁路客车用胶合板》（LY/T 1364—2020）、《旋切单板》（LY/T 1599—2011）、《单板用湿粘黏性胶纸带》（LY/T 1171—2016）、《茶叶包装用胶合板》（LY/T 1170—2013）、《航空用桦木胶合板》（LY/T 1417—2011）、《乒乓球拍用胶合板》（LY/T 1115—2012）。

木质层积材：《木材层积塑料》（LY/T 1401—2013）、《纺织用木质层压板》（LY/T 1416—2013）、《电工层压木板》（LY/T 1278—2011）。

人造板饰面材料及饰面人造板：《浸渍胶膜纸饰面人造板》（GB/T 15102—2017）、《热固性树脂浸渍纸高压装饰层积板（HPL）》（GB/T 7911—2013）、《装饰单板贴面人造板》（GB/T 15104—2006）、《聚氯乙烯薄膜饰面人造板》（LY/T 1279—2008）、《不饱和聚酯树脂装饰人造板》（LY/T 1070—2013）、《饰面用浸渍胶膜纸》（LY/T 1143—2006）。

木质复合材：《挤压木塑复合板材》（LY/T 1613—2015）。

木材工业用胶黏剂：《木材胶黏剂及其树脂检验方法》(GB/T 14074—2017)、《木材工业胶粘剂术语》(LY/T 1280—2008)、《木材工业胶黏剂用脲醛、酚醛、三聚氰胺甲醛树脂》(GB/T 14732—2017)、《木工用氯丁橡胶胶黏剂》(LY/T 1206—2008)、《水基聚合物—异氰酸酯木材胶黏剂》(LY/T 1601—2011)、《脲醛预缩液》(LY/T 1180—2006)。

地板：《木质地板铺装、验收和使用规范》(GB/T 20238—2018)、《实木复合地板》(GB/T 18103—2013)、《体育馆用木质地板》(GB/T 20239—2015)、《浸渍纸层压木质地板》(GB/T 18102—2016)、《实木集成地板》(LY/T 1614—2011)、《抗静电木质活动地板》(LY/T 1330—2011)。

综合：《人造板的尺寸测定》(GB/T 19367—2009)、《甲醛释放量检测用1M³气候箱装置》(LY/T 1612—2004)、《室内装饰装修材料 人造板及其制品中甲醛释放限量》(GB 18580—2017)、《人造板及其表面装饰术语》(GB/T 18259—2018)、《人造板及饰面人造板理化性能试验方法》(GB/T 17657—2013)、《人造板机械 热压机术语》(GB/T 18263—2000)、《人造板机械通用技术条件》(GB/T 18262—2000)、《人造板机械设备型号编制方法》(GB/T 18003—1999)、《人造板机械安全通则》(GB/T 18514—2018)。

中国的木材加工材相关标准也很多，例如：《材种出材率表编制技术规程》(GB/T 20381—2006)、《刨光材》(GB/T 20445—2017)、《木线条》(GB/T 20446—2006)、《指接材 非结构用》(GB/T 21140—2017)、《防腐木材生产规范》(GB 22280—2008)、《结构用木质复合材产品力学性能评定》(GB/T 28986—2012)、《结构用规格材特征值的测试方法》(GB/T 28987—2012)、《古建筑木构件内部腐朽与弹性模量应力波无损检测规程》(GB/T 28990—2012)，等等。

随着实践发展，新的标准不断实施，而一些旧的标准也需要不断修订。

2018年5月1日起，中国实施人造板相关12项国家标准。其中，《浸渍胶膜纸饰面胶合板和细木工板》(GB/T 34722—2017)(俗称"生态板")、《非结构用指接材》(GB/T 21140—2017)、《挤压刨花板》(GB/T 34717—2017)、《不饱和聚酯树脂装饰人造板残留苯乙烯单体含量测定 气相色谱法》(GB/T 34723—2017)4项国家标准将对中国浸渍胶膜纸饰面胶合板和细木工板(生态板)、非结构用指接材、挤压刨花板等重要产品生产、销售、检验进行规范，对中国人造板产业发展提供标准支持。《木门窗用木材及人造板规范》(GB/T 34742—2017)、《栎木实木地板》(GB/T 34743—2017)、《结构用人造板均布荷载性能测试方法》(GB/T 34719—2017)、《结构用人造板集中荷载和冲击荷载性能测试方法》(GB/T 34725—2017)、《接触防腐木材的金属腐蚀速率加速测定方法》(GB/T 34724—2017)、《木材防腐剂对金属的腐蚀速率测定方法》(GB/T 34726—2017)、《规格材及齿板连接性能设计值确定方法》(GB/T 34744—2017)、《木材及木质复合材料耐火试验方法 锥形量热仪法》(GB/T 34749—2017)8项国家标准则对中国木门窗用材、栎木实木地板等重要产品生产、销售、检验提供标准规范，对结构用人造板、防腐木材、木材防腐剂、结构用规格材、木材及木质复合材料耐火试验等提供标准方法，对引领和规范中国木材与木制品产业发展具有重要意义。

2018年7月1日起，中国实施《绿色产品评价 人造板和木质地板》(GB/T 35601—2017)、《绿色产品评价 家具》(GB/T 35607—2017)、《绿色产品评价 纸和纸制品》(GB/T

35613—2017)等 13 项国家标准。

2018 年 9 月 1 日,《地采暖用实木地板技术要求》(GB/T 35913—2018)国家标准实施,对实木地板的外观质量、热湿稳定性等作出规定。

在国家标准化管理委员会下达的 2019 年第 3 批推荐性国家标准计划中,《地采暖木质地板》《中密度纤维板》等 5 项人造板相关的标准获批立项。其中,《地采暖木质地板》和《人造板饰面材料中铅、镉、铬、汞重金属元素含量测定》为国家标准制定项目,《中密度纤维板》(GB/T 11718—2009)、《单板层积材》(GB/T 20241—2006)、《装饰单板贴面人造板》(GB/T 15104—2006)为修订项目。《中密度纤维板》(GB/T 11718—2009)由福人集团有限责任公司牵头修订。《单板层积材》(GB/T 20241—2006)、《装饰单板贴面人造板》(GB/T 15104—2006)由中国林业科学研究院木材工业研究所牵头修订。这些标准的立项,将对引领地采暖木质地板、中密度纤维板、单板层积材、装饰单板贴面人造板等产品发展,规范重要人造板产品市场,推动企业改进生产工艺和技术进步,提高产品质量,推动消费品质量和标准升级,发挥重要作用。

(资料来源:①中国木业信息网,http://www.wood168.net/hp_detail.asp?this=137,2019-11-01。②中国人造板,2019—2020 年多期)

目前,技术性贸易壁垒已经取代反倾销调查,成为中国出口面临的第一大非关税壁垒。这种趋势也出现在林产品贸易中。2002 年以来中国林产品出口遭遇的国外技术性贸易壁垒归纳见表 7-13,受其影响的林产品种类逐渐增多,受其影响较大的林产品包括木家具、木制品、纸、纸板和纸制品等。随着技术水平的提高和贸易需求的变化,各国采取的技术性措施层出不穷,手段也越来越高,相对难以跨越。

表 7-13 中国林产品遭受技术性贸易壁垒概况

启动时期	技术性贸易壁垒类型	涉及的林产品
2002 年 1 月 15 日	欧盟 2001/95/EC,简称 GPSD 指令	木质家具
2003 年 1 月 1 日	日本甲醛释放量标准	人造板
2004 年 4 月 1 日	欧盟 CE 认证	人造板
2007 年 6 月 1 日	欧盟 REACH 法规	木质家具
	欧盟 2010/18/EC 和 2009/894/EC 决议	木质地板覆面、木制家具
2009 年 1 月 1 日	美国 CARB 的 ATCM 法规	人造板及含人造板的产品
2011 年 1 月 3 日	美国《复合木制品甲醛标准法》	复合木制品(人造板及含人造板的产品)

资料来源:根据商务部网站资料整理。

7.3.1.3 绿色贸易壁垒

部分林产品绿色采购政策及绿色法规归纳见表 7-14。

表 7-14 部分林产品绿色法规或标准概况

启动时间	绿色法规或标准	涉及的林产品
2009-04-01	欧盟木材及木制品规例和新环保设计指令议案	木质家具及木制品
2009-11-30	欧盟生态标签标准	所用林产品
2008-15-15	美国《雷斯法》修正案	分阶段，所用林产品进口和国内采伐的木材及其产品
2013-03-03	《欧盟木材法（EU TR）》	进口和国内采伐的木材及其产品，有林产品清单
2014-11-30	澳大利亚《非法采伐禁止法2012》（ILP）	进口和国内采伐的木材及其产品，需2年来制定"特别进口禁止清单"

资料来源：根据商务部网站资料整理。

7.3.1.4 知识产权壁垒

最有影响的是美国337调查。美国337条款原指美国《1930年关税法》第337条，它最初主要管制对美倾销产品和垄断商业等不公平贸易行为，以后经多次修改补充，形成系统的主要管制外国厂商侵犯美国知识产权的法律规则。现被汇编在《美国法典》第19编1337节。根据337条款进行救济的主要进程简称337调查，包括：申请发动调查、立案调查、答辩、文据披露、初步裁定、USITC审查、总统复议、上诉。

被诉侵权规模：截至2010年12月31日，美国共发起778起337调查，涉及中国的共计140起，占18%。其中337调查涉华涉林案件有2起（表7-15）。

表 7-15 337调查涉华涉林案件概述（截至2010年12月31日）

案件编号	涉案产品	调查开始时间	侵权类型	结案情况
545	复合地板	2005-08-03	专利侵权	2007-01-10签署：停止令和普遍排除令。38家全球被诉企业在美国销售的地板专利侵权全部成立，包括中国18家地板企业，全部败诉。终裁令一出，相关企业将不能再向美国违规出口锁扣地板，已经输入美国库存的产品将被销毁或缴纳保证金。今后在美国市场销售，将向Unilin公司支付专利费
693	折叠凳	2009-12-01	专利侵权	撤诉

资料来源：USITC. 337 Investigative 337 Investigative History [DB/OL][2011-01-01]. 经过作者整理。

被诉侵权类型：涉及林产品的2起均为专利侵权。

结案情况：2起涉及林产品，1起以停止令和普遍排除令结案，1起撤诉。

7.3.2 涉及中国的林产品贸易争端

一些林产品反倾销或其他贸易措施的实施，引发了贸易争端，但是多数并没有依靠WTO多边机制解决，而是通过诉讼或磋商解决，一波三折，历时数年。以下援引两起美国对华木质林产品反倾销或"双反"引发的争端来佐证。

7.3.2.1 美国对华木制卧室家具反倾销案引发系列贸易争端和诉讼

2003年10月31日,由14家美国家具生产商组成的家具生产商联盟正式向美国商务部和美国国际贸易委员会提出针对中国木制卧室家具的反倾销申请。2003年12月17日,美国商务部对原产于中国的木制卧室家具进行反倾销调查,涉案产品海关编码为94035090.40、94035090.80和70099250.00。2004年1月12日,美国国际贸易委员会初步裁定中国木制卧室家具进口对美国国内产业造成了实质损害。2004年6月17日,美国商务部对中国木制卧室家具做出倾销的初步裁定,认定涉案企业的倾销幅度从4.90%到198.08%不等;7月29日,美国商务部对倾销初步裁定进行了修改。2004年11月17日,美国商务部对该案作出反倾销终裁,裁定中国涉案企业的倾销幅度为5.07%~198.08%。2004年12月10日,美国国际贸易委员会最终裁定中国木制卧室家具对美国国内产业造成了实质损害。2005年1月4日,美国商务部将中国涉案企业的倾销幅度修改为0.83%~198.08%❶。

该案涉案金额较大,涉案企业众多。此案涉及金额超过10亿美元,涉案企业达130多家,堪称中国加入世贸组织以来轻工行业涉案金额和涉案企业最多的案件之一。该案持续时间长,影响范围广泛。该案持续至今,每年复审一次,每年重新确定税率,至今每次行政复审都是肯定性裁决。目前情况预示着出口家具企业如果要继续进入美国市场,除了按要求提交复审资料外别无选择。该案企业集体应诉,成为典型案例。国内家具行业涉案企业在中国家具协会的组织下,不惧外来压力,集体应诉,维护行业的合法权益,成为轻工行业应对国外反倾销中的典型案例,具有一定的代表性。

7.3.2.2 美国对华复合木地板双反案引发系列贸易争端和诉讼

例如,2013年3月20日,美国国际贸易法院(USCIT)就美国商务部对华复合木地板反倾销和反补贴案作出判决。由于该案涉及机密信息,法院判决于4月2日公布❷。具体说明如下。

该案原告:Swiff-Train Co.、Metropolitan Hardwood Floors Inc.、BR Custom Surface、Real Wood Floors,LLC、Galleher Corp.、DPR International,LLC。

该案被告:美国政府。

该案被告介入方:美国硬木平价联盟。

该案争议点:该案涉及原告根据《美国国际贸易法院规则》第56.2条提出的就调查机关记录作出判决的动议。Swiff-Train Co.、Metropolitan Hardwood Floors Inc.、BR Custom Surface、Real Wood Floors,LLC、Galleher Corp.、DPR International,LLC(合称"原告")对美国国际贸易委员会(USITC)对华复合木地板反倾销和反补贴案的终裁裁决提出质疑。USITC认定,美国生产复合木地板(MLWF)的产业由于自中国进口的以低于正常价值在美国市场销售的产品而遭受了实质损害。2013年1月23日,USCIT就该案举行了口头辩论。

该案司法审查标准:审查USITC的终裁后,USCIT表示将作出发回重审的判决,依据19 U.S.C. §1516a(b)(1)(B)(2000),如果该终裁"不具备案卷记录中存放的实质性证据的支持,或在其他方面符合法律……"

---

❶ 资料来源:作者整理自中国贸易救济信息网
❷ 资料来源:作者整理自中国贸易救济信息网和USITC与USDOC官网

该案判决结果: USCIT 根据 28 U.S.C. § 1581(c), 判决如下: ①发回 USITC 对其硬木胶合板地板生产商不能纳入国内产业的认定, 要求 USITC 重新予以考虑。USITC 应该重新开放相关证据记录, 以确定国内硬木胶合板制造商, 并评估其用于生产木地板的产品, 对国内硬木胶合板生产商发放额外的调查问卷, 或进一步解释其将硬木胶合板生产商排除在调查之外的决定依据; ②USITC 应当专门认定涉案进口产品对法律规定的价格削低和价值抑制等因素的影响, 不仅应讨论委员观点中援引的因素, 还应讨论持异议的观点中提出的经济影响因素; ③USITC 应重新考虑涉案进口产品"在商业周期背景下以及不同于受影响产业的竞争条件背景下"对国内产业的影响, 尤其需要考虑持异议观点中提出的经济影响因素; ④USITC 应当作出并支持一项关于涉案进口产品是否对国内同类产品造成了"排他性的"实质影响的认定; ⑤USITC 应在 2013 年 9 月 30 日之前将重审裁决提交至 USCIT; ⑥当事方应在 2013 年 10 月 31 日之前就该重审裁决提交相关的评述意见。

该案案件背景: 2010 年 11 月 18 日, 美国商务部(USDOC)对华复合木地板启动反倾销和反补贴("双反")调查。2011 年 10 月 18 日, USDOC 作出反倾销终裁, 中国涉案企业所获最终税率为 0.00%~58.84%不等; 同日做出反补贴终裁, 中国涉案企业所获最终税率为 0.33%~26.73%不等。

该案后续之一: 上述始于 2010 年 11 月 18 日的美国对华木地板"双反"案引发的贸易诉讼还没有结案。而 2013 年 1 月 30 日, USDOC 发布公告, 对原产于中国的复合木地板进行"双反"行政复审, 倾销调查期为 2011 年 5 月 26 日~2012 年 11 月 30 日, 补贴调查期为 2011 年 4 月 6 日~2012 年 12 月 31 日。

该案后续之二: 美国 2010 年 11 月 18 日开始的对华复合木地板双反案引发的贸易争端还没有解决, 又有中国类似产品遭遇美国新一轮"双反"调查。2012 年 9 月 27 日, 美国"硬木胶合板公平贸易联盟"(Coalition for Fair Trade of Hardwood Plywood, 由美国北卡罗来纳州、纽约州和俄勒冈州硬木胶合板制造商组建)要求美国政府对原产于中国的硬木装饰胶合板发动"双反"调查, 认为中国制造商和出口商正在美国市场"倾销"硬木装饰胶合板, 其价格较公平市值低 298%~322%, 同时受到中国政府补贴, 补贴幅度超过 2%的允许范围。按照美方程序, 正式征收"双反"税需要美国商务部(USDOC)及美国国际贸易委员会(USITC)同时做出肯定性裁决方可生效。在中国企业积极应诉, 产业协会、商务部的密切配合下, 2013 年 11 月 5 日 USITC 公告, 对原产于中国的硬木装饰胶合板做出"双反"否定性终裁, 裁定涉案产品未对美国国内产业造成实质性损害或实质性损害威胁。根据 USITC 的否定性裁决, 美国将不对原产于中国的硬木装饰胶合板征收反倾销和反补贴税。中国最终获得实质性胜利。USDOC 和 USITC 的调查结果归纳见表 7-16。

表 7-16 美国商务部对华胶合板"双反"调查结果

时间	事件	结果
2013 年 2 月 27 日	USDOC 初裁	反补贴税率 22.63%~27.16%
2013 年 4 月 30 日	USDOC 初裁	反倾销税率 22.14%~63.96%
2013 年 9 月 17 日	USDOC 终裁	反倾销税率 55.76%~121.65%; 反补贴税率 13.58%~27.16%

(续)

时间	事件	结果
2012年11月9日	USITC 初裁	6票赞成 0票反对
2013年11月5日	USITC 终裁	1票弃权 5票反对

资料来源:中国商务部. 美国对华硬木装饰胶合板作出反倾销初裁.[2013-5-2];USITC 网站[2014-10-1].

7.4 2018年中美贸易争端对林产品贸易的影响

自中美建交以来,两国贸易和投资合作不断发展,互为彼此的重要国际合作伙伴,实现了优势互补和互利共赢,但2018年以来,美国采取单边主义措施,导致中美之间贸易摩擦和争端不断升级,使双边关系呈现较大的不确定性。

美国发起贸易摩擦的基本目标是如何在较长时期甚至持续保持其竞争优势的问题。达成贸易目标的决定因素主要包括:自然要素禀赋特征、全要素生产率的提升、市场及调控政策的配合。美国政府打着主张"公平贸易"和"对等开放"的旗帜,否定两国尚且存在差异的发展阶段、资源要素禀赋和比较优势产业。在"美国优先"的口号下,强调单边的贸易保护和霸权主义政策,无视世贸组织强调的利益互惠和平衡的规则,从贸易、投资、汇率等多方面阻碍中美贸易公平交易,试图拉大与我国在产出发展路径上的差距,延迟或抑制中美相关领域动态竞争综合优势转换点的到来。在贸易方面,美国通过施加关税壁垒和进口配额等限制措施,对我国有利的贸易产品执行全面征税,减少中国的贸易顺差;对自己存在比较优势的行业提供大量的补贴。在投资方面,美国以"国家安全审查"为由,限制中国企业对美投资并购,干涉中国企业在美国的政策投资活动,阻碍中国优势企业的正常海外发展。此外,美国政府以产业损害和知识产权保护为由,绕开WTO的争端解决机制,根据美国国内法挑起贸易摩擦,利用《贸易扩展法》《出口管制改革法案》等先后发起针对中国的"301""232"调查,将一国法律施加于国际贸易规则之上,破坏国际经济秩序。美国甚至违背契约精神,不实指责中国进行强制技术转让,试图掩盖美国是技术合作的最大受益者的事实。特朗普政府试图指责中国为汇率操作国,以达到抬升中方贸易成本、削弱中国商品竞争力和稀释美国债务等目的(宗良等,2019)。

陈勇等(2019)在梳理中美林产品贸易相互关系的基础上,分析了新一轮贸易战将对中美林业产业、林产品贸易、就业等的影响。结果表明:贸易战对中低级技术水平的从业人员影响较大,短期内对中国传统优势产品出口冲击较大,但长期反而能分摊和降低贸易风险,以价格优势为主的微利型木材加工企业和以美国为主要出口市场的出口导向型企业将面临较大风险;贸易战不仅会直接损害美国消费者利益,还会加速其木材产业的萎缩。拓宽进口渠道,扩展替代市场和国内市场,加快国际合作,加强技术创新,落实财政政策是中国减缓和避免贸易战对中美双方林产品贸易产生不利影响的应对措施。随着时间的推移,该争端的影响逐渐显现。在陈勇等(2019)的研究基上,本书侧重阐述争端涉及的林产品及其对中美林产品贸易和林业产业的影响。

7.4.1 争端涉及的主要林产品

2017年,中美林产品贸易额约269.9亿美元,占中美贸易总额5800亿美元的4.7%,占中国林产品贸易总额1500亿美元的18.1%。其中,中国进口美国林产品为95.5亿美元,占中国林产品进口额的12.7%;中国出口美国林产品为174.4亿美元,占中国林产品出口额的23.6%,中国对美林产品贸易顺差为78.9亿美元。中美双方林业经贸合作具有全面性、互惠性和互补性的特点,在木材生产、加工、贸易全产业链条上互为依存,相互补充,在全球林产品贸易体系中具有举足轻重的作用。在美国加征关税的产品清单中,包括原木、锯材、人造板、地板材、家具、木制品、竹藤制品、木片、木浆、纸及纸板、纸浆和纸制品等,涵盖了中国出口美国除印刷品外的所有木质林产品种类(表7-17),涉及中国出口美国木质林产品金额为159.9亿美元,占中国出口木质林产品总额525.2亿美元的30.4%,占中国出口美国林产品总额的91.7%,增加的关税额度约15.99亿美元。

表7-17 美国涉林产品加税清单及相关产品2017年中国对美国出口额

产品类别	海关代码	出口额(万美元)
木片	4401	18
木炭	4402	242
木制品	4404、4414、4415、4416、4417、4419、4420、4421	164152
锯材	4407	3476
单板	4408	1265
地板材	4409	22713
刨花板	4410	886
纤维板	4411	24605
胶合板	4412	113860
强化木	4413	23
木门、木窗和木制建筑模板	4418	23436
软木及其制品	4501、4503、4504	642
木浆和废纸	47	715
纸及纸板、纸浆和纸制品	48、49部分产品	314109
家具及坐具	9401、9403	928881
合计		1599023

资料来源:陈勇,王登举,宿海颖,等.中美贸易战对林产品贸易的影响及其对策建议[J].林业经济问题,2019,39(1):1-7.

根据中国海关的数据,中方被迫采取的反制措施中,涉及的林产品种类除木浆外与美方清单基本对等(表7-18)。2017年中国从美国进口林产品金额前五位分别为:锯材,印刷品,纸及纸板、纸浆和纸制品,原木,家具及坐具。在中国反制措施中,涉及从美国进口的木质林产品金额为 18.3 亿美元，占中国进口木质林产品总额 508.9 亿美元的 3.6%，占中国进口美国木质林产品总额 83.1 亿美元的 22.0%，占中国进口美林产品总额的 19.2%，增加的关税额度约 4.6 亿美元。

表 7-18　中国涉林产品反制清单及相关产品 2017 年中国源自美国的进口额

产品类别	海关代码	进口额(万美元)
木片	4401	39.0
木炭	4402	4.0
原木	4403	14500.0
锯材	4407	83417.0
单板	4408	60.0
地板材	4409	10.0
刨花板	4410	45.0
纤维板	4411	71.6
胶合板	4412	63.0
木门、木窗和木制建筑模板，木刻等木制品	4415、4417、4418、4420、4421	400.0
软木及其制品	45	29.0
纸及纸板、纸浆和纸制品	48	30356.0
印刷品	49	50220.0
家具及坐具	9401、940340	16.0
合计		183230.6

资料来源：陈勇，王登举，宿海颖，等. 中美贸易战对林产品贸易的影响及其对策建议[J]. 林业经济问题，2019，39(1)：1-7.

7.4.2　争端对中美林产品贸易的影响

7.4.2.1　争端对中国林产品贸易的影响

(1) 对中国木材进口贸易格局的影响

美国木材关税成本上升，替代材将迎来"春天"，中国资源型林产品进口的多元化市场格局在调整中将得到进一步发展。第一，导致进口美国木材市场萎缩。美国虽然是中国木材的重要供应国，但不是最大也不是唯一不可替代的木材来源国。美国木材(原木和锯材)约占中国木材总进口量的 10%。2017 年中国从美国进口原木 613.8 万立方米，约占中国原木进口总量的 11%，远低于新西兰(26%)、俄罗斯(20%)；锯材 326.5 万立方米，约占中国锯材进口总量的 8%，位居俄罗斯(42%)、加拿大(14%)、泰国(13%)之后。受贸易战影响导致美国木材进口量减少的部分可通过寻找他国的替代材来解决。例如，美国的红松和樟子松可以由俄罗斯、欧洲进口的樟子松替代，美国花旗松由俄罗斯白松或新西兰辐射松替代，美国橡木可由俄罗斯柞木、欧洲橡木替代。第二，为俄罗斯和欧洲木材腾出更多市场空间。中国实施反制措施，必将导致美国木材进口成本上涨，逐渐丧失竞争优势。因为对美国木材有较强的替代性和竞争性，俄罗斯、欧洲、新西兰等国的材种将逐步填补美国木材在中国国内市场的空缺。第三，为"一带一路"沿线国家带来新机遇。如森林资源丰富，木材生产能力有保障，且以通过出口带动本国林产加工业的发展作为政策取向的中东欧地区市场正处于开发起步阶段，潜力较大，缺少的正是一个进入中国市场的契机。由于第一轮贸易战中美双方的加税清单中未涉及木材及木制品，2018年上半年美国木材的进口量依然延续增长态势，但其影响已初见端倪。随着新一轮贸易战的升级，2018年下半年中国进口美国木材的下行趋势更加明显。

(2) 对中国木材进口贸易格局的影响

短期内对中国传统优势产品出口冲击较大。由于美国在中国木质林产品出口市场中所占比例最大，而新兴市场的开发和维护需要一定时间和周期，因此，短期内中国优势林产品出口将会面临一定的挑战。第一，中高端产品出口受阻。美国是中国最大的木家具、木坐具出口市场。此次贸易战将对中国人造板、木家具等优势林产品出口产生较大的影响，特别是胶合板的出口最为严重。美国曾多次针对中国胶合板、木地板发起"双反"调查，2017年美商务部就曾对中国胶合板征收高达67.25%的税率。在这种情况下继续加征关税，无疑将完全切断中国胶合板出口美国的可能性。第二，传统出口市场空间深度拓展困难。东南亚、欧洲等传统出口市场相对稳定，对中国林产品的需求在短期内不会大幅提升，能够进一步拓展的空间不大。第三，新兴市场培育需要时间。企业拓展新兴市场，在目的市场开发、目标产品、市场营销网络、合作伙伴的选择等方面非一日之功，短期内难以取得实质性突破。从长期来看，贸易战将迫使中国企业加速开拓新兴市场，调整市场布局从而减少对美国市场的过度依赖，分摊和降低贸易风险。

(3) 对中国林产品加工及贸易行业的影响

第一，尽管贸易战来势汹涌，但对中国林业产业整体的冲击有限。2017年中国木材加工及木制品制造业的产值为1.3万亿元，新一轮美国加税清单中涉及的贸易额仅占全国木材加工及木制品制造业产值的8%左右，对中国林业产业尚不构成根本性损害。美国市场的销量减少并不会对大部分从事林产品生产和贸易的涉林企业，尤其是以内销为主或海外市场较为分散的企业造成严重的打击。以胶合板为例，2017年中国胶合板生产量1.8904亿立方米，总出口量1083.3万立方米，出口量占生产量的5.73%；对美出口量160.44万立方米，占生产量的0.84%。相对于2017年人造板4380亿元、纤维板1012亿元、刨花板419亿元的产值，受美方加税影响比例仅为1.77%、1.65%和0.14%。

第二，以价格优势为主的微利型木材加工企业将面临较大风险。中国林产品加工企业多数处于微利经营状态，如果加征的关税超出生产企业利润空间内的消化能力，从而导致出口到美国市场的产品价格大幅度提高，削弱产品原有的市场竞争优势。随着中国反制措施的生效，国内一些以美国木材为主要原料的加工企业，其生产成本也会出现较为明显的提高。除了关税因素外，随着海关加大对进口美国木材的监督力度，清关时间也较往年有所延长，由此而产生的货柜租金、仓库费等海关滞港费用也会增加木材贸易商的进口成本。

第三，以美国为主要出口市场的出口导向型企业将成为此轮贸易战的最大"受害者"。对于这些企业，美国是其产品的主要销售市场，短期内无法实现目标市场全部或部分转移，冲击不可避免。同时，贸易战对企业的影响，又因对美国不同产品的出口比例而有所差别。美国是中国的木家具、人造板的重要出口市场,分别达到出口美国林产品贸易额的53.3%和8.1%,此次美国的加税,将大大降低中国木家具、木地板等附加值较高的木制品的市场竞争力,相应的生产企业也会面临较大的出口压力;相比之下,中国出口美国的锯材、纸浆等资源型产品较少,因此,美方加税对这部分生产企业的影响较小。

(4)对中国林产业从业人员的就业影响

此轮贸易战预计将对国内林产品加工贸易领域500万从业人员的就业造成不利影响。根据商务部的统计数据,中国从事出口行业的就业人口超过1.2亿,其中约有2000万人的岗位直接来自对美出口领域。考虑到林产品制造业作为中国传统的劳动密集型产业,根据林业产值比例估算,约有超过100万人直接从事林产品对美出口。基于直接就业人数,综合考虑上下游产业链拉动效应和乘数效应,初步估计受到此次贸易战影响的国内林产品加工贸易就业人数将达到500万人。对于具有较大规模的林产品加工企业,市场布局较完善,对美国市场的依赖性较小,企业利润的缓冲空间较大,员工就业的保障体系较为完善,不会因为贸易战而大幅裁员。相比之下,对于一些劳动力资源集中、机械化程度较低的小微加工企业,尤其是以美国为主要出口市场的企业,没有利润缓冲空间,只能通过关停生产线、裁员降薪等方式降低生产成本,其中中低级技术水平的从业人员将面临较大的失业风险。

7.4.2.2 争端对美国林产品贸易的影响

(1)对美国木材出口造成较大冲击

中国是美国最大的木材出口市场,贸易战将对美国木材产业造成较大损失。2017年,中国从美国进口原木占其原木出口总额的54%,进口的锯材占其锯材出口总额的38%。其中,中国从美国进口的阔叶材总额超过20亿美元,是美国阔叶材的最大买家。一旦美国木材在中国市场失去其原有的竞争力,美国木材产业将面临严峻的考验。

(2)大幅提高美国消费者的购买成本

进口林产品价格大幅上升将直接损害美国消费者利益。中国是美国木家具、纸及纸制品、木坐具、人造板、木地板等产品的重要供应国,中国出口到美国的木家具占其木家具进口总额的37%,纸和纸制品占其进口总额的21%,人造板占其进口总额的21%,木地板占其进口总额的31%。美国对从中国进口的林产品加征关税会直接导致美国国内市场林产品销售价格的上升,最终美国消费者将为政府的加税行为买单,损害的是美国消费者的福祉。

(3)对美国木材产业振兴产生实质性损害

木材采伐、加工业是劳动密集型产业,而美国是一个劳动力缺乏的国家,有限的劳动力集中于金融和新能源产业,美国木材采伐业和木材加工业一直处于劳动力紧张的状态。随着中国从美国木材进口量的大幅减少,美国在短期内很难找到可以吸纳和转移大量木材进口的替代市场,而美国企业没有订单工人就会失业,即使未来恢复订单,企业再招工会更加困难,反而会对美国本土的木材加工业及就业造成不可逆的影响,与特朗普政府的"制造业回归"理念相悖。从长期来看,贸易保护主义不仅不会使美国本土的木材采伐加工业发展壮大,反而会加速木材产业的萎缩。

本 章 小 结

本章阐述林产品贸易争端与协调。首先,概述国际贸易争端的概念、分类、特点与成因、解决方法与法律规范;阐述贸易协调组织、协调机制与协调理论。其次,归纳林产品贸易壁垒,揭示 WTO 林产品贸易争端的特点、规律与发展趋势。最后,分析涉华林产品贸易壁垒与贸易争端,归纳 2018 年中美贸易争端对林产品贸易的影响。

习题

1. 解决国际贸易争端的司法方法和非司法方法之间有何异同?
2. 解决国际贸易争端的国际法律规范有哪些?
3. 举例说明什么是解决国际贸易争端的国内法律规范。
4. 国际贸易协调的理论主要有哪些?
5. 林产品贸易面临的贸易壁垒主要有哪些?有何特点?
6. 林产品贸易争端发展变化的特点、规律与趋势如何?

第8章 林产品贸易特征与趋势

【学习目标】

知识目标	能力目标
熟悉代表性的贸易发展指标及其应用方法	能够根据代表性贸易发展指标,量化分析林产品贸易发展的特征,比较主要国家林产品贸易发展的差异
了解世界林产品贸易的总体情况与发展趋势	正确认识世界林产品贸易的现状与趋势
掌握主要细分林产品的贸易特征和发展规律	正确认识主要细分林产品的贸易特征和发展规律

8.1 贸易发展的评价方法

本节介绍代表性的贸易发展评价指标及其应用方法,旨在提供量化方法,以衡量林产品贸易发展的特征、规律和趋势,比较各国林产品贸易发展的差异。

8.1.1 林产品贸易增长边际分解

Amiti 和 Freund(2010)采用 Feenstra 种类指数与出口增长分解来分析中国出口增长的集约边际与广延边际,我们采用相同的方法可以分析林产品进出口贸易增长的边际。这里的产品可以为交易层面的海关编码商品,例如,HS8 位编码。Ge 等(2014)对海关交易层面的边境贸易做过类似的分析。

Feenstra 种类指数的定义为:

$$\text{Feenstra 种类指数} = \frac{SV_{t-1}/TV_{t-1}}{SV_t/TV_t} - 1$$

式中,t 代表时间;SV 表示两期都存在产品的贸易额;TV 表示每一期所有产品的贸易额,可以为出口贸易或者进口贸易。如果出口产品种类没有增加,该指数为零或负值;如果贸易产品种类增加,该指数为正。

贸易增长边际分解的定义为:

$$\underbrace{\frac{TV_t - TV_{t-1}}{TV_{t-1}}}_{\text{贸易增长}} = \underbrace{\frac{SV_t - SV_{t-1}}{TV_{t-1}}}_{\text{集约边际增长}} - \underbrace{\frac{DV_{t-1}}{TV_{t-1}}}_{\text{广延边际增长}} + \underbrace{\frac{NV_t}{TV_{t-1}}}_{}$$

式中，DV 表示下一期不再出口产品的价值；NV 表示新增出口产品的价值。由计算公式可知，贸易增长来自于三部分：①两个时间段都贸易的产品；②前一时间段贸易而后一时间段不再贸易的产品；③前一时间段不贸易而后一时间段贸易的产品。其中，第一部分在贸易增长中的占比为集约边际，第二部分和第三部分在贸易增长中的占比之和为广延边际。按照定义，内涵边际与广延边际之和为1，如果采用百分比的形式，则两者之和为100%。一般情况下，贸易增长的主体部分为内涵边际。

8.1.2 林产品出口复杂度

Rodrik（2006）指出中国的高出口复杂度不能用其低人均国民收入来解释，Jarreau 和 Poncet（2012）研究了中国各省（自治区、直辖市）与其经济表现的关系，发现出口复杂度高的省（自治区、直辖市）经济增长越快。根据 Hausmann 等（2007），产品 k 的复杂度定义为出口产品 k 的 RCA 指数的加权平均值，其中权重为各个出口国的收入水平，即人均 GDP。产品 k 复杂度的计算公式为：

$$PRODY_k = \sum_i RCA_{ik} \cdot y_i \tag{8-1}$$

数值越大表明该产品的复杂程度越高。计算过程中，产品设定为 HS 6 位编码。在此基础上，还可以构建 i 国的出口复杂度指数，其定义为 i 国出口产品复杂度的加权平均值，其中权重为产品 k 的出口份额。i 国出口复杂度的计算公式为：

$$EXPY_i = \sum_k \frac{X_{ik}}{X_i} \cdot PRODY_k \tag{8-2}$$

数值越高表明 i 国的出口篮子中的复杂产品越多。根据上述定义，我们可以计算一国林产品出口的复杂度指数。

行业或产品贸易发展指标

8.1.3 林产品比较优势指数

这里介绍的比较优势指数为巴拉萨指数和拉斐指数。令 i 代表出口国，j 代表进口国，k 代表产品或者行业，E 代表出口，M 代表进口。i 国 k 产品的出口额可以表示 E_{ik}，该产品进口额可以表示为：

$$PCA_{ik} = \frac{E_{ik}/\sum_k E_{ik}}{\sum_i E_{ik}/\sum_i \sum_k E_{ik}} \tag{8-3}$$

巴拉萨指数（也被称为显示性比较优势指数）可以表示为：

$$RCA_{ik} = \frac{E_{ik}/\sum_k E_{ik}}{\sum_i E_{ik}/\sum_i \sum_k E_{ik}} \tag{8-4}$$

巴拉萨指数的理论数值区间为[0, +∞)，判断是否具有比较优势的临界值为1，巴拉萨指数的数值>1 即表示出口国在该产品上具有比较优势，数值越高比较优势越强。巴拉萨指数数值<1，表明出口国在该产品上呈现比较劣势。然而，巴拉萨指数只考察了出口，而未考虑进口，在产业内贸易大量存在的情况下，其对一国比较优势的衡量有可能出现偏

差。拉斐指数在一定程度上弥补了上述缺点，其表达式为：

$$Lafay_{ik} = \left[\frac{E_{ik} - M_{ik}}{E_{ik} + M_{ik}} - \frac{\sum_k (E_{ik} - M_{ik})}{\sum_k (E_{ik} + M_{ik})} \right] \times \frac{E_{ik} + M_{ik}}{\sum_k (E_{ik} + M_{ik})} \times 100 \qquad (8\text{-}5)$$

拉斐指数的理论数值区间为$(-\infty, +\infty)$，拉斐指数>0表示出口国在该产品具有专业化优势，数值越高，专业化优势越强；拉斐指数<0表示出口国在该产品具有专业化劣势，数值越低专业化劣势越明显。

概括来说，世界市场份额反映的是林产品出口体量，巴拉萨指数反映的是特定林产品出口优势是否高于世界平均水平，而拉斐指数反映的是特定林产品上的专业化优势是否明显。从某种意义上讲，世界市场份额测度了一国林产品贸易的规模，而巴拉萨指数和拉斐指数测度了一国林产品贸易的效益。根据定义，如果某种林产品的巴拉萨指数(RCA)>1，则认为一国在该林产品上具有比较优势，而如果某种林产品的拉斐指数($Lafay$)指数>0，则认为一国在该产品上具有专业化优势。依据巴拉萨指数和拉斐指数的临界值，我们对具体产品的国际竞争力进行了如下判定(表8-1)。当某产品的巴拉萨指数>1且拉斐指数>0时，我们认为一国在该产品上具有绝对竞争优势；当某产品的巴拉萨指数≤1且拉斐指数≤0时，表明一国在该产品上呈现绝对竞争劣势；当某产品的巴拉萨指数≤1而拉斐指数>0时，我们认为一国在该产品上具有一定的专业化优势；当某产品的巴拉萨指数>1而拉斐指数≤0时，则认为一国在该产品上具有一定的比较优势。

表8-1 产品国际竞争力的指数判定

	$0 \leq RCA \leq 1$	$RCA > 1$
$Lafay > 0$	一定的专业化优势	具有绝对竞争优势
$Lafay \leq 0$	具有绝对竞争劣势	一定的比较优势

8.1.4 林业产业内贸易指数

在新贸易理论框架中，假设垄断竞争和规模报酬递增的前提下，消费者福利的改善来自于消费产品种类的增多，生产者收益来自于市场规模的扩大。对许多经济发达国家而言，双边贸易更多的是在同一产业内开展，例如，汽车、电子产品、机械设备等。直接刻画两国产业内贸易强度的衡量指标为产业内贸易指数，令i和j为国家，k为行业，X为出口额，M为进口额，那么两国之间的产业内贸易指数为：

$$IIT_k^{ij} = 1 - \frac{|X_k^{ij} - M_k^{ij}|}{X_k^{ij} + M_k^{ij}} \qquad (8\text{-}6)$$

根据定义，产业内贸易指数的数值介于0~1之间，数值为0代表两国之间不存在产业内贸易；数值为1表示两国之间全部是产业内贸易，数值越大产业内贸易的强度越高。另外，还可以计算i国在产业k上的IIT指数，而不区分具体贸易伙伴。

8.2 世界林产品贸易的特征与趋势

林产品种类繁多，各国对林产品的分类标准亦有差异。此处采用FAO的林产品统计口径和分类标准,分析世界林产品贸易发展的特征和趋势。

8.2.1 世界林产品贸易的总体情况

8.2.1.1 贸易规模

近年来,随着国际贸易自由化进程的加快、世界生产能力和运输技术的提升以及消费者实际收入的增加,世界林产品贸易不断发展。据联合国粮农组织(FAO)的统计,2017年世界林产品进口贸易额2406.0亿美元,增长3.37%;出口贸易额2425.06亿美元,减少0.74%。

8.2.1.2 市场格局

(1)进出口贸易格局

世界林产品贸易主要集中在欧洲、北美洲和亚洲,发达国家在大量进口林产品的同时,也进行着大规模的林产品出口贸易。

2012年和2017年世界主要林产品进、出贸易国及其贸易额分别见表8-2和表8-3。

表8-2 2012年和2017年世界主要林产品进口国家及其进口额

	2012年			2017年	
国别	进口额(亿美元)	比重(%)	国别	进口额(亿美元)	比重(%)
世界	2443.16	100	世界	2406.0	100
中国	351.65	14.39	中国	389.86	16.20
美国	207.50	8.49	美国	249.44	10.37
德国	189.98	7.78	德国	186.49	7.75
日本	133.52	5.47	日本	101.84	4.23
英国	101.42	4.15	英国	101.08	4.20
意大利	93.43	3.82	意大利	93.53	3.89
法国	91.48	3.74	法国	82.23	3.42
荷兰	70.50	2.89	印度	59.72	2.48
比利时	63.58	2.60	韩国	55.95	2.33
印度	54.60	2.23	比利时	55.41	2.30

资料来源:FAOSTAT.

表8-3 2012年和2017年世界主要林产品出口国家及其出口额

	2012年			2017年	
国别	出口额(亿美元)	比重(%)	国别	出口额(亿美元)	比重(%)
世界	2327.59	100	世界	2425.06	100
美国	240.00	10.97	美国	269.11	11.10
加拿大	213.87	9.34	加拿大	235.44	9.71
德国	204.68	8.69	德国	203.51	8.39

(续)

	2012 年			2017 年	
国别	出口额(亿美元)	比重(%)	国别	出口额(亿美元)	比重(%)
瑞典	154.83	6.56	中国	139.43	5.75
芬兰	131.61	5.63	瑞典	133.73	5.51
中国	106.59	5.18	芬兰	126.39	5.21
俄罗斯	92.14	4.04	俄罗斯	105.35	4.34
巴西	75.91	3.23	巴西	87.13	3.59
印度尼西亚	75.24	3.20	印度尼西亚	77.52	3.20
法国	69.91	3.13	奥地利	65.36	2.70

资料来源：FAOSTAT.

具体而言，依据占全球林产品总出口量的比例衡量，2017 年主要林产品出口国如下[1]。①工业用原木：俄罗斯(15%)，新西兰(15%)，美国(10%)，加拿大(6%)，捷克(5%)，澳大利亚(3%)，法国(3%)，德国(3%)，挪威(3%)，巴布亚新几内亚(3%)。②木质颗粒：美国(26%)，加拿大(11%)，拉脱维亚(8%)，越南(8%)，俄罗斯(7%)，爱沙尼亚(6%)，奥地利(3%)，马来西亚(3%)。③锯材：加拿大(21%)，俄罗斯(19%)，瑞典(9%)，芬兰(6%)，德国(5%)，美国(5%)，奥地利(4%)，泰国(3%)。④单板：越南(15%)，俄罗斯(14%)，加拿大(14%)，中国(7%)，美国(5%)，马来西亚(4%)，缅甸(4%)，新西兰(3%)，加蓬(3%)。⑤人造板：中国(16%)，加拿大(9%)，德国(7%)，泰国(6%)，俄罗斯(6%)，马来西亚(4%)，巴西(4%)，波兰(4%)，白俄罗斯(3%)，印度尼西亚(3%)，奥地利(3%)，法国(3%)，比利时(3%)，罗马尼亚(3%)。⑥纸浆：巴西(22%)，加拿大(16%)，美国(12%)，印度尼西亚(7%)，智利(7%)，芬兰(6%)，瑞典(5%)，乌拉圭(4%)，俄罗斯(4%)。⑦回收纸及纸板：美国(32%)，英国(8%)，日本(7%)，法国(5%)，德国(5%)，荷兰(5%)，加拿大(4%)，意大利(3%)，比利时(3%)。⑧纸和纸板：德国(12%)，美国(10%)，瑞典(9%)，芬兰(8%)，中国(6%)，加拿大(6%)，印度尼西亚(4%)，奥地利(4%)，法国(3%)，比利时(3%)，意大利(3%)，韩国(3%)，俄罗斯(3%)。

依据占全球林产品总进口量的比例衡量，2017 年主要林产品进口国如下[2]。①工业用原木：中国(43%)，德国(7%)，奥地利(7%)，瑞典(6%)，加拿大(5%)，印度(4%)，芬兰(4%)，韩国(3%)，比利时(3%)，日本(3%)。②木质颗粒：英国(36%)，丹麦(16%)，韩国(13%)，意大利(9%)，比利时(6%)。③锯材：中国(26%)，美国(18%)，英国(5%)，日本(4%)，德国(3%)，意大利(3%)，埃及(3%)。④单板：中国(22%)，日本(8%)，美国(8%)，印度(8%)，意大利(4%)，马来西亚(4%)，西班牙(3%)，越南(3%)，土耳其(3%)，韩国(3%)，德国(3%)，法国(3%)。⑤人造板：美国(17%)，

---

[1] 资料来源：http://www.fao.org/forestry/statistics/80938@180724/zh/。
[2] 资料来源：http://www.fao.org/forestry/statistics/80938@180724/zh/。

德国(7%)，日本(5%)，英国(4%)，加拿大(4%)，波兰(4%)，中国(3%)，意大利(3%)，韩国(3%)，法国(3%)。⑥纸浆：中国(37%)，美国(9%)，德国(7%)，意大利(6%)，韩国(4%)，法国(3%)，日本(3%)。⑦回收纸及纸板：中国(46%)，德国(8%)，印度(6%)，荷兰(5%)，印度尼西亚(4%)，西班牙(3%)，泰国(3%)，墨西哥(3%)，韩国(3%)。⑧纸和纸板：德国(10%)，美国(8%)，中国(5%)，英国(5%)，意大利(5%)，法国(4%)，波兰(3%)，墨西哥(3%)，比利时(3%)，印度(3%)，西班牙(3%)，加拿大(3%)。

总之，从世界林产品进口结构看，排名前十位的对世界林产品进口贸易具有重要影响的国家均来自欧洲、北美洲和亚洲。欧洲的进口比重表现为下降趋势，2012年以德国、英国、意大利、法国、荷兰、奥地利为代表的欧洲国家林产品出口总额达1010.9亿美元，占世界林产品总进口额的41.4%，2017年下降至39.9%；而北美洲和亚洲进口比重呈上升趋势，其中以美国为代表的北美洲国家从2012年10.5%上升至2017年的12.5%，以中国、日本、印度、韩国为代表的亚洲国家从2012年的37.9%上升至2017年的38.9%，其中中国林产品进口规模发展迅速，成为世界第一大进口国，在2012—2017年间，其林产品进口总额增长了10.87%，大大超过世界平均增长幅度，也远远高于其他主要进口国家和其他地区，中国在世界林产品贸易中的影响在不断扩大。

就林产品出口而言，排在世界前两位的国家是美国和加拿大。近年来这两国始终维持着较大规模的林产品出口贸易，占世界林产品出口总额的两成，对世界林产品出口贸易有着深远影响。来自欧洲诸国的出口总规模相当可观，2012年，以德国、瑞典、芬兰、法国、奥地利为代表的欧洲林产品出口总额达1188.86亿美元，占世界林产品总出口额的51.1%，显著高于排名第二的北美(出口总额472.72亿美元，占比20.3%)。但随着新兴经济体发展中国家生产水平和贸易能力的提高，欧洲国家的林产品出口份额也随之下降，到2017年，欧洲各国林产品出口额(1173.15亿美元)占世界林产品出口总额比重已降至48.4%。而北美和亚洲出口比重呈上升趋势，特别是以中国为代表的亚洲国家在世界林产品出口贸易中份额和影响不断提升。由于林业加工、制造能力增强，以加工贸易为依托，中国的出口能力不断提升，2012年中国排名世界第六，其林产品出口占世界总出口比重5.16%，2017年中国成为世界第四大林产品出口国，2017年出口份额达到5.8%；2012—2017的5年间亚洲和北美洲出口额分别增长了8.6%和6.7%。除中国外，其他主要进出口国都是经济发达国家——2012—2017年美国、加拿大、德国、瑞典和芬兰五个发达经济体的林产品出口总额约占世界林产品总出口额的四成。这些高额出口的国家不仅森林资源丰富，而且拥有先进林产品生产和制造业。另外，出口规模较大的国家还包括森林资源丰富、具有较强比较优势的俄罗斯、巴西、法国和奥地利等国。

就林产品进口而言，中国人均林业资源有限，又实行天然林资源保护工程，所以国内快速增长的林产品需求和林产品出口的快速增长只能以大量进口原木、锯木等初级林产品为支撑。除中国外，进口规模靠前的国家主要有美国、德国、英国、日本和意大利等发达国家，其中日本虽然拥有高水平的林产业，但缺乏初级和中间林产品，为满足本国消费需求，只能依赖大量进口；除日本外的四个国家虽然林业资源富足和生产技术先进，但无论是林业最终产品还是林业生产资料的国内消费增长和需求要求提高，导致本国林产品供给难以完全满足本国需要，进而引发这些国家大量进口林产品。

总之，2012—2017 年的主要林产品进出口国基本不变，仅是有些国家的位次略有变化。这种情况说明，全球的林产品贸易依然主要集中在经济发达国家之间进行。

(2) 消费和生产格局❶

依据占全球林产品总消费量比例，2017 年主要林产品消费国如下。①工业用原木：美国(18%)，中国(11%)，俄罗斯(9%)，加拿大(8%)，巴西(8%)，瑞典(4%)，印度尼西亚(4%)，芬兰(3%)，印度(3%)，德国(3%)。②木质颗粒：英国(22%)，韩国(11%)，丹麦(9%)，德国(7%)，意大利(7%)，美国(6%)，瑞典(6%)，法国(4%)，比利时(4%)。③锯材：中国(26%)，美国(21%)，德国(4%)，加拿大(4%)，日本(3%)。④人造板：中国(48%)，美国(12%)，德国(3%)，俄罗斯(3%)，波兰(3%)。⑤纸浆：美国(25%)，中国(20%)，日本(5%)，瑞典(5%)，芬兰(4%)，加拿大(4%)，印度(4%)，俄罗斯(3%)，巴西(3%)，德国(3%)。⑥回收纸及纸板：中国(35%)，美国(13%)，日本(7%)，德国(7%)，韩国(4%)，印度(3%)。⑦纸和纸板：中国(28%)，美国(17%)，日本(6%)，德国(5%)，印度(4%)，意大利(3%)。

依据占全球林产品总产量比例衡量，2017 年主要林产品生产国如下。①木质燃料：印度(16%)，中国(9%)，巴西(6%)，埃塞俄比亚(6%)，刚果(金)(4%)。②工业用原木：美国(19%)，俄罗斯(10%)，中国(9%)，加拿大(8%)，巴西(8%)，印度尼西亚(4%)，瑞典(4%)，芬兰(3%)，印度(3%)。③木质颗粒：美国(21%)，加拿大(8%)，德国(7%)，瑞典(5%)，越南(5%)，拉脱维亚(5%)，俄罗斯(4%)，法国(4%)，爱沙尼亚(4%)，奥地利(4%)，韩国(3%)，波兰(3%)，中国(3%)。④锯材：中国(18%)，美国(17%)，加拿大(10%)，俄罗斯(8%)，德国(5%)，瑞典(4%)，巴西(3%)。⑤人造板：中国(50%)，美国(9%)，俄罗斯(4%)，德国(3%)，加拿大(3%)，波兰(3%)，巴西(3%)。⑥纸浆：美国(26%)，巴西(10%)，中国(9%)，加拿大(9%)，瑞典(6%)，芬兰(6%)，日本(5%)，俄罗斯(5%)，印度尼西亚(4%)，印度(3%)，智利(3%)。⑦回收纸及纸板：中国(24%)，美国(20%)，日本(9%)，德国(6%)，韩国(4%)，英国(3%)，法国(3%)，意大利(3%)。⑧纸和纸板：中国(28%)，美国(17%)，日本(6%)，德国(6%)，印度(4%)，韩国(3%)，巴西(3%)，印度尼西亚(3%)。

8.2.1.3 商品结构

以 2017 年为例，世界细分产品的林产品进出口贸易额及其在全部林产品贸易额中的比例见表 8-4。贸易额占比最高的是纸和纸板这类附加值较高的深度加工产品，占到林产品贸易总额的四成左右；其次是初级原料型产品的木浆、锯材和中间产品人造板，三类产品贸易额约占林产品贸易总额的 45%；近年来由于世界森林资源减少、各国森林资源保护意识增强、各国对原木这类原材料纷纷出台出口限制政策，原木贸易额占比仅为 7% 左右，在世界林产品出口贸易总额中占据较低的位置。世界林产品贸易产品结构的变化体现了林业发展高端化要求，相比加工产品类、特别是精加工产品类贸易，单纯的资源类林产品贸易正在受到抑制。如果用贸易数量(表 8-5)，基本特征不变。

---

❶ 资料来源 http://www.fao.org/forestry/statistics/80938@180723/zh/。

表 8-4　2017 年世界林产品贸易分产品统计情况

产品	进口		出口	
	金额(亿美元)	占比(%)	金额(亿美元)	占比(%)
全部林产品	2406.0	100	2425.06	100
纸和纸板	946.6	39.3	959.7	39.6
锯材	378.0	15.7	385.3	15.9
木浆	368.8	15.3	351.2	14.5
人造板	351.8	14.6	363.7	15.0
原木	166.6	6.9	158.9	6.6

表 8-5　2017 年世界林产品产量及进出口贸易

产品	单位	产量				出口量			
		2017产量	与各年变化百分比(%)			2017出口量	与各年变化百分比(%)		
			2016	2000	1980		2016	2000	1980
原木	百万立方米	3797	1	10	21	139	2	17	48
木质燃料	百万立方米	1890	0	6	12	8	-11	128	
工业用原木	百万立方米	1907	1	13	32	130	3	14	40
木质颗粒	百万吨	33	12			20	15		
锯材	百万立方米	485	4	26	15	153	5	34	118
人造板	百万立方米	402	0	125	314	91	4	72	509
胶合板	百万立方米	157	-2	168	297	30	2	71	355
定向刨花板(OSB)	百万立方米	245	1	104	326	60	6	73	632
木质纸浆	百万吨	184	1	7	46	64	3	68	203
非木纤维纸浆	百万吨	12	-1	-22	63	0, 4	11	34	109
回收纸及纸板	百万吨	235	2	64	366	57	-2	131	932
纸及纸板	百万吨	413	1	27	144	117	3	19	234
林产品贸易额	十亿美元					247	8	70	336

资料来源：http://www.fao.org/forestry/statistics/80938/zh/

8.2.2　世界主要林产品的贸易情况

基于 FAO 的统计口径和数据，本节讨论主要细分林产品的贸易情况，包括原木(含工业用原木、工业用热带原木等)、锯材、人造板(含单板、胶合板、刨花板、纤维板、中密度纤维板(MDF)等)、木浆和纸及纸板。

(1) 原木和锯材贸易现状

与其他林产品相比，原木的国际贸易量相对较小。2017 年全球的原木进口量为 13231.0 万立方米，比 2012 年进口量(11858.7 万立方米)增加了 11.57%，出口量 13776.5

万立方米，比 2012 年(11910.8 万立方米)增加了 15.67%。2017 年位居前十位的主要工业材进出口国家中，亚洲的中国、印度、韩国和日本分别以 4854.1 万立方米(38.4%)、550.9 万立方米(4.4%)、425.5 万立方米(3.4%)和 365.1 万立方米(2.9%)的进口量位分列第一、六、八和九位，四者占比之和(49%)高于其余 6 个欧美国家(德国、奥地利、瑞典、加拿大等)占比的总和(31.6%)。

原木贸易中占九成以上比重的为工业用原木，2017 年全球的工业用原木进口量为 12642.0 万立方米，比 2012 年进口量(11262.9 万立方米)增加了 12.24%，出口量 12889.7 万立方米，比 2012 年(11091.3 万立方米)增加了 16.21%。2017 年位居前五位的主要工业材进出口国家分别见表 8-6。2017 年中国是进口工业用原木最多的国家，其进口量约占世界总进口量的 38.4%，大大超过位居第二的德国(6.9%)。瑞典是针叶材森林资源丰富的国家，其大量进口原木的原因，并非国内资源不足，而是为了满足加工林产品出口的需要。在工业用原木出口方面，以针叶材为主(2017 年，工业用原木针叶材进口占工业用原木进口总额的 66.89%；工业用原木针叶材出口占工业用原木出口总额的 67.10%)。在出口方面，与俄罗斯幅员辽阔，森林资源丰富的特点相匹配，俄罗斯和新西兰的出口规模最大，明显领先于世界其他国家或地区，出口份额分别达到 15.1% 和 12.4%。

表 8-6　2017 年世界主要工业用原木进出口国家及其所占份额

国别	进口量（万立方米）	比重（%）	国别	出口量（万立方米）	比重（%）
世界	12642.0	100	世界	12889.7	100
中国	4854.1	38.4	俄罗斯	1942.3	15.1
德国	868.1	6.9	新西兰	1595.1	12.4
奥地利	864.9	6.8	美国	1348.3	10.5
瑞典	769.5	6.1	捷克	838.1	6.5
加拿大	649.1	5.1	加拿大	808.3	6.3

2017 年全球位居前五名的主要工业用热带阔叶原木的进出口国家及其进口量见表 8-7。工业用热带阔叶原木的进口除法国外则以中国(占比 62.5%)为代表的亚洲国家为主，而出口主要集中在亚洲、非洲热带国家和太平洋上的一些岛国。

表 8-7　2017 年世界主要工业用热带阔叶原木进出口国家及其所占份额

国别	进口量（万立方米）	比重（%）	国别	出口量（万立方米）	比重（%）
世界	1631.6	100	世界	1733.5	100
中国	1020.1	62.5	巴布亚新几内亚	383.4	22.1
印度	311.0	19.1	所罗门群岛	315.6	18.2
越南	129.8	8.0	马来西亚	283.9	16.4
印度尼西亚	53.4	3.3	喀麦隆	107.0	6.2
日本	21.4	1.3	赤道几内亚	94.2	5.4

2017年全球锯材的进、出口量已分别达到14063.0万立方米和15187.5万立方米。与2012年相比,其进口量增长24.62%,出口量增长27.45%。2017年世界主要锯材贸易国家的进出口情况,详见表8-8。当前全球的锯材贸易,除中国外基本上仍以发达国家为主,而且主要是集中在北美洲和欧洲两大地区。得益于美国市场的强劲复苏,这几年加拿大的锯材出口量一直稳步提升。2017年加拿大是全球最主要的锯材出口国,与2012年相比,其出口量增长了24.79%。除加拿大外,2012—2017年间,几个排名靠前的出口国——俄罗斯、瑞典、芬兰和德国的锯材出口量持续显著增加(分别增长了46.2%、10.9%、45.4%和23.1%)。现阶段的世界锯材贸易依然以针叶材为主(2017年,针叶锯材进口占锯材进口总额的83.95%;针叶锯材出口占锯材出口总额的83.16%)。另外,中国是世界原木和锯材进口规模最大的国家,这与中国的人均林业资源匮乏以及中国发展加工贸易有关。

表8-8 2017年世界主要锯材进出口国家及其所占份额

国别	进口量(万立方米)	比重(%)	国别	出口量(万立方米)	比重(%)
世界	14063.0	100	世界	15187.5	100
中国	3149.4	22.4	加拿大	3165.7	20.8
美国	2741.8	19.5	俄罗斯	2965.0	19.5
英国	758.0	5.4	瑞典	1315.3	8.7
日本	631.5	4.5	芬兰	937.6	6.2
德国	514.4	3.7	德国	831.4	5.5

(2)人造板的进出口贸易及其出口贸易变化趋势

人造板主要以木质原料经加工而成的板材,广泛运用于家具、建筑装饰、交通和包装等产业中。自2010年以来,全球人造板贸易量逐渐恢复。在2012—2017年期间,世界人造板的总进口额已由328.8亿美元增加到351.8亿美元,增加6.99%,其在全球林产品总进口额中的比重也由13.5%上升到14.6%。与此同时,其出口额由335.2亿美元增加到363.7亿美元,增长8.48%,其在世界林产品总出口额中的占有份额也由14.4%,上升到15.0%。表8-9中,在2017年的全球人造板进口总额中,胶合板进口额为144.4亿美元,占41.1%;纤维板为95.6亿美元,占27.2%(其中MDF为67.4亿美元,占19.2%);刨花板为51.3亿美元,占14.6%;单板进口额为32.1亿美元,占9.1%。同年,在人造板出口总额中,胶合板为155.2亿美元,占42.7%;纤维板为97.0亿美元,占26.7%(其中MDF为65.4亿美元,占18.0%);刨花板为54.1亿美元,占14.9%;单板出口额为29.2亿美元,占8.0%。

表8-9 2017年世界林产品和人造板贸易情况

产品	进口		出口	
	金额(亿美元)	占比(%)	金额(亿美元)	占比(%)
全部林产品	2406.0	100	2425.1	100
人造板	351.8	14.6	363.7	15.0

(续)

产品	进口		出口	
	金额(亿美元)	占比(%)	金额(亿美元)	占比(%)
胶合板	144.4	6.0	155.2	6.4
纤维板	95.6	4.0	97.0	4.0
中密度人造板(MDF)	67.4	2.8	65.4	2.7
刨花板	51.3	2.1	54.1	2.2
单板	32.1	1.3	29.2	1.2

2017年世界主要国家的人造板进出口量及其所占份额归纳见表8-10。在进口方面，美国进口比重超过15%，在世界进口中具有领先地位，其他国家的进口比重均小于10%，差别不是很大。在出口方面，中国具有明显出口优势，这与中国出口导向型外贸发展战略推动下的加工贸易有关——伴随着初级林产品的大量进口，结合国内廉价劳动力，借助强大加工、制造实体，最终转化为中间林产品木板的大规模出口。

表8-10 2017年世界主要人造板进出口国家及其所占份额

国别	进口量(万立方米)	比重(%)	国别	出口量(万立方米)	比重(%)
世界	8721.5	100	世界	9460.8	100
美国	1416.5	16.2	中国	1466.3	15.5
德国	576.9	6.6	加拿大	899.8	9.5
日本	419.4	4.8	德国	639.1	6.8
英国	382.6	4.4	俄罗斯	602.1	6.4
中国	338.1	3.9	泰国	472.7	5.0

在人造板贸易总额中，胶合板的贸易额占到四成以上。2012—2017年间，全球胶合板的进口量由2398.5万立方米增至2752.0万立方米，增长14.74%，出口量由2595.1万立方米增加到3058.2万立方米，上升17.85%。中国在全球胶合板所占份额由2012年的38.8%下降到37.3%，但仍保持着第一出口国的地位。印度尼西亚和马来西亚的热带材胶合板至今在全球的出口贸易中仍居领先地位，分别占9.8%和8.2%。

(3) 木浆和纸、纸板贸易现状

2012—2017年间，全球的木浆进口量由5490.7万吨增至6185.4万吨，增长12.7%；出口量由5527.9万吨增至6304.0万吨，增长14.0%。2015年时，美国以2056.2万吨木浆进口量排名世界第一，中国进口量只有347.8万吨，占比5.9%，排名世界第四。近期中国木浆进口增速明显，较之2015年，2017年中国进口增长5倍，世界进口占比34.0%，约超出排名其后的美国25个百分点。2017年世界主要木浆贸易国家的进出口量及其各占份额分别见表8-11。

表 8-11 2017 年世界主要木浆进出口国家及其所占份额

国别	进口量(万吨)	比重(%)	国别	出口量(万吨)	比重(%)
世界	6185.4	100	世界	6304.0	100
中国	2102.3	34.0	巴西	1352.4	21.5
美国	537.7	8.7	加拿大	991.1	15.7
德国	481.5	7.8	美国	797.5	12.7
意大利	342.8	5.5	智利	465.2	7.4
韩国	223.8	3.6	瑞典	370.8	5.9

表 8-11 说明，中国由于经济的持续高速增长和对木浆的需求的不断增加，现已步入了木浆进口大国行列；而南美洲的巴西则因近年来大力种植桉树速生林，国内木浆制造业得到快速发展，已成为世界第一大木浆出口国。其他主要木浆贸易国家，基本上为工业发达国家。

在 2012—2017 年期间，纸和纸板的进口量由 10620.1 万吨增至 10997.9 万吨，增加了 3.56%；出口量由 10802.9 万吨增加至 11505.1 万吨，增加了 6.50%。2017 年世界主要纸和纸板贸易国家的进出口量及其各占份额见表 8-12。在各种林产品中，纸和纸板属于资金和技术密集型产品，也是附加值最高的产品，在各国林产业发展中具有重要地位，其对外出口规模和比重与生产国的生产条件紧密相关。纸和纸板出口仍以发达国家为主，仅德国、美国等 5 个主要出口国的出口量即占世界总出口量的 46%，且各国的出口量相差不大（在 700 万~1400 万之间）。其中，德国的纸和纸板出口能力最强，在世界纸和纸板出口中的比重最高，达到 12.5%。值得注意的是，以第六名排在发达国家之后的中国出口呈上升势头，2017 年出口 640.9 万吨，从 2012—2017 年出口量增长了 46.3%。纸和纸板进口集中度相对低一些，5 个主要进口国的进口量仅占 2017 年全球进口总量的 33.2%。2012—2017 年，纸和纸板 5 个主要进口国里面，德国进口增长 8.6%，而其余 4 国相应出现轻度下降。

表 8-12 2017 年世界主要纸和纸板进出口国家及其所占份额

国别	进口量(万吨)	比重(%)	国别	出口量(万吨)	比重(%)
世界	10997.9	100	世界	11505.1	100
德国	1180.6	10.7	德国	1438.4	12.5
美国	917.1	8.3	美国	1160.7	10.1
英国	560.4	5.1	瑞典	995.8	8.7
意大利	518.3	4.7	芬兰	980.2	8.5
法国	480.3	4.4	加拿大	721.1	6.3

上述情况表明，至今广大发展中国家仍被排斥在纸和纸板产业之外，发展中国家的生产技术和管理水平尚待提高，出口初级产品和进口精加工产品的被动格局依然未能改变。

8.2.3 世界林产品贸易的特征

从上述分析可以看出，2012—2017年全球林产品贸易发展具有以下明显特征。

(1) 林产品贸易额稳中有升，尤以锯材和人造板增速最高

经历2008—2009年全球经济衰退以后，2012—2017年全球主要林产品(包括原木、锯材、人造板和木浆)的贸易量都呈现稳中略有上升的态势，林产品贸易总额增长1.26%，其中进口额减少1.52%，出口额增加4.19%。但各种林产品贸易的增幅差别较大，以锯材为最高，进出口额分别增长15.90%和21.51%；人造板的进出口额分别增长7.0%和8.49%，居第二位，原木和木浆分别居第三、四位，其中原木的进出口额分别增长-1.30%和7.58%，木浆进出口额分别增长-1.81%和0.15%；而纸张和纸制品的进出口额分别减少8.11%和3.85%，位居最末。由于造纸是各国竞相发展林产业的主导性深加工产品，既可适应下游产业如印刷、出版、包装和烟草等产业的发展需要，又可满足各国调整和升级林产品贸易结构要求，所以，纸及纸板贸易主导地位并没有动摇，但其贸易份额随着世界需求的发展而有所下降；作为造纸的重要原料——木浆，在一定的生产技术条件下，其需求量变化与纸产品需求呈正相关关系，纸品贸易份额的下降解释了木浆贸易增速放缓的原因。

(2) 全球的林产品贸易高度集中在亚洲、欧洲和北美洲

北美洲及欧洲是经济发达地区，也是森林资源储备比较丰富的地区，林产品贸易在这些区域十分活跃。伴随经济的快速增长，特别是人工林供给木材能力的快速增强，亚洲仅次于欧洲与北美洲，成为林产品贸易发展比较迅速的区域。在2017年的林产品进口总额中，仅亚洲、欧洲和北美洲即占91.3%，而在总出口额中，亚洲、欧洲和北美洲占有份额则高达87.0%。在各种林产品贸易中情况大致亦是如此，如在全球的锯材进出口贸易中，亚洲、欧洲和北美洲分别占25.02%、39.83%和25.85%。在人造板进出口贸易中，三大洲分别占32.46%、43.93%和15.74%；在木浆进出口贸易中，三大洲分别占30.97%、31.15%和20.52%。只有在原木进出口贸易中，亚洲和欧洲分别占41.35%、29.82%，大洋洲超过北美洲(占10.29%)以10.31%的比重居第三位。纸和纸板贸易中，三大洲分别占22.2%、54.86%和13.55%。林产品贸易国别上的特征，从某种程度上也反映了林产品贸易与经济发展水平的联系，即一国林产品贸易的水平与该国经济发展的水平和速度呈正相关关系。

(3) 中国在国际林产品贸易中的地位进一步上升

中国在林产品国际贸易方面中发挥着重要作用，是世界第一大林产品进口国，也是最大的工业用原木、锯材和木浆进口国，以及世界最大的人造板出口国。2012—2017年中国原木/工业用原木、锯材和木浆的进口量分别骤增了28.37%、52.65%和28.34%，人造板出口量增长了28.34%达到历史新高。

(4) 合法性要求或导致短期内木材和木制品需求下降

伴随着世界环保理念的日益深入人心，国际社会正在采取积极措施打击木材非法采伐及其相关贸易，这些行动包括出台法律以加强合法木材贸易、将木材合法性要求纳入政府采购政策、提升采购者意识和识别非法采伐木材的能力、鼓励消费者购买来源合法及可持

续采伐的木材等。为了符合合法性木材贸易法规，将迫使企业增加合规性成本，这可能会促使部分来自非洲国家及巴西、俄罗斯、乌克兰等国的木材和木制品需求下降。

(5)高价值性林产品国际贸易易受经济形势影响而产生波动

与其他农产品贸易、特别缺乏需求价格弹性的食品相比，全球林产品贸易与经济增长更具相关性。随着全球经济增长放缓，对房屋建筑、家居装修、木家具等高价值性林产品的需求往往比食品需求下降得更快、更剧烈。因此，全球经济增长前景是预测林产品贸易近期走势的关键指标。在全球经济持续复苏之前，林产品贸易可能会停滞不前。

8.2.4　世界林产品贸易的发展趋势

(1)初级林产品贸易增速放缓

原木在林产品中占据重要的基础性地位，具有持续而广泛的市场需求。在原木贸易中，工业原木占比超九成，工业原木的出口呈现区域性特点，其中亚太地区是工业原木的净进口地区，其他地区为净出口。热带阔叶工业原木的出口正在稳步下降，这主要受到热带木材生产国资源保护和木材出口政策的影响，更多的原木将在本国进行加工和流通，而直接出口原木的国家将越来越少。相反，针叶材的贸易量稳步增长，主要得益于欧洲、俄罗斯和亚太地区的产量增长。锯材以原木为原料，是木家具和其他林产品加工的基础材料，属于初级的中间产品。全球锯材供应总体上较为稳定，其中针叶材出口量占比超过八成，阔叶材占比不足两成。国际市场锯材的主要来源地是欧洲、北美洲和东南亚，非洲和大洋洲的锯材产量也逐年提升。

原木、锯材等原料型产品的贸易主要受到两方面因素的影响。一是世界经济形势，初级产品的需求最易受到经济波动的影响，与全球经济的发展有较高关联度。东南亚金融危机和美国次贷危机引发的国际经济震荡导致相应时期木材市场需求的较大波动，随着经济形势的转好，木材需求随之提振。二是木材生产国的政策，随着可持续发展的理念不断深入，东南亚、非洲等发展中国家已经意识到用资源换发展的弊端，纷纷出台政策禁止或限制原木出口，一些国家对于锯材也有相关出口管制措施，致使热带材的供应量下降。

随着全球经济的发展，原木、锯材等初级加工品的生产和消费量必然继续扩大，以满足日益增长的市场需求，但增长速度处于较低水平。在区域上，传统的木材生产国将出现分化，北美洲、欧洲等市场的木材供应量稳中有升，部分东南亚、南美洲、非洲国家的木材生产将受政策影响大幅下降。同时，未来国际市场上的热带阔叶材份额将不断降低，而热带材中间产品将持续增加，针叶材供给量的增长仍将持续，且占比不断增加。可以预见，初级产品的供需结构性矛盾将更加突出，特别是对于木材资源匮乏的国家，大规模获取原料的竞争将日益激烈。

(2)高附加值林产品发展潜力巨大

进入21世纪以来，在全球林产品供给能力和需求高涨的推动下，林产品贸易的规模进一步扩大。细分市场促使产品类型不断丰富，市场需求的多元化推动加工水平优化，为林产工业的发展提供了新的机遇，使高价附加值林产品获得了长足发展。在一些发达国家，木材加工业率先从传统的资源密集型产业转变为技术密集型产业，产出更高价值和利润的产品。

人造板包括胶合板、刨花板和纤维板,产品广泛应用于家具、建筑、地板、包装等领域,有力支撑了市场对木材制品的需求。人造板是发展速度最快的产业之一,领先于同期世界林产品贸易增速,在全球林产品贸易中的比重也有显著增长。中国是全球最大的人造板生产和消费大国,在国际市场上占据重要地位。在中国的带动作用下,亚洲在全球人造板生产中占领主导地位。而欧洲和北美洲的人造板产量和贸易额则呈现温和上涨,市场占比也小幅攀升。

木浆是造纸的基本原料,主要满足出版业、印刷业和包装业等的需求。随着亚洲的经济发展,对木浆的进口需求高速增长,进口份额不断攀升,2016 年进口木浆占全球进口量的一半,欧洲进口量约占三成,占比缓慢下降趋势。美洲是世界木浆的供给地区,出口量占比近六成,欧洲也供应了近三成的木浆。

纸和纸板属于林产品中技术含量和附加值较高的深加工产品,用于家具、建筑装饰、交通、印刷、包装等多个行业。20 世纪 90 年代初,全球纸和纸板的贸易额不足 500 亿元,经过近二十年的发展,在全球林产品贸易中的比重不断提升,2008 年贸易额达到 1124 亿美元的峰值。此后年贸易额维持在 1000 亿美元左右,在全球份额中有所下降,但仍然占据主导地位。纸和纸板的生产对加工技术的要求较高,是各林产品加工国重点发展的行业。从贸易流向上看,纸和纸板的主要出口和进口国均以发达国家为主,欧美国家的进出口量长期保持在高位,中国等发展中国家的进口比重呈现大幅增长态势。

与初级林产品不同,高附加值林产品的发展与本国生产条件和资金技术实力密切相关。随着世界经济的发展,人们生活水平不断提升,对林产品的需求将追求品质和多元化。传统的木材生产国不断收紧初级产品出口政策,布局本国加工业发展。这将促进全球高附加值林产品的进一步发展,也会为生产国带来更多的税收和就业。人造板工业有利于缓解木材供需矛盾,是节约木材资源的重要途径,生产国往往以推动发展人造板为抓手,提升木材产业的整体水平。但国际市场的需求正在转向高质量的人造板,作为受到资源及消费因素影响的中游产业,粗放型生产已经难以满足市场需求,落后产能的淘汰、原材料利用率的提升和创新技术的应用将是人造板产业发展的趋势。随着国际市场需求的高企,木浆的发展前景广阔,还将延续近年来的趋势,以欧洲、美洲的人工林供应为主,新兴市场的消费能力将不断提升。未来对于纸制品,特别是高档纸制品的需求将进一步推升纸和纸板的贸易,也会促使产品结构会更趋向合理。

(3) 利用人工林资源的比重不断增加

人类利用森林资源具有悠久的历史,在相当长的时期内,天然林是提供林产品的唯一来源。伴随着人口增长和经济发展,大量林地转化为农业等其他用途,天然林面积迅速减少。近年来,天然林的减少速度放缓,净减少量从 20 世纪 90 年代的每年 850 万公顷降低到 2010—2015 年间的每年 660 万公顷,但短期内很难扭转面积继续下降的趋势。而人工林则呈现积极的发展态势,2015 年全球人工林面积约 2.67 亿公顷,比 1990 年增加了 1.1 亿多公顷,占森林总面积的比例增长至 7%。人工林在木材供给、生态保护和环境安全等方面发挥着巨大的作用。

20 世纪后半叶,尤其是 20 世纪 90 年代以来世界各国大力发展人工林,进入 21 世纪后这些人工林逐步进入成熟期,人工林成为世界重要的林产品原料。2009 年的数据显示,人工林的利用量减少了8.16亿立方米天然林采伐,即世界天然林总蓄积量的26%。人工林木材产量较大的地区集中在美洲和亚洲,2012年南美洲产自人工林的工业原木为1.9亿立方米,亚洲为1.5亿立方米,北美洲和中美洲为1.0亿立方米。大洋洲、欧洲和非洲的产量相对较低,为2600万~4700万立方米不等。

人工林不仅是天然林资源的补充,它发挥着愈加重要的原材料供应功能,人工林提供的木材在全球木材市场中将日趋占主导地位。2009年世界原木产量的32%来自人工林,2012年这一比例提升至46%,在欧洲的比例则更高。据测算,人工林木材资源的使用有效降低了原料成本,使得林产品价格降低了24%~37%。

随着全球天然林面积的不断缩小和为了发挥森林的生态和社会效益而限制采伐的政策,产自天然林的木材将日趋减少,其在木材市场中占有的份额也将逐渐下降。人工林资源的增加将会使世界林产品资源结构发生重大变化。特别是发展中国家人工林面积显著增长,未来将支撑不断增长的木材消费需求。从产品上看,人工林已经并将继续成为薪炭材和工业原木的重要来源。但由于人工林在未来一段时期内无法解决大径级原木短缺的现状,大径材特别是珍贵树种仍将持续供不应求。2005年至2010年间,人工林增长量达到了峰值,预示着巨大的生产潜力。从地域上看,2010年后,虽然亚洲和欧洲的人工林增长率有所下降,但仍有可观的产量。特别是温带国家尚未成材的人工林,将在未来扮演木材生产的主要角色。但由于人工林的稳定性相对较差,更易受到病虫害、自然灾害等的影响,对于气候变化的适应性有限,对人工林的生产能力有一定影响。在热带地区,南美洲的人工林发展成熟,生产力高;而非洲的优质天然林的占比较低,人工林经营质量和生产力在一些地区还停留在较低水平,人工林的发展处于初期阶段,需要更多的资金和技术支持,因而其生产以满足国内市场需求为主。

(4)合法可持续的贸易前景广阔

20世纪90年代中后期,随着环保理念在全球范围内日渐深入人心,木材非法采伐和相关贸易问题受到关注。不可持续的森林利用方式导致森林退化、动植物栖息地遭到破坏、生物多样性降低,导致了一系列环境和社会问题。1998年八国集团会议首次把非法采伐作为重要的国际问题提出,讨论并正式通过了打击非法采伐的《森林行动计划》。进入21世纪,国际社会认识到解决木材非法采伐及相关贸易问题的重要性和紧迫性,相关议题纳入政府议程和区域间进程,成为政府、非政府组织、公民社会共同关注的重点问题。

当前,全球化程度不断加深,木材及其制品在全球范围内流通,其生产、加工和贸易环节可能涉及多个国家。为了保障合法可持续的木材贸易,各国政府和国际社会采取了各种行动,坚定打击非法采伐及其相关贸易,推动合法可持续的木材需求,包括立法、公共和私营部门措施和消费者措施。木材生产国加强监管,即制定和实施森林经营规划更加科学合理地利用森林资源;并且加强其政府的执法和监管水平,加强森林资源监测能力;建立多利益相关方参与的合法性管理体制机制,遏制不可持续的开发活动。同时,木材消费国也采取了多种手段,即抑制非法采伐木材制品进入市场,提升非法活动的成本和风险,从而减少和消除非法活动的驱动因素;限制和阻止非法采伐的林产品进入市场的路径;采用第三方验证等方式,区分合法与非法的林产品;利用政府和非政府平台提升国际合作和协调。

对非法采伐的遏制和对合法可持续贸易的鼓励,在国际林产品市场上产生了深远的影响。产品的合法性和可持续性越来越成为采购方进行贸易决策的重要考虑因素。可持续的林产品往往具有合法、绿色、低污染和供应稳定的特点,逐步获得了市场认可,其需求量持续走高。但目前,市场供应还无法完全满足日益增长的需求,一些地区对可持续林产品的供应量不足,而一些传统材种由于无法满足可持续的要求而被新的材种所替代,供需矛盾依然突出。同时也需要注意到,对于非法木材贸易的监管虽然在一定程度上引导负责任贸易,但其中对于供应链的尽职调查和风险评估可能导致新的贸易壁垒和额外成本,这将不利于林产品贸易的便利化和自由化。

未来,几乎所有国家都将出台支持可持续性森林管理的政策和法规,企业和消费者对可持续性的理解也会进一步加深,随之而来的是产业和消费者行为的变化。分散的供应链将进一步整合,合法和可持续的林产品贸易将成为大势所趋,其市场占有率也将持续增加。作为证明合法性和可持续性的辅助工具,经过木材合法性认证和验证的产品具有广阔的市场空间。而在供应链上游进行投资,开发替代性资源并推广新的商业材种,将有助于解决珍贵材种短缺的结构性问题。

(5)环境友好型产品成为新趋势

全球气候变暖问题是全球共同面临的挑战,转变传统的高能耗、高污染、高排放的经济发展模式,发展低碳经济成为各国应对气候变化挑战的共识。这一新兴经济发展模式的核心是提高能源利用效率和清洁能源使用比例,减少经济发展导致的大量温室气体排放。森林是陆地最大的有机碳库,森林资源具有可再生性,因而林业天然地具有绿色、低碳的特征。林业在减缓气候变暖的各种努力中具有不可替代的地位和作用。联合国政府间气候变化专门委员会在第四次全球气候变化评估报告中指出:与林业相关的措施如碳封存、碳替代和碳保存,可在很大程度上以较低成本减少温室气体排放并增加碳汇,从而缓解气候变化。从林产品生产的角度看,增加木质林产品的固碳能力的可行途径包括,提高木材的使用率、增加木质林产品的使用范围、延长木材使用寿命等。未来,气候友好型林产品将成为新的市场亮点。

进入 21 世纪以来,林木生物质能源作为传统化石燃料的替代物,获得了前所未有的重视和发展。树木在生长过程中通过光合作用吸收空气中的二氧化碳,以生物量的形式固定下来,在理论上利用林木生物质能源在应对碳减排中能够发挥重要作用。虽然学术界对此仍然存在不小的争议,但很多国家政府都出台了优惠支持政策,积极推动生物质能源发展。木质颗粒燃料是利用锯末、锯材加工剩余物和其他木制品加工剩余物压制形成的颗粒状燃料。木质颗粒燃料密度高,含水量低于 10%,具有极高的燃烧热值,且便于运输和储存,因此被广泛用于发电和家庭供暖等。2016 年全球木质颗粒产量近 3000 万吨,比 2012 年增长了 60%。其中,欧洲是木质颗粒的最大生产地区和消费市场,2012—2016 年的产量保持在全球总产量的 3/5 上下,出口量占其产量的一半左右。其次是北美洲,木质颗粒的产量约占全球的 1/3,出口量占产量的七成左右。欧洲与北美洲木质颗粒产业的快速发展与政府提供的法律保障、财政政策和税收优惠等举措密不可分。发展中国家在经济转型和环境保护的双重驱动下,也开始支持林木生物质能源的研发和利用,对木质颗粒燃料的需求持续走高。未来,发展木质生物质能源将成为实现经济社会和生态环境的可持续发展中的重要途径，木质颗粒的贸易将在全球范围内持续增长。特别是在新兴国家中，传统能源短缺的现实和绿色低碳发展的目标将推动木质生物质产业的全面发展，并为全球市场增长增添动力。建筑行业由于耗材量大、能耗高、节能减排见效快等特点，成为发展低碳经济的最重要行业，发展低碳建筑也由此逐渐成为国际建筑界的主流趋势。木质建材具有可回收、再生、生产能耗少、低碳环保等。随着技术水平的不断提升，在欧美、东亚的一些国家，木结构建筑已经成为乡村地区修建房屋的优先选择，木结构所具有的自重轻、抗震、保温隔热等特点受到人们青睐。随着技术创新和环保意识的不断提升，全球市场对木构件的需求量将非常可观。

8.3 中国林产品贸易的特征与趋势

中国的木材加工、造纸和木家具制造产量和贸易量位居世界前列，在世界市场占据重要的位置。考虑中国林业产业和林产品贸易的实际情况，本书扩展 FAO 的统计口径，增加部分纸和纸板、木制品、木家具，即以涵盖 HS 44、HS 46、HS 47、HS 48 和 HS 940161、HS 940169、HS 940330、HS 940340、HS 940350、HS 940360 的口径，归纳中国林产品贸易的总体情况，分析特征与发展趋势如下。

8.3.1 中国林产品贸易的总体情况

中国是全球最主要的林产品生产、消费和贸易国。中国的锯材产量已经超过加拿大，锯材消费量已经超过美国；中国已经是全球最大的人造板、纸产品的生产国和消费国。中国是最大的原木、锯材和纤维原料（木浆、纸及纸制品）的进口国，是最大的人造板、木制品和木家具出口国。中国林产品贸易的特征如下。

（1）贸易规模

总体呈现增长趋势。贸易波动主要受国内市场、中国天然林资源保护工程和出口贸易政策调整影响。

（2）贸易差额

近年来，中国由林产品净进口国变为净出口国，2014—2016 年的贸易顺差分别为 110.17 亿美元、165.13 亿美元和 136.72 亿美元，2017 年明显下降，为 55.60 亿美元。其中，历年原木、木浆、废纸均为贸易逆差；原材、锯材多数年份为贸易逆差；印刷品多数年份为贸易顺差；从 2004 年起人造板转为顺差；从 2006 年起纸和纸板转为顺差；历年木制品、木家具均为顺差。详见表 8-13。

表 8-13 中国林产品的贸易差额　　　　　单位：亿美元

年份	原木	原材	锯材	人造板	木制品	木浆	废纸	纸和纸板	印刷品	木家具	合计
1992	-4.38	0.28	0.05	-7.13	4.14	-3.07	-1.04	-12.18	-0.30	2.52	-21.11
1993	-3.88	0.61	-0.20	-8.40	4.40	-2.16	-0.74	-11.18	0.03	3.08	-18.45
1994	-3.87	0.82	0.18	-8.84	5.71	-3.96	-0.93	-14.33	0.02	4.45	-20.74
1995	-3.21	1.93	0.46	-8.19	7.45	-6.45	-1.71	-13.97	-0.21	5.65	-18.26

(续)

年份	原木	原材	锯材	人造板	木制品	木浆	废纸	纸和纸板	印刷品	木家具	合计
1996	-4.28	1.75	0.14	-6.70	7.61	-7.64	-1.92	-21.65	-0.91	6.80	-26.79
1997	-6.48	1.73	-0.74	-6.51	8.46	-7.36	-1.76	-24.64	-2.81	9.37	-30.74
1998	-5.87	1.36	-2.33	-7.18	8.04	-9.14	-1.70	-26.14	0.33	10.53	-32.11
1999	-12.41	1.23	-5.23	-6.26	10.53	-14.12	-2.45	-30.57	0.75	12.85	-45.67
2000	-16.48	1.45	-8.03	-6.22	13.14	-21.11	-5.57	-25.57	1.15	16.45	-50.78
2001	-16.88	1.44	-7.92	-3.01	14.74	-20.68	-6.59	-21.66	1.16	18.23	-41.16
2002	-21.35	1.31	-9.75	-0.90	17.56	-21.52	-7.32	-24.29	2.78	26.68	-36.80
2003	-24.44	1.32	-9.62	-0.71	21.70	-26.39	-12.31	-20.87	3.57	37.55	-30.22
2004	-28.02	0.99	-11.67	8.90	27.91	-35.52	-17.27	-17.92	5.62	51.57	-15.41
2005	-32.41	-0.12	-12.35	22.11	29.73	-36.90	-24.57	-4.59	7.16	67.56	15.63
2006	-39.28	-0.34	-13.42	38.33	35.83	-43.34	-27.48	11.82	9.02	86.66	57.81
2007	-53.55	-1.21	-13.82	50.86	35.69	-54.56	-40.42	28.32	13.63	104.64	69.59
2008	-51.82	-1.57	-16.27	50.46	32.32	-66.05	-55.57	33.82	17.26	107.07	49.64
2009	-40.82	-3.39	-19.81	38.31	30.30	-67.53	-37.96	36.87	13.13	117.38	66.46
2010	-60.62	-6.54	-35.36	49.61	37.09	-86.85	-53.53	49.49	14.34	157.69	65.31
2011	-82.67	-11.59	-53.61	62.38	40.47	-117.09	-69.67	78.51	16.94	165.69	29.33
2012	-72.50	-13.39	-51.93	69.09	42.51	-108.47	-62.73	91.26	19.35	177.35	90.54
2013	-93.13	-15.41	-65.05	70.34	43.05	-112.69	-59.30	116.15	18.01	187.31	89.27
2014	-117.74	-14.64	-77.91	79.18	47.92	-119.49	-53.48	135.10	19.28	212.03	110.17
2015	-80.59	-16.13	-73.03	72.90	52.31	-126.43	-52.84	147.06	22.26	219.64	165.13
2016	-80.55	-18.65	-79.46	67.39	50.45	-121.32	-49.88	136.63	19.71	212.42	136.72
2017	-99.02	-18.44	-98.63	64.27	54.00	-152.04	-58.75	130.07	19.14	214.99	55.60

资料来源：根据 UN Comtrade 相关数据计算绘制。表 8-14～表 8-18，图 8-1～图 8-3 的来源与表 8-13 相同，不再赘述。

(3) 商品结构

中国进口以原木、原材、锯材等资源密集型林产品为主，出口以人造板、纸及纸制品、木制品和木家具等加工品为主，详见表 8-14 和表 8-15。以原木和锯材为例，中国 1998 年起实施"天然林资源保护工程"，2017 年起全面禁伐天然林，国内木材供给长期短缺，因此，从 20 世纪 90 年代中期开始，中国对原木、锯材等原料型林产品的进口明显增长，2017 年原木进口量增长 13.7%，锯材进口量增长 16.3%。中国对人造板的进口波动较大，木制品进口增长较缓慢。如果换算为原木当量，中国主要林产品的进口趋势并没有太大变化。

表 8-14　中国林产品进口的商品结构　　　　　　　单位:%

年份	原木	原材	锯材	人造板	木制品	木浆	废纸	纸和纸板	印刷品	木家具
1992	13.68	0.60	2.56	20.95	1.20	8.52	2.91	45.67	3.24	0.68
1993	12.56	0.32	4.19	24.81	1.43	6.00	2.05	44.33	3.30	1.03
1994	9.91	0.30	3.35	22.15	1.82	9.23	2.15	47.13	2.84	1.11
1995	7.46	0.19	3.02	19.05	1.94	13.61	3.49	46.99	3.58	0.66
1996	7.88	0.20	3.10	14.34	1.30	13.33	3.32	51.12	5.11	0.30
1997	9.71	0.20	3.84	13.12	1.39	10.72	2.52	49.68	8.48	0.32
1998	8.55	0.24	4.97	12.52	1.76	13.18	2.44	51.45	4.44	0.45
1999	14.07	0.27	7.46	10.03	1.10	15.94	2.76	44.86	3.24	0.28
2000	15.47	0.24	9.18	9.21	0.63	19.82	5.20	37.04	3.00	0.22
2001	16.52	0.27	9.64	7.04	0.35	20.24	6.42	35.59	3.65	0.28
2002	18.50	0.27	10.10	6.68	0.30	18.76	6.34	35.80	2.92	0.33
2003	18.35	0.32	8.99	6.80	0.36	19.96	9.23	32.95	2.59	0.45
2004	18.00	0.34	8.90	5.81	0.34	22.90	11.08	29.76	2.40	0.47
2005	19.30	0.81	9.03	4.57	0.29	22.17	14.62	26.11	2.58	0.52
2006	21.27	0.71	9.19	3.47	0.33	23.78	14.88	22.82	2.91	0.64
2007	23.57	0.77	7.81	2.65	0.31	24.41	17.79	18.87	2.86	0.97
2008	20.11	0.79	7.91	2.01	0.31	26.00	21.55	16.93	3.19	1.21
2009	17.67	1.62	10.07	1.63	0.38	29.60	16.42	16.78	4.54	1.29
2010	19.17	2.21	12.24	1.46	0.38	27.85	16.90	14.56	4.01	1.22
2011	19.80	2.89	13.70	1.19	0.37	28.58	16.68	12.10	3.38	1.31
2012	18.64	3.58	14.20	1.28	0.70	28.20	16.12	11.81	3.95	1.53
2013	21.65	3.76	15.86	1.17	1.15	26.42	13.77	10.16	4.41	1.64
2014	24.90	3.41	17.10	1.27	1.50	25.50	11.30	9.11	4.04	1.88
2015	18.62	4.05	17.35	1.33	1.74	29.46	12.20	9.34	3.86	2.04
2016	18.62	4.57	18.75	1.52	1.75	28.20	11.49	9.09	3.78	2.22
2017	18.91	3.73	19.17	1.37	1.41	29.21	11.19	9.49	3.26	2.26

表 8-15　中国林产品出口的商品结构　　　　　　　单位:%

年份	原木	原材	锯材	人造板	木制品	木浆	废纸	纸和纸板	印刷品	木家具
1992	3.76	3.29	6.47	2.98	30.33	0.09	0.06	28.84	5.80	18.37
1993	3.92	3.99	7.35	3.67	27.21	0.17	0.05	27.74	6.82	19.08
1994	1.90	4.17	7.23	3.43	28.66	0.23	0.04	27.06	5.52	21.75
1995	1.51	6.50	6.25	3.90	27.02	0.88	0.05	29.65	5.00	19.21

(续)

年份	原木	原材	锯材	人造板	木制品	木浆	废纸	纸和纸板	印刷品	木家具
1996	0.93	5.95	6.20	5.24	26.70	0.36	0.01	25.75	6.58	22.27
1997	0.76	4.81	4.97	6.78	24.18	0.29	0.01	25.66	7.96	24.58
1998	0.33	4.02	3.03	4.19	24.42	0.25	0.01	26.11	9.06	28.58
1999	0.19	3.40	3.23	6.14	26.70	0.07	0.01	21.46	8.43	30.38
2000	0.14	3.03	3.19	6.46	24.57	0.18	0.01	25.00	7.75	29.67
2001	0.09	2.79	3.21	6.87	24.60	0.13	0.00	24.16	7.97	30.17
2002	0.04	2.06	2.44	8.66	22.74	0.20	0.00	21.69	7.81	34.37
2003	0.03	1.69	2.30	8.10	21.50	0.21	0.00	22.37	6.81	37.00
2004	0.01	1.08	1.57	12.79	20.26	0.12	0.00	20.27	6.66	37.24
2005	0.01	0.68	1.53	16.22	16.45	0.19	0.00	21.39	6.26	37.26
2006	0.01	0.40	1.47	18.45	15.03	0.24	0.00	22.25	5.94	36.22
2007	0.00	0.18	1.32	19.16	12.26	0.31	0.00	23.98	6.78	35.99
2008	0.00	0.15	1.34	18.10	10.77	0.32	0.00	25.19	8.29	35.84
2009	0.02	0.12	1.16	14.14	10.47	0.31	0.00	25.42	7.93	40.43
2010	0.03	0.12	0.89	14.19	10.02	0.37	0.00	25.02	7.08	42.28
2011	0.02	0.11	0.81	15.06	9.40	0.51	0.00	28.86	6.95	38.28
2012	0.00	0.11	0.69	15.44	9.43	0.26	0.00	28.61	7.24	38.22
2013	0.01	0.15	0.63	14.50	9.24	0.20	0.00	30.76	7.12	37.40
2014	0.01	0.25	0.51	14.59	9.43	0.20	0.00	30.55	6.58	37.87
2015	0.01	0.23	0.35	13.15	10.00	0.19	0.00	31.35	6.52	38.20
2016	0.05	0.21	0.34	12.96	10.17	0.19	0.00	30.85	6.33	38.90
2017	0.05	0.20	0.35	12.31	10.57	0.23	0.00	30.97	6.25	39.06

(4) 市场结构

主要产品市场较为集中，但有逐步分散趋势。1981年中国林产品的进口来源国家和地区不足100个，出口国家和地区不足200个；2011年中国林产品的进口来源国家和地区超过150个，出口国家和地区超过200个。

进口：初级产品主要来源于森林资源丰富、有一定加工技术、劳动力密集的国家。其中，原木主要进口自俄罗斯、加蓬、马来西亚、巴布亚新几内亚和新西兰；锯材主要进口自俄罗斯、美国、泰国、加拿大、巴西；木浆主要来自美国、巴西、智利、加拿大、印度尼西亚；人造板主要来自泰国、马来西亚、日本。

出口：人造板主要向美国、日本和俄罗斯出口；纸品主要出口至美国、中国香港、日本、韩国、印度、马来西亚、英国、德国、俄罗斯、澳大利亚等国家和地区，其中，美国和中国香港的合计占比 2000 年高达 51.86%，之后逐年减少；木制品主要出口美国、加拿大、日本、中国香港、韩国、德国、荷兰、英国、法国、西班牙等国家和地区，尤其日本和美国的份额遥遥领先，二者合计超过 45%；木家具主要向美国、中国香港、日本和英国出口，尤其美国一直是中国的第一出口，2005 年起份额高达 48.49%，之后份额有所降低，这与美国 2004 年开始对中国卧室木家具进行反倾销调查，并最终征收高额的反倾销税有很大的关系。

(5) 进口依存度

进口依存度较高。长期以来，中国国内木材资源供给量徘徊不前，而木材需求随着人口、经济的增长呈明显的持续上升趋势，缺口较大，需要通过进口来补充。木材资源供给的进口对外依存度（即各类林产品进口原木当量占国内总木材资源供给的比例）基本维持在 50% 左右。由于国内人工林培育取得了阶段性的成果，从 2003 年开始，中国的木材进口依存度略有下降。

(6) 净贸易条件

净贸易条件有不断恶化趋势。自 2002 年以来，中国主要林产品进口均价不断攀升，而木制品、胶合板等主要林产品的出口价格也呈攀升趋势，但受成本推动影响，增速不快。因此，中国林产品净贸易条件不断恶化。

(7) 世界地位

中国是世界林产品的主要贸易国。除了 1994 年略有下降外，中国在世界林产品出口额中的占比连续增加，1992 年仅为 1.26%，2012 年起超过 11.00%，2017 年为 14.06%。详见表 8-16 和表 8-17。

表 8-16　中国在世界林产品进口市场中份额　　　　　　　　　　单位：%

年份	原木	原材	锯材	人造板	木制品	木浆	废纸	纸和纸板	印刷品	木家具	全部
1992	5.94	1.01	0.70	12.92	0.82	3.11	7.46	3.85	0.93	0.22	3.11
1993	4.72	0.53	0.85	11.33	0.87	2.35	6.38	3.28	0.87	0.33	2.73
1994	3.99	0.50	0.61	9.51	0.94	2.68	4.48	2.99	0.66	0.30	2.39
1995	3.03	0.27	0.59	8.37	0.94	2.79	4.21	2.43	0.79	0.17	2.11
1996	4.24	0.35	0.71	7.37	0.70	4.44	8.40	3.19	1.25	0.08	2.57
1997	6.32	0.44	0.98	8.20	0.82	4.32	7.99	3.72	2.44	0.11	3.02
1998	7.05	0.54	1.48	8.59	0.99	5.64	8.01	3.74	1.26	0.14	3.06
1999	13.30	0.77	2.55	8.38	0.73	8.22	10.14	4.08	1.16	0.10	3.71
2000	15.97	0.81	3.84	8.86	0.49	9.15	13.94	3.86	1.29	0.09	4.21
2001	17.96	0.92	4.19	6.35	0.26	11.11	21.90	3.59	1.48	0.11	4.20
2002	22.42	1.03	4.71	5.95	0.23	12.06	21.71	3.91	1.27	0.13	4.47
2003	23.08	1.23	4.52	5.88	0.28	13.31	28.76	3.67	1.16	0.17	4.54
2004	22.63	1.32	4.32	4.67	0.26	15.21	33.57	3.45	1.12	0.17	4.56

(续)

年份	原木	原材	锯材	人造板	木制品	木浆	废纸	纸和纸板	印刷品	木家具	全部
2005	24.67	2.93	4.58	4.10	0.22	15.23	42.23	3.13	1.21	0.19	4.66
2006	27.69	2.51	4.93	3.32	0.25	16.20	43.90	2.81	1.41	0.23	4.77
2007	30.50	2.83	4.75	3.03	0.26	17.52	45.74	2.54	1.48	0.38	5.17
2008	31.28	2.78	6.31	2.65	0.28	18.84	49.81	2.40	1.79	0.53	5.65
2009	35.82	5.88	9.60	2.69	0.36	25.71	50.23	2.51	2.59	0.63	6.24
2010	40.38	8.82	12.93	2.82	0.47	23.07	47.18	2.68	3.07	0.75	7.42
2011	44.30	12.69	16.96	3.04	0.56	27.91	48.24	2.67	3.14	1.01	8.85
2012	42.69	14.62	16.91	3.26	1.03	29.18	52.37	2.72	3.68	1.09	8.89
2013	46.62	15.61	18.85	3.25	1.74	28.97	51.86	2.55	4.56	1.24	9.48
2014	52.26	14.74	20.24	3.87	2.37	30.41	48.86	2.48	4.61	1.46	10.06
2015	48.26	16.72	20.88	3.92	2.66	32.76	50.97	2.63	4.61	1.51	10.16
2016	50.03	18.88	22.28	4.28	2.63	33.40	48.42	2.61	4.69	1.66	10.33
2017	59.79	18.85	27.21	4.45	2.54	38.63	51.38	3.42	5.13	2.03	12.56

表 8-17　中国在世界林产品出口市场中份额　　　　单位:%

年份	原木	原材	锯材	人造板	木制品	木浆	废纸	纸和纸板	印刷品	木家具	全部
1992	1.05	3.10	0.68	0.99	9.01	0.01	0.08	0.88	0.71	3.20	1.26
1993	1.26	4.67	0.78	1.26	8.32	0.03	0.10	0.99	0.84	3.67	1.40
1994	0.70	5.17	0.76	1.30	7.17	0.04	0.05	0.88	0.65	2.86	1.28
1995	0.68	8.36	0.85	2.00	7.67	0.12	0.05	0.95	0.67	2.77	1.35
1996	0.39	7.61	0.81	2.47	7.15	0.07	0.03	0.86	0.86	2.99	1.40
1997	0.42	8.09	0.79	3.17	7.85	0.07	0.02	1.09	1.33	4.26	1.77
1998	0.21	6.61	0.53	2.42	7.44	0.06	0.03	1.03	1.40	4.36	1.71
1999	0.12	6.69	0.63	3.54	8.17	0.02	0.02	0.96	1.49	5.03	1.89
2000	0.11	7.41	0.77	4.55	9.24	0.05	0.01	1.38	1.74	6.13	2.29
2001	0.09	7.80	0.92	5.34	10.53	0.05	0.00	1.48	1.91	6.87	2.62
2002	0.05	7.24	0.87	7.13	11.69	0.10	0.00	1.64	2.31	9.20	3.20
2003	0.04	6.51	0.99	8.00	12.56	0.12	0.00	1.97	2.32	11.29	3.70
2004	0.02	4.78	0.75	11.32	13.45	0.08	0.00	2.17	2.75	13.16	4.35
2005	0.02	3.42	0.92	17.76	13.51	0.17	0.00	2.87	3.12	15.92	5.36
2006	0.01	2.38	1.09	23.22	14.37	0.24	0.00	3.64	3.70	18.55	6.50
2007	0.01	1.10	1.10	25.60	13.12	0.31	0.00	4.28	4.53	19.62	7.00
2008	0.01	0.79	1.35	26.60	11.87	0.31	0.00	4.34	5.20	19.51	6.98

(续)

年份	原木	原材	锯材	人造板	木制品	木浆	废纸	纸和纸板	印刷品	木家具	全部
2009	0.05	0.69	1.47	26.99	13.62	0.38	0.00	4.96	5.26	25.08	8.13
2010	0.10	0.70	1.19	29.35	15.78	0.41	0.00	5.64	5.87	30.32	9.16
2011	0.05	0.66	1.14	31.03	15.37	0.61	0.01	6.84	6.17	29.85	9.62
2012	0.01	0.71	1.06	33.42	16.71	0.37	0.01	8.23	8.08	31.39	11.16
2013	0.05	0.91	0.93	32.26	15.85	0.30	0.00	9.30	8.14	31.37	11.47
2014	0.06	1.60	0.79	33.85	17.14	0.32	0.00	10.25	8.38	32.96	12.47
2015	0.04	1.57	0.63	34.22	19.80	0.33	0.00	12.01	10.23	35.63	14.15
2016	0.25	1.33	0.57	31.82	18.91	0.34	0.01	11.52	9.80	34.37	13.58
2017	0.23	1.53	0.59	32.20	21.66	0.37	0.00	11.93	10.39	37.41	14.06

(8) 产业内贸易水平

产业内贸易又可以分为垂直型的产业内贸易和水平型的产业内贸易。垂直型的产业内贸易是由同类产品具有不同的质量引起的，主要发生在经济发展水平不同的国家之间；水平型的产业内贸易是由同类产品存在不同的特性而引起的，主要发生在经济发展水平相同的国家之间。一般说来，水平型边际产业内贸易程度高，反映了贸易国之间追求产品差异化的程度较高，也反映了贸易国生产和消费水平较高。

国际上比较通用的衡量产业内贸易程度的指标是 Grubel-Lloyd 指数（GLI）。$0 \leqslant GLI \leqslant 1$，越接近 1 表明在该类林产品全部贸易中产业内贸易越重要，越接近 0 表明在该类林产品贸易中产业间贸易越重要。此外，还可以用简单平均的总产业内贸易指数（$GLIu$）或加权平均后的总体产业内贸易指数（$GLIw$）衡量全部林产品总产业的产业内贸易水平。GLI 是一个静态指标，不能反映一个产业或一类产品一段时间内贸易增量变化的贸易结构，但可以从贸易模式变化的角度分析结构的调整。

为了动态反映一定时间跨度的产业内贸易的水平，Brulhart（1994）提出（水平型）边际产业内贸易指数（BI）。Thom & McDowell（1999）则认为 BI 可以衡量水平型产业内贸易，难以衡量垂直型产业内贸易，因此将边际总产业内贸易指数（At）减去 BI 称为垂直型边际产业内贸易指数（即 $At-BI$），用以衡量垂直型产业内贸易。$0 \leqslant BI \leqslant 1$，越接近 1 表明该类林产品全部贸易中的增量主要是由产业内贸易引起的，越接近 0 表明该类林产品贸易的增量是由产业间贸易引起的。垂直型边际产业内贸易指数越大，说明该类林产品全部贸易中的增量主要是由垂直型产业内贸易引起的。

林产品产业内贸易类型：利用上述衡量产业内贸易水平的指数对中国林产品进行计算，结果如图 8-1 和表 8-18 所示。$GLIu$ 和 $GLIw$ 显示，从静态角度看，中国全部林产品存在一定程度的产业内贸易，但指数偏低，说明产业内贸易水平不高，并且有进一步下降的趋势。At 显示，从动态角度看，中国全部林产品的产业内贸易波动较大，主要体现为垂直型产业内贸易波动。

表 8-18 中国全部林产品的产业内贸易水平

年份	简单平均的总产业内贸易指数 GLIu	加权平均的总产业内贸易指数 GLIw	边际总产业内贸易指数 At	水平型边际产业内贸易指数 BI	垂直型边际产业内贸易指数 At-BI
1992	0.35	0.32			
1993	0.35	0.37	0.64	0.22	0.41
1994	0.36	0.35	0.82	0.24	0.58
1995	0.37	0.39	0.85	0.43	0.42
1996	0.35	0.34	0.44	0.08	0.37
1997	0.32	0.36	0.80	0.34	0.47
1998	0.30	0.33	0.89	0.07	0.82
1999	0.29	0.27	0.50	0.05	0.45
2000	0.31	0.29	0.84	0.09	0.75
2001	0.32	0.31	0.31	0.10	0.21
2002	0.32	0.30	0.86	0.19	0.68
2003	0.32	0.31	0.84	0.20	0.64
2004	0.31	0.31	0.76	0.10	0.66
2005	0.33	0.32	0.52	0.05	0.46
2006	0.29	0.28	0.49	0.06	0.43
2007	0.24	0.24	0.88	0.07	0.81
2008	0.22	0.24	0.64	0.15	0.50
2009	0.20	0.23	0.77	0.09	0.68
2010	0.19	0.21	0.99	0.14	0.85
2011	0.18	0.19	0.78	0.11	0.67
2012	0.17	0.18	0.17	0.12	0.05
2013	0.18	0.18	0.99	0.13	0.86
2014	0.19	0.17	0.83	0.09	0.74
2015	0.18	0.16	0.37	0.04	0.34
2016	0.19	0.17	0.40	0.06	0.35
2017	0.19	0.18	0.25	0.12	0.13

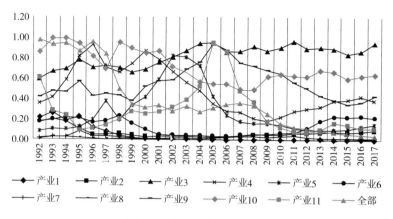

图 8-1 中国林产品的 GLI

注：依据 HS92❶，在 HS-4 的水平上，产业 1~3 的产品分别是：原木（HS 编码为 4403）；原材（包括木片或木粒木废料 HS 4401、木炭 HS 4402、箍木、木劈条和粗修木棒等 HS 4404、木丝和木粉 HS 4405）；锯材（包括枕木等特种锯材 HS 4406、普通锯材 HS 4407）。产业 4 和 5 的产品是人造板（产业 4 包括单板 HS 4408、可连接型材 HS 4409；产业 5 包括刨花板 HS 4410、纤维板 HS 4411、胶合板 HS 4412）。产业 6 的产品是木制品（HS 4413 至 HS 4421 的产品）。产业 7 的产品是木浆（HS 4701 至 HS 4706 的产品）。产业 8 的产品是废纸（HS 4707）。产业 9 的产品是纸和纸板（HS 48）。产业 10 的产品是印刷品（HS 49）。产业 11 的产品是木家具（包括 HS 940161、940169、940330、940350、940360）。

（9）竞争力

衡量贸易竞争力的指标包括市场份额、巴拉萨指数、拉斐指数等。其中，世界市场份额侧重林产品出口体量，巴拉萨指数反映特定林产品出口优势是否高于世界平均水平，而拉斐指数反映特定林产品上的专业化优势是否明显。从某种意义上讲，世界市场份额测度一国林产品贸易的规模，而巴拉萨指数和拉斐指数测度一国林产品贸易的效益。依据巴拉萨指数和拉斐指数的临界值，可以对具体产品的国际竞争力进行判定（表 8-1）。当某产品的巴拉萨指数>1 且拉斐指数>0 时，表明一国在该产品上具有绝对竞争优势；当某产品的巴拉萨指数≤1 且拉斐指数≤0 时，表明一国在该产品上呈现绝对竞争劣势；当某产品的巴拉萨指数≤1 而拉斐指数>0 时，表明一国在该产品上具有一定的专业化优势；当某产品的巴拉萨指数>1 而拉斐指数≤0 时，则表明一国在该产品上具有一定的比较优势。

图 8-2 和图 8-3 显示，除了 2016 和 2017 年，中国全部林产品的巴拉萨指数几乎都是小于 1；2006 年开始拉斐指数几乎都是正值。这说明 2006 年以前中国全部林产品具有绝对竞争劣势，从 2006 年开始具有一定的专业化优势。就细分林产品而言，在多数年份，中国的胶合板、木家具、木制品、纸制品具有绝对竞争优势；中国的原木、锯材、木浆和废纸具有绝对竞争劣势；纸和纸板具有一定的专业化优势；纤维板的竞争力基本处于国际平均水平；单板的竞争力略低于国际平均水平；刨花板的国际竞争力较弱。总之，中国在胶合板、木家具、木制品、纸制品等劳动密集型产品上的国际竞争力较强，而在原木、锯材、木浆等资源型产品和资本密集型产品上的国际竞争力较弱。

---

❶ 按照 HS96、HS02、HS07、HS12、HS17，部分木制品的编码有调整，本项目将其比对后，归类分析。

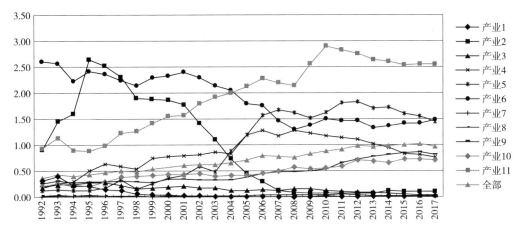

图 8-2 中国林产品的巴拉萨指数

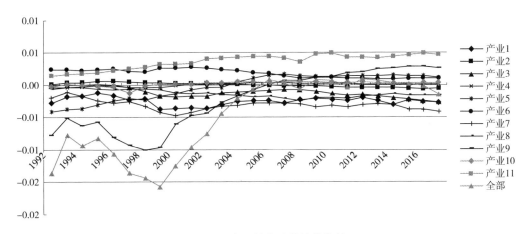

图 8-3 中国林产品的拉斐指数

8.3.2 中国林产品贸易的特征

近年来,随着人口、经济增长模式、地缘政治格局、政策法规的变化,林产品需求也发生着变化。全球经济发展的不确定性增加,给全球林产品生产与贸易带来了挑战。同时,全球对环境保护的关注及相关政策的出台,也给全球林产品生产和消费产生了新的影响。中国是全球最主要的林产品生产国和消费国,在某些产品种类上取代一些重要的国家。例如,中国的锯材产量已经超越加拿大,而锯材消费量则超越美国。同时,中国已经成为全球最大的人造板和纸的生产国和消费国。中国在林产品国际贸易方面也发挥着重要作用,是世界最大的原木、锯材和纤维原料(木浆和纸及纸制品)的进口国,以及世界最大的人造板出口国。

中国是林产品加工大国,将近 40% 的木材流入中国,除一部分满足国内消费外,其余产品销往世界各地,中国在林产品贸易中具有重要地位。根据 FAO 数据显示,中国是林产品的主要生产国和消费大国,是原木和锯材的第一大进口国,也是人造板的第一大出口国。

中国主要进口原木、锯材、木浆等原料型产品,出口人造板、纸及纸制品以及家具等加工型林产品。然而，随着世界各国对保护本国森林资源的重视程度日益增加，一百多个国家纷纷出台原木出口禁令，越来越多的珍稀树种纳入限制/禁止出口目录中，导致中国原木进口数量受限，锯材、单板等初级加工产品成为中国主要的进口产品。随着人口结构的不断变化，中国劳动力数量不断缩减，成本不断提高；与此同时，越南等发展中国具有更加丰富的廉价的劳动力，出口产品价格更具竞争力，导致中国出口产品价格优势不断下降，出口市场不断受到挑战。

中国林产品出口国政策对进口产品影响较大。随着美国、欧盟等国家及地区纷纷出台法案，对出口至该国木质林产品的企业进行尽职调查，追溯木材来源，该要求对于中国木质林产品加工原料的进口具有较大影响，更多来自美国、欧盟、澳大利亚的木材进入中国。

中国木材进口依存度较高。长期以来，由于国内森林资源供给能力有限，中国国内木材供给量受到制约。随着人口增长、经济增速、房地产业回暖等诸多环境与市场因素的变化，中国林产品供给存在较大缺口，需要通过进口来补充，因此，中国林产品贸易主要是补缺型的进口贸易，木材资源对外依存度较高，已超过50%。中国自天然林资源保护工程实施以来，到2017年实现天然林全面禁伐，国内木材供给明显不足，木材进口量显著增加。

中国主要林产品进口市场较为集中。其中，原木主要集中在新西兰、俄罗斯、美国和加拿大，锯材主要集中在俄罗斯、加拿大、泰国和美国，木浆主要集中在美国、加拿大和巴西。这些原料产品主要来自于资源丰富的国家。主要进口的人造板产品中，单板主要来源于越南、俄罗斯、马来西亚、泰国和喀麦隆；刨花板主要来源于泰国、马来西亚、罗马尼亚和加拿大。这些初级加工产品主要来源于森林资源丰富、具有一定加工技术并且是劳动力密集型产业的新兴市场国家。

中国主要林产品出口市场分布广泛。主要出口的人造板产品中，纤维板主要出口至美国、沙特、尼日利亚、加拿大和俄罗斯；胶合板主要出口至美国、菲律宾、阿联酋、日本和英国；纸、纸板及纸制品主要出口至美国、日本、印度、越南和马来西亚；木制家具出口主要集中在美国、日本和英国等发达经济体市场。由此可见，美国是中国木质林产品的重要贸易国，2017年，中美林产品贸易额达269.9亿美元，占中美贸易总额的4.7%，占中国林产品贸易总额的18%。此外，中国林产品出口国别广泛，出口市场遍布全球。

中国林产品贸易竞争加剧。虽然进口木材价格相对稳定，但是中国人造板、木质家具等主要出口产品价格持续下跌。近五年刨花板、纤维板、胶合板和木制家具的出口价格降幅分别为7.5%、11.3%、4.1%和8.6%。越南等新兴市场因其劳动力优势不断冲击着中国在国际市场的贸易份额，中国林产品贸易竞争也随之不断加剧。

8.3.3 中国林产品贸易的发展趋势

（1）短期内国内市场的木材供给缺口仍将主要依靠进口弥补，但进口商品结构可能发生改变

目前中国木材进口依存度超过50%。伴随各国日益重视保护本国森林资源，纷纷出台原木出口禁令，将越来越多的珍稀树种纳入限制/禁止出口目录中，中国原木进口数量将

继续受限，锯材、单板等初级加工产品将逐步成为中国主要的进口产品。

(2) 出口竞争加剧

中国人口结构变化、人工成本不断提高，拥有更加丰富廉价劳动力的越南等新兴发展中国家加入全球林产品竞争，中国的林产品出口竞争加剧。中国海关数据显示，中国人造板、木质家具等主要出口产品价格持续下跌。2013—2017 年刨花板、纤维板、胶合板、木制家具出口价格降幅分别为 7.5%、11.3%、4.1% 和 8.6%。

(3) 贸易环境更为复杂

从 2008 年开始，美国、欧盟等国家及地区纷纷出台法案，开展尽职调查，追溯木材来源。这些政策将持续影响中国林产品贸易的规模和结构。目前中国原木和锯材的进口已经逐步转向更多地从美国、加拿大和新西兰进口木材。2018 年以来，中美贸易摩擦不断升级，美国作为中国最大的木质林产品贸易伙伴国，中国林产品出口对美国市场依赖较大，2017 年中国出口美国的产品主要包括：木家具、木坐具、纸及纸制品等。2019 年美国对中国部分林产品加征 10%~15% 的关税，将加大中国林产品的出口风险。

本 章 小 结

本章阐述林产品贸易特征与趋势。首先，介绍出口复杂度、比较优势指数、产业内贸易指数等代表性的贸易发展评价指标及其应用方法，旨在提供量化方法，以分析林产品贸易的特征、发展规律和趋势，比较各国林产品贸易发展的差异。其次，分别阐述全球和中国的林产品贸易特征与发展趋势。

习题

1. 全球林产品贸易呈现哪些主要特征？
2. 中国林产品贸易呈现哪些主要特征？
3. 从 UN COMTRADE 数据库下载 2000—2018 年的中国 HS 6 位码木家具进出口贸易数据，进行贸易增长边际分解，其中贸易增长的集约边际和广延边际分别是多少？
4. 从 UN COMTRADE 数据库下载 2000—2018 年的木家具 HS 6 位码贸易数据，据此计算中国、越南、波兰、意大利每年的 RCA 和 $Lafay$ 指数，并进行比较分析。

第9章 林业服务贸易

【学习目标】

知识目标	能力目标
了解国际服务贸易的特征与发展趋势,了解国际服务贸易研究的前沿问题	正确认国际服务贸易的特征与发展趋势,能够追踪国际服务贸易研究的前沿问题
掌握林业服务贸易的内涵与分类	理解林业服务贸易的内涵,掌握林业服务贸易的分类方法
理解林业服务贸易发展的必要性与发展潜力	能够分析林业服务贸易的发展潜力

9.1 国际服务贸易概述

9.1.1 国际服务贸易的现状与主要特征

2006—2016年国际服务贸易的规模、结构以及世界格局发生了深刻的变化。国际服务贸易发展随着世界经济走势的变化而波动,在经历2008年短暂的经济衰退后,世界经济持续增长,在此背景下,世界服务贸易也增长迅速,贸易规模持续扩大。表9-1中,世界服务贸易额总体呈波动上升趋势,2006—2016年从2.93万亿美元增长到4.81万亿美元,增长73.4%,增速明显。其中,2007年超过3万亿美元达到3.51万亿美元,2009年由于国际金融危机和世界经济衰退使服务贸易总额受到影响,回落至3.52万亿美元,2010年世界经济逐渐回暖,服务贸易也随之好转,2011年超过4万亿美元达到4.33万亿美元,2014年突破5万亿美元达到5.08万亿美元,是2006年的1.7倍。2006—2016年,世界服务贸易与世界货物贸易增长虽存在差异,但总体基本呈上升趋势,在经济增长期间,货物贸易增量较高于服务贸易,但由图可知在2008—2009年经济危机期间,服务贸易受到的冲击较少,表明服务贸易具有一定的抵御危机的能力。

表9-1 2006—2016年世界货物贸易和服务贸易统计

年份	货物贸易(万亿美元)	服务贸易(万亿美元)
2006	12.13	2.93
2007	14.02	3.51

(续)

年份	货物贸易(万亿美元)	服务贸易(万亿美元)
2008	16.16	3.95
2009	12.55	3.52
2010	15.30	3.85
2011	18.34	4.33
2012	18.50	4.45
2013	18.95	4.74
2014	19.00	5.08
2015	16.49	4.79
2016	15.96	4.81

数据来源：Un Comtrade，以下同。

在世界服务贸易发展中，贸易结构逐渐从传统服务贸易向现代服务贸易转移，无论是出口还是进口，以运输、旅游为代表的传统服务贸易所占比重下降，而其他商业性服务（主要包括通信、保险、金融、专利等）现代服务贸易发展迅速。由表9-2可知，2005—2016年间，其他商业服务持续快速增长，2005年运输和旅游服务出口总占比为48.92%，而到2016年运输和旅游出口服务总占比为42.8%，下降了6.12%，但在这十年期间其他商业服务出口由47.49%增长到53.74%，而在进口部门中，2005年运输和旅游服务进口总占比为53.48%，而到2016年运输和旅游服务进口总占比为47.26%，下降了6.22%，但在这十年期间其他商业服务出口却由43.93%增长到50.31%。

表9-2 世界服务贸易结构统计

项目	总额(十亿美元)	占比(%)				
		2016	2005	2010	2014	2015
出口						
商业性服务	4807.69	100.00	100.00	100.00	100.00	100.00
货物相关服务	166.01	3.59	3.58	3.33	3.37	3.45
运输	852.55	22.35	21.50	19.49	18.59	17.73
旅游	1205.48	26.57	24.79	24.43	24.73	25.07
其他商业性服务	2583.64	47.49	50.13	52.75	53.30	53.74
进口						
商业性服务	4694.09	100.00	100.00	100.00	100.00	100.00
货物相关服务	109.44	2.60	2.08	2.32	2.35	2.33
运输	1024.59	27.51	26.52	23.89	22.91	21.83
旅游	1198.59	25.97	23.23	24.93	25.23	25.53
其他商业性服务	2361.46	43.93	48.17	48.85	49.51	50.31

各国和地区的服务贸易出口总额相差悬殊，服务贸易发展地区不平衡，由表9-3可知，美国在世界服务贸易中居绝对主导地位，服务贸易进出口额均位于首位，英国和德国是欧洲服务贸易水平较高的国家，2016年其服务贸易出口额分别是第二、第三位，中国近年来服务贸易发展迅速，2016年中国的服务贸易进出口额分别为世界第二位、第五位。日本、印度也是亚洲比较重要的服务贸易国家，服务贸易水平均为世界前列。但处于第一位的美国服务贸易出口额与排名第二位英国相差了近两倍，相差悬殊。

表9-3　2016年全球服务贸易前二十的出口和进口经济体统计　　单位：十亿美元

排名	出口方	出口额	占比	增长率	排名	进口方	进口额	占比	增长率
1	美国	733	15.2	0	1	美国	482	10.3	3
2	英国	324	6.7	-5	2	中国	450	9.6	4
3	德国	268	5.6	3	3	德国	311	6.6	4
4	法国	236	4.9	-2	4	法国	236	5.0	2
5	中国	207	4.3	-4	5	英国	195	4.1	-6
6	荷兰	177	3.7	1	6	爱尔兰	192	4.1	15
7	日本	169	3.5	7	7	日本	183	3.9	3
8	印度	161	3.4	4	8	荷兰	169	3.6	1
9	新加坡	149	3.1	1	9	新加坡	155	3.3	1
10	爱尔兰	146	3.0	9	10	印度	133	2.8	8
11	西班牙	127	2.6	7	11	韩国	109	2.3	-2
12	瑞士	112	2.3	1	12	比利时	107	2.3	2
13	比利时	109	2.3	-2	13	意大利	102	2.2	4
14	意大利	101	2.1	3	14	加拿大	96	2.1	-2
15	中国香港	98	2.0	-6	15	瑞士	95	2.0	1
16	卢森堡	94	2.0	-1	16	阿联酋	82	1.7	3
17	韩国	92	1.9	-5	17	中国香港	74	1.6	0
18	加拿大	80	1.7	1	18	俄罗斯	73	1.6	-16
19	瑞典	71	1.5	-1	19	卢森堡	72	1.5	-2
20	泰国	66	1.4	8	20	西班牙	71	1.5	9
	以上合计	3520	73.2	—		以上合计	3386	72.1	—
	世界合计	4808	100.0	0		世界合计	4694	100.0	1

由图9-1中可看出，世界服务贸易主要经济体出口增长率整体较缓慢，2016年服务贸易主要经济体平均出口增长率只有1.4%，有些国家甚至出现了负增长，其中英国和中国的出口增长分别只有-5%和-4%；而进口增长率的表现则较为突出，2016年服务贸易主要经济体进口平均增长率为3.5%，除英国出现了6%的负增长，其他国家都呈现良好的增长态势，其中爱尔兰服务贸易的进出口额增长率表现尤为突出，分别为15%和9%。

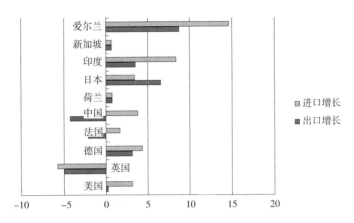

图 9-1　2016 年服务贸易主要经济体增长率变化（单位:%）

9.1.2　金融危机后国际服务贸易的发展趋势

2006—2016 年主要服务贸易国的出口贸易额呈波动上升趋势，在 2008—2009 年经济危机的影响下，全球服务贸易短暂回落，但下滑程度不大，在 2010 年后随着世界经济回暖，全球服务贸易出口额也随之增长（表 9-4 和图 9-2）。其中美国服务贸易出口额增长尤为突出，从 2006 年 3975 亿美元增长至 2016 年的 7326 亿美元，增长了近一倍，是 2016 年唯一一个贸易出口额突破七千亿美元的国家，出口额是第二位的英国两倍（表 9-4）。日本服务贸易出口额增长在世界主要经济体中表现并不明显，2006 年服务贸易出口额为 1072 亿美元，而 2016 年服务贸易出口额为 1687 亿美元，增长仅有 615 亿美元，而美国在这十年间的服务贸易出口增长额为 3351 亿美元，日本增长量是不足美国增长量的五分之一。中国的服务贸易出口额增长较为突出，2006 年为 935 亿美元而到 2016 年迅速达到了 2073 亿美元，增长了 1138 亿美元，是除美国外出口贸易额增长最多的国家。英国、德国、印度分别位于第二、第三、第八位，整体也呈波动上升趋势。

表 9-4　2006—2016 年世界主要经济体服务贸易出口额　　　　单位：十亿美元

国家	2006	2007	2008	2009	2010	2011	2012	2013	2014	2015	2016
美国	397.5	467.5	513.7	492.2	543.5	605.6	633.6	678.6	722.9	730.6	732.6
英国	265.1	311.6	303.0	261.4	265.7	299.0	308.2	331.8	357.5	340.5	323.7
德国	175.2	205.4	236.3	217.8	220.0	245.2	247.4	266.1	286.1	259.6	267.8
法国	164.5	195.8	223.1	192.8	201.1	235.0	233.7	253.0	273.5	240.8	235.6
中国	93.5	124.9	144.7	121.6	177.4	200.3	200.6	205.8	218.1	216.5	207.3
荷兰	0.0	0.0	0.0	0.0	159.8	173.5	166.4	177.1	194.8	176.0	177.4
日本	107.2	119.4	138.7	118.4	131.8	137.9	133.8	132.6	159.3	158.3	168.7
印度	69.2	86.2	105.7	92.5	116.6	137.9	145.0	148.7	156.6	155.7	161.3
新加坡	59.0	74.0	89.4	81.6	100.6	119.0	127.1	139.4	153.1	148.3	149.4
爱尔兰	66.2	81.4	90.5	85.0	91.7	106.3	109.8	122.5	139.4	134.4	146.2

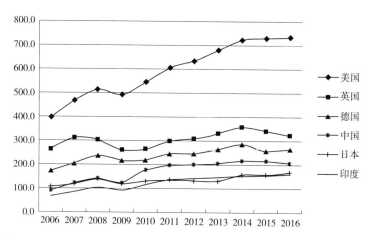

图 9-2　2006—2016 年主要服务贸易出口者贸易额变化（单位：十亿美元）

世界服务贸易进口总体呈波动上升趋势，2008—2009 年受经济危机影响各国服务贸易进口额短暂回落，但 2010 年经济回暖后进口额又呈逐渐上升趋势（表 9-5 和图 9-3）。美国在服务贸易进口额中仍然十分突出，并在 2011 年成为第一个服务贸易进口额突破四千亿美元的国家，2016 年服务贸易进口额达到 4820 亿美元，位于世界首位。中国是服务贸易进口额增长最快的国家，2006 年的服务贸易进口额为 1003 亿美元，2016 年服务贸易进口额为 4498 亿美元，十年间增长了 3 倍，增速位于世界首位。2013 年中国的服务贸易进口额追上德国，并在 2014 年超过德国，达到世界第二位。英国服务贸易进口额不如出口额表现突出，与日本都呈缓慢上升趋势，甚至一些年份出现了负增长，服务贸易进口态势并不乐观。

表 9-5　2006—2016 年世界主要经济体服务贸易进口额　　单位：十亿美元

国家	2006	2007	2008	2009	2010	2011	2012	2013	2014	2015	2016
美国	313.8	344.3	380.2	355.3	377.4	404.5	424.2	435.7	457.0	467.1	482.0
中国	100.3	128.3	155.5	145.1	192.3	246.8	280.3	329.4	430.8	433.3	449.8
德国	223.3	257.6	287.0	248.8	262.1	294.5	293.5	327.6	337.0	297.6	310.6
法国	145.3	168.2	193.8	175.2	180.9	202.0	202.2	227.6	251.9	231.7	235.7
英国	184.7	208.0	210.1	175.9	177.6	188.2	190.1	201.9	208.0	206.4	194.6
爱尔兰	81.8	98.7	114.7	107.5	109.9	119.2	118.9	123.6	147.8	167.4	191.9
日本	139.8	156.9	176.8	154.0	162.9	173.8	182.8	169.0	190.5	176.7	182.7
荷兰	0.0	0.0	0.0	0.0	135.7	150.0	142.6	151.2	172.7	167.9	169.2
新加坡	66.2	76.3	91.0	83.9	101.0	118.1	130.7	146.8	159.2	154.3	155.4
印度	74.7	90.6	87.5	79.8	114.2	124.4	129.2	125.8	127.4	122.7	133.0

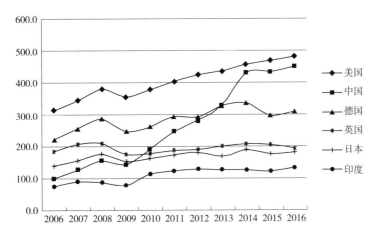

图 9-3　2006—2016 年主要服务贸易进口者贸易额变化（单位：十亿美元）

2006—2015 年间，美国传统服务贸易不断向现代服务业出口额转移，运输行业出口值总体保持稳定，金融、其他未包括的知识产权使用费和其他商业服务等现代服务业出口值均有大幅上涨，其中别处未包括的知识产权使用费由 650 亿美元上升至 1290 亿美元，增长迅速。从单个项目出口值占当年服务贸易出口总值的份额来看，2006 年至 2014 年别处未包括的保养和维修服务所占份额最大，2015 年其他未包括的知识产权使用费和其他商业服务成为所占份额最多的项目，旅游服务出口额所占份额也较大，其余项目所占份额较少，2006 年至 2009 年出口额所占份额最少的项目是个人、文化和娱乐服务，2009 年至 2015 年运输服务出口额作占份额最少，2015 年出口值仅为 25 亿美元（表 9-6）。

表 9-6　2006—2015 年美国服务贸易出口结构变化　　　　单位：十亿美元

项　目	2006	2007	2008	2009	2010	2011	2012	2013	2014	2015
其他未包括的保养和维修服务	83.5	97.8	102.1	98.4	107.5	123.3	124.4	128.0	129.9	124.7
运输	1.9	2.7	3.9	4.0	2.8	3.1	3.2	2.1	1.8	2.5
旅游	47.9	61.4	63.0	64.4	72.3	78.3	76.7	95.1	107.7	102.5
建筑	19.2	20.9	19.1	20.5	19.8	22.2	22.8	22.8	20.3	20.3
保险和养恤金服务	9.4	10.8	13.4	14.6	14.4	15.1	16.8	16.7	17.3	17.1
金融服务	8.2	10.0	10.6	12.9	14.5	16.4	17.2	18.6	22.1	24.0
其他未包括的知识产权使用费	65.0	77.9	86.7	89.5	95.2	106.4	114.1	116.3	123.7	129.0
电信、计算机和信息服务	17.2	20.2	23.1	23.8	25.0	29.2	32.5	34.4	35.0	35.9
其他商业服务	65.0	77.9	86.7	89.5	95.2	106.4	114.1	116.3	123.7	129.0
个人、文化和娱乐服务	1.7	1.8	2.2	2.4	3.0	3.1	3.1	3.1	3.3	3.1
其他未包括的政府货物和服务	19.2	20.9	19.1	20.5	19.8	22.2	22.8	22.8	20.3	20.3
总计	416.7	488.4	532.8	512.7	563.3	627.8	656.4	701.5	743.3	750.9

数据来源：OECD，ITSS EBOPS 2010，http://stats.oecd.org，以下同。

2006—2015 年，建筑行业进口值总体呈现上升趋势，2010、2013 和 2014 年略有下降，保险和养恤金服务进口值总体呈现出上升趋势，2010 年、2013—2015 年均呈现出下降趋势，别处未包括的政府货物和服务进口值总体呈现下降趋势，2006 年至 2010 年，进口值由 274 亿美元上升至 320 亿美元，2010 年之后进口值持续下降，2015 年出口值仅为 215 亿美元，其余服务出口值均呈现出上升的趋势，其中旅游和其他商业服务上涨幅度较大，旅游服务由 842 亿美元上升至 1129 亿美元，其他商业服务由 455 亿美元上升至 941 亿美元。从各项目进口值占服务贸易进口总值的份额来看，旅游服务为所占份额最多的行业，2015 年进口值为 1129 亿美元，运输服务、其他商业服务和保险和养恤金服务进口值也占有较大份额，运输服务 2015 年进口值为 971 亿美元，其他商业服务 2015 年进口值为 941 亿美元，其他行业所占份额较少，其中个人、文化和娱乐服务所占份额最少，2015 年出口值为 23 亿美元，建筑服务所占份额也较少，2015 年出口值为 29 亿美元（表 9-7）。

表 9-7 2006—2015 年美国服务贸易进口结构变化　　　　单位：十亿美元

项　　目	2006	2007	2008	2009	2010	2011	2012	2013	2014	2015
其他未包括的保养和维修服务	4.6	5.2	5.7	5.9	6.9	8.2	8.0	7.4	7.5	9.0
运输	78.0	79.3	84.0	64.1	74.6	81.4	85.0	90.6	94.2	97.1
旅游	84.2	89.2	92.5	81.4	86.6	89.7	100.3	98.1	105.5	112.9
建筑	1.7	2.5	3.5	3.6	2.5	2.9	3.3	2.5	2.2	2.9
保险和养恤金服务	39.4	47.5	58.9	63.8	61.5	55.7	55.5	53.4	51.8	47.8
金融服务	14.7	19.2	17.2	14.4	15.5	17.4	16.7	21.5	24.9	25.2
其他未包括的知识产权使用费	25.0	26.5	29.6	31.3	32.6	36.1	38.7	38.9	42.2	39.5
电信、计算机和信息服务	19.8	22.4	24.7	25.8	29.0	32.8	32.8	35.0	36.3	36.4
其他商业服务	45.5	51.4	62.8	63.3	66.0	78.0	81.6	85.9	90.2	94.1
个人、文化和娱乐服务	1.0	1.0	1.3	1.7	2.1	2.4	2.3	2.3	2.2	2.3
其他未包括的政府货物和服务	27.4	28.3	28.9	31.5	32.0	31.3	27.9	25.3	24.2	21.5
总计	341.2	372.6	409.1	386.8	409.3	435.8	452.0	461.1	481.3	488.7

2006—2015 年，从出口方面来看，美国对中国服务贸易的出口总额呈现出逐渐上升的趋势，由 106 亿美元上升至 480.4 美元，对中国的服务贸易出口总额占当年服务贸易出口总额的份额也呈现出逐渐上涨的趋势，由 2.54% 上升至 6.45%。从进口方面来看，美国对中国服务贸易进口总额总体上呈现出逐渐上升的趋势，由 101 亿美元上升至 151 亿美元，对中国的服务贸易进口总额占当年服务贸易进口总额的份额呈现出先下降再上升的趋势，总体变化不明显，由 2.97% 上升至 3.09%（表 9-8）。由此可见，美中之间的服务贸易在这十年间服务贸易进口额持续增长，美中服务贸易日渐紧密。

表 9-8　2006—2015 年美对中国服务贸易进出口统计　　单位：十亿美元

年份	对中国出口总额	占当年出口份额	年份	从中国进口总额	占当年进口份额
2006	10.6	2.54%	2006	10.1	2.97%
2007	13.1	2.69%	2007	11.8	3.17%
2008	15.8	2.97%	2008	10.9	2.67%
2009	17.1	3.33%	2009	9.6	2.47%
2010	22.5	3.99%	2010	10.6	2.59%
2011	28.4	4.53%	2011	11.8	2.70%
2012	33.0	5.03%	2012	13.0	2.88%
2013	37.5	5.35%	2013	13.9	3.02%
2014	44.5	5.99%	2014	14.0	2.90%
2015	48.4	6.45%	2015	15.1	3.09%

根据中国的统计数据，从单个项目的出口额占当年服务贸易出口总额的份额来看，运输服务、旅游服务和其他商业服务占有较大份额，2007 年至 2014 年其他商业服务为所占份额最多的项目，2015 年旅游服务大幅增长超过其他商业服务成为所占份额最多的项目，其余行业所占份额较小，所占份额最小的项目为个人、文化和娱乐服务。

2006—2015 年，建筑服务出口额总体呈现增长趋势，其中 2012 及 2013 年出口额出现下跌，由 147.2 亿美元下降至 106.6 亿美元；特许权使用费和许可费出口额总体呈现增长态势，2011 年及 2014 年出现下跌；金融服务出口额不断增加，仅 2015 年开始减少，由 45.3 亿美元减至 23.3 亿美元；其余项目的出口额均呈现不断增长的趋势，旅游服务、计算机和信息服务以及其他商业服务均有大幅增长，其中旅游服务出口额增长幅度最大，由 339.5 亿美元上升至 1141.1 亿美元，仅 2015 年就上涨了 572 亿美元（表 9-9）。

表 9-9　2006—2015 年中国服务贸易出口统计　　单位：十亿美元

项目	2006	2007	2008	2009	2010	2011	2012	2013	2014	2015
运输	21.02	31.32	38.42	23.57	34.21	35.57	38.91	37.65	38.24	38.59
旅游	33.95	37.23	40.84	39.68	45.81	48.46	50.03	51.66	56.91	114.11
通信服务	0.74	1.17	1.57	1.20	1.22	1.73	1.79	N/A	N/A	N/A
建筑服务	2.75	5.38	10.33	9.46	14.49	14.72	12.25	10.66	15.35	16.65
保险服务	0.55	0.90	1.38	1.60	1.73	3.02	3.33	4.00	4.57	4.98
金融服务	0.15	0.23	0.31	0.36	1.33	0.85	1.89	3.19	4.53	2.33
计算机和信息服务	2.96	4.34	6.25	6.51	9.26	12.18	14.45	17.10	20.17	24.55
特许权使用费和许可费	0.20	0.34	0.57	0.43	0.83	0.74	1.04	0.89	0.68	1.08
其他商业服务	28.97	40.41	46.35	45.62	52.20	67.86	66.62	57.24	68.90	58.40
个人、文化和娱乐服务	0.14	0.32	0.42	0.10	0.12	0.12	0.13	0.15	0.17	0.73
其他未包括的政府服务	0.58	0.55	0.67	0.95	0.95	0.75	0.99	1.23	1.05	1.06
总计	92.01	122.21	147.11	129.48	162.17	186.01	191.43	183.75	210.59	262.50

数据来源：https://comtrade.un.org/data/，EBOPS2002。

从单个项目的进口额占当年服务贸易进口总额的份额来看,运输、旅游服务和其他商业服务所占份额较多,自 2012 年起,旅游服务超过运输服务,成为所占份额最多的项目。通信、建筑、金融、个人文化和娱乐服务、别处未包含的政府服务所占份额较少,个人文化和娱乐服务始终为所占份额最小的项目。

2006—2015 年,运输服务、保险服务进口值由 2006 年至 2014 年呈现出逐渐增长趋势,2015 年进口值骤减,运输服务由 961.6 美元减至 756.1 亿美元,保险服务由 2245 亿美元减至 933 亿美元;建筑服务进口值总体呈现增加趋势,2010 至 2012 年进口值逐渐下降,由 58.7 亿美元降至 36.2 亿美元,2015 年进口值骤增,由 48.7 亿美元升至 102 亿美元;金融服务进口值不断波动,总体呈现增长趋势,2007 年及 2011 年进口值出现下降,2015 年进口值突然减少,由 49.4 亿美元减至 26.4 亿美元;其他商业服务项目出口值总体呈现增长趋势,2012 年进口值由 492.1 亿美元降至 423.5 亿美元,2015 年大幅下降,由 533.7 亿美元降至 395.4 亿美元;其余项目进口值均呈现不断增长的趋势,旅游服务、特许权使用费和许可费进口值增长态势明显,旅游服务进口值由 2006 年的 243.2 亿美元升至 2015 年的 2922 亿美元,特许权使用费和许可费进口值由 2006 年的 66.3 亿美元升至 220.2 亿美元(表 9-10)。

表 9-10 2006—2015 年中国服务贸易进口统计　　　　单位:十亿美元

项目	2006	2007	2008	2009	2010	2011	2012	2013	2014	2015
运输	34.37	43.28	50.33	46.57	63.26	80.44	85.86	94.32	96.16	75.61
旅游	24.32	29.79	36.16	43.70	54.88	72.59	101.98	128.58	164.86	292.20
通信服务	0.76	1.08	1.51	1.21	1.14	1.19	1.65	0.00	0.00	0.00
建筑服务	2.05	2.91	4.36	5.87	5.07	3.73	3.62	3.89	4.87	10.20
保险服务	8.83	10.66	12.74	11.31	15.75	19.74	20.60	22.09	22.45	9.33
金融服务	0.89	0.56	0.57	0.64	1.39	0.75	1.93	3.69	4.94	2.64
计算机和信息服务	1.74	2.21	3.17	3.23	2.97	3.84	3.84	7.62	10.75	11.41
特许权使用费和许可费	6.63	8.19	10.32	11.07	13.04	14.71	17.75	21.03	22.61	22.02
其他商业服务	20.61	30.43	38.60	34.14	34.31	49.21	42.35	47.33	53.37	39.54
个人、文化和娱乐服务	0.12	0.15	0.25	0.28	0.37	0.40	0.56	0.78	0.87	1.89
其他未包括的政府服务	0.51	0.86	0.92	0.84	1.15	1.06	1.04	1.19	2.03	2.57
总计	100.83	130.12	158.92	158.86	193.32	247.65	281.18	330.53	382.91	467.42

数据来源:https://comtrade.un.org/data/,EBOPS2002。

9.1.3　国际服务贸易研究的前沿问题

9.1.3.1　区域服务贸易自由化

自 20 世纪 90 年代以来,贸易政策的政治经济学为我们研究大量兴起的区域服务贸易协定提供了坚实的理论基础,成为国际贸易领域的热门研究课题,在 2000 年以前只有 6

个区域贸易协定涉及服务贸易,而到 2012 年向 WTO 通报的区域服务贸易协定已经达到了 97 个,且这些协定涵盖了很多发展程度较大的国家,各国热衷于签订区域服务贸易协定反映的事实有很多。首先,随着关税在全球范围中大幅度下降,政策制定者逐渐把兴趣转移到限制国际商业活动的其他壁垒上。其次,随着技术的不断进步,服务贸易也不断发展。最后,很多国家把服务基础设施的提供转移到了私有部门。

长期以来,完全放任的经济自由主义与国家干预政策两者的冲突一直困扰着经济学家,而服务业与服务贸易的特殊性又使得这一主题变得更为晦涩。传统国际贸易理论认为,在对外开放过程中,完全的贸易自由化无疑会给各国的货物贸易带来最大限度的贸易开放利益。但是,综合以下种种原因,管制政策对服务贸易而言又显得必不可少:首先,服务产品的无形性决定了服务贸易壁垒不可能沿用传统的关税模式,必然以非关税壁垒为主,而这些非关税壁垒在很多情况下又表现为一国对服务业进行管制的各种措施,如对专业服务的资格认证和许可条件,对电信服务市场所实施的竞争规则等;其次,服务业的市场结构——寡头垄断市场结构在世界范围内普遍存在,而这会破坏贸易自由化的收益,因此需要对服务业进行管制;另外,服务市场的交易面临着高度的信息不对称,在一些情况下,严格的管制政策却可以降低信息不对称现象的发生,从而降低交易成本。因此,服务贸易要远比商品贸易复杂,它要受到更多的国内管制政策的约束。在这样的争论背景下,对经济自由化程度和服务业的管制政策在服务贸易自由化进程中的作用与冲突问题进行探讨就显得尤为重要。服务贸易自由化应是对外降低管制(对外降低进入壁垒)与对内加强管制(对内建立合理的法律环境、加强监管当局的权利,促进竞争)双向过程的综合,政策必须注意寻求可竞争性市场与有效管制之间的平衡。因此,自由与管制两者在服务贸易中并不冲突。

9.1.3.2 服务贸易的度量

为进一步推进市场的整合,更好地发挥各方资源的作用,可以通过量化方法对服务贸易的限制性进行分析和评价,OECD 推出的服务贸易限制性指数尝试使用量化指标对各成员多个行业的开放程度进行衡量,来评价各成员服务业的开放水平。服务贸易限制性指数(STRI)是澳大利亚竞争力委员会、OECD 组织和世界银行推出的,测度服务贸易壁垒的指数,由于 OECD 在全球经贸领域的影响力,STRI 得到广泛关注。总体来说,服务贸易限制性指数根据不同服务部门的特点设计制定不同的研究方法,按照《服务贸易总协定》规定的四种服务贸易模式进行分类,根据具体限制进行打分,按照各部门评分和已经制定的权重系统最后综合算出 STRI 指数。

服务贸易限制性指数在方法的设计时本着尽量简约的原则,其结果根据服务贸易提供的四种方式分为国家和部门的计算指数。计算体系分为打分系统和权重系统。所涉及的部门有 18 个,包括视听服务、计算机服务、建筑、快递服务、配送服务、金融服务、专业服务、电信和运输服务等。服务贸易限制性指数中的评分系统对于每条政策的评分范围是从 0~1,0 表示没有限制,1 表示有限制,得分越高则表示限制越大。而当把每条政策限制纳入服务贸易限制性指数时需要两个步骤:一是给每个政策领域进行权重分配;二是涉及加总的指标形成服务贸易限制性指数。对于每个政策领域的权重分配,服务贸易限制性指数在计算时主要运用了专家打分的方式。为了降低个别专家打分所产生的人为因素有失客观性，特意邀请了许多专家进行打分。专家们在打分时主要依据每项政策对于贸易成本的影响：一部分是进入成本，另一部分是运营成本。而这些专家将100分根据自己的判断分配到外资进入的限制、人口流动的限制、其他歧视性措施、竞争的壁垒和管制的透明性5个政策领域中，根据每个部门之间对贸易成本的影响程度和重要性进行分配权重。

9.1.3.3 服务业投资的空间集聚效应

在分析中国对外直接投资的区位选择影响因素时，学界文献研究的重点大多在于外部环境，即东道国的投资环境。这和最早明确提出国际直接投资区位优势概念的国际生产折衷理论有一定的关系，但是另一方面中国对外直接投资呈现出的地理集中分布这一特征和母国内部因素有一定的关系。这种区位选择的内部因素可以被理解为来自中国对外直接行为主题的因素，即对外直接投资的地理集聚和前后关联性企业投资的加入行为。

克鲁格曼在《报酬递增和经济地理》一文中强调规模经济对产业地理集聚的作用，之后克鲁格曼和维纳布尔斯将克鲁格曼的中心—外围理论的基本思想运用到世界经济而非国家内部，而维纳布尔斯的研究最具有代表性，他通过建立一个两国经济模型，在两个不完全竞争产业—上游和下游产业、两个地区的假设下，从理论上分析了聚集经济对公司区位的影响。在实证方面，维勒和莫迪、史密斯和佛罗里达、黑德、里斯和斯温森等将美国或者日本作为研究对象，结果均验证了集聚效应和前后关联企业的拉动在企业选择区位时发挥了重要作用。而格罗斯、拉夫和瑞恩从行业角度更加细致分析了日本制造业和非制造业企业在欧洲的直接投资区位选择情况。他们的研究对象是1970年到1995年日本在欧洲的直接投资企业，研究发现日本厂商趋向于选择有其他日本厂商的市场。具体地，1970—1980年日本在欧洲某一地区的制造业直接投资会吸引更多的制造业和服务业的投资；但之后日本在欧洲的服务业投资会吸引制造业投资的进入。

目前，学界对投资集聚效应的研究基本局限于外商直接投资领域，今后国内学者研究的问题将会主要集中在中国存在于某一国家或地区的某一个特定行业直接投资是否会吸引更多的对该行业的直接投资等问题上。

9.1.3.4 服务贸易发展影响就业和工资

服务业在一国经济中的地位是衡量这个国家内部经济结构是否合理、国际竞争结构孰强孰弱、经济社会发展协调与否的重要标志。一般而言，这种重要地位被量化体现为服务业产出和就业比重。对于前者，过去数十年来发达国家的发展历程已经提供了很好的佐证，而对于后者，伴随中国经济发展，服务业的就业增长弹性大、就业容纳能力强的独特优势会进一步得到发挥。近年来，学界有关外商直接投资影响工资差距的研究主要集中在制造业领域，针对服务业的理论与实证研究还不多见。其中，通过宏观变量的匹配构造出微观数据样本，用以检验对外开放的收入分配效应越来越受到学者们的关注。

大量研究发现，外商直接投资扩大了东道国的工资差距，在控制了行业和企业因素后，FDI仍然对工资差距有显著拉大作用（Haddad and Harrisión，1993，Girma et al.，2001）。利普西和斯宏（Lipsey and Sjholm，2001）利用印度尼西亚1996年14000个制造业企业数据，分析指出外资企业对蓝领工人的工资支付比内资企业高12%，对白领工人的工资支付高22%。所以，FDI拉大了不同技能水平劳动力的工资差距。德里菲尔德等

(Driffeld et al., 2010)采用 1980—1995 年英国企业调查数据，运用 IV-GMM 方法分析发现具有技术转移和技术溢出效应的 FDI 会提高高技术劳动力的相对工资水平。包群和邵敏(2008)研究指出外资企业提高了工业行业科技人员的相对报酬，FDI 的收入外溢效应和行业特征密切相关。许和连等(2009)利用 1998—2001 年 12180 家中国制造业企业数据，从行业和地区视角分析发现外资企业自身较高的技术水平和资本密集度等特征能在很大程度上解释内外资企业的工资差距。朱彤等(2012)使用 2002 年中国城镇住户调查数据(CHIP)分技能组、所有制组、性别组检验了外商直接投资对工资水平的影响，发现 FDI 扩大了工资差距。很明显，学界有关 FDI 影响工资差距的研究主要集中在制造业，服务业样本还不多见。戴峰和赵曙东(2009)验证了上海市生产性服务业 FDI 对技能工资差距的扩大作用。钟晓君和刘德学(2013)认为广东省服务业 FDI 对工资水平有微弱的提升作用，但其中降低了消费性服务业的工资水平。此外，也有学者在服务业 FDI 影响就业的研究中间接提到 FDI 可能对工资水平具有的提升作用(薛敬孝和韩燕，2006)。

传统国际贸易理论的 Heckscher-Ohlin 和 Stolper-Samuelson 定理为我们分析进口贸易和就业效应提供了理论依据。上述两定理认为，国际贸易会对产品的相对价格，继而对要素的相对需求及收益产生影响，更进一步说，自由贸易可使一国生产要素禀赋丰裕的产业受益，二是生产要素禀赋稀缺的产业受损。从上述理论可推断，如果劳动丰裕的中国从外国进口资本和技术密集型服务的话，中国服务部门的资本报酬率将降低，因此，在服务生产中所使用的资本量将会减少，而工人的工资率将会上升，雇佣的工人数量将会增加。除贸易理论外，劳动经济学家曾用要素含量的方法来对贸易影响一国劳动的效应进行预测，他们通常会得到进口贸易会降低一国劳动需求的结果(Borjas et al.，1992；Wood，1994)。然而，他们的这种分析方法经常被贸易学家所批判，在他们看来，以贸易流量的变化而不是相对价格的变化来作为研究的出发点是不正确的。另外，也有学者认为，进口贸易不仅改变了对劳动需求，而且同时产生了国际竞争的压力，而这会对劳动需求相关的技术产生影响，从而在生产效率上获得提升(Langhammer，2006；Francois and Worez，2007)而这将进一步对劳动需求产生影响。

9.1.3.5 服务外包加快劳动力市场调整

跨国直接投资和生产全球化在世界范围内迅速发展。与跨国直接投资紧密结合的生产全球化的典型代表——外包，作为一种通过整合外部专业化资源以降低成本、提高效率的新型组织生产和国际分工模式，越来越引人注目。外包正在充当着国际贸易的主要发生形式，其带来的中间产品贸易贡献了这一时期世界进出口增长的相当一部分。伴随这一新变化，生产全球化背景下贸易双方各自国内的产业结构、技术进步、要素市场和收入分配等都有不同程度的影响，其中劳动力受到的影响尤其突出，近年来，中国在承接发达国家外包的同时，又大量进口发达国家产品作为中间投入，目前外包已经成为中国加速融入国际分工体系和经济全球化的重要媒介。但是，由于中国对外包及劳动力市场的认识还很模糊，国外发展外包过程中劳动力市场的适应力调整是否也在中国这样一个低技术劳动力相对丰裕的国家出现尚无定论，相应的对策研究与制定便无从展开。

经研究发现，服务外包对中国工业行业熟练劳动力的工资份额的影响尚不显著。随着工业行业进口中间投入品，特别是在技术密集型产品生产行业中，来自本行业的中间投入品的需求迅速增加，对熟练劳动力的需求进一步提升，相应其工资水平迅速上涨。在初级产品生产行业中，国内 R&D 投资的增加扩大了相对工资差距，而技术进步的作用不显著；在劳动和资源密集型产品生产行业以及技术密集型产品生产行业中，资本节约型技术进步能够缩小相对工资差距，而进口贸易的 R&D 溢出对行业工资差距的扩大有显著的促进作用。

9.2 林业服务贸易的内涵与分类

9.2.1 林业以及林业服务业

林业是指保护生态环境保持生态平衡，培育和保护森林以取得木材和其他林产品、利用林木的自然特性以发挥防护作用的生产部门，是国民经济的重要组成部分之一。从这一概念中可看到，林业本身包括一个非常重要的第一产业——森林资源，第二产业——木质林产品以及非林产品加工部门，以及其他作为一、二产业支撑的其他服务部门，即林业本身既是服务的提供者，也是服务的接收者。

在 2012 年中国制定的《国际服务贸易统计制度》中，林业服务业指为林业生产服务的病虫害的防治、森林防火等各种支持性活动，在国民经济行业分类中包含 4 个小类（表 9-11）。

表 9-11　中国林业服务业统计分类表

行业代码				类别名称	
门类	大类	中类	小类		
A				农、林、牧、渔业	
	5			农、林、牧、渔服务业	
		52		林业服务业	指为林业生产服务的病虫害的防治、林地防火等各种辅助性活动
			0521	林业有害生物防治服务	
			0522	森林防火服务	
			0523	林产品初级加工服务	指对各种林产品进行去皮、打枝或去料、净化、初包装提供至贮木场或初级市场的服务
			0529	其他林业服务	

数据来源：国际服务贸易统计制度（2012 年版）。

根据联合国统计署的《全部经济活动的国际标准产业分类》第四修订版（ISIC Rev.4），林业服务业指的是在林业大类（2）下，列在第 024 组的"林业辅助服务"（ISIC 编码为 0240）。详见表 9-12。

表 9-12　ISIC 林业服务业分类表

类	大组	组	说　　　明
类 2	021	0210	造林及其他林业活动
	022	0220	伐木业
	023	0230	非木材林业产品的采集
	024	0240	林业辅助服务 ——森林服务活动： 　·森林存量估测 　·森林管理咨询服务 　·木材估价 　·森林防火和护林 　·森林有害生物控制 ——伐木业服务活动： ——森林内的原木运输 本组不包括： ——森林苗圃的经营，见 0210

数据来源：联合国经济和社会事务部、统计司，所有经济活动的国际标准行业分类修订本第 4 版，ST/ESA/STAT/SER. M/4/Rev. 4，2009。

从上述产业分类来看，林业服务业是狭义上的林业服务业，是紧紧围绕森林安全、资源评估等以及林产品初加工的最初级的服务部门。

必须注意到的是，林业具备与其他产业部门不同的特征。林业中的森林与其他植被，是一种内涵广泛、范畴广阔的特殊自然资源，承载了政治、经济、社会和文化等多重意义与功能。FAO 曾论述了森林提供的服务包括如下 4 类(FAO，1997)。

①生态环境服务。森林提供的生态服务范围广泛，其中包括：拦截降雨并通过森林水文系统调节雨水流动，来调整水文状况；通过落叶、落枝来维护土壤质量和提供有机材料；减少降雨对土壤侵蚀及其他直接影响；碳封存以及提供氧气，调节气候；对于森林自身以及作为其他物种的栖息地来说，森林是生物多样性的关键组成部分。

②经济服务。依托森林形成的各种行业——木材、木材加工和造纸、橡胶、水果。同时，森林也为农业社区提供燃料和饲料、游憩地、水果、建材、药品和草药等产品。此外，林间放牧时有发生。林间地块也被用作种植农作物。

③社会文化服务。森林是世界各地数以百万计人的家，这些人很多是依赖于森林生存。许多人对于森林有强烈的文化和精神依附。在某些土著信仰体系当中，宇宙观将涉及森林和其他成分的自然世界视为非常重要的角色。森林是天然的科学和教育场所。

④景区和景观的服务和价值。从强调美学与美感方面分析森林提供的服务。例如，生态旅游。从旅游者角度来看，这些美感服务可能是他们做出优先决策的原因，保护这种服务在生态旅游过程中非常重要。风景名胜和景观价值对于居民来说同样重要。可以注意到，某些森林提供的服务一定程度上成为可贸易品，能够进入到服务贸易的范畴。

1966 年，美国经济学家 H. Greenfield 最早提出了生产性服务业的概念。中国政府在《国民经济和社会发展第十一个五年规划纲要》中将生产性服务业分为交通运输业、现代物流业、金融服务业、信息服务业和商务服务业。从广泛意义来说，林业服务业，包含了内向和外向服务两个方面，即不仅包括了特别针对林业生产本身提供支撑与辅助的服务部门（如防虫、防火），同时也涉及其他与生产各个环节密切相关的生产性服务业（林业金融、木材与林产品运输、林业信息系统等），更包括了森林与其他林地自身能够提供的某些服务。简言之，广义的林业服务业，指的是所有支撑与辅助林业实现其政治、社会、文化价值的服务部门之总和。

9.2.2 林业服务贸易的内涵

服务贸易指的是在服务的生产者和消费者之间销售与传递一种无形商品（即服务）的过程，如果这种行为发生在不同的国家与地区之间，就被称为国际服务贸易。服务贸易又称劳务贸易，是指国与国之间相互提供服务的经济交换活动。按照世界贸易组织服务贸易理事会评定认可的国际服务贸易分类，共包括12大类。它们分别是：商业服务，通信服务，建筑及有关工程服务，分销服务，教育服务，环境服务，金融服务，健康与社会服务，与旅游有关的服务，娱乐、文化与体育服务，运输服务，其他。国与国之间的服务贸易遵循《服务贸易总协定（GATS）》，它是乌拉圭回合谈判的成果，于1995年1月生效。早年签订的关税与贸易总协定为商品贸易提供多边贸易体制，而GATS则将多边贸易体制扩展到服务行业。在运行二十余年后，英美等发达国家认为GATS远远落后于时代，主张用列"负面清单"的谈判模式推动达成更高标准的服务贸易协定（TISA）。在这一过程当中，涉及了资本、劳务、技术等生产要素的过境，因此，服务贸易远比货物贸易复杂。

在服务贸易总协定（GATS）中，国际服务贸易被定义为4种基本模式。①跨境交付。它主要指服务的提供者在本国的国境内向另一国的消费者提供服务。围绕货物或商品越境转移产生的服务贸易包括维修、租赁、运输、广告、信息整理与传递等。②境外消费。它指服务的提供者在本国国境内向来自他国的消费者提供服务，即由于旅游、教育、移民、境外就医等引起的服务贸易。③商业存在。主要是指本国服务提供商在他国境内设立专业或商业服务机构，提供服务。因为跨境的营业行为而导致的劳务交换，包括国外的银行、保险、商业、电信、咨询、技术服务、建筑工程承包等。④自然人流动。它是指服务提供者以自然人的身份进入其他国家并向当地的消费者提供服务。

按照这4种提供模式来看，林业服务贸易均有所涉及，与中国当前重要的贸易战略——"大规模走出去，高水平引进来"密切相关。当前，越来越多的涉林企业走出国门，不仅仅是产品，更重要的是服务，林业服务贸易正在成为新的林业贸易增长点。结合前述4种主要存在模式：①在跨国支付方面，主要有林产品运输等；②境外消费方面，主要有生态旅游、面向国际开放的林业教育与培训等；③商业存在方面，包括林业的对外投资以及林业引进外资设立种植、生产、加工等商业企业；④自然人流动方面，包括暂时居住的其他国家公民以个人身份提供林业相关服务，或在华的林业企业的外国雇员提供的服务。

如果从贸易行为来看，林业服务贸易涉及的类别与活动就更加的广泛。例如，林业种植方面的国际技术咨询服务，林业国际工程承包与合作建设，国际林业项目设计、建设活动，景观与园艺国际设计项目承包等。中国对于"国际碳排放权交易（即碳汇贸易）是否属于服务贸易"还没有明确的归类和定论。碳汇是森林及陆地生态系统自身的一种特殊功能，成为一种特殊的商品进入到国际经济领域,是林业生态服务在贸易过程中的价值实现。另外,在碳汇项目建设之初,涉及技术转让、咨询、援助等活动;在碳排放权进行交易的过程当中,涉及中介、监管、评估等一系列服务活动。这些都可以视为服务贸易项下的"其他商业服务"。此外,一些衍生出的森林碳汇保险、期货以及其他证券化产品,也是在金融服务下提供。碳汇贸易应放在林业服务贸易下,按照林业服务贸易的政策与管理模式进行规范与统计。

鉴于服务贸易的几种提供模式,结合林业服务业的概念与范畴,林业服务贸易指的是林业服务业所涉及的所有可贸易服务活动与服务产品,在各个国家(地区)之间进行交易的过程。

9.2.3 林业服务贸易的分类

为了对林业服务贸易涉及的具体活动进一步明确,在统计上能够实现跨国比较,有必要对林业服务贸易进行分类。WTO 的 GNS/W/120 中提出的服务部门分类列表(SSCL)中,直接涉及林业的服务部门位于 1-F-f(其他商业服务)下,名为"与农业、狩猎和林业有关的服务"。将 SSCL 与 EBOPS-CPC 对应的统计编码来看,林业服务贸易涉及了下列统计分类与服务活动,见表 9-13。

表 9-13 EBOPS-CPC 与 GNS/W/120 中林业服务贸易活动分类的对照表

EBOPS-CPC 版本 1.0		GNS/W/120	
269 营销和其他与贸易有关的服务			
271 其他与贸易有关的服务			
61285 在收费或合同基础上的农用草地及园林用机械和设备包括拖拉机批发业服务	4. 经销服务	A. 代理商的服务	
61289 在收费或合同基础上其他未另列明的机械和设备批发业服务	4. 经销服务	A. 代理商的服务	
281 农业采矿和就地处理服务			
283 农业采矿和就地处理服务			
86112 园艺和景观服务	1. 商业服务	F. 其他商业服务	f. 与农业、狩猎和林业有关的服务
86140 林业和伐木业服务	1. 商业服务	F. 其他商业服务	同上
86330 木材和软木不包括家具制品及草编织品和编织材料制造业服务	1. 商业服务	F. 其他商业服务	i. 与制造业有关的服务
86340 纸和纸制品制造业服务	1. 商业服务	F. 其他商业服务	同上
273 杂项商业专业和技术服务			
279 研究和发展服务			
81190 其他自然科学的研究与实验发展服务	1. 商业服务	C. 研究和发展服务	a. 自然科学的研究与实验发展服务
289 其他个人文化和娱乐服务			
897 其他个人文化和娱乐服务			

(续)

EBOPS-CPC 版本 1.0	GNS/W/120	
96421 植物园和动物园服务	10. 娱乐文化和体育服务	C. 图书馆档案馆博物馆和其他文化服务
96422 自然保护区服务包括野生动物保护区的服务	10. 娱乐文化和体育服务	C. 图书馆档案馆博物馆和其他文化服务
291 别处未包括的政府服务		
91131 与农业林业渔业和狩猎业有关的行政管理服务	不适用	

资料来源：作者根据《国际服务贸易统计手册》(2002)整理。

综合上述分析的林业服务业、林业服务贸易的概念，结合国际上的标准分类，根据研究与统计以及政策制定的需要，本书将林业服务业分为森林经营与管理服务、林业生态价值服务、林业生产性服务次类共计20组(表9-14)，其中包括林业服务贸易活动。该标准是综合当前国际主流机构关于服务贸易的界定，结合中国当前林业服务贸易发展的具体实践，摒弃完全照搬一般服务贸易范畴界定，适当演化与调整之后进行分类，与一般服务贸易的分类略有出入，但是不存在本质性的冲突，能够较全面、翔实地反映中国林业服务贸易的概念与基本内涵。

表 9-14　林业服务业分类表

大类次类组	说　　明
林业服务业	
A. 森林经营与管理服务	不包括与造林及造林项目相关的经营活动，如苗圃经营等
a. 林业有害生物防治服务	病虫害的防治等
b. 森林防火服务 *	林地防火与护林等
c. 森林经理服务(部分) *	森林资源调查、经营方案的编制与修订、木材估价等
e. 森林管理咨询服务 *	森林管理咨询
f. 植物园的经营与管理 *	
g. 其他	
B. 林业生态价值服务	
a. 生态旅游服务 *	森林与湿地景区餐饮、住宿及周边服务、导游等；
b. 教育服务 *	森林教育服务：利用森林进行生态教育推广等活动；其他种类的林业教育服务与培训等
c. 艺术创作与文娱活动 *	森林雕塑家等艺术家的活动
d. 生态功能性服务 *	防噪声、防风、防侵蚀、防耀眼和遮挡视线用的人工林
f. 森林文化与娱乐服务 *	植物园和自然保护区服务
g. 碳排放权交易 *	

(续)

大类次类组	说　明
C. 林业生产性服务	
a. 林产品初级加工服务*	指对各种林产品进行去皮、打枝或去料、净化、初包装提供至贮木场或初级市场的服务
b. 森林内的原木运输服务*	在森林范围内的原木运输服务
c. 林业生产技术的援助与培训*	造林技术、培育技术、采伐技术等的援助与培训
d. 林业金融服务*	林业相关的银行、保险、证券等服务
e. 林业分销服务*	林业生产设备、相关产品特许经营、批发业、零售业服务
f. 林业研究与实验发展服务*	林业相关的自然科学研发活动
g. 林业工程设计服务*	对外承包林业工程设计、一般建设等活动
h. 其他与林业生产相关的辅助服务	

注：标记 * 的项目为可贸易服务。注意这里面的可贸易服务指的是具备贸易的可能性，但有些服务往往是在特定区域内提供，传统意义上并不进行贸易，如林产品初加工服务，通常由本地社区居民完成。

9.3　林业服务贸易发展的必要性

探讨林业服务贸易发展的必要性，既要考虑服务贸易在国际贸易增长中的重要性，又要考虑林业产业的特点与发展趋势。总体来看，大力发展林业服务贸易，有助于推进林业产业结构的转型与升级，进而为中国总体产业结构的优化解决难点问题，除此之外，林业服务贸易的发展，能够促进要素在林业产业内的合理配置，推动劳动密集型中小企业的优胜劣汰，最终提高林产品的国际竞争力，提升林业部门的劳动力收入。

9.3.1　优化林产品贸易结构的需要

9.3.1.1　林业服务贸易在林产品贸易增长中的重要性

随着现代生产模式的发展，服务贸易在世界经济中发挥着愈发重要的作用，对国际生产网络形成有力支撑，并且经历了一个相当长的繁荣和快速发展时期。信息技术的快速发展一方面降低了传递、获取和处理信息的成本，一方面，使一些原本不能被转移或贸易的服务产品，获得了可贸易的条件。在世贸组织制度及区域贸易体制框架下，国家或地区服务领域的开放度不断提高，服务贸易壁垒逐步降低，跨境经济活动交易成本大大降低。2011年，全球商业服务贸易额4.17万亿美元，增长11%，而当年全球货物贸易增长仅为5%（WTO，2012）[1]，可以看出金融危机后服务贸易的快速恢复能力及增长潜力。中国货物贸易长时期以来都保持了较快的发展速度，随着近年来货物贸易条件的不断下降，一些快速发展带来的问题显露得更加突出。中国货物贸易的粗放型快速增长方式，是以能源、初级原材料的过度消耗为代价的，这种过度消耗不仅没有换回较高的贸易收益，也不利于经济和贸易的可持续发展。因而，发展服务贸易，发挥服务商品的清洁、低能耗的优势，

---

[1] 数据来源：WTO, International Trade Statistics 2012, www.wto.org/english/res_e/statis_e/its2012_e/its2012_e.pdf。

积极开拓高附加值的服务商品对推进中国贸易增长方式转变将起到积极作用。

林业服务贸易从根本上说具备一般服务贸易的属性，因而与能源、初级原材料的货物出口相比，更注重可持续性以及生态环境的低消耗。除此之外，林业的服务贸易还具有林业的特殊性质。它以第一产业的森林资源为基础，而森林本身就是生态环境的重要调节者，维持着社会和自然的生态平衡。在培育和保护森林的同时，可以科学地取得木材和其他林产品，作为林业有形贸易的重要产品来源。与一般服务贸易不同的是，林业服务贸易是围绕森林以及林产品的生产而展开并不断延伸的。既包括辅助林业生产的各种服务（林业生产性服务），如林产品初级加工服务、原木运输服务；还包括森林经营与管理服务，如林业有害生物防治、森林防火、森林管理咨询、木材估价等。从广义上看，林业服务贸易还涵盖林业生态价值服务，如生态旅游、森林文化与娱乐、森林碳排放权交易等服务。如果这些服务发生在不同的国家和地区之间，则构成了国际林业服务贸易。鉴于林业服务贸易的广泛内涵与巨大的发展前景，积极发展林业服务贸易对中国林业贸易的可持续发展与增长具有重要意义。

9.3.1.2 调节国际贸易平衡，优化林产品贸易结构

2012年，中国进出口总值38667.6亿美元，其中出口额20489.3亿美元，增长7.9%，进口总额18178.3亿美元，增长4.3%（中华人民共和国商务部统计数据）。根据联合国粮农组织的统计，2012年中国林产品贸易总额为534.9亿美元，出口总额136.2亿美元，进口总额398.7亿美元。从林产品贸易总额来看，其仅占中国贸易总额的1.38%，所占比重相对较低，但从中国的进出口贸易平衡来看，林产品进口总额占中国进口总值的2.19%。因此，改善和优化林产品的进出口结构对于调节中国的国际贸易平衡具有积极意义。

从中国林产品贸易总体表现来看，贸易总额除了在1998年（1997年金融危机后）、2001年（中国入世后）、2009年（2008年金融危机后）有明显下降外，基本保持了逐年增加的趋势。这也表现出林产品贸易较易受到国际经济环境影响的特征。1997—2018年12年间，中国林产品贸易一直表现为净进口，即出口总额小于进口总额。从林产品贸易逆差来看，除了上述特殊年份以外，12年间林产品的贸易逆差总体增大，这也说明中国林产品的外部依赖性较高。

具体从主要林产品的贸易来看，出口方面，人造板、纸和纸板、锯材是主要的出口产品，三者比重之和可达林产品出口总值的九成。2001年以来，人造板的出口快速增加，从居于纸和纸板、锯材之后的第三位一举攀升为第二位，到2006年又超过纸和纸板，成为出口主要林产品的第一位。从比重来看，2012年人造板出口占49.31%、纸和纸板占43.18%、锯材占3.29%，虽然锯材位居第三，但是出口规模远小于前两位的人造板及纸和纸板。除此之外，原木、木浆的出口规模都非常小，并且各年间基本保持在一个较低的出口水平上。从主要林产品进口来看，木浆、原木、锯材的进口比重总体增加，而纸和纸板、人造板的进口却大幅下降。这与中国人造板、纸和纸板的生产能力的显著提高息息相关，在结合二者在出口中的巨大比重，可以一定程度上反映出相比其他主要林产品，这两类林产品的国际竞争力是比较高的。2005年之前，处在第一位的进口林产品为纸和纸板，2006年起，木浆取代其位置，成为进口规模最大的林产品。2012年，主要林产品进口排序与占比分别为：木浆（29.20%）、原木（18.92%）、锯材（14.90%）、纸和纸板

(13.54%)、人造板(3.17%)。

综上所述，可以看出中国林产品进出口结构相对来说较依赖某几类产品，结构较单一。正是因为这种相对集中，中国出口纸和纸板中的铜版纸、人造板中的胶合板等产品，近几年频繁遭到发达及发展中目的地市场的反倾销、反补贴调查，甚至征收反倾销、反补贴税。因此，优化中国林产品贸易结构，加快转变林产品对外贸易发展方式至关重要。一方面要从粗加工、低附加值产品出口向精加工、高附加值产品转化，另一方面还要大力拓宽出口林产品的种类，从广义上来看，这不仅包括货物形态的林产品，还应该积极拓展国际林业服务贸易，从根本上向新的林业外贸发展方式转型。与此同时，林产品进口既起到为林业及其他行业生产提供中间投入等的作用，又发挥着调节林业贸易平衡的重要作用。林业服务贸易作为一种发展潜力巨大的贸易形式，也将丰富林产品贸易进口的种类，并更好地调节林业贸易平衡。

9.3.2 适应国民经济结构转型的需要

(1) 服务贸易在国民经济结构中的重要性

从三次产业在国民经济结构中的发展来看，随着社会经济的发展，服务逐渐从第一、第二产业中分离出来，并伴随社会进步，更多的服务类别产生并发展起来(贾怀勤，2012)。因而，三次产业比重趋势为第一产业比重相对第二产业逐渐下降，第二产业比重相对第三产业逐渐降低。在三次产业的产业链中，我们在强调农业、工业、服务业合理配置的通知，更关注高附加值产业的发展。而服务业在微笑曲线的右半短，能够提供更多的附加价值。与此同时，生产性服务业的高度发展还会促进其辅助的制造业等，降低成本，提高生产率，提升制造业的发展水平。所以，服务业在发达国家国民经济结构中的比重普遍较高，正式其重要性的强有力的现实证明。

(2) 林业服务贸易在林业产业发展中的重要性

2011年中国国内生产总值为472881.6亿元，其中第一产业47486.2亿元(占GDP的10.04%)，第二产业220412.8亿元(占GDP的46.61%)，第三产业204982.5(占GDP的43.35%)(2012年中国统计年鉴)，第二产业产值略高于第三产业，但规模接近，二者远高于第一产业。对比林业产业总产值情况，见表2-1，2011年中国林业产业总产值30596.7亿元，第一产业11056.2亿元(占林业总产值的36.14%)，第二产业16688.4亿元(占林业总产值的54.54%)，第三产业2852.1亿元(占林业总产值的9.32%)。在林业总产值中，第一和第二产业加起来占了九成以上，第二产业比重略高于全国平均水平，但第一产业比重远远超过全国平均，从而第三产业占比显著偏低。可以看出，林业产业结构的发展尤其是第三产业的发展远远落后于中国国民经济结构的平均水平。因此，我们应该积极发展林业服务贸易，促进林业第三产业的发展，改善林业产业结构的布局。而究竟应该从哪些具体领域展开林业服务贸易，就是接下来应该解决的问题。从统计数据来看(表9-15)，在规模不大的林业第三产业中，林业旅游与休闲服务占第三产业总产值的65.32%，而其他林业服务的产值较低，尤其是林业专业技术服务(仅占2.81%)，这为未来发展林业服务贸易指明了方向，一方面使目前占据优势的林业旅游与休闲服务创造更大的产值，另一方面，积极发展其他类别的林业服务贸易，完善林业服务体系。

表 9-15　2011 年林业产业总产值　　　　　　　　　　　　　单位：亿元

指　　标	总产值
一、第一产业	11056.194
（一）涉林产业合计	10596.679
1. 林木的培育和种植	1915.265
（1）育种和育苗	658.366
（2）造林	733.009
（3）林木的抚育和管理	523.891
2. 木材和竹材的采运	948.470
3. 经济林产品的种植与采集	6319.866
4. 花卉的种植	939.911
5. 陆生野生动物繁育与利用	281.534
6. 林业生产辅助服务	191.632
（二）林业系统非林产业	459.516
二、第二产业	16688.396
（一）涉林产业合计	16235.924
1. 木材加工及木、竹、藤、棕、苇制品制造	6789.158
（1）锯材、木片加工	1161.073
（2）人造板制造	3716.288
（3）木制品制造	1478.510
（4）竹、藤、棕、苇制品制造	433.287
2. 木、竹、藤家具制造	2323.156
3. 木、竹、苇浆造纸	3959.194
4. 林产化学产品制造	575.428
5. 木制工艺品和木制文教体育用品制造	324.378
6. 非木制林产品加工制造业	1528.691
7. 其他	735.920
（二）林业系统非林产业	452.472
三、第三产业	2852.140
（一）涉林产业合计	2471.994
1. 林业旅游与休闲服务	1863.074
2. 林业生态服务	276.769
3. 林业专业技术服务	80.208
4. 林业公共管理及其他组织服务	251.944
（二）林业系统非林产业	380.146
总计	30596.731

资料来源：《中国林业统计年鉴》(2011)。

(3) 促进林业产业要素合理配置，企业优胜劣汰

从国际贸易的传统理论到最新的国际贸易理论成果，都表明了国际贸易能够起到促进国内分工发展、企业优胜劣汰的功能。这一过程是通过由市场调节的要素资源合理配置完成的。正如新新贸易理论所揭示的（Melitzs，2003），在这种优胜劣汰中，生产率高的企业将生存下来，并发挥其生产优势，进行对外贸易。因此，我国还要坚持不懈地推进林产品的货物贸易，尤其是人造板等劳动密集型产品的国际贸易，使资源重新整合到生产效率高的优势企业中，淘汰诸多生产率低下、资源消耗严重的小企业。与此同时，在已经滞后发展的林业服务贸易中，更要通过资源的配置，培养具有国际竞争力的服务产品，提升林业服务贸易的价值，提升贸易条件。

(4) 提高林业部门劳动力收入

从林业部门的劳动力报酬来看，见表9-16，2011年林业系统在岗职工年平均工资23611元，而当年中国城镇单位就业人员平均工资41799元（中国统计年鉴，2012），前者仅为全国平均工资的56.49%，显著低于国家平均工资水平。尤其是，在林业系统各单位中，除国有经济单位平均工资能保持与林业系统平均水平较接近外，集体经济单位的年平均工资相当低，仅为4784元，这一较低的指标警示我们，亟待提高集体经济单位及其他经济单位的劳动力报酬。如果我们深入考察国有经济单位的劳动力报酬情况，不难发现：病虫害防治站（32725元），科学研究、技术服务和地质勘查业（43926元），水利、环境和公共设施管理业（42158元）这些部门有着大大高出其他林业经济单位的年平均工资。而这些具体部门有着这样一个共性，即它们都属于林业服务业。无论理论还是现实统计数据，都证明了林业服务业具有高劳动报酬的性质。因此，为了改善中国林业系统工资水平偏低的现实困境，就十分有必要大力发展林业服务业，进一步地大力发展林业服务贸易。

表9-16　2011年林业系统从业人员和劳动报酬情况

指　　标	在岗职工年平均人数（人）	在岗职工年平均工资（元）
总计	1268255	23611
一、国有经济单位	1253019	23771
1. 企业	500597	17797
2. 事业	658717	25876
3. 机关	93705	40882
（一）农林牧渔业	1045021	21082
1. 木材及竹材采运企业	398318	17139
2. 国有林场	362732	20330
3. 国有苗圃	28300	21208
4. 林业工作站	113320	27784
5. 木材检查站	21097	28561
6. 种苗站	7229	32140

(续)

指　标	在岗职工年平均人数(人)	在岗职工年平均工资(元)
7. 病虫害防治站	11745	32725
8. 治沙站	1247	35806
9. 其他	101033	27882
(二)采矿业	2092	20366
(三)制造业	24114	22359
1. 木材加工及木、竹、藤、棕、苇制品业	15283	22813
2. 木、竹、藤家具制造业	122	24838
3. 木、竹、苇浆造纸业	31	19194
4. 林产化学产品制造	790	21328
5. 木质工艺品和木质文教体育用品制造业	14	16786
6. 非木质林产品加工业	161	12496
7. 其他	7713	21757
(四)电力、燃气及水的生产和供应业	4033	14922
(五)建筑业	2886	27548
(六)批发和零售业	4141	18173
(七)科学研究、技术服务和地质勘查业	24447	43926
其中：科技交流和推广服务	4893	36062
规划设计管理	8245	49993
(八)水利、环境和公共设施管理业	25046	42158
其中：自然保护区管理	14396	32949
野生动植物保护	1226	34403
(九)教育	7991	43475
(十)卫生、社会保障和社会福利业	5377	27980
(十一)公共管理和社会组织	97460	41117
(十二)其他	10411	30984
二、集体经济单位	8101	4784
三、其他各种经济单位	7135	16925

资料来源：《中国林业统计年鉴》(2011)。

9.3.3　迎合林业国际竞争的需要

(1)林业国际竞争面临的新形势

金融危机后的世界政治经济形势，对中国林业发展提出了新的挑战。在发达国家和国际组织的日益重视下，气候变化尤其是碳排放问题引起了全球范围内的热烈讨论。在诸多双边及多边谈判领域，可持续发展及碳排放问题都被列为重要的议题(如联合国气候变化峰、哥本哈根气候大会、APEC 峰会等），林业对社会经济可持续发展的重要性被推到前所未有的高度。林业经济的增长方式进而即将面临着深刻地调整，提升林业产业结构、优化林产品贸易结构、发展林业服务贸易等问题，在新形势下迫切需要得到突破。后危机时代，大到世界经济格局，小到产业的国际地位，都面临着前所未有的机会，这是一个重要的洗牌期，谁能抓住这个机遇，谁就能利用并获得先进的技术，成为未来发展的强者。中国政府充分认识到这一战略机遇期的现实情况，从战略上强调了以生态建设为重点的五位一体的总体布局，为林业发展，特别是林业服务贸易的发展提供了广阔的空间。

(2) 提高林产品国际竞争力

从前面的分析可以看出，中国各类林产品国际竞争力的发展并不均衡。既有竞争力较高的产品，如人造板等，又有竞争力偏低的产品。特别是林业服务方面，鉴于目前在中国还处于起步阶段，尚无法形成有效的国际竞争力。也正因为如此，我国应快速发展林业服务贸易，根据中国林业资源及相关服务的情况，开拓具有中国比较优势的林业服务产品，并积极参与国际贸易与国际竞争，最终形成中国林业服务的核心竞争力。在林业服务贸易的发展中，我国可以利用双边及多边谈判、区域国际合作以及与非政府国际组织、民间机构的合作等，建立合作交流与示范推广机制，构建林业国际合作特别是服务贸易合作的新形式，全面提高中国林业服务贸易的水平、深度与广度。

综上所述，从全球金融危机后的统计数据看，服务贸易具有超过货物贸易的快速恢复能力，未来服务贸易还将发挥巨大的增长潜力。林业服务贸易既包括林业生产性服务，又包括森林经营与管理服务，以及生态旅游、森林文化与娱乐、森林碳排放权交易等林业生态价值服务，涵盖范围宽，发展前景广阔。分析与探讨现有数据，我们可以发现林产品贸易失衡严重、林产品出口结构单一（反倾销反补贴频发）、林业第三产业比重偏低、林业部门劳动报酬偏低等主要问题。进而，发展林业服务贸易在优化林产品贸易结构、促进林业经济结构转型、应对林业国际竞争等方面具有不可忽视的必要性。

9.4　林业服务贸易的发展潜力

服务业的发达程度是衡量国家（或地区）产业发展水平的重要标志，目前发达国家已形成了以服务业为主的经济结构。对于中国来说，一般工业品供应较充沛甚至某些行业还存在产能过剩，但是社会服务品的供应在很多领域是欠缺的。正是由于社会服务生产力和服务分工发展的限制，中国的服务贸易也并不发达，上处于起步阶段，结构还不够优化。促进服务业发展，有利于深化社会专业化分工，培育社会经济新的增长点，有利于缓解资源和环境的压力，形成绿色循环经济。在此基础上，进一步发展服务贸易，有利于培育促进产业由中低端向中高端迈进，能够实现更环保、可持续的发展。加快社会主义现代化，需要协调推进工业化、信息化、新型城镇化和农业现代化，而"新四化"与 服务业密不可分。

9.4.1　后工业化时代中国林业服务贸易的发展潜力分析

(1) 森林及林业资源的潜力

林业服务业依托森林资源，但不以消耗森林为代价，当林业服务业的生产力达到一定水平，产生了林业服务产品的跨境交换活动时就出现了林业服务贸易。因而，林业服务贸易真正具有清洁、低能耗、低污染的绿色经济特性。基于万璐等(2014)的研究，我们可以总结得出林业服务业的产品中可贸易的服务，见表9-17，主要包括四大类：森林经营与管理服务、林业生态价值服务、林业生产性服务和其他辅助服务。其中，林业生产性服务就是为保证林产工业生产、促进技术进步、提高生产率和产业升级而提供的服务，能够进行服务贸易的主要包括金融、分销、研究与实验发展、林业工程设计。可以看出，这些服务的进口贸易可以达到以下几方面的积极效果：降低成本(如提供融资类金融服务)，提升产品利润(如分销到收益更大的市场)，促进生产率提高(利用高水平的研发与工程设计)。当积极效果充分发挥，林产工业生产力会大大提高，结构得以升级，进口服务的外溢效应也会促进林业生产性服务的发展，从而形成良性循环，最终实现林业服务的出口。

从第八次全国森林资源清查的结果来看，中国森林面积位列世界第五、森林蓄积排世界第六位、人工林居世界首位，随着重点生态工程的深入实施(天然林资源保护工程、退耕还林工程、京津风沙源治理工程等)，森林资源质量稳步提升、效能不断增强，这为中国发展林业服务业以及林业服务贸易提供了广阔的资源基础，与此同时林业服务业与林业服务贸易的发展并不会造成对森林资源的损耗，反而会促进林业第二产业生产率的提升。而第二产业来看，中国林产工业已具相当规模，且增速较快，2012年总产值20898.3亿元，约占GDP的9%，较上年增长25.23%。总的来说，从森林资源和产业基础的角度，中国林业服务贸易具有较大的发展潜力。

表9-17 林业服务业中的可贸易服务

大类次类组	大类次类组
林业服务业	林业服务业
1 森林经营与管理服务	3 林业生产性服务
1.1 森林防火服务	3.1 林产品初级加工服务
1.2 森林经理服务(部分)	3.2 森林内的原木运输服务
1.3 森林管理咨询服务	3.3 林业生产技术的援助与培训
1.4 植物园的经营与管理	3.4 林业金融服务
2 林业生态价值服务	3.5 林业分销服务
2.1 生态旅游服务	3.6 林业研究与实验发展服务
2.2 教育服务	3.7 林业工程设计服务
2.3 艺术创作与文娱活动	4 其他辅助服务
2.4 生态功能性服务	4.1 园林艺术与景观绿化服务
2.5 森林文化与娱乐服务	
2.6 碳排放权交易	

注：此处可贸易服务指的是具备贸易的可能性，但有些服务往往在特定区域内提供，传统意义上并不进行贸易，如林产品初加工服务，通常由本地社区居民完成。

(2) 生态及林业科技的潜力

林业科技不仅体现在森林基本功能的实现，随着社会对现代林业认识的加深，林业的生态价值以及林业在经济可持续中的重要性日益体现，社会科技资源的配置在此种重要性的驱使下，会更多地向林业部门流入，发展林业服务贸易（尤其是生态价值服务等）将可以利用和挖掘更大的科技潜力。2012 年中央财政林业科研资金达到 8.9 亿元，科研项目实施千余项。与此同时，林业中高级人才的培养得到加强，2012 年林业高校及其他高校、科研单位等共招收林科研究生 9218 人，毕业研究生 8454 人，本专科生 77732 人，毕业 70329 人，为中国发展中高技术水平的林业服务业提供了稳定、充分的技术劳动力支持。

因此，从科技潜力来看，林业研究与实验发展服务、林业工程设计服务、生态旅游服务、教育服务等都是中国未来可以获取贸易比较优势的林业服务，贸易发展初期主要向发展中经济体出口，参与国际竞争，逐步提高林业服务贸易的水平和竞争力，最终实现向发达经济体的出口，促进林业产业结构的升级。

(3) 服务业及林业部门制度的潜力

目前中国服务业企业大多是混合所有制企业、民营企业和中小企业，为了充分发挥市场经济的资源配置能力，中国政府正在着力探索推进制度改革的深化。从服务贸易角度来看，建立自由贸易区试验区，带动产业结构优化升级。从林业产业角度，中国正着力深化集体林权制度改革（允许农民入股发展林业产业化经营等），释放制度红利，消除非公经济进入林业的壁垒。打破行业及产业准入所有制的限制，全部林业产业都向民间投资者开放，与此同时，注重对民营企业财产权的法律保护。在这种制度改革背景下，林业经济领域，尤其是林业服务贸易有很大的制度潜力可以发挥。因此，改变传统的产业发展方式，突破旧的低效、低附加值的服务生产模式至关重要，在大的林业服务贸易框架下，结合中国自身的特点，创新服务贸易产品，向更多元化的市场提供（例如，将林业信息化的平台向发展中国家推广等）。

(4) 国内及国外市场的潜力

从中国林业产业自身的角度来看，第三产业中的林业生产性服务比重并不高，特别是中高技术水平的生产性服务，如林业金融、林业分销、林业研究与实验发展等。因此，林业服务业不仅在国外市场长具有较大可开拓的市场，国内市场也存在对林业服务较高的需求。尤其是随着社会消费者生活水平的提高，人们对林业生态价值服务的需求也将更加旺盛，围绕此展开的生态旅游服务、生态功能型服务，甚至是碳排放权交易都将面临不断扩大的消费市场。

从 WTO《服务贸易总协定》中服务提供的 4 种模式来看，林业服务贸易包括跨境交付、境外消费、商业存在和自然人流动四种方式，见表 9-18。每一种模式都可对应于不同发展水平的可能市场。其中，模式一是自一成员国领土向其他成员领土提供服务，主要指服务通过电话、传真、互联网等交付，可能涉及林业保险、金融、咨询等服务；模式二是在一成员领土内向任何其他成员的服务消费者提供服务，主要有生态旅游、面向国际开放的林业教育与培训等；模式三是一成员的服务提供者通过在任何其他成员领土内的商业存在提供服务，包括林业的对外投资以及林业引进外资设立种植、生产、加工等商业企业；模式四则是一成员的服务提供者通过在任何其他成员领土内的自然人存在提供服务。为了提高可操作性，我们将主要的林业服务贸易出口类别对应于 GATS 的四类服务提供方式，需要指出的是，这种分类方法只是近似地反映了服务项目与服务贸易模式的对应关系。值得一提的是，从广义范畴来看，林业服务贸易还包括服务业 FDI（以商业存在形式提供服务），因此，我们的市场可以直接深入到东道国，例如，向周边国家 FDI，建立林业产业园区，在园区中，向当地林业产业提供林业生产性服务，向当地消费者提供消费性林业服务。

表 9-18　林业服务贸易出口在 GATS 四种模式下的主要形式

服务贸易模式	主要形式
一、跨境交付	1. 森林经理服务（森林资源调查、经营方案的编制与修订、木材估价等），森林管理咨询服务；2. 碳排放权交易；3. 林业金融服务，林业的分销服务，林业研究与实验发展服务，林业工程设计服务
二、境外消费	1. 生态旅游，森林文化与娱乐服务；2. 林业生产技术的援助与培训
三、商业存在	林业对外直接投资（形成商业存在以提供服务）
四、自然人流动	对外劳务派遣

（5）国家及行业政策的潜力

从国家层面来看，中国已确立了服务贸易的战略地位，是经济发展的战略重点。中国将积极推动国际服务贸易的自由化及便利化。国家将制定服务贸易的发展政策，完善服务贸易法律体系、政府和民间组织协同推进体系，搭建多种便利化平台（如公共服务、贸易促进、中小企业融资平台等），加强资格互认、行业标准制定等的国际交流。积极拓展信息、金融、出入境旅游等服务贸易，推动企业承接服务外包，促进服务领域的投资；支持实力强的服务业企业"走出去"，参与境外服务业建设与发展；构建公平、竞争的服务贸易市场环境。这些国家层面的政策，无疑为发展林业服务贸易提供了优越的政策环境。

从林业领域来看，相关部门制定了多项优惠扶持政策，在这些政策的实施过程中，如注重向林业服务业和林业服务贸易领域的导向，将更大地发挥林业政策的产业结构优化潜力。具体来看，研究设立现代林业生产发展资金，引导金融资本和社会资本有序进入林业服务业和林业服务贸易领域；明确林业服务业为扶持重点，优先对森林旅游业等领域加大开放力度，对林业政策性金融保险等予以支持。对示范能力强、经济和社会效益明显的民营服务贸易企业进行财政扶持。

9.4.2　中国发展林业服务贸易"分步走"的建议

根据后工业化理论（Bell，1974），人类社会经济发展经历的三个阶段分别是前工业化社会、工业化社会和后工业化社会。其中，前工业化社会表现出农业社会的特征；工业化社会则以物质产品的生产为主导，带有技术化、工具理性化的特点，其生活水平由物质产品的数量决定；而后工业化社会关注的是生活质量，生活水平由健康、娱乐、休闲等方面的服务水平决定。在世界主要经济体纷纷进入以服务为标志的后工业化社会的背景下，中国林业服务贸易作为后工业化社会中生态服务经济的重要组成部分，需要有步骤、有目标地稳步发展。

服务业在社会经济发展的不同阶段，表现出不同的特征。农业社会中服务业主要为个人服务和家庭服务；工业化社会则是以与商品生产有关的服务业为主(属生产性服务业)；后工业化社会则是以知识型服务和公共服务为主。随着经济发展和国民收入水平的不断提高，劳动就业人口首先由第一产业向第二产业转移，接着向第三产业转移；劳动力在产业间重新分布，第一产业所占比重逐渐减少，第二产业、第三产业依次增加。从前文的分析可以看出，中国的服务业正处在生产性服务业有待发展、消费性服务特别是生态服务水平不高的阶段，进而产生了大量的服务贸易逆差。

从中国林业服务业发展水平不高、林业服务贸易尚处初级阶段的实际出发，我们认为，中国林业服务贸易应采取分阶段发展的战略。在初级阶段，我国不得不面对林业服务贸易进口会大于林业服务贸易出口的现实，即林业服务贸易逆差，但是在进口中，应注重高技术、高管理的服务进口，促进技术外溢，促进林业服务产品的多样化和林业服务业生产率的提高，与此同时，积极培育生态旅游服务的出口优势，打造中国色特的高级生态旅游服务，适度开展林业对外劳务派遣，提升中国林业服务知名度。在第二发展阶段，在林业服务业生产率提高的基础上，逐步向新兴市场国家或发展中国家出口生产性服务以及具有比较优势的消费性服务，尝试向这些地区进行 FDI，为当地企业或消费者提供林业服务，提高中国林业服务的附加值。在林业服务贸易的高级发展阶段，逐渐向中等发达或者发达国家提供中高技术密集或附加值高的林业服务，将中低技术水平或劳动密集型的林业服务产业转移给其他发展中国家，完成中国林业服务业的升级。

本章小结

本章阐述林业服务贸易。首先，概述国际服务贸易的特征与发展趋势，揭示相关研究的前沿问题。其次，阐述林业服务贸易的内涵与分类。最后，揭示林业服务贸易发展的必要性与发展潜力，重点分析中国发展林业服务贸易的必要性与潜力。

习题

1. 什么是林业服务贸易？如何分类？
2. 国际服务贸易的发展现状与趋势如何？
3. 国际服务贸易研究的前沿问题有哪些？
4. 为什么要发展林业服务贸易？其发展潜力如何？

第10章 林业对外直接投资

【学习目标】

知识目标	能力目标
了解国际直接投资的发展现状与趋势，了解相关研究的前沿问题	正确认识国际直接投资的发展现状与趋势，能够追踪相关研究的前沿问题
理解林业对外投资对林业发展和林业产业升级的影响机制	能够分析林业对外投资对林业发展和林业产业升级的影响机制
理解中国林产业对外直接投资的现状与趋势	能够分析中国林产业对外直接投资的现状与潜力

作为最重要的一种国际资本流动方式，国际直接投资（对外直接投资）是指投资者以控制企业管理经营权为核心，以获取利润为主要目的，通过在东道国设立独资企业、合资企业、合作企业等形式的资本外投（冼国明，2004）。国际直接投资并非单纯货币形式的资本移动，而是以货币资本、物质资本、人力资本、知识资本等综合性资本形式为主要内容。它能够实现生产要素的全球配置，并日益成为世界经济发展的主导因素之一。它的发展集中反映着一国企业国际化经营的水平。本章阐述林业对外直接投资。

10.1 国际直接投资的发展现状与趋势

10.1.1 全球对外直接投资的发展现状

根据联合国贸易和发展会议（以下简称"贸发会"）发布的《世界投资报告》统计数据，当前全球对外直接投资（FDI）呈现如下特征。

（1）全球FDI规模波荡起伏

2008年金融危机之后，全球经济增长乏力，经贸格局不断变动，逆全球化浪潮迭起，这使全球对外直接投资总体表现谨慎，复苏之路崎岖，规模整体呈波荡起伏的态势。如图10-1所示，2015年全球对外直接投资的复苏势头强劲，该年全球对外直接投资流入量较2014年增长38%，达到1.92万亿美元，是自2008年以来的最高水平，跨国并购的激增是强劲反弹背后的主要因素。2016年，受欧洲难民危机、英国脱欧、美国大选等事件的影响，全球对外直接投资流入规模出现小幅回落，全年同比下降2%。然而

2017 年又出现大幅下滑,全球对外直接投资流量较 2016 年减少 23%,降至 1.43 万亿美元,即便不考虑导致 2016 年全球对外直接投资激增的一次性大型交易和企业重组,2017 年的降幅依然很大。

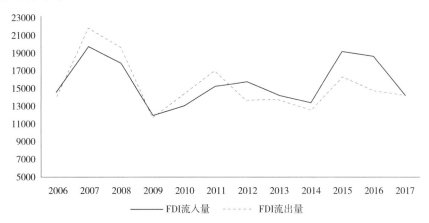

图 10-1　2006—2017 年全球对外直接投资流入和流出量(亿美元)

数据来源:联合国贸发会历年《世界投资报告》

(2)发达经济体仍是 FDI 流入主体,亚洲重新成为接受 FDI 最多的地区

2008 年之前,全球整体对发达经济体的投资流入量占压倒性比重。由图 10-2 可知,金融危机之后,流入发达经济体的外国直接投资大幅减少,虽然在 2015、2016 年出现了短暂的复苏迹象,但 2017 年降幅又达到了 37%,降至 7120 亿美元。值得一提的是,发达经济体依然是全球对外直接投资流入的主体;流入发展中经济体的对外直接投资变动幅度相对较小,金融危机后的诸多年份与流入发达经济体的对外直接投资量相差并不多,2012 年开始出现了连续四年的持续上升态势。但 2016 年出现严重受挫,较 2015 年下降了 14%,回跌至 2012 年以来的最低点 6460 亿美元;流入转型期经济体的对外直接投资也起起伏伏,2015 年降至 360 亿美元,为 2006 年以来的最低水平,2017 年降至 467 亿美元,为第二低水平,下降反映了地缘政治的不确定性以及对自然资源的投资停滞。

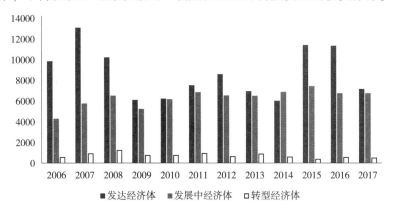

图 10-2　2006—2017 年不同类型经济体对外直接投资流入量(亿美元)

数据来源:联合国贸发会历年《世界投资报告》

从洲际视角来看(图 10-3),2017 年亚洲重新成为世界上接受外国直接投资最多的地区,占全球总对外直接投资流入量的比重约为 33.28%,其次为欧洲(23.34%)、北美洲(20.96%)。从量上来看,流入非洲的对外直接投资继续下滑,但占比由 2016 年的 2.85%上升到 2.92%;北美洲是世界上流出外国直接投资最多的地区,占全球比重约为 29.32%,其次为欧洲(29.22%)、亚洲(24.49%)。同时,流出非洲的对外直接投资有所提升,占比由 2016 年的 0.76%上升到 2017 年的 0.84%。这进一步说明了发达国家仍是对外直接投资活动主体的特征。

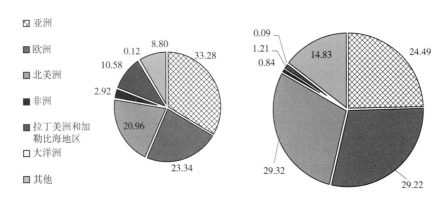

图 10-3　2017 年对外直接投资流入量(左)和流出量(右)洲际分布(%)
数据来源:联合国贸发会《2018 世界投资报告》

(3)美国稳居最大 FDI 流入和流出国,中国 FDI 流入量跃居第二

从对外直接投资地区来看(图 10-4),虽然美国对外直接投资流入量由 2016 年的 4571.26 亿美元下降到 2017 年的 2753.81 亿美元,但无论是流入量还是流出量,美国都稳居全球第一。2017 年其对外直接投资流出量为 3422.69 亿美元,创历史新高;在全球经济形势并不乐观的情况下,中国对外直接投资流入量不断创下历史新高,2017 年中国对外直接投资流入量达到 1363.2 亿美元,跃居为全球第二大投资目的国的地位。2016 年中国对外直接投资流出量达到 1961.49 亿美元,创历史新高,并首次跃居为全球第二大投资来源国,但 2017 年流出量有所下降,降至 1246.3 亿美元,位居全球第三位;日本则由 2016 年的第四位上升为 2017 年的第二位;值得一提的是,近几年,英国对外直接投资起伏巨大。2016 年,在多个大型跨国并购交易的推动下,英国全年对外直接投资流入量由 2015 年的 327 亿美元猛增至 1961.3 亿美元,成为全球第二位对外直接投资目的国,但 2017 年又猛降至 150.9 亿美元,比 2015 年还要低。2017 年,英国全年对外直接投资流出量由 2016 年的-225.16 亿美元猛增至 996.14 亿美元,全球排名也因此由 2016 年的 158 位上升到第 4 位。

(4)制造业仍居对外直接投资存量首位,跨国并购逐渐成为主要模式

如图 10-5 所示,在全球对外直接投资存量中,制造业所占比例最高,2015 年为 6.5%,其次为金融业,占比 5.6%。

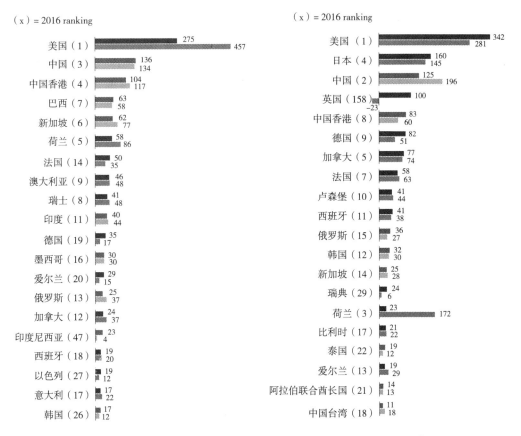

图 10-4　2016 和 2017 年对外直接投资流入量（左）和流出量（右）分布（10 亿美元）

注：柱状图上为 2017 年数据，下为 2016 年数据

图片来源：联合国贸发会《2018 世界投资报告》

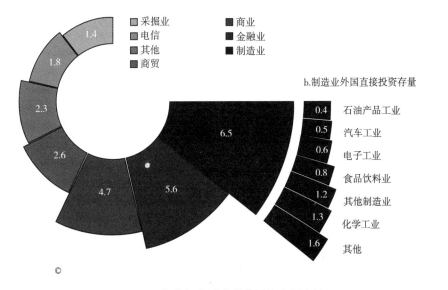

图 10-5　2015 年分行业对外直接投资存量占比（%）

图片来源：联合国贸发会《2017 世界投资报告》

而从对外直接投资模式来看，跨国并购自 2014 年之后突飞猛进，相比之下，绿地投资则增长尚显乏力。由图 10-6 和图 10-7 可知，2016 年全球跨国并购金额达到 887 亿美元，创历史新高，该年全球绿地投资金额为 833 亿美元，虽然两者在 2017 年均有所下降，但跨国并购金额仍高于绿地投资，使得跨国并购日益成为对外直接投资的主要模式。具体到产业，制造业领域的跨国并购活动异常活跃，自 2009 年开始，基本呈现稳步增长态势，并连续几年处于全球并购的主导地位，与总值趋势相似，制造业绿地投资增长乏力。服务业绿地投资表现要好于制造业，但也呈现跌宕起伏的状态；无论是跨国并购还是绿地投资模式，第一产业所占比重均为最小，2011 年之后也有了明显的下降迹象；同时，还值得一提的是，来自中国企业的跨国并购表现抢眼，是全球跨国并购领域的重要力量。在"一带一路"倡议的推进下，中国企业在"一带一路"沿线国家并购交易的数量和金额都出现了爆发式增长。2016 年，中国跨境并购金额为 922.2 亿美元，同比激增 80.4%，占全球跨国并购整体比重达到了 10.4%。虽然 2017 年有所下降，但推动跨国交易的中长期动力依然活跃。

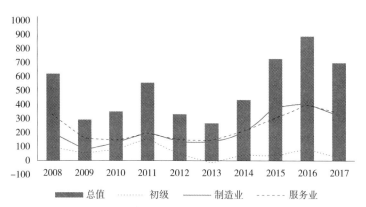

图 10-6 2008—2017 年全球分产业跨国并购金额（10 亿美元）

数据来源：联合国贸发会历年《世界投资报告》

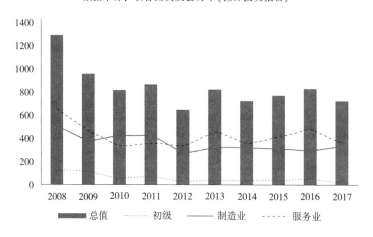

图 10-7 2008—2017 年全球分产业绿地投资金额（10 亿美元）

数据来源：联合国贸发会历年《世界投资报告》

(5)国家投资政策措施仍然以投资自由化和投资促进为导向

表 10-1 中，2015 年之后，全球出台的对外投资政策数量持续增加。2017 年，65 个国家和经济体至少通过了 126 项影响外国投资的投资政策措施，是过去十年里国家数目和政策变化数量最多的一次。在这些措施中，有 93 项涉及投资自由化和投资促进，18 项引入了限制或监管措施（其余 15 项措施属于中性），因此，自由化和投资促进占投资政策变化的 84%，处于主导地位；尽管如此，有些国家也正在收紧外商投资规定，对外投资加强监管和限制措施有所增加，特别是针对战略性资产和技术公司的收购，新的投资限制或监管措施主要反映了对国家安全以及对外资拥有本国土地和自然资源的担忧；在经济格局尚不确定的情况下，属于中性的投资政策措施所占比重近几年有明显提升；同时，2017 年新缔结的国家投资协定数为 18 项，是 1983 年以来的最低水平，有效终止的条约数第一次超过了新缔结的国际投资协定数。而与形成鲜明对比的是，大型区域协定的谈判保持了强劲势头，特别是在非洲和亚洲。

表 10-1 2003—2017 年国家投资政策变化（项）

年份	提出投资政策措施的国家数	投资政策措施数	自由化/促进	限制/监管	中性
2003	59	125	113	12	—
2004	79	164	142	20	2
2005	77	144	118	25	1
2006	70	126	104	22	—
2007	49	79	58	19	2
2008	40	68	51	15	2
2009	46	89	61	24	4
2010	54	116	77	33	6
2011	51	86	62	21	3
2012	57	92	65	21	6
2013	60	87	63	21	3
2014	41	74	52	12	10
2015	49	100	75	14	11
2016	59	125	84	22	19
2017	65	126	93	18	15

数据来源：联合国贸发会历年《世界投资报告》。

10.1.2 全球对外直接投资的未来趋势

在全球经济格局不断调整的大背景下，影响全球对外直接投资发展的因素也越来越复杂，未来全球对外直接投资发展面临着较大的不确定性。联合国贸发会《2018 世界投资报告》中预测，2018 年全球外国直接投资将增长乏力，全球流量将略有增长，最多可达 10%，仍将低于过去 10 年的平均水平。

宏观经济形势是影响国家进行对外直接投资活动的最重要因素。一国经济实力的增强是对外直接投资流入和流出的基础。而全球经济的强劲增长可以为国际投资环境的改善创造较为宽松的局面，是全球对外直接投资增长的重要保障。未来，全球宏观经济前景的改善将对跨国公司的投资能力产生直接的正面影响，例如，主要经济体经济增长同步回升、大宗商品价格逐步上涨、各行业利润前景好转等因素都可能会提振商业信心，进而提升跨国公司的投资意愿。当然，一些宏观经济变量，如一些国家的债务问题，也可能会使全球对外直接投资出现不利的变化。再如当前全球贸易所出现的严重的紧张局势，由此产生的不确定氛围也可能导致跨国公司取消或推迟投资决策，直到贸易和投资环境更加稳定。同时，尽管目前发达经济体依然是对外直接投资流入的主体，但金融危机之后，发展中经济体作为影响全球经济发展的重要力量，它们的国际投资地位逐渐提升，表现出强劲的对外直接投资发展势头，这在很大程度上影响着未来全球对外直接投资格局，当然外资在这些国家的经济发展中也发挥着日益重要的作用。

国际投资政策经常需要区别对待内资企业与外资企业，以及来自不同国家的外资企业。其中最常见的包括：对外资企业的准入限制以及最大持股权的限制、对外资企业经营活动的限制和业绩要求、投资鼓励措施以及投资者保护等。出台这些政策措施的因素包括：国家安全考虑、保护本土资产特别是战略资产、促进产业发展及公平竞争、文化或政治考虑、区域一体化政策需要等。这些政策是偏向于投资自由化还是偏向于监管，在很大程度上影响着跨国公司投资的积极性，比如持续的更进一步的自由化趋势，尤其是对大量双边、区域性和全球性投资协定和协商机制的追求，可大大激励投资者投资信心的恢复。据联合国贸发会统计，当前，美国外国投资委员会（CFIUS）在阻止收购美国公司方面变得更加积极主动，其他地方也在考虑更严格的投资审查程序，德国、意大利、英国也宣布了对其投资控制制度的改革。同时经济格局变动的不确定性，也使未来各国投资政策变得更加复杂、更加多样和更加不确定，这反映出社会和政府正在用各种方法应对全球化的影响。多样化的政策再加上更频繁的政策干预措施，对投资者而言降低了投资政策的可预测性。这些因素都会使跨国公司采取比较谨慎的投资策略。而与此同时，绝大多数投资促进机构透露，它们有意采取更具针对性的投资促进措施。

10.2 中国林业对外直接投资的必然性、可行性、现状与趋势

10.2.1 宏观视角下中国林业对外直接投资的必然性

下面基于边际产业扩张论，分析宏观视角下林业对外直接投资的必然性。

小岛清（1978）以二战后的日本为研究背景提出了边际扩张论。他用比较优势原理分析了日本的对外直接投资并与美国进行了比较。结果显示，日本的对外直接投资和美国不同，美国的对外直接投资和国际贸易是相互替代的关系，而日本则是相互促进的关系。根据该理论，对外直接投资应该从本国已经处于或即将处于比较劣势的边际产业依次进行，如此则可以扩大双方的比较成本差距。日本对外直接投资的实践证明边际产业扩张是延续甚至提升边际产业国际竞争力的重要途径。

中国每年消耗木材 2.6 亿立方米，进口 1.1 亿立方米，每年木材短缺高达 1.5 亿立方米。2014 年中国主要林产品市场的国内供给量为 2.8 亿立方米，而需求量为 5.39 亿立方米，供需缺口达到 2.59 亿立方米。此外，根据牛津经济研究院 2016 年 3 月的报告显示，随着中国的薪酬增长远超过生产效率的增长，以及叠加人民币走强的影响，中国单位劳动力成本已经只比美国低 4%。基于中国目前林木资源日益短缺，劳动力优势逐步削弱的现状，林业产业在初级产品生产加工部门已具有边际产业的特征。而为了提高中国林业产业的竞争力，需要通过对外直接投资的方式向原材料和劳动成本更低的国家进行投资，将这些初级生产部门转移到国外，从而获得相比于国内更高的生产经营效率，也推动林业产业内部的结构优化与升级。通过向外国购买林地和建厂经营等方式进行直接投资，采伐林木并进口回母国，可大大节约母国资源降低母国生产成本。因此，当前以粗放型发展模式发展的中国林业产业，为了提升自身的竞争力，获得更充沛的林木资源与更低廉的劳动力，同时推动国内林业产业结构升级，对外直接投资是必然选择。

10.2.2 微观视角下中国林业对外投资的可行性

下面基于要素禀赋理论与微笑曲线理论，分析微观视角下林业对外投资的可行性。

根据赫克歇尔—俄林的要素禀赋理论，一国应该出口的产品，是它在生产上密集使用该国相对充裕而便宜的生产要素所生产的产品，进而价格就低，因而有比较优势；同理，一国应进口的产品是它需在生产上密集使用该国相对稀缺而昂贵的生产要素所生产的产品。根据宏碁集团创办人施振荣的微笑曲线理论，产品的生产主要依靠参与国际分工合作的世界各国企业，各个国家只承担产品形成过程中的某个环节的工作，因而最终产品的形成依赖于各参与国的要素禀赋。俄林认为，各国应尽可能利用供给丰富、价格便宜的生产要素，生产廉价产品输出，以交换别国价廉物美的商品。这一理论解释了中国林业对外直接投资对林木资源进口与林产品出口的积极作用。

从目前中国林业现状上看，在森林资源加强保护和限伐的背景下，原木资源高度稀缺，国内原木供给远远不能满足需求，而且在国内直接砍伐林木代价过于昂贵，因此，通过对外直接投资的方式获取原木资源能够在节约资源的同时获取利润。另一方面，中国在一定程度上掌握着对林木资源加工利用等的先进技术，能够以相对较低的成本对原始木材进行加工创造，生产出各式各样的林产品出口海外。如此一来，既做到了充分利用他国的比较优势——原木资源，又大大发挥了本国的长处——木材加工技术，实现了多方共赢。

中国目前的林业对外直接投资以资源获取型为主，代表企业有内蒙古森工集团、中航林业等，这些企业对林产品的二次深加工仍留在国内。因此，中国林业产业的对外直接投资，并不是简单的产业外移，而是将中国林业产业的产业链中已经处于边际化的部分转移出去。即将原材料生产、劳动加工等低附加值环节转移出去，而将产品设计、品牌塑造、营销渠道等高附加值等环节保留在国内，从而深化扩展，进一步提升林业企业的国际竞争力。林业产业通过对外直接投资，利用国外丰富的林业资源以及廉价的劳动力，通过竞争效应和资源配置效应进一步降低中国林业企业的生产成本，从而提升产业竞争力，增加利润。因此，中国将原材料采购和初级产品加工等低附加值环节向其他国家转移，既促进了中国原木资源进口满足国内原材料需求，又有利于促进高附加值的林业产出口从而提升中国林产品的国际市场占有率和竞争力，这是促进中国林业企业发展壮大和实现。

10.2.3 中国林业对外直接投资的现状

10.2.3.1 中国林业对外直接投资的总体情况

对外直接投资与进出口贸易是中国林业"走出去"的两种方式。虽然中国当前林产品进出口贸易整体规模庞大，发展迅速，是世界林产品贸易大国。但产品相对集中并且以"两头在外"的加工贸易为主，主要依靠贴牌生产和代工生产，缺乏技术创新与品牌引领，距离林产品贸易强国还有很大的差距。至于林业企业的对外直接投资，中国尚处于起步阶段，投资区域相对集中，且主要以购买林地和获取原材料为主。国际经济与贸易的经典理论已经证明投资与贸易之间存在的密切的联系，这种联系对于中国林业产业的健康发展具有非同寻常的意义。

一方面，林业对外直接投资有助于通过促进林产品贸易解决供需缺口。木材作为可再生的基础材料，对于经济社会发展具有重要战略作用。尽管中国目前森林资源总量较大，人均森林面积却与世界水平相去甚远。改革开放以来由于过度发展经济，天然林消耗过量，而需求与日俱增，加之中国启动"天保"工程促进林业可持续发展所推行的一系列休养生息的措施，使得木材供需缺口加剧。根据 2014 年林业行业分析报告表明，中国每年消耗木材 2.6 亿立方米，进口 1.1 亿立方米，每年木材短缺 1.5 亿立方米。虽然经济一体化和全球化的大环境下，各国联系加强并频繁贸易往来，这对林业产业的发展也有裨益。然而世界大多数国家采取的限制木材出口的政策所形成的贸易壁垒却未见松动，导致木材资源市场供给疲软，木材进口成本居高不下。鉴于这种极度依赖、供不应求的状况，中国开始探索其他获取林木资源的途径。部分研究表明在林业资源相对充足、政治较为稳定的国家，通过林业对外直接投资，建立林业基地，进行生产、加工并销售，可以有效降低木材资源的成本，使东道国与投资国双方受益（张有峰，2014；郝凯、龚程昕，2015；孙蔚琳，2016）。

另一方面，林业对外直接投资有助于促进中国林业产业的优化升级。直接投资作为获取海外资源、效率、技术的实体性投资，可以通过在全球范围内配置资源解决生产要素短板，实现资源配置优化，从而提升产业的国际竞争力，使本国在林产品贸易中处于有利地位，推动林业企业的国际化。同时，通过对外直接投资把林业产业内部低附加值的原材料获取和加工环节转移到海外，既保护了本国的森林资源，也为本国林业产业向高附加值的方向攀升提供了空间和资源，从而推动林业产业内部的结构优化升级，促进林业可持续发展。

10.2.3.2 企业数量及国内区域分布

截至 2014 年年底，实际发生境外林业投资合作采伐加工及相关国际贸易类的中方企业有 167 家，分布于全国 17 个省（自治区、直辖市），企业数量排名前 5 的省份为黑龙江、内蒙古、吉林、山东、江苏。民营企业分布于全国 16 个省（自治区、直辖市）。其中黑龙江省的境外投资民营企业数量为 76 家，占到民营企业总数的 48.7%。由统计数据可以看出：境外投资合作的企业数量与国内林业资源的分布密切相关，在境外从事森林采伐及贸易的中资企业主要来自以下两个地区：一个是黑龙江、吉林和内蒙古等与俄罗斯地理位置毗邻的省份。其中黑龙江省是中国传统林业产业大省，森林资源丰富，与黑龙江省一江相隔的俄罗斯远东地区是俄罗斯森林资源最丰富的地区。这种地缘优势使得黑龙江、吉林以及内蒙古从事境外林业投资合作的企业数量众多。二是来自于江苏、山东等国内林业产业发达地区的企业。这些省份虽然自有森林资源并不丰富，但由于经济较为发达，带动了地区的木材加工业发展，对木材等资源的需求量较大，为保障资源供给，一些企业开始开展对外林业投资合作，以控制上游资源，形成产业链。

10.2.3.3 中国林业对外投资项目的特点

（1）投资大

林业境外投资合作项目多在欠发达国家和地区，在所在国也是位于远离基础设施条件优越的地区，要投资该类项目往往需要比其他行业投入更多的人力、物力、财力。境外林业投资合作因涉及多重因素，往往需要自行开展道路、桥梁、电力等基础设施建设，同类项目投资在国外一般比国内要大得多。

（2）周期长

林产品不同于其他产品，由于林木需要一定的经济生长期后才能被采伐利用，这一基本特征决定了林业投资一般周期较长。

（3）投资回报不高

由于投资大、周期长等各种因素影响，境外林业投资合作回报不高。中国进口木材数量上一直受制于国外木材供应商，在价格上也难有话语权，木材贸易量虽然快速增长，木材经营利润却一直处于较低水平。

（4）风险大

由于国际经营环境及管理的复杂性、林业项目自身的不确定性，境外林业投资合作面临较大风险，主要表现为企业境外融资风险、投资决策风险、政府监管及服务风险、境外投资保护风险、投资环境风险等。此外，林业投资合作所在国多是欠发达国家，政治不稳定，法律不健全等众多限制因素，以及国际上将森林问题政治化等因素也都增大了企业境外林业投资合作的风险。

10.2.3.4 中国林业对外直接投资的结构

（1）企业境外林业投资的组织形式

当前中国企业走出去开展境外林业投资的形式主要有3种：境内企业在投资国直接设立新企业；境内企业并购国外企业部分或全部股权；境内企业与国外企业合作开发建设，由此形成"独资""合资""合作"等组织形式。按投资项目统计，"独资"形式的企业占47.8%；"合资"形式占35.6%；"合作"形式占16.6%。

（2）投资方式

从投资的方式看，目前主要有两种方式：一种是购买或租赁国外林地，进行海外林业项目投资；另一种主要是与国外企业进行合作开发，产品按一定比例分成。目前中国很多林业企业已重点在俄罗斯、加蓬、巴西、巴布亚新几内亚、澳大利亚、新西兰等国开展了林业合作开发工作。在境外林业投资合作的企业主要从事木材采伐、初加工以及木制品、家具生产等。

(3) 国别分布

中国在海外设立的 567 家林业投资企业中，有将近一半分布在俄罗斯，共 269 家，投资额 29.85 亿美元；亚洲 146 家，投资额 2.13 亿美元；非洲 63 家，投资额 3.32 亿美元；北美洲 40 家，投资额 0.49 亿美元；大洋洲 19 家，投资额 1.03 亿美元；南美洲 16 家，投资额 1.64 亿美元；欧洲 14 家，投资额 0.77 亿美元。中国林业对外直接投资企业数量和投资额在各大洲的分布情况如图 10-8 所示。

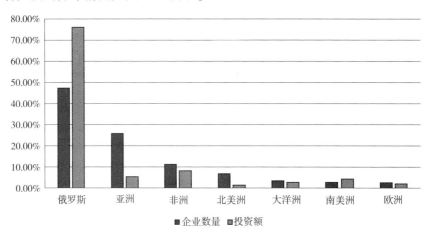

图 10-8　中国林业企业对外直接投资的七大洲分布情况

数据来源：《2014 年境外林业投资合作现状调查及国别分析》，下同

10.2.4　中国林业对外直接投资的发展趋势

(1) 林业对外投资步伐明显加快

随着国家鼓励"走出去"各项政策措施的落地，效应逐步显现，中国境外林业投资合作步伐明显加快。截至 2014 年年底，中资企业在俄罗斯、非洲、东南亚、美洲等国家和地区林业投资合作租用和购买林地达 6100 万公顷，实际投资 20 亿美元。大中型投资合作项目 178 个，分布在 18 个国家，输出劳务人员约 1 万人，雇佣外方人员近 3 万人。

(2) 对外投资企业主体结构多元化

近年来，除传统森工企业外，私营、国有、混合所有制等不同类型企业纷纷走出去开展境外林业投资合作。例如，中粮集团、中航国际、中国诚通集团、中林集团、内蒙古森工集团等一批实力强的大型国有企业和一批有实力的民营企业，为拓展自身发展空间，通过购买、租赁森林资源等形式开展境外林业投资合作。出现了一批具有一定国际竞争力、引领辐射功能较强的跨国公司，企业跨国经营路径日趋成熟，抗风险能力及社会责任意识逐渐增强。

(3) 对外投资合作开展合作的方式发生重大转变

着眼未来，林业对外直接投资除了在数量上和规模上进一步扩大，林业企业"走出去"的合作方式也越来越多元化。通过多年的探索和发展，目前，境外林业投资合作由过去企业直接投资购买或租赁森林资源向收并购、合资合作、资本运作、战略联盟、股权置换等多种合作方式转变，由过去单一的采伐及粗加工向采伐、精深加工、物流、贸易一体化转变，境外木材工业园区建设正在快速兴起。

值得注意的是，在一带一路战略实施过程中，生态理念被置于非常重要的位置。森林是陆地上最大的碳储库，减少森林损毁、增加森林资源是应对气候变化的有效途径。森林的性质和特点决定了林业在一带一路建设中大有可为。同时，林业又是一项重要的基础产业，是一个涵盖范围广、产业链条长、产品种类多的复合产业群体。林业产业的发展对于一带一路沿线国家实现绿色发展、可持续发展有着积极的作用。一带一路战略是中国改革开放之后首次主导的、主动融入全球化的举措。在一带一路战略下，中国将重塑大国形象，不仅要有商品的输出，还要有技术乃至标准的输出。作为林业领域中非常重要的标准体系，面对一带一路实施的战略机遇，中国森林认证体系如何在一带一路沿线国家进行技术与标准的输出，推广中国森林认证体系，进一步推动中国与一带一路沿线国家林产品贸易自由化与便利化，成为未来一带一路投资领域的重要议题。

10.3 中国林业对外直接投资的影响

10.3.1 中国林业对外直接投资对进出口贸易的影响

10.3.1.1 中国林业对外直接投资对进口的影响

对外直接投资对进口贸易的影响有两方面。在进口促进作用方面：资源获取型对外直接投资以开发国外资源、保证母国供给为目的，会增加母国资源类产品的进口；效率获取型对外直接投资将生产转移到生产成本更低的国家后，有可能将东道国生产的产品返销回母国以满足国内需求；技术获取型对外直接投资在国外开发和生产出技术与知识密集型产品后，可能通过公司内贸易等形式销售给母国。在进口替代作用方面：如果企业认为通过直接投资在国外购买原材料进行生产比进口生产所需的原材料更有效率，那么这种投资就会减少母国原材料的进口；如果企业通过技术获取型投资代替通过高技术附加值的林产品进口来获取技术，就有可能减少母国部分高端林业制成品的进口。

从中国当前林业产业发展趋势来看，尽管近年来国内大力发展人工速丰林，木材资源供给较往年有所增加。但随着重点基建工程、城市房地产开发热潮不减、建筑装修业蓬勃发展，国内木材供应不管从数量、质量，还是从结构、品种，远不能满足国内各行业以及消费者日益增长的需求。因此，国内不少林业企业通过对外直接投资，签订采伐合同，将原木资源进口到国内，解决了原木资源供给不足的问题，这突出表现为资源获取型直接投资对原木资源进口的促进作用。另外，以中林集团为代表的林业企业，通过将低附加值的林产品加工制造转移到合作国家进行生产，在原产国直接进行采伐并加工，一方面降低了原木的运输成本，另一方面也促进了在东道国生产的林产品进一步进口回母国，这表现为效率获取型直接投资对林产品进口的促进作用。而中国林业的技术获取型直接投资目前尚无明显例证，可以认为对林产品贸易的影响在当前并不突出。综合以上分析，中国林业对外直接投资对进口的促进作用要比替代效应更为显著。

10.3.1.2 中国林业对外直接投资对出口的影响

对外直接投资对出口也同样会产生促进作用和替代作用。一方面,不同类型的对外直接投资都可能会对出口产生促进作用:资源获取型的对外直接投资促进本国该资源加工品和制成品的生产与出口;市场获取型的对外直接投资通过在东道国建立销售渠道和提升企业与产品的知名度,也有利于促进产品出口;技术导向型的对外直接投资可以在东道国获得反向的技术溢出效应,提高母国产品的技术含量和出口竞争力。另一方面,对外直接投资也可能对出口产生替代作用:无论是将国内生产能力过剩、市场相对饱和的产业转移到国外而进行的市场获取型的对外直接投资,还是为了降低生产与运输成本而进行的效率获取型对外直接投资,生产基地转移到国外后,在东道国生产的产品将直接在当地直接进行销售或转销到其他国家,从而替代母国同类产品的出口。在这种情况下,国际直接投资成为了绕过贸易壁垒的一种方式。

10.3.2 中国林业对外直接投资对林业产业的影响

(1) 中国林业对外直接投资缓解林产品供需矛盾

针对中国林业资源和林产品供需缺口日益增大的现状,目前的理论研究中主要分析了林业对外直接投资对缓解供需矛盾的积极作用。张兵等(2000)对木材市场供需状况和世界森林资源分布情况的分析,阐释了中国林业对外直接投资对于改善供求的必要性。根据聚类分析方法,作者结合企业选择,在已选出的27个国家中,又提出了在国家林业对外直接投资区域战略应遵循的5个原则:①资金投向森林绝对面积和相对面积(森林覆盖率)均比较大的国家和地区,以利长期投资。②投向原木净出口量比较大的国家和地区,这说明当地森林工业发达,资源丰富,政府对森林资源开发采取鼓励政策。③产品除满足国内需要外,还应尽量争取销往国际市场,以换取外汇,所以资金还应投向离林产品主要消费国较近的国家和地区。④在考虑东道国政府政策的基础上,适当顾及市场多元化的原则。⑤大体上,针叶林材适合做木浆制造优质纸张,阔叶林材适合做建材,所以木浆造纸业主要应投向高纬地区,而木材加工业则应投向中低纬地区。

从上述原则出发,木浆造纸业首选美国、加拿大和俄罗斯。美国和加拿大森林资源极其丰富,既是林产品的主要生产国,又是主要的消费国,市场发达,交通方便,易于向欧洲和东亚销售产品;俄罗斯是世界上森林资源最丰富的国家,而且与中国相邻,产品同样易于进口及销往东亚和欧洲。其次为大洋洲的澳大利亚、新西兰、巴布亚新几内亚等国,除进口外,产品还可以欧洲和东亚为市场。木材加工业首选东南亚的马来西亚和印度尼西亚等国,这里是世界最大的人造板生产地,最接近东亚大市场,也方便进口。其次为南美洲的巴西、阿根廷、玻利维亚等森林面积较大的国家,以北美、欧洲和东亚为销售市场。巴西森林资源居世界第二位,但目前利用的木材尚不到全世界木材使用量的1%,绝大部分森林资源未被开发利用,因此,森林开发在巴西有着极其广阔的前景。再次为中部非洲的加蓬、刚果(金)、扎伊尔、喀麦隆和中非共和国等国,这里林业资源极其丰富,开发程度低,离欧洲市场近,可采取适度进口,大部外销欧洲的策略。80年代以来,许多国家尤其是发展中国家实行了限制原木等初级产品出口,发展二、三次加工业及鼓励木材加工产品出口的政策,有的国家干脆禁止原木等原材料出口,如美国、巴西、印度尼西亚、马来西亚等。所以森林采运业对外投资主要起到配合作用,若单独考虑进口木材,则应选择允许原木等原材料出口的俄罗斯、中部非洲及东南亚的缅甸、老挝等少数国家。此外,同样从获取林木资源的角度,刘冬和宋维明(2003)指出对林木资源充足的国家进行直接投资并于当地开展生产经营活动是参与国际林木资源配置的重要途径

(2)中国林业对外投资对林业产业升级的影响

产业转型升级是指产业结构高级化,主要内涵包括:由劳动密集型产业向资本或技术密集型产业升级;由传统低技术产业向高新技术产业升级;高附加值产业不断替代低附加值产业的过程。一般来讲,推动产业转型升级主要有两种路径:一是产业自身的技术变迁,二是推动产业外移(程宝栋,2016)。当前,"一带一路"战略已经成为中国对外开放新阶段的重要战略,重点在于"五通"建设。其中,扩大沿线国家贸易与相互投资,实现贸易畅通是"一带一路"战略的重点内容。"一带一路"战略将扩大中国与沿线国家在不同行业以及特定行业上下游之间投资范围,推进投资便利化进程,从而为中国与沿线国家产能合作与产业结构调整升级提供广阔平台。毋庸置疑,"一带一路"战略为中国林业产业外移即对外直接投资提供了难得的历史机遇,进而通过产业外移最终助推国内林业产业转型升级。

从中国林业产业来看,劳动力密集型林业产业或资本密集型林业产业的劳动力密集区段符合边际产业的特征,应该成为产业对外投资的先行产业。通过这种产业外移,可以促进国内资金、技术、劳动力等要素流向高附加值、高技术的林业产业部门,实现资源的优化配置,推动产业技术变迁,从而助推林业产业转型升级。同时,这种产业外移可以产生"出口带动效应",可以有效扩大资本密集型林业产业(如林业机械设备)以及林业服务业(如林业勘察设计、林业咨询等)的出口。"一带一路"战略沿线大多数国家的经济发展阶段接近或落后于中国,中国劳动力密集型林业产业可以在这些国家重新焕发产业发展的"第二春",为当地森林资源高附加值利用、就业及税收带动产生积极的影响。这也符合中国"一带一路"战略的互利共赢思想。通过借助中国林业产业适宜的管理、技术特征,在"一带一路"沿线特定的小规模市场中,中国劳动力密集型林业产业甚至可以创造出有别于发达国家的市场竞争优势。而且,由于拥有古代丝绸之路的历史遗韵,"一带一路"沿线国家会对中国投资者有更大的文化认同,这很可能会降低中国投资项目在具体运行中的交易成本。

中国林业企业对"一带一路"国家进行投资是实现中国林业产业升级的必然要求。中国森林资源总量不足,人均森林面积不足世界平均水平的1/4,人均森林蓄积仅占其1/7,同时分布结构不合理,中幼龄林多、成过熟林及大径材少且树种单一,林木平均胸径只有13.6厘米,随着林业产业的发展供需矛盾突出,难以承受经济社会和产业发展压力。长期以来对原木、锯材进口有较大依赖,加工贸易的产业链低端位置让产业发展难以为继。但国民经济的发展离不开林业产业,对林业产业的结构升级提出了更高的要求,要在林业产业大国之上更进一步,走出去开展对外投资是必然选择,让林业产业在全球范围内优化资源配置,创造中国林业参与国际竞争新的比较优势,体现负责任大国在国际森林资源开发与林产品国际贸易中的地位。此外,这也是把握"一带一路"战略机遇的必然选择。"一带一路"给林业产业对外投资提供了前所未有的战略机遇。"一带一路"沿线国家和地区市场潜力巨大且资源丰富,具有承接中国林业产业外移的优势。截至2015年年初,中国已经与印度、俄罗斯、柬埔寨、老挝、土库曼斯坦、波兰、罗马尼亚、新加坡等沿线国家先后

签署了跨境河流、防洪、森林、湿地及野生动物保护等方面的合作协议及备忘录等，这为中国林业产业"走出去"奠定了良好的生态环境基础（程宝栋，2015）。实施林业产业对外投资，一方面，通过直接投资、海外并购、购置产权和森林经营权、海外加工产品返回国内、来料加工等合作方式，通过森林的可持续经营可以获得持续的海外木材供应，使中国平安过渡到第一批用材林采伐期；另一方面，随着人口红利的逐渐消失，中国林业产业的比较优势越来越不明显，但其规模、技术与周边国家经济发展水平相适应，通过部分产业和产能的转移，转变传统的林产品贸易为林业服务贸易，不仅可以解决国内产能过剩问题，还可以顺利完成产业优化升级，过渡到产业链的高附加值位置。

10.4　中国林业企业对外直接投资的典型案例

10.4.1　案例企业概述

中国是林业贸易大国，但是大部分中国林业企业仍从事低附加值的简单加工，缺乏国际竞争力。目前，中国林业企业的对外直接投资（OFDI）处于启动阶段，投资区域集中、以购买林地和获取木材原料为主。通过 OFDI，一方面可以获取海外林木资源，解决中国林业生产中原材料不足的问题，实现资源配置优化；另一方面将中国林产业中低附加值环节转移出去，为中国林业企业向高附加值的方向攀升提供空间和资源。

从微观角度，本书选取中国林业集团有限公司、内蒙古森工集团、中航林业有限公司、大亚人造板集团等企业，从全产业链扩展型和单纯资源获取型两种投资模式的角度来分析中国林业企业 OFDI 现状，并对两种投资模式进行对比与总结。微观层面的分析支持中国林业 OFDI 促进林产品贸易的理论机理。对典型林产品进口企业的基本信息、公司业务、投资业务的简单对比见表 10-2；对典型林产品出口企业的基本信息、出口产品、企业类型进行简单对比见表 10-3。

表 10-2　案例企业对外直接投资概况

公司名称	企业性质	主营业务	投资国家	投资业务
中国林业集团有限公司	国有	森林种苗、营林造林、林产木工（木片生产、人造板）、林产品贸易（纸制品、名贵木材贸易）林业服务、森林旅游	新西兰	1. 在新西兰购买林地并与当地林业专业公司共同管理、经营林地；2. 在新西兰城市建设生态产业城，打造木材产业链的港工贸一体化经营模式
			俄罗斯	1. 合资建立控股企业，开展资源采伐与木材加工；2. 在临俄罗斯城市开展国林木业城项目，进行国家木材储备加工
			新加坡、巴西	1. 建立境外控股企业，与当地签订贸易合作的协定
			加蓬	1. 合资建立公司；2. 购买特许经营林地，建造木材加工厂

(续)

公司名称	企业性质	主营业务	投资国家	投资业务
内蒙古森工集团	国有	森林管培、林产化工、木材加工、森林旅游、林下苗圃等其他林业相关业务	俄罗斯	1. 签订采伐合同在当地进行木材采伐；2. 对采伐木材低附加值的初级加工
中航林业	国有控股	原木采伐、木材加工（板材为主）	俄罗斯	1. 中俄两国进行经贸合作项目签约；2. 以中航林业牵头，并引进国内外企业在合作区内签订采伐合同；3. 企业入驻合作区在当地的业务以林木采伐、并建立生产基地

表 10-3 企业林产品出口情况

公司名称	出口产品	主要类型
中国林业集团	人造板；纸制品及纸浆	全产业链
中航林业	锯材；胶合板；旋切单板	全产业链
圣象集团有限公司	胶合板；多层复合实木地板	木材加工贸易
上海外联发进出口有限公司	定向刨花板	木材加工贸易
苏州永联进出口贸易有限公司	定向刨花板	木材加工贸易
连云港远泰国际贸易有限公司	木制品	木材加工贸易
江苏贝尔装手材料有限公司	木制品	木材加工贸易
敏华家具制造有限公司	木制品	木材加工贸易
宜华木业	木制品	木材加工贸易
大连通世泰建材有限公司	纸；纸板；纸制品	木材加工贸易
金东纸业(江苏)股份有限公司	纸；纸板；纸制品	木材加工贸易
金红叶纸业集团有限公司	纸；纸板；纸制品	木材加工贸易
无锡市博大竹木业有限公司	硬木地板	木材加工贸易
大亚人造板集团	中高密度纤维板；刨花板；大亚健康板材	木材加工贸易

知识链接

扫描二维码，可以了解中国林业集团有限公司的经营业务和部分重点项目。

10.4.2 案例企业对外直接投资对进口的影响

(1) 资源获取型投资对进口的促进机制

资源寻求型的对外投资的主要对象是林业资源丰裕国家,以签订采伐合同、建立经贸合作区的方式,获取林木资源运回国内进行深加工,从而降低原材料成本提高利润。

典型企业,内蒙古森工集团旗下 8 家森工企业,先后与俄罗斯多个州的相关企业签订 23 个森林采伐项目合同,企业累计投资 1455.62 万美元。自 1999 年至 2009 年 10 月末,集团累计进口木材 88.04 万立方米。通过签订采伐合同,将俄罗斯采伐的原木资源进口到国内,解决国内木材资源不足问题。另一典型企业,中航林业,在俄罗斯以"注册公司+建立经贸合作区+森林资源采伐+建立加工厂初加工"的模式,进行林业资源的获取。中俄经贸合作区利用中国先进原木采伐机械、木材加工生产线和较为完整的基础配套与服务设施,在沃州马林斯克建设加工基地,并开展林木资源贸易业务。中航林业经过多年发展,其资源进口量增长了 225%。

(2) 产业链扩展型投资对进口的促进机制

中林集团与新西兰、新加坡、俄罗斯、北美、加拿大、加蓬等国家或地区建立了投资合作关系。21 世纪,其 OFDI 的主要模式是"合建公司+直接购地+森林采伐进口"。随着中国高新技术兴起及林业贸易发展,中林集团积极推动林业产业向微笑曲线的两端扩展,将低附加值的林产品加工制造转移到与中林有合作关系的国家,在原产国直接进行加工制造,从而降低原木运输的成本。更为重要的是,通过转移使得中林集团带领着一大批国内的林业企业能专注于产品研发与对外贸易,提高了中国林业产业的经济效益。

中林集团扩展产业链的第一步是对新民洲港进行战略投资——规划建设生态产业城。集团将木材加工、贸易、国际货运代理以及仓储物流等基本功能转移至新民洲港。这种一体化港口以其较低的物流运输成本和较强的市场辐射力,推进了木材产业链的港工贸一体化发展,而中林集团内部则积极推动产业科技升级,不断寻找提升附加值的途径。第二步是在中俄重要口岸(绥芬河)边境建立国家木材储存加工与交易示范基地(国林木业城)。中林集团以国林木业城为基础,集合多家企业将森林采伐、木材加工、人造板生产、木片造纸、木制建筑材料生产等融为一体,极大延伸了产业链条,而在核心发展地将林产品贸易、林下产品开发和森林旅游等优势资源整合,大力扩展企业发展空间,使得经济行稳致远。

10.4.3 案例企业对外直接投资对出口的影响

(1) 资源获取型对外投资对出口的促进机制

近年来,俄罗斯采取了大量优惠政策吸引和鼓励中国林业企业赴俄投资。中航林业抓住机遇,在俄罗斯建林木采伐及林产品加工园区。目前,合作区已建多种产品的生产线,借力"中航"品牌,在业内的知名度大幅提升,并通过保证资源供应提高国内企业的生产能力和国际竞争优势,实现增加出口的目的。

大亚人造板集团作为一家木材加工贸易企业,也具有其代表性。该企业处于产业链末端即出口加工环节,并不直接进行对外直接投资,而是通过与对外投资的企业进行合作,间接促进对外出口贸易的发展。该企业下属的黑龙江绥芬河生产基地是集团木材的八大来源之一，这一基地同时也是与中林集团合作建立的木材进口加工基地，通过中林集团的对外直接投资获取原木资源，为产品加工生产提供和重要原材料，现已成为各行业知名品牌的首选合作供应商。

(2) 产业链扩展型对外投资对出口的促进机制

中林集团的产品出口以国际市场需求为导向，逐步实现竞争优势向高层次的品牌、技术等方面转移。其一，集团通过 OFDI 建立跨越国界的内部化市场，将低附加值的林产品加工制造转移到与中林有合作关系的国家，有效降低出口贸易中存在的运输、关税、贸易壁垒等成本，且通过与林产品加工贸易企业合作，建立中国出口林产品知名品牌；其二，集团在提高出口产品质量和附加值的前提下，注重对国外林产品市场的研究与开发，逐渐把出口市场目光从传统的北美、欧盟、东南亚地区转移到俄罗斯、印度以及西亚地区。

以中林集团设立的中国林产品(新加坡)有限公司为例，这一海外布局充分利用了新加坡作为全球大宗商品主要交易中心的有利地位，能够享有多元化的金融环境及优惠的税率体制，从而使集团依托地缘优势进一步提升其国际市场影响力和竞争力，有助于其出口贸易的提升。同时，中林集团在完成低附加值环节转移的基础上，不断提高国内对高附加值林产品的研发，并将眼光放于扩展市场效应上，加强相对薄弱的市场能力和渠道分销能力，促进高价值产品的出口。

(3) 两种类型对外投资的关系

上文将中国林业企业的 OFDI 归纳为资源获取型投资和产业链扩张型投资两种模式。事实上，这两种模式并不是相互孤立的，而是体现了中国林业 OFDI 的不同发展阶段，体现了中国林业 OFDI 从低级向高级的发展过程。企业通过资源获取型投资获得原材料，并逐步将低附加值环节转移至东道国，将核心环节保留在国内，增加企业利润。当企业扩大到一定规模后，可以通过 OFDI 进行全产业链扩张，通过优化生产要素在产业链上下游的布局增强企业的国际竞争力，进而促进对外贸易。

本章小结

本章阐述林业对外直接投资。首先，概述国际直接投资的发展现状与趋势。其次，阐述中国林业对外直接投资的必然性、可行性、现状与趋势，分析林业对外投资对进出口贸易和林业发展和产业升级的影响。最后，选取中国林业集团有限公司、内蒙古森工集团、中航林业有限公司、大亚人造板集团等企业案例，从全产业链扩展型和单纯资源获取型两种投资模式的角度，分析中国林业企业对外直接投资的现状，并对比两种投资模式，力图从微观层面揭示中国发展林业对外直接投资的重要意义。

习题

1. 概括中国林业对外直接投资的特点与发展趋势。
2. 中国发展林业对外直接投资的有利因素和不利因素。
3. 归纳林业对外直接投资对林产品贸易的作用机制，并思考对本书案例企业以外的林业企业及中国宏观层面是否具有普适性？

参 考 文 献

陈勇，王登举，宿海颖，等，2019. 中美贸易战对林产品贸易的影响及其对策建议[J]. 林业经济问题，39(1)：1-7.

程宝栋，缪东玲，宋维明，等，2013. 林产品国际贸易[M]. 北京：中国林业出版社.

程宝栋，秦光远，宋维明，2015. "一带一路"战略背景下中国林产品贸易发展与转型[J]. 国际贸易(3)：22-25.

程宝栋，赵静萱，秦光远，2017. 中国对欧盟林产品出口增加值测算及影响因素研究[J]. 农林经济管理学报(1)：96-104.

程宝栋，李凌超，2016. 非法采伐、跨国木材合法性保障制度与相关贸易：进展、挑战和对策[J]. 国际贸易(6)：38-42.

程宝栋，印中华，2014. 中国对非木材产业梯度转移问题分析[J]. 国际贸易(3)：22-25.

程宝栋，2013. 全球价值链视角下家具产业集群升级分析[J]. 国际经济合作(4)：73-75.

程宝栋，2011. 我国木材安全分析与评价[J]. 西北农林科技大学学报(社会科学版)(9)：44-47.

单振菊，杨雷亮，陈志云，等，2017. 进口原木木种鉴定技术综述[J]. 林业与环境科学，33(6)：119-123.

东艳，李春顶，2013. 2012年国际贸易学术研究前沿[J]. 经济学动态(2)：105-113.

杜宇霞，2013. 木质林产品出口贸易与环境协调的策略研究[D]. 哈尔滨：东北林业大学.

顾雪松，王可瑞，盛爽，等，2018. 中国林业对外直接投资对林产品贸易的影响研究——理论机制与实证分析[J]. 林业经济，40(3)：22-27, 87.

国家林业和草原局，2019. 中国林业发展报告2019[M]. 北京：中国林业出版社.

韩丽晶，曹玉昆，陈丽荣，等，2015. 木材可追溯性、林产品市场准入标准与中国林产品贸易[J]. 林业经济问题，35(3)：251-256.

韩丽晶，2015. 木材可追溯性视角下的林产品环境贸易政策研究[D]. 哈尔滨：东北林业大学.

韩晓璐，缪东玲，程宝栋，2016. 中国木质林产品的出口二元边际及影响因素分析[J]. 林业经济问题，36(4)：338-344.

郝凯，龚程昕，2015. 加工贸易型林业企业对外投资风险评价[J]. 北方工业大学学报(2)：51-56.

黄颖利，朱博，2011. 活立木交易的最优拍卖竞价研究——基于买方估价和两人竞购的视角[J]. 林业经济问题，31(4)：288-293.

康宁，缪东玲，2015. 美国对华发起胶合板"双反"调查的合规性分析[J]. 国际经贸探索(6)：57-71.

李春顶，东艳，2017. 2016年国外国际贸易学术研究前沿[J]. 国外社会科学(5)：110-120.

李剑泉，田康，叶兵，2014. 我国林产品国际贸易争端案例分析及启示[J]. 林业经济(1)：46-54.

李秋娟，2018. 天然林全面停伐背景下中国木材安全预警研究[D]. 北京：中国林业科学研究院.

林月华，2005. 森林认证对林产品贸易的影响[D]. 北京：中国林业科学研究院.

陆晨霞，缪东玲，程宝栋，2017. 环境规制对林产品国际竞争力的影响分析[J]. 世界林业研究(1)：6-11.

缪东玲，程宝栋，2014. 打击木材非法采伐及其相关贸易的立法现状和影响研究[J]. 林业经济评论，4：19-28.

缪东玲，龚锋，夏合群，等，2019. 国际贸易理论与实务[M]. 3版. 北京：北京大学出版社.

缪东玲，李淑艳，2009. 美加木材反补贴贸易争端及其对中国的影响与启示[J]. 北京林业大学学报（社会科学版），8(4)：78-82.

缪东玲，陆婉樱，岳宇慧，2019. 中国出口人造板产品质量及其影响因素研究[J]. 林业经济问题，39(4)：347-354.

缪东玲，田禾，程宝栋，2014. 木材合法性认证及其对中国木质林产品贸易的影响[J]. 世界林业研究，27(2)：61-65.

缪东玲，2018. 非法采伐及相关贸易研究综述[J]. 世界林业研究(3)：1-8.

缪东玲，2003. 美国反补贴反倾销交替引起木材贸易争端探究[J]. 北京：国际贸易问题(9)：55-59.

聂影，杨红强，等，2007. 中国林产品：流通、市场与贸易[M]. 北京：中国林业出版社.

秦光远，程宝栋，2017. 我国木质品质量问题发生的特征分析——基于877家木质品企业抽检不合格产品[J]. 标准科学(5)：77-82.

石士钧，2013. 试析我国国际贸易学阐述体系的若干缺失[J]. 国际经贸探索，29(3)：101-110.

宋维明，程宝栋，2007. 世界林产品贸易发展趋势及对中国的影响[J]. 国际贸易(11)：47-52.

宋维明，缪东玲，程宝栋，2015. 低碳经济与林产品贸易[M]. 北京：中国林业出版社.

孙红芳，2007. 中国木质林产品贸易与环境保护政策博弈分析[D]. 南京：南京林业大学.

孙蔚琳，2016. 中国企业海外森林资源投资风险影响因素研究[D]. 北京：北京林业大学.

唐帅，宋维明，2012. 我国原木进口现状及面临的形势分析[J]. 林业经济(05)：34-38, 79.

田明华，等，2017. 世界木质林产品贸易发展趋势、特点与启示[J]. 北京林业大学学报（社会科学版）(4)：52-60.

王毅武，1997. 论国际贸易学的对象、任务与方法[J]. 海南大学学报（社会科学版）(3)：1-7, 24.

冼国明，2004. 国际投资概论[M]. 北京：首都经济贸易大学出版社.

肖艳，曹玉昆，2007. 活立木市场制约因素分析及发展思路探讨[J]. 林业经济问题(2)：117-120.

熊立春，程宝栋，2018. 中国进口林产品质量测度及其影响因素研究[J]. 国际商务（对外经济贸易大学学报）(2)：43-52.

杨红强，季春艺，李苏颜，2012. 我国高等院校农林产品贸易专业人才培养与改革建议[J]. 林业经济(12)：74-78.

杨红强，聂影，2011. 林产品贸易与市场的国际科研趋势——1975—2010年研究数据[J]. 林业经济(4)：70-74+95.

杨红强，聂影，2012. 中国木材资源安全论[M]. 北京：人民出版社.

杨红强，2007. 全球气候变化与中国林产品贸易碳贡献[M]. 北京：中国林业出版社.

姚曾荫，1988. 国际贸易学的对象与方法[J]. 对外经济贸易大学学报(1)：1-7.

袁恬，杨红强，张小标，2015. 全球林产品模型研究趋势及中国应用——基于1990—2015年的ISI统计数据[J]. 林业经济，37(11)：51-56, 89.

张巧，缪东玲，程宝栋，2019. 中国木家具出口贸易持续期研究——基于生存分析法[J]. 林业经济(10)：38-47.

张小标，杨红强，聂影，2014. GFPM模型：研究综述与应用范畴[J]. 林业经济，36(7)：79-84.

张学文，2012. 中国林产品流通效率实证研究[D]. 长沙：中南大学.

张有峰，2014. 中国林业对外直接投资区位选择研究[D]. 北京：北京林业大学.

Amiti M, Freund C, 2010. . The Anatomy of China's Export Growth[A]. In: Feenstra R and Wei (eds.). China's Growing Role in World Trade[M]. Chicago: University of Chicago Press.

Clive Stanbrook, Philip Bentley, 2010. Dumping and Subsidies: The Law and Procedures Governing the

Imposition of Anti-dumping and Countervailing Duties in the European Community[M]. Third Edition. London: Kluwer Law International: 114.

Dominick Salvatore, 2011. International Economics [M]. 8th eds. 北京: 清华大学出版社.

Edwin Vermulst, 2005. The WTO Anti-dumping Agreement: A Commentary [M]. Oxford: Oxford University Press: 84.

EU. On the detailed rules concerning the due diligence system and the frequency and nature of the checks on monitoring organizations as provided for in the Regulation(EU) No 995/2012 [EB/OL]. (2012-07-06) http://eur-lex.europa.eu/LexUriServ/LexUriServ.do?uri=CELEX:32012R0607:EN:NOT.

EU. Regulation(EU) No 995/2010 of the European Parliament and of the Council of 20 October 2010 laying down the obligations of operators who place timber and timber products on the market. [EB/OL] [2010-12-20].

FAO. FAOSTAT-Forestry Production and Trade(FORSTAT)数据库[EB/OL]. http://www.fao.org/faostat/en/#data/FO.

FAO. 历年林产品年鉴[EB/OL]. http://www.fao.org/forestry/statistics/80570/zh/.

FAO. 2016年世界森林状况：森林和农业——土地使用挑战和机遇[EB/OL]. (2016-08-29) http://www.fao.org/publications/sofo/2016/zh/.

Federal law of the Russian Federation from December 28, 2013 No. 415-Ф3 "On amendments to the Forestry code of the Russian Federation and the Russian Federation Code of administrative infractions" [EB/OL]. http://www.rg.ru/printable/2013/12/30/drevesina-dok.html.

Feenstra R, 2004. Advanced International Trade[M]. Princeton: Princeton University Press: 200-235.

Ge Y, He Y, Jiang Y, Yin X, 2014. Border Trade and Regional Integration[J]. Review of Development Economics, 18(2): 300-312.

Hausmann R, Hwang J, Rodrik D, 2007. What you export matters[J]. Journal of Economic Growth, 12(1): 1-25.

Jarreau J, Poncet S, 2012. Export sophistication and economic performance: evidence from Chinese provinces[J]. Journal of Development Economics: 281-192.

Kelly. Parliamentary Secretary for Agriculture, Fisheries and Forestry, at the Senate debate on 19 November 2012.

Mallon Glenda, John Whalley. China's Post Accession WTO Stance[EB/OL]. [2014-12-01]. http://unpan1.un.org/intradoc/groups/public/documents/APCITY/UNPAN020108.pdf.

Melitz M J, Ottaviano G I P, 2008. Market Size, Trade, and Productivity [J]. Review of Economic Studies, 75(1): 295-316.

Melitz M J, 2003 The Impact of Trade on Intra-Industry Reallocations and Aggregate Industry Productivity [J]. Econometrica, 71(6): 1695-1725.

Redding S J, 2011. Theories of heterogeneous firms and trade [J]. Annual Review of Economics, 3(1): 77-105.

Rodrik D, 2006. What's So Special about China's Exports[J]. China &World Economy: 1-19.

Susanta Sekhar Das, 2003. Antidumping as a Trade Remedy Measure: Evidence from Three Countries[M]. Bangalore: Indian Institute of Management: 21-22.

UN. UN Comtrade database. https://comtrade.un.org/.

UNCTAD, 2018. World Investment Report[R]. UNCTAD.

Vivian Jones, 2007. Trade Remedy Legislation: Applying Countervailing Action to Nonmarket Economy Countries [R]. Custom House Site Meter, The Congressional Research Service.